정신건강분야에서 **인터넷 기반**
인지행동치료의 활용

Nils Lindefors · Gerhard Andersson 편저 | 김환 · 최혜라 · 한수미 공역

Guided Internet-Based
Treatments in Psychiatry

학지사

Guided Internet-Based Treatments in Psychiatry

Edited by Nils Lindefors and Gerhard Andersson

이 논문 또는 저서는 2019년 대한민국 교육부와 한국연구재단의
지원을 받아 수행된 연구임 (NRF-2019S1A5A2A03054103)

역자 서문

인터넷은 인간의 활동 범위를 넓혀 주었다. 인터넷은 물리적으로 실재하지 않는 가상공간이지만 정보의 수집, 가공, 판매 등을 가능하게 하였고, 인간은 그 안에서 실제적 대인관계, 직업, 취미생활 등을 누릴 수 있도록 이를 응용하고 있다. 정신의학과 심리치료 분야에서도 마찬가지이다. 전통적인 면대면 치료 방식을 뛰어넘어 가상공간에서 환자들에게 접근하여 그들의 마음건강을 돕는 시도가 전 세계적으로 이루어지고 있다. 대표적인 것이 치료효과를 인정받은 인지행동치료(CBT)의 인터넷 버전인 인터넷 기반 인지행동치료(ICBT)이다. 연구에 의하면 ICBT는 실제 면대면 치료와 비교했을 때 치료 방식과 효능이 뒤떨어지지 않을 뿐만 아니라 비용-효과 면에서도 우수하다. 그런데 안타깝게도, 우리나라는 세계적으로 인정받는 인터넷 강국임에도 불구하고 ICBT를 활용한 치료 시도는 더디게 진행되고 있다. 이에 우리는 외국에서 선구적으로 시행되는 ICBT 연구를 국내 독자에게 소개하기로 하였는데, 때마침 ICBT에 대해 소개하고 연구 결과를 모아 놓은 이 책을 만난 것은 행운이었다.

이 책은 제1장에서 ICBT의 역사와 현황에 대해 설명하고, 제2장부터 10장까지는 ICBT가 정신건강 영역의 주요 장애에 어떻게 적용되고 있는지를 소개하고 있다. 주요 장애로는 우울증, 공황장애와 광장공포증, 사회불안장애, 범불안장애, 강박장애, 외상후스트레스장애와 복합비애, 불면증, 중도 건강불안, 섭식장애에 대해 다루었으며, 각 장애에 ICBT를 적용할 때의 연구 설계, 프로그램 효과, 프로그램 내용 예시, 비용–효과, 보급 및 확산의 주제 그리고 후속 연구 주제들에 대해 소개하고 있다. 제11장과 12장에서는 ICBT의 활용이 주로 성인에 치우치는 것을 보완하기 위해 아동, 청소년 그리고 노년층에 ICBT가 적용될 때의 이슈들에 대해 논하고 있다.

　이 책은 현존하는 ICBT의 연구들을 폭넓게 소개하고 있고, 연구 결과의 해석에서 주의할 점이나 이슈가 되는 점들도 체계적으로 정리하고 있다. 이 책을 번역하여 독자들에게 제공하는 것이 국내 ICBT 연구를 촉진시키고, 정신건강분야의 예방, 치료, 관리에 한 줌의 도움이 될 수 있기를 기대한다.

2020년
역자 일동

편저자 서문

정신과적인 장애에 동반되는 증상이나 문제의 다수는 인지행동치료(Cognitive Behaviour Therapy: CBT)로 치료 가능하다. 이 분야에서의 연구는 이미 광범위하게 이뤄졌고, 확장되고 있는 추세이며, 질병에 의한 문제가 CBT를 통해 크게 감소한다는 증거 역시 충분하다. 여러 국가의 치료 가이드라인에서, 주요우울장애나 불안장애를 포함한 다양한 장애에 대해 1차 치료로 CBT를 권고한다. 그러나 대부분의 국가에서는 훈련된 CBT 치료자의 수가 부족해서 고충을 겪고 있다. 사실상 CBT의 비용-효과(cost-effectiveness)를 입증하는 증거가 풍부하고 임상 정신건강의학 쪽에서 공인받은 치료임이 분명함에도 불구하고, 치료자가 부족하다는 이유로 환자에게 CBT 대신 다른 치료방법을 권고하게 되는 경우도 빈번하다. 이 책에서는 질적인 면이 보장된 방도를 통해 기존에 보급된 CBT가 발전해 가는 것을 돕고자 인터넷 기반 CBT, 즉 ICBT의 방법론을 제시하고 관련된 이슈들에 대해 다루려고 한다. 주로 치료자 가이드 ICBT에 역점을 두고 다루게 될 것이다.

현대 보건에 있어서, 특히 e-헬스(e-Health)분야에서 ICBT는 새로운 기여를 하고 있다. 세계보건기구(WHO)에 따르면, e-헬스란 정보통신기술을 건강에 활용하는 것을 말한다. WHO가 제안한 e-헬스 관련 개발 가능분야로는 환자 치료, 연구의 실시, 보건인력의 교육, 질병의 추적과 공중보건의 모니터링 등이 있다. 우리는 이와 뜻을 같이하여, ICBT가 글로벌 e-헬스에 대해 주요하고 유망하며 비교적 새로운 기여를 하게 될 것이고 대규모의 국제 연구를 통해 검증될 필요가 있다고 결론 내렸다.

치료자와 환자 간 정보교류 및 통신에 있어서, ICBT는 직접적이고 안전한 전자 공급망을 제공할 수 있을 것이다. ICBT를 통해서 치료효과의 손실 없이도 전통적인 면대면 치료법에 비해 필요 자원을 감축하는 것이 가능하다. 또한 치료자와의 만남을 위해 보건소나 의원으로 이동해야 하는 환자의 부담도 줄일 수 있는, 지속 가능한 치료 방안을 제공한다. 이동 시 발생하는 이산화탄소의 배출을 감축하는 효과도 있는 것이다.

CBT로 치료 가능한 정신과적 장애 때문에 전 세계가 부담을 짊어지고 있으며, 우리는 이 부담으로부터 새로운 움직임이 시작됐다고 생각한다. 이에 더하여 그리고 확산을 지원하기 위하여, 후속적인 방법론 개발과 ICBT의 폭넓은 확산에 요구되는 IT 플랫폼 구축이라는 대규모 발전 계획에 필요한 자금 확보를 위해서는 비용-효과 연구가 시급하다.

이 책에서 논하고 있는 출간된 학술 자료와 광범위한 임상 경험에 의하면, ICBT는 CBT를 유연한 방식으로 확산시킬 수 있는 도구가 될 수 있다. 각 치료자들이 임상장면의 실제 CBT에서 할 수 있는 것보다 더 많은 사람을 지원하는 것이 가능하기 때문이다. 또한 ICBT 시행에서 각 개인을 지원할 수 있는 새로운 휴대기기나 그 외의 도구 및 장비의 개발을 통해 전문 치료자에 대한 의존을 더 줄여 나가는 것이 가능하고, 실생활에서의 모니터링이 가능해지면서, 기존의 제한된 수의 치료자들은 ICBT가 잘 맞지 않는 대상을 치료하는 데 더욱 집중할 수 있을 것이다.

보건분야는 대부분 국가의 총국민생산량(GNP)에서 중요한 부분을 차지한다. 새롭고, 대개는 값비싼 방법이나 자료의 개발로 인해 보건비용이 빠르게 증가하는 추세이다. 따라서 일반적으로 임상적인 효과가 있고, 비용-효과가 크며, 가치 창조적인 방안이 시급하다고 할 수 있다. 임상 실제에서는 환자의 성과나 치료 적용 시 각 환자별로 나타나는 효과의 값에 대한 주요 지표들의 측정치를 체계적으로 수집하는 것이 어렵다. 정신건강의학에서 이러한 필요성은, 명확하게 정의되고 표준화된 진단 절차, 가치 기반의 성과 측정치, 장애 치료에서의 부작용이나 안전 이슈를 모니터할 수 있고 신뢰할 수 있는 도구의 부족 등의 문제로도 명백히 알 수 있다.

이 책은 분야별 전문성에 따라 선택된, 세계적으로 선도적인 ICBT 연구자와 임상가들이 담당한 각 장들로 엮어졌다. 증거가 제한적이어서 정신건강 관련 근거기반 ICBT에 대해 전적인 내용을 완벽하게 담아내지는 못했으나, ICBT가 비교적 새로운 분야라는 점을 감안한다면 임상 정신건강의학에 있어서 이 치료 양식의 효과성에 대한 증거는 꽤 유망한 동시에 후속 연구도 더 필요하다고 생각한다.

저자들은 이 책을 출간할 수 있는 기회를 준 스프링거(Springer) 출판사와 그 과정에서 지원을 아끼지 않은 가족에게 감사드린다. 마지막으로 ICBT 분야에서 함께하고 있는 동료들과 연구에 기여해 준 환자들에게도 감사드린다.

2015년 9월
스웨덴, 스톡홀름에서
Nils Lindefors · Gerhard Andersson

차례

제1장

인터넷 기반 인지행동치료의 역사와 현황

✎ Gerhard Andersson, Per Carlbring, & Nils Lindefors

독서치료와 전산화된 인지행동치료(computerised CBT)는 인터넷 기반 인지행동치료(internet-based cognitive behaviour therapy: ICBT)의 기원이라 할 수 있다. 이러한 ICBT의 뿌리와 역사에 대해 말하면서 이 장을 시작하고자 한다. 그리고 치료자의 역할과 자료 보안 등의 내용을 포함하여, 가이드 ICBT(guided ICBT)의 실시 방식 중 한 가지를 간단히 제시할 것이다. 그다음에는 이 책에서 별도로 다루지 않는 특정공포나 중독과 같은 문제의 예에 대해 짚어 볼 것이다. 마지막으로 기술적인 발전, 비용-효과 그리고 보급의 문제에 대해 논할 것이다.

🔵 인지행동치료

인터넷 기반 인지행동치료(ICBT)의 기원에 대해 알아보기 위해서는 문헌상의 다양한 흐름을 알 필요가 있다. 흐름이 다양한 원인 중 하나는 치료 방식이 여러 가지이기 때문이다. 특히 두 가지 치료 방식이 중요하다. 첫째, 가장 많이 연구된 치료 방식인 인지행동치료(cognitive behaviour therapy: CBT)이다. 보건분야에서 CBT의 활용 빈도는 점점 높아지고 있으며 특히 경도 내지 중등도 수준 정신과적 문제 치료에 있어서 활용도가 증가하고 있다(Andersson et al., 2005a). 근거가 가장 탄탄한 심리학적 치료라 할 수 있는 CBT는 영국 등지에서는 이미 널리 보급되어 있다(Layard & Clark, 2014).

이 책의 취지가 CBT에 대해 자세하게 논하는 것은 아니기 때문에 주요한 특징 몇 가지에 대해서만 개괄할 것이다. CBT의 첫 단계는 사례개념화로, 정도 차이는 있겠지만 아무래도 행동적인 측면을 중시한다. 다음 단계에서는 대개 내담자에게 치료의 원리에 대해 설명한다. 그 후의 치료 단계는 치료자와 내담자가 합의한 치료 목표에 따라 달라지기는 하지만, 행동의 문제(행동이 너무 많거나 적은)나 비합리적인 신념이 해결의 목표가 되는 것이 일반적이고, 그에 따라 특정한 치료 기법들이 개발되어 왔다(Westbrook et al., 2011). 우울 치료에서의 행동활성화(behavioural activation)나 불안과 회피 증상 치료에서의 노출(exposure) 기법이 이러한 특정한 치료 기법에 포함된다. 이러한 기법들은 인지적 그리고/또는 행동적인 개념화에 기초한 치료 원리에 따라 구성된다. CBT는 대개 '지금 여기'의 문제에 집중하고 CBT를 받는 사람은 회기 도중과 회기 사이에 기법들을 연습하도록 지시받으며 회기 사이에는 과제의 형태로 연습한다. 총 치료 기간은 사례별로 다르지만 시간의 제약을 감안하여 보통 10 내지 20회기로 치료 기간을 제한한다. 더 짧은 기간의 치료를 하는 경우(특정공포증에서의 1회기 치료와 같이)나 긴 치료를 하는 경우도 있다(경계선 인격장애에서 변증법적 행동치료를 하는 경우 치료 첫 단계의 진행에만 일 년이 소요되기도 한다). 마지막으로, 치료 마지막쯤에 재발방지 회기나 추수 회기를 편성할 수도 있다. CBT의 실행에 대한 개관은 이 정도에서 마무리하겠지만, 그 외에도 논하지 않은 CBT 기법이나 절차로 이완 기법(relaxation techniques), 마음챙김(mindfulness), 반응방지(response prevention) 그리고 특정 인지적 기법으로 소크라테스식 질문법(이 기법은 CBT 기법으로 구분되는 경우도 있고 아닌 경우도 있다) 등이 다양하게 존재한다. CBT 성패의 열쇠는 치료 기법이 해당 문제에 잘 맞춰 조정되었는가의 여부에 달려 있다고 할 수 있다(Barlow, 2004). 따라서 만성 통증에 대한 CBT는 외상후스트레스장애(PTSD) 등 다른 장애에 대한 CBT와 다소간 공통점이 있다 하더라도 결국은 서로 차이 날 수밖에 없다. CBT의 고유성을 특징짓는 다른 요인은 어떻게 실제 적용되는가 하는 점이다. 일반적인 심리치료가 대개 개별 면대면접촉의 형태로 실행된다면, CBT는 집단, 가족, 커플 치료 등의 다양한 방식으로 적용된다. 심지어 대형강의 형태로 시행되는 경우도 있다. 그러나 방대한 양의 CBT 문헌에서 우리가 특히 주목할 부분은 자가치료 형태의 CBT이다(Watkins, 2008).

🔵 가이드 자가치료로서의 인지행동치료

인지행동치료(CBT)를 활용한 자가치료는 자가치료 분야 연구의 주제로 오랜 기간에 걸쳐 자리잡아 왔는데, 환자들 스스로에 의해 진행되는—CBT와 무관한—자조집단과의 혼동을 피하기 위해 종종 독서치료(bibliotherapy) 유형으로 언급되어 왔다. 특히 문자화된 자료(주로 책)를 이용하는 가이드 자가치료(guided self-help)[1]가 잘 통제된 절차에 따라 연구되었고, 다양한 심리적이고 신체적인 문제에 있어서 중간 내지 큰 효과가 있다는 결과가 나타났다(Watkins & Clum, 2008). 최근에 개발된 인터넷 기반 인지행동치료(ICBT) 프로그램들은 이

---

1) 역자 주: 자가치료(self-help)는 환자가 스스로 진행하는 치료를 통칭하며, 특히 치료자의 지원을 받아 워크북이나 컴퓨터 코스로 진행하는 자가치료를 guided self-help라고 한다. 이 책에서는 가이드 자가치료로 번역하였다. 참고로 guided ICBT는 가이드 ICBT로 번역하였으며, 이는 간혹 치료자 지원 없이 순수 자가치료 형식으로 진행되는 ICBT가 있어서 이와 구별하기 위함이다.

런 근거기반 자가치료 서적에 실려 있는 정보들의 영향을 받았거나 심지어 그것과 동일한 내용이라 할 수 있다. 개관연구들에서 초기 독서치료 연구와 ICBT 연구를 같은 것으로 분류하여 이들의 결과를 합쳐 제시하였기 때문에 문헌상 혼동이 있을 수 있다(Cuijpers et al., 2010). 치료자의 안내에 따라 진행되는 경우 가이드 독서치료와 가이드 ICBT가 동등한 정도로 효과를 낼 수는 있다. 예를 들어, 이 장의 저자 중 2인은 사회불안장애(SAD)의 치료 시에 동일한 문장이 사용되는 경우 그것이 서적을 통해 제공되건 온라인 프로그램상에 제공되건 별 차이가 없음을 발견하였다(Furmark et al., 2009). 그러나 ICBT와 독서치료가 완전히 동일한 것은 아니다. 왜냐하면 ICBT를 받는 동안 내담자는 온라인 프로그램 그리고 현대 정보 기술을 이용한 치료자와의 소통을 통해서 몇몇 과제를 완료해야만 하기 때문이다(Marks et al., 2007).

🎱 전산화된 치료

ICBT와 긴밀한 관계가 있는 다른 주요 분야로는 전산화된 심리학적 치료나 프로그램이 있다(Marks et al., 1998). 이들 치료나 프로그램 중 다수가 인터넷이 사용화되기 전에 개발되었다. 경도 내지 중등도 우울을 위한 프로그램인 우울 극복하기(*Beating the blues*; Proudfoot et al., 2004)는 몇 차례의 대조연구 후 2006년에 영국 국립보건임상연구원(National Institute for Health and Clinical Excellence: NICE)의 추천을 받았다(Marks et al., 2007). 독서치료와 ICBT의 관계와 마찬가지로, 전산화된 CBT(대개 CD-ROM의 형태로 제공되며 CCBT로 불리기도 한다)와 ICBT 역시 많은 유사점을 공유하고 있다. 주요 차이점은 프로그램 제공에 필요한 플랫폼(일반 컴퓨터 대 인터넷 연결이 가능한 컴퓨터)과 이용자 지원 방식(전화 대 인터넷이나 이메일)이다. 이런 차이를 제외하면 전산화된 CBT와 ICBT는 거의 동일한 것으로 볼 수 있다. 그러나 전산화된 평가에 대한 문헌들을 보면 전산화된 CBT와 ICBT 간에 미묘한 차이도 존재한다(Epstein & Klinkenberg,

2001). ICBT에서 대개 온라인 평가(온라인 설문지 등)가 이뤄지는 반면, 전산화된 CBT의 평가는 오프라인으로 이루어진다.

CBT에 있어서 컴퓨터가 갖는 부가적인 유망한 역할 두 가지가 있다.

첫째, 가상현실 치료로, 이미 연구에 의해 노출치료에 있어서 효과적임이 밝혀졌다(Côté & Bouchard, 2008). 가상현실 치료는 ICBT에서도 활용 가능하며 장비 면에서의 비용 절감을 가능케 한다. 증강현실에 대한 최신 연구와 함께 이 분야의 발전이 급속도로 진행 중이며(Baus & Bouchard, 2014), 공포증이나 과도한 게임 사용 등에 대한 적용방법 역시 개발 중이다(Mohr et al., 2013).

둘째, 인지왜곡의 수정이다. 인지왜곡의 수정 기법은 선택적 정보처리의 실험실 연구에 기반을 둔 기법이다. 이 치료 기법은 일반적 CBT나 ICBT와는 뚜렷한 차이가 있다. 예를 들어, 부정적인 측면에 고착되는 것을 피하는 방법을 배울 때, 글을 읽어 보고 과제를 해 오는 대신 컴퓨터 앞에서 규칙적인 연습을 해 보는 것이다(Amir et al., 2009). 대부분의 연구에서 따로 마련된 실험실에서 이런 연습을 하도록 했으나, 인터넷을 통해 주의력 훈련을 시킨 일련의 연구에서는 결과가 부정적으로 나타난 경우도 많았다(Carlbring et al., 2012). 이 분야의 연구는 다양한 결과가 혼재해 있는 상태로 최근의 메타분석에 따르면 효과크기도 작았다(Cristea et al., 2015). 일부 연구에 따르면 단독 또는 ICBT와 연계된 형태의 주의 훈련이 도움이 되는 것으로 나타났으나(Kuckertz et al., 2014), 주의 훈련에 의한 효과는 별 의미가 없다는 결과도 있었다(Boettcher et al., 2014a). 이렇게 상충하는 결과는 이 분야에 대한 연구가 더 필요하다는 의미이기도 하다(Boettcher et al., 2013).

요컨대 심리학적 치료를 적용하는 데 있어서 다양한 방식으로 컴퓨터가 이용되어 왔다. Marks와 동료들(2007)에 의하면 "환자의 자료를 입력한 후 최소한의 계산을 통해 치료적 결정에 대한 답을 구하는 정도의 기초적인 수준에서 출발하여, 대화 방식의 치료를 보조하는 것까지의 모든 컴퓨터 활용을 이르는 것"이 컴퓨터 지원 심리치료(computer-aided psychotherapy)이다(Marks et al., 2007, p. 6). 이러한 설명이 ICBT에도 일부분 해당되기는 하나 실상 ICBT에서 중요한 것은 자동화된 의사결정 과정이라기보다는 치료가 어떻게 전달되는가 하는 점이다. 이 책에서 우리는 ICBT에 집중할 것이지만 ICBT와 그 외 영역 간의 경계가 모호하다는 점을 잘 알고 있다. 하여 우리는 가상현실 치료나 웹 카메라를 이용한 면대면 치료와 같은 관련 영역의 존재와 기여에 대해서도 충분히 인정하는 바이다.

🔘 인터넷 기반 인지행동치료의 시작

이제 이 책의 주제인 인터넷 기반 인지행동치료(ICBT)에 대해 얘기할 것이다. 용어 면에서는 일관성이 거의 없이 다양한 명칭이 사용되고 있어서, 동일한 온라인 치료를 칭하는 데 여러 가지 용어가 통용되기도 하고 서로 구별되는 치료법을 부르는 별개의 명칭으로 활용되기도 한다(Barak, 2013). 예를 들어, 인터넷 기반의 개입을 칭할 때에도 항상 '인터넷'이라는 용어를 사용하는 것은 아니다. 대체되는 용어로는 '웹 기반' '온라인 치료' '전산화된 심리치료' '디지털 개입' 'e-테라피' '원격정신과학' '사이버 치료' '로봇 기반 심리치료' '인터넷 개입' 'CCBT' 등이 있다. 이는 당연히 문헌 개관 시에도 문제가 되고, 특정 개입법에 대해 짤막하게 달린 설명만으로는 명확한 구분이 어렵다는 문제도 있다. 여기서 우리는 ICBT라는 용어를 통해 주로 인터넷과 현대적 정보기술(예: 다양한 플랫폼을 통한 접근 등)을 매체로 전달되고 인지행동치료에 기반을 둔 개입을 칭할 것이다. 이 책에서 다루는 연구와 적용법들은 주로 치료자가 가이드(안내)하는 것이지만 자동화된 ICBT에 대해서도 일부 다룰 것이다.

누가 얘기하는가에 따라 어떻게 시작되었는지에 대해서도 말이 달라질 것이다. 여기에 우리가 담는 내용은 자신들의 이력이나 연구자라는 사실에 의해 채색될 수밖에 없고, 우리가 알아낸 것들은 동료들의 연구를 개관한 논문들에 근거하고 있다. 실제 여기에 언급된 연구들에서 다루고 있는 기법으로 치료를 해왔음에도 불구하고, 아무런 관련 문서도 출판하지 않은 경우(치료에 스카이프와 같은 원격통신 소프트웨어를 이용하는 등의 사례에서처럼)도 있을 것임을 인정한 다. 또한 연구에서는 프로젝트의 시작부터 연구의 정리 및 출판까지 몇 년이 흐 르도록 길게 지체되는 경우도 흔하다. 일찍이 여러 CBT 연구자가 인터넷의 치 료 적용가능성에 대해 논해 왔음을 알기에(Riley & Veale, 1999) 아마도 여러 연 구자 집단에서 같은 무렵에 비슷비슷한 아이디어에 관심이 있었으리라 짐작한 다. 일찌감치 호주에서는 우울증상에 대한 무드짐(MoodGYM) 연구(Christensen & Griffiths, 2002)와 고인이 된 Jeff Richards의 불안장애에 대한 연구(Klein & Richards, 2001)가 있었다. 초기에 이루어진 다른 연구로는 인터라피(Interapy) 에 대한 네덜란드의 연구(Lange et al., 2000)가 있다. 이들 연구자는 미국의 Lee Ritterband 등(2003)과 마찬가지로 1990년대 중후반에 연구를 시작했다. 저자들 도 스웨덴에서의 첫 프로젝트를 꽤 초기라 할 수 있는 1998년에 시작했고, 이는 인터넷을 이용한 두통 치료에 대한 첫 통제연구[2]로 이어졌다(Ström et al., 2000). 이후 진행된 여러 연구 프로젝트 중 이명(귀에서 소리가 나는 증상)에 대한 초기 의 작업이 있다. 이명에 대한 프로젝트는 2000년 초반 무렵 일찍이 스웨덴 웁살 라 대학교 청각학과의 정규 의료 서비스로 편성되었다는 점에서 특별히 언급할 만하다. 이와 관련된 대조연구(Andersson et al., 2002)와 효과검증 자료(Kaldo-Sandström et al., 2004)가 출판되었다. 이것이 아마도 정규 의료 서비스에 ICBT가 적용된 가장 초기 사례일 것이며, 아직까지도 정규 의료 서비스로 시행 중이다.

스웨덴의 경우 정신건강의학 관련 분야에서 공황장애(Carlbring et al., 2001)를 시작으로 우울(Andersson et al., 2005b)에 대해 초반 작업들이 진행되었다. 이런 작업들이 진행되면서 임상 정신건강의학과 학술분야 심리학 간에 협업이 이뤄 질 수 있었고(우리 세 명의 저자가 이 장을 공동 집필하게 된 배경이기도 하다), 해당 작업들은 결국 인터넷 정신건강의학 부서(internetpsychiatry.se)라는 형태로 스 웨덴의 스톡홀름 보건의료 서비스로 시행되고 있다. 이 작업은 2002년에 기획 되기 시작하여 2007년에는 관련 부서가 스톡홀름 지역 내의 정규 의료 서비스

---

2) 역자 주: 통제연구(controlled study 또는 controlled trial)는 두 집단간 비교를 목적으로 시행하는 실험연구 또는 임상연구를 의미한다. 이후 본문 맥락에 따라 '통제연구' 또는 '대조연구'로 번역하였다.

를 대중에게 개방했다. 그 무렵 세계 각지에서 동시에 유사한 서비스들이 시작되었으나 각 나라별 보건의료 정책에 따라 차별적인 서비스들을 제공하게 되었다. 네덜란드와 같이 보건 정책이 세금으로 운용되는 경우, 호주와 같이 중앙 부서가 존재하는 경우, 영국의 IAPT(increasing access to psychological therapies, 심리학적 치료에의 접근성 증진)와 같이 지역보건의 제도가 있는 경우 등에서 뚜렷한 차별점을 보인다. 영국과 같이 지역보건의 체제인 경우 ICBT의 실제 적용은 연구의 진행 속도에 비해서는 뒤처져 있다.

　연구 활동 부분에 대해 살펴보자면 대략 15년이라는 상당히 짧은 기간 내에 매우 많은 양의 통제연구가 진행되었음은 괄목할 만한 일이다(Andersson, 2014). 다양한 분야에 걸친 ICBT 관련 통제연구의 수는 가상현실, 독서치료, 그 외 역사가 오래된 다른 치료들에 대한 연구의 수를 크게 넘어선다. ICBT에 대해 100개 이상 많은 통제연구가 이뤄진 데에는 세 가지 정도의 이유가 있다(Hedman et al., 2012). 첫째, 설문지 자료 입력과 같이 시간이 많이 소요되는 일들이 ICBT 연구에서는 필요 없다. 둘째, 광고(소셜 미디어 또는 신문)를 통해 참가자를 모집하는 것이 가능하다. 관심이 있는 참가자는 선별 단계만 거치면 최종 임상가의 면접까지 진행할 수 있다. 셋째, 여타 CBT 연구와 다른 점은 스웨덴의 대부분의 ICBT 연구에서 기본 CBT 훈련을 거친 심리학 전공 학생을 간단히 추가 훈련시킨 후 치료자로 참여시켰다는 것이다. 흥미롭고도 놀라운 점은 가이드 ICBT에 참여한 것이 면대면 CBT만큼 효과가 좋다는 반응이었다.

🌑 국제인터넷치료연구협회와 유럽인터넷치료연구협회

　저자 중 1인은 나머지 2인의 저자 그리고 박사과정 학생의 도움을 받아서 ICBT 조직을 창설했다. Andersson과 Lindefors는 2004년 정보 공유를 위해 스톡홀름의 카롤린스카 대학교병원에 연구자들을 초청하여 '인터넷과 CBT'라는 회의를 주재했다. 이 회의에서 국제인터넷치료연구협회(International Society for

Research on Internet Intervention: ISRII; www.isrii.org 참조)라는 단체를 만들기로 결정하였다. 첫 번째 회의에 비해 2006년의 두 번째 회의는 소박한 분위기의 병원에서 진행되었지만 더 많은 사람이 참석하였고, 첫 회의 이후에 이미 많은 연구가 완료된 상태로 이 분야가 급속히 발전하는 영역임을 증명하였다(Ritterband et al., 2006). Per Carlbring이 메일링 리스트를 관리했고, Lee Ritterband가 두 번째 메일링 리스트와 첫 번째 웹사이트의 관리를 맡았다. ISRII의 세 번째 회의는 미국 버지니아주 샬럿츠빌의 버지니아 대학교에서 2007년에 열렸다. 그 무렵에는 조직도 활성화되고 메일링 리스트의 인원도 크게 늘었다. 네 번째 ISRII는 네덜란드의 암스테르담에서 자국의 국내회의와 함께 열렸는데 많은 ISRII 회원도 참석하여 ISRII를 위한 별도의 발표를 하였다. 암스테르담 회의는 2009년에 네덜란드 정신건강연구소(Netherlands Institute of Mental Health), 트림보스 중독연구소(Addiction Trimbos Institute), 암스테르담 대학교와 암스테르담 자유대학교가 공동 주최하였다. 다음 회의는 호주의 시드니에서 2011년에 개최되었고 호주 국립대학교에서 주최하였다. 따뜻한 계절에 호주에서 열린 회의에는 160명이 넘는 인원이 참석하였다. 다시 미국의 시카고에서 2013년에 6번째 회의가 열렸고 260명 이상이 참석하였다. 가장 최근에는 다시 유럽으로 넘어와서 스페인의 발렌시아에서 2014년 회의가 개최되었고, 300명 이상이 참석하였다. ISRII 회원의 수가 점차 증가하고 있다는 점은 인터넷 치료분야 연구자들과 다른 관련자들을 함께 모아 보고자 한, ISRII 조직 창립의 목표에 잘 부응하는 것이다. 이제 인터넷 치료 연구와 개발을 위한 국가 조직이 존재한다. 또한 유럽 인터넷치료연구협회(European Society for Research on Internet Intervention: ESRII; www.esrii.org 참조)도 창설되어 2012년 독일의 뤼네부르크를 시작으로, 2013년 스웨덴의 린쾨핑, 2015년 폴란드의 바르샤바 회의까지 총 세 번의 회의가 개최되었다. ISRII와 ESRII는 『인터넷 치료(Internet Interventions)』라는 학술지도 함께 창간하였다. Andersson은 편집장으로, Carlbring, Helen Riper와 Nick Titov는 부편집장으로 참여하고 있다. 이 학술지는 2014년에 창간되었고, 고품질의 혁신적인 연구 내용을 합의 성명과 함께 싣고 있다.

요약하자면, ICBT는 두 개의 국제단체와 하나의 학술지를 이미 보유하고 있는 건실하게 성장하고 있는 분야이다. 또한 수많은 ICBT 연구가 ICBT 연구를 출판하고 있는 가장 주요한 학술지들이나 정신건강의학과 임상심리학 학회에서 발표되고 있는 중이다. ISRII와 ESRII 그리고 『인터넷 치료』 학술지가 아니었다면 혁신적인 연구들이 구현되기까지는 더 오랜 시간이 걸렸을 것이다.

ICBT는 어떻게 진행되는가

이어지는 각 장에서는 여러 문제별로, 그에 해당되는 프로그램과 치료 성과 연구들을 다룰 것이다. 이 책을 접하는 모든 독자가 ICBT에 익숙하지는 않을 것이기 때문에 임상가 가이드 ICBT가 어떻게 시행되는가에 대해 간략하게 개관하고자 한다. 좀 더 자세한 설명을 다룬 문헌(Andersson, 2014)이 있으므로 여기서는 기본적인 내용들만 요약할 것이다.

ICBT에 필요한 첫 번째 준비물은 보안이 되고 안정적인 전자 치료 플랫폼이다. 치료 플랫폼을 통해 인터넷이 연결된 장치를 이용하여 치료가 제공되고 환자와 임상가 간의 소통이 직접 이루어지며, 과제를 부과할 수도 있다. 자료 보안 문제와 관련하여 다양한 기술적인 솔루션과 규정이 있지만(Bennett et al., 2010) 최신 시스템의 경우 보안 로그인을 필요로 하며, 이는 온라인 지불에 이용되는 인터넷 뱅킹과 유사하다. 다시 말해서, 시스템은 암호화되고 로그인 시 대개 이중의 인증을 거치게 된다. 예를 들어, 환자가 로그인하려면 일차로 패스워드가 필요하고 다음으로 개인 휴대전화로 전송된 문자 메시지나 카드리더를 통해 전송된 숫자를 추가로 입력해야 하는 식이다. 더 미래에는 각자의 개인용 인터넷 장치의 스마트 개별인증을 통해 더 안전하고 믿을 수 있는 시스템을 마련하고 정보의 안정성과 이용자 편의성을 증진시킬 수 있을 것이라 믿는다.

대부분의 ICBT 시스템은 자체적으로 질문지 자료의 저장이 가능하다. 이 부분은 별개의 문제이면서 관련된 부분이기도 한데, 온라인으로 시행된 질문지의 심리측정적 속성에 대해 다양한 연구도 진행되었다. 여기에서는 온라인 자료 수집이 대부분 효율적이면서 신뢰할 수 있기는 하지만, 온라인 설문과 지필 설문을 번갈아 사용하는 것보다는 일관된 방식을 사용하는 것이 최선임을 밝히는 정도로 충분하다고 생각한다(Carlbring et al., 2007).

ICBT에 필수적인 두 번째 요소는 적절한 치료 프로그램이다. 거의 모든 프로그램에서 책 한 권 정도 분량의 문자 자료를 제시하는 식으로 주로 글로 내용을 전달한다(Andersson et al., 2008). 프로그램은 대개 면대면 치료 매뉴얼이나 자가치료 서적 등의 내용을 기초로 하지만 점차 영상이나 음성 파일도 포함되는 추세이다. 고속 인터넷 이용이 가능한 환경이라면 가상현실 기법을 포함한 양방향(인터랙티브) 프로그램을 사용하는 것도 쉬워질 것이다. 최신 휴대전화 애플리케이션(앱)도 ICBT에 점차 많이 활용되고 있다. 치료의 기간 역시 면대면 CBT에 상응하게 조정한다. 예를 들어, 면대면 CBT와 ICBT 모두에서 공황장애 치료법에는 10주 정도가 소요된다(Carlbring et al., 2016). 하지만 연구로 진행되는 ICBT는 더 짧기도 하고 정규 보건 프로그램으로 시행될 때는 기간이 연장되기도 한다(El Alaoui et al., 2015). 이 책의 남은 장들에서는 특정 정신장애(주요우울장애 등) 치료에 포함되는 실제 요소 등에 대해 좀 더 자세한 내용을 다룰 예정이다. 임상가 가이드 ICBT의 과제 부여 그리고 과제에 대한 피드백과 격려가 보안 플랫폼을 통해 이루어진다는 점을 이쯤해서 강조하려 한다. 과제 피드백 외에 임상가는 프로그램에 대한 질문에도 답해 줄 수 있다. 하지만 대부분의 상호 간 의사소통은 치료 기간에 어떻게 과제를 해 나가고 진행해 갈지에 대한 지원과 조언의 형태로 이루어진다(Andersson, 2014).

가이드 ICBT의 세 번째 요소인 임상가 가이드에 있어서는 연구 결과가 상충하고 있다. 몇몇 체계적인 개관연구에서 가이드가 중도탈락을 줄이고 효과는 증진시킨다는 것이 밝혀졌다(Baumeister et al., 2014). 그러나 문제에 따라 치료자 존재의 필요성은 달라진다. 환자의 요청이 있는 경우에 한해 치료자가 나서거나, 자동알림만으로 충분한 경우도 있다(Titov et al., 2013). 그렇지만 몇몇 연구에 의하면 치료자 가이드가 분명히 도움이 되는 것으로 보인다(Kleiboer et al.,

2015). 덧붙이자면 환자의 답신이 어떻게 다뤄지는가가 분명 사소한 문제는 아닐 것이나, 대다수의 환자에게 있어 누가 가이드를 하는가는 별 문제가 되지 않는 것으로 나타났다(Almlöv et al., 2011; Almlöv et al., 2009). 더구나 치료자가 지원하는 부분 역시 대부분 기술적이고 실제적인 성질이기 때문에 심리치료적인 지향성을 꼭 구비해야 하는 것도 아니다(Titov et al., 2010). 그보다는, 과제 미완성에 대해 너그러운 태도가 범불안장애 치료에 더 도움이 된다는 예에서 볼 수 있듯이, 특정 환자 집단에 도움이 되는 치료자의 행동 특성이 존재하는 것으로 생각된다(Paxling et al., 2013).

🔵 윤리적 문제와 부정적 결과에 대한 몇 마디 이야기

정신건강의학이나 일반 건강분야의 모든 장애 치료에서 그러하듯이 ICBT에서도 윤리적인 문제나 가능한 부작용에 대한 의문이 제기될 수 있다. 인권이나 위해를 가하지 않는다는 원칙과 같이 일반적인 측면이 있는 동시에 ICBT에서 특별히 고려해야 할 부분도 있다. 예를 들어, 인터넷을 이용하여 원격으로 심리학적 치료를 제공하는 것이 허용될 수 있는가에 대해 스웨덴과 노르웨이는 각각 입장을 달리한다. 미국의 경우 임상가의 거주지가 어느 주인가에 따라 규정이 달라진다. 아직 많지는 않지만 CBT의 윤리적 측면에 대한 연구가 나오고 있는 중이다(Dever Fitzgerald et al., 2010). 최근에는 ICBT에서도 면대면 치료와 동등한 윤리 규정이 적용되어야 하되, 자료 보호와 보안, 임상가의 책임 그리고 익명 치료의 가능성 등과 같은 추가적인 부분에 대한 고려가 필요하다는 데 의견이 모아지고 있다.

ICBT에서 중요한 측면 중 하나는 개입 후 부정적인 사건이 발생할 가능성이 존재하고 그런 사건이나 증상과 치료가 명확한 연결고리를 갖는다는 점이다. 이 주제를 다룬 문헌들이 점차 등장하는 추세이고 치료에서의 부정적 결과에 대해 보고하도록 권고하는 내용도 출판되었다(Rozental et al., 2014). 이 주제에 대해서는 경험적 연구도 이루어졌다. 총 네 가지 대규모 사례를 다룬 임상 치료 자료(N=558)에 따르면 9.3%의 환자가 어떤 종류건 부정적인 효과를 보고하였다(Rozental et al., 2015a). 같은 대상군을 다룬 다른 연구에서는 사회불안장애(SAD) 참가자 중 14%가 부정적 효과를 경험하였다. 여기서 말하는 '부정적 효과'란 환자가 치료와 관련하여 발생한 것이라 생각하는 원치 않는 부정적 사건으로 정의된다(Boettcher et al., 2014b). 비록 ICBT 이후 심각한 수준의 부정적 결과가 발생하는 것은 매우 드문 일이나 꼭 보고해야 할 필요가 있고, 최근의 연구 결과 역시 이런 주장을 뒷받침한다.

🌑 이 책에서 다루지 않는 내용

이 책에서 전부는 아니지만 ICBT가 관련된 대부분의 정신건강 문제를 다루고 있다. 이 절에서는 신체적 문제나 준임상적 수준의 완벽주의 같은 문제들과 추후 다뤄지지 않을 몇 가지 문제에 대해 간략히 소개하겠다.

먼저, 특정공포증의 치료를 위해 시행된 가이드 ICBT에 중점을 둔 소수의 연구(Andersson, 2014)가 있고, 인터넷판 피어파이터(Fearfighter) 프로그램(Schneider et al., 2005)과 같이 특정공포증 치료에 ICBT를 포함시킨 몇몇 연구가 있다. 다른 예로는 네덜란드에서 최근에 진행된 다수의 참가자(212명) 대상 연구가 있다. 이 연구에서는 높은 비율의 탈락자가 생겨났고 치료의 효과도 작았는데(저자는 이 연구의 효과가 작다는 표현에 완전히 동의하지는 않는다), 이 분야의 기존 연구들과 상당히 다른 결과가 나왔다는 점에서 주목할 필요가 있다(Kok et al., 2014). 이 연구에는 특정공포증 환자 외에 다른 환자들도 포함되었다. 우리가 알기로는 오로지 특정공포증 환자만을 대상으로 한 통제연구는 두 가지밖에 없다. 스웨덴에서 진행된 소규모의 이 두 연구는 가이드 ICBT와 1회기 현장노출치료를 비교한 것이다(Andersson et al., 2009, 2013). 첫 연구에는 거미공포증이 있는 30명이 참여하였는데, ICBT와 1회기 노출이 모두 효과가 있었다. 단, 행동

유지되고 있다(El Alaoui et al., 2015; Hedman et al., 2013, 2014). 불면, 강박장애, 건강불안, 과민성 대장장애와 같은 다른 여러 장애에 대한 프로그램도 인터넷 정신건강의학 부서에서 시행되고 있다.

결론을 내리자면, 짧은 시간 내에 ICBT는 다양한 범위의 정신건강 문제와 신체적 문제에 대한 치료적 선택 방안으로 자리매김했다. 또한 관련 학술지와 복수의 관련 학술 기구를 보유하고, 연구 영역도 확장해 왔다. 기술이 급속하게 발전한다는 점을 감안할 때 이 책에 제시된 접근들은 다른 정신건강 서비스를 보완하는 역할을 할 뿐만 아니라 더욱 광범위한 영역에서 실행 가능한 치료적 대안의 하나로 자리잡아 갈 것이다.

참고문헌

Almlov J, Carlbring P, Berger T, Cuijpers P, Andersson G (2009) Therapist factors in internet-delivered CBT for major depressive disorder. Cogn Behav Ther 38:247–254. doi:10.1080/16506070903116935

Almlov J, Carlbring P, Källqvist K, Paxling B, Cuijpers P, Andersson G (2011) Therapist effects in guided internet-delivered CBT for anxiety disorders. Behav Cogn Psychother 39:311–322. doi:10.1017/S135246581000069X

Amir N, Beard C, Taylor CT, Klumpp H, Elias J, Burns M et al (2009) Attention training in individuals with generalized social phobia: a randomized controlled trial. J Consult Clin Psychol 77:961–973. doi:10.1037/a0016685

Andersson G (2014) The internet and CBT: a clinical guide. CRC Press, Boca Raton

Andersson G, Hedman E (2013) Effectiveness of guided internet-delivered cognitive behaviour therapy in regular clinical settings. Verhaltenstherapie 23:140–148. doi:10.1159/000354779

Andersson G, Strömgren T, Ström L, Lyttkens L (2002) Randomised controlled trial of internet based cognitive behaviour therapy for distress associated with tinnitus. Psychosom Med 64:810–816

Andersson G, Asmundson GJG, Carlbring P, Ghaderi A, Hofmann SG, Stewart SH (2005a) Is CBT already the dominant paradigm in psychotherapy research and practice? Cogn Behav Ther 34:1–2. doi:10.1080/16506070510008489

Andersson G, Bergström J, Holländare F, Carlbring P, Kaldo V, Ekselius L (2005b) Internet-based self-help for depression: a randomised controlled trial. Br J Psychiatry 187:456–

461. doi:10.1192/bjp.187.5.456

Andersson G, Bergström J, Buhrman M, Carlbring P, Holländare F, Kaldo V et al (2008) Development of a new approach to guided self-help via the Internet. The Swedish experience. J Technol Human Serv 26:161–181. doi:10.1080/15228830802094627

Andersson G, Waara J, Jonsson U, Malmaeus F, Carlbring P, Öst L-G (2009) Internet-based self-help vs. one-session exposure in the treatment of spider phobia: a randomized controlled trial. Cogn Behav Ther 38:114–120. doi:10.1080/16506070902931326

Andersson G, Carlbring P, Kaldo V, Cuijpers P (2010) Challenges and potential solutions in integrating internet-based CBT into specialist services. In: Bennett-Levy J, Christensen H, Farrand P, Griffiths K, Kavanagh D, Klein B et al (eds) Oxford guide to low intensity CBT interventions. Oxford University Press, Oxford, pp 495–501

Andersson G, Waara J, Jonsson U, Malmaeus F, Carlbring P, Öst L-G (2013) Internet-based vs. one-session exposure treatment of snake phobia: a randomized controlled trial. Cogn Behav Ther 42:284–291. doi:10.1080/16506073.2013.844202

Arpin-Cribbie C, Irvine J, Ritvo P (2012) Web-based cognitive-behavioural therapy for perfectionism: a randomized controlled trial. Psychother Res 22(2):194–207. doi:10.1080/10503307.2011.637242

Barak A (2013) Concepts, definitions, and applications: the terminology chaos of Internet-supported psychotherapeutic interventions. In: Paper presented at the The International Society for Research on Internet Interventions 6th Chicago Meeting

Barlow DH (2004) Psychological treatments. Am Psychol 59:869–878

Baumeister H, Reichler L, Munzinger M, Lin J (2014) The impact of guidance on internet-based mental health interventions—a systematic review. Intern Intervent 1(4):205–215. doi:10.1016/j.invent.2014.08.003

Baus O, Bouchard S (2014) Moving from virtual reality exposure-based therapy to augmented reality exposure-based therapy: a review. Front Hum Neurosci 8:112. doi:10.3389/fnhum.2014.00112

Bennett K, Bennett AJ, Griffiths KM (2010) Security considerations for e-mental health interventions. J Med Internet Res 12(5):e61. doi:10.2196/jmir.1468

Blankers M, Koeter MW, Schippers GM (2011) Internet therapy versus internet self-help versus no treatment for problematic alcohol use: a randomized controlled trial. J Consult Clin Psychol 79(3):330–341. doi:10.1037/a0023498

Boettcher J, Leek L, Matson L, Holmes EA, Browning M, MacLeod C et al (2013) Internet-based attention modification for social anxiety: a randomised controlled comparison of training towards negative and training towards positive cues. PLoS One 8:e71760. doi:10.1371/journal.pone.0071760

Boettcher J, Hasselrot J, Sund E, Andersson G, Carlbring P (2014a) Combining attention training with internet-based cognitive-behavioural self-help for social anxiety: a randomized controlled trial. Cogn Behav Ther 43:34–48. doi:10.1080/16506073.2013.809141

Boettcher J, Rozental A, Andersson G, Carlbring P (2014b) Side effects in internet-based interventions for social anxiety disorder. Intern Intervent 1:3-.11. doi:10.1016/j.invent.2014.02.002

Carlbring P, Smit F (2008) Randomized trial of internet-delivered self-help with telephone support for pathological gamblers. J Consult Clin Psychol 76:1090-.1094. doi:10.1037/a0013603

Carlbring P, Westling BE, Ljungstrand P, Ekselius L, Andersson G (2001) Treatment of panic disorder via the internet—a randomized trial of a self-help program. Behav Ther 32:751-764. doi:10.1016/S0005-7894(01)80019-8

Carlbring P, Bohman S, Brunt S, Buhrman M, Westling BE, Ekselius L et al (2006) Remote treatment of panic disorder: a randomized trial of internet-based cognitive behavioural therapy supplemented with telephone calls. Am J Psychiatry 163:2119-2125. doi:10.1176/appi.ajp.163.12.2119

Carlbring P, Brunt S, Bohman S, Austin D, Richards JC, Öst L-G et al (2007) Internet vs. paper and pencil administration of questionnaires commonly used in panic/agoraphobia research. Comput Hum Behav 23:1421-1434. doi:10.1016/j.chb.2005.05.002

Carlbring P, Degerman N, Jonsson J, Andersson G (2011) Internet-based treatment of pathological gambling with a three-year follow-up. Cogn Behav Ther 40:321-.334. doi:10.1080/16506073.2012.689323

Carlbring P, Apelstrand M, Sehlin H, Amir N, Rousseau A, Hofmann S et al (2012) Internet-delivered attention training in individuals with social anxiety disorder—a double blind randomized controlled trial. BMC Psychiatry 12:66

Castren S, Pankakoski M, Tamminen M, Lipsanen J, Ladouceur R, Lahti T (2013) Internet-based CBT intervention for gamblers in Finland: experiences from the field. Scand J Psychol 54:230-235. doi:10.1111/sjop.12034

Christensen H, Griffiths KM (2002) The prevention of depression using the internet. Med J Australia 177:S122-S125

Cote S, Bouchard S (2008) Virtual reality exposure for phobias: a critical review. J CyberTher Rehabilitation 1:75-91

Cristea IA, Kok RN, Cuijpers P (2015) Efficacy of cognitive bias modification interventions in anxiety and depression: meta-analysis. Br J Psychiatry 206:7-16. doi:10.1192/bjp.bp.114.146761

Cuijpers P, Donker T, van Straten A, Andersson G (2010) Is guided self-help as effective as face-to-face psychotherapy for depression and anxiety disorders? A meta-analysis of comparative outcome studies. Psychol Med 40:1943-1957. doi:10.1017/S0033291710000772

Dever Fitzgerald T, Hunter PV, Hadjistavropoulos T, Koocher GP (2010) Ethical and legal considerations for internet-based psychotherapy. Cogn Behav Ther 39:173-187. doi:10.1080/16506071003636046

Donker, T., Blankers, M., Hedman, E., Ljótsson, B., Petrie, K., & Christensen, H. (2015).

Economic evaluations of Internet interventions for mental health: a systematic review. Psychological Medicine, 45:3357–3376. doi:10.1017/s0033291715001427

Doumas DM, Hannah E (2008) Preventing high-risk drinking in youth in the workplace: a web-based normative feedback program. J Subst Abuse Treat 34:263–271. doi:10.1016/j.jsat.2007.04.006

Drummond MF, Sculpher MJ, Torrance GW, O'Brien BJ, Stoddart GL (2005) Methods for the economic evaluation of health care programmes, 3rd edn. Oxford University Press, Oxford

Ebert D, Lehr F, Boß L, Riper H, Cuijpers P, Andersson G et al (2014) Efficacy of an internet-based problem-solving training for teachers: results of a randomized controlled trial. Scand J Work Environ Health 40:582–596. doi:10.5271/sjweh.3449

El Alaoui S, Hedman E, Kaldo V, Hesser H, Kraepelien M, Andersson E et al (2015) Effectiveness of internet-based cognitive behaviour therapy for social anxiety disorder in clinical psychiatry. J Consult Clin Psychol 83:902–914

Epstein J, Klinkenberg WD (2001) From Eliza to internet: a brief history of computerized assessment. Comp Hum Behav 17:295–214

Furmark T, Carlbring P, Hedman E, Sonnenstein A, Clevberger P, Bohman B et al (2009) Guided and unguided self-help for social anxiety disorder: randomised controlled trial. Br J Psychiatry 195:440–447. doi:10.1192/bjp.bp.108.060996

Haemmerli K, Znoj H, Berger T (2010) Internet-based support for infertile patients: a randomized controlled study. J Behav Med 33:135–146. doi:10.1007/s10865-009-9243-2

Hedman E, Ljótsson B, Lindefors N (2012) Cognitive behaviour therapy via the internet: a systematic review of applications, clinical efficacy and cost-effectiveness. Expert Rev Pharmacoecon Outcomes Res 12:745–764. doi:10.1586/erp.12.67

Hedman E, Ljótsson B, Ruck C, Bergström J, Andersson G, Kaldo V et al (2013) Effectiveness of internet-based cognitive behaviour therapy for panic disorder in routine psychiatric care. Acta Psychiatr Scand 128:457–467. doi:10.1111/acps.12079

Hedman E, Ljótsson B, Kaldo V, Hesser H, El Alaoui S, Kraepelin M et al (2014) Effectiveness of internet-based cognitive behaviour therapy for depression in routine psychiatric care. J Affect Disord 155:49–58. doi:10.1016/j.jad.2013.10.023

Kaldo V, Haak T, Buhrman M, Alfonsson S, Larsen H-C, Andersson G (2013) Internet-based cognitive behaviour therapy for tinnitus patients delivered in a regular clinical setting—outcome and analysis of treatment drop-out. Cogn Behav Ther 42:146–158

Kaldo-Sandstrom V, Larsen HC, Andersson G (2004) Internet-based cognitive-behavioural self-help treatment of tinnitus: clinical effectiveness and predictors of outcome. Am J Audiol 13:185–192. doi:10.1044/1059-0889(2004/023)

Kleiboer A, Donker T, Seekles W, van Straten A, Riper H, Cuijpers P (2015) A randomized controlled trial on the role of support in internet-based problem solving therapy for depression and anxiety. Behav Res Ther 72:63–71. doi:10.1016/j.brat.2015.06.013

Klein B, Richards JC (2001) A brief internet-based treatment for panic disorder. Behav Cogn

Psychother 29:113–117

Kok RN, van Straten A, Beekman AT, Cuijpers P (2014) Short-term effectiveness of web-based guided self-help for phobic outpatients: randomized controlled trial. J Med Internet Res 16, e226. doi:10.2196/jmir.3429

Kuckertz JM, Gildebrant E, Liliequist B, Karlström P, Väppling C, Bodlund O et al (2014) Moderation and mediation of the effect of attention training in social anxiety disorder. Behav Res Ther 53:30–40

Lange A, Schrieken B, van den Ven J-P, Bredweg B, Emmelkamp PMG, van der Kolk J et al (2000) "Interapy": the effects of a short protocolled treatment of posttraumatic stress and pathological grief through the internet. Behav Cogn Psychother 28:175–192

Layard R, Clark DM (2014) Thrive. The power of evidence-based psychological therapies. Allen Lane, London

G. Andersson et a Marks IM, Shaw S, Parkin R (1998) Computer-assisted treatments of mental health problems. Clin Psychol 5:51–70. doi:10.1111/j.1468-2850.1998.tb00141.x

Marks IM, Cavanagh K, Gega L (2007) Hands-on help. Computer-aided psychotherapy (Maudsley monograph no. 49). Psychology Press, Hove

Merry SN, Stasiak K, Shepherd M, Frampton C, Fleming T, Lucassen MF (2012) The effectiveness of SPARX, a computerised self help intervention for adolescents seeking help for depression: randomised controlled non-inferiority trial. Br Med J 344:e2598. doi:10.1136/bmj.e2598

Mohr DC, Burns MN, Schueller SM, Clarke G, Klinkman M (2013) Behavioural intervention technologies:evidence review and recommendations for future research in mental health. Gen Hosp Psychiatry 35:332–338. doi:10.1016/j.genhosppsych.2013.03.008

Olthuis JV, Watt MC, Bailey K, Hayden JA, Stewart SH (2015) Therapist-supported Internet cognitive behavioural therapy for anxiety disorders in adults. Cochrane Database Syst Rev (3):CD011565. doi:10.1002/14651858.cd011565

Paxling B, Lundgren S, Norman A, Almlöv J, Carlbring P, Cuijpers P et al (2013) Therapist behaviours in internet-delivered cognitive behaviour therapy: analyses of e-mail correspondence in the treatment of generalized anxiety disorder. Behav Cogn Psychother 41:280–289

Proudfoot J, Ryden C, Everitt B, Shapiro DA, Goldberg D, Mann A et al (2004) Clinical efficacy of computerised cognitive-behavioural therapy for anxiety and depression in primary care: randomised controlled trial. Br J Psychiatry 185:46–54. doi:10.1192/bjp.185.1.46

Riley S, Veale D (1999) The internet and its relevance to cognitive behavioural psychotherapists. Behav Cogn Psychother 27:37–46

Riper H, Spek V, Boon B, Conijn B, Kramer J, Martin-Abello K et al (2011) Effectiveness of E-self-help interventions for curbing adult problem drinking: a meta-analysis. J Med Internet Res 13(2):e42. doi:10.2196/jmir.1691

Ritterband LM, Gonder-Frederick LA, Cox DJ, Clifton AD, West RW, Borowitz SM (2003)

Internet interventions: in review, in use, and into the future. Professional Psychol Res Pract 34:527–534

Ritterband LM, Andersson G, Christensen HM, Carlbring P, Cuijpers P (2006) Directions for the International Society for Research on Internet Interventions (ISRII). J Med Internet Res 8:e23. doi:10.2196/jmir.8.3.e23

Rozental A, Andersson G, Boettcher J, Ebert D, Cuijpers P, Knaevelsrud C et al (2014) Consensus statement on defining and measuring negative effects of internet interventions. Internet Interventions 1:12–19. doi:10.1016/j.invent.2014.02.001

Rozental A, Boettcher J, Andersson G, Schmidt B, Carlbring P (2015a) Negative effects of internet interventions: a qualitative content analysis of patients' experiences with treatments delivered online. Cogn Behav Ther 44:223–236. doi:10.1080/16506073.2015.1008033

Rozental A, Forsell E, Svensson A, Andersson G, Carlbring P (2015b) Internet-based cognitive behaviour therapy for procrastination: a randomized controlled trial. J Consult Clin Psychol 83:808–824. doi:10.1037/ccp0000023

Schneider AJ, Mataix-Cols D, Marks IM, Bachofen M (2005) Internet-guided self-help with or without exposure therapy for phobic and panic disorders. Psychother Psychosom 74:154–164

Storch EA, Caporino NE, Morgan JR, Lewin AB, Rojas A, Brauer L et al (2011) Preliminary investigation of web-camera delivered cognitive-behavioural therapy for youth with obsessive-compulsive disorder. Psychiatry Res 189:407–412. doi:10.1016/j.psychres.2011.05.047

Ström L, Pettersson R, Andersson G (2000) A controlled trial of self-help treatment of recurrent headache conducted via the internet. J Consult Clin Psychol 68:722–727. doi:10.1037/0022-006X.68.4.722

Tait RJ, Spijkerman R, Riper H (2013) Internet and computer based interventions for cannabis use: a meta-analysis. Drug Alcohol Depend 133:295–304. doi:10.1016/j.drugalcdep.2013.05.012

Titov N, Andrews G, Davies M, McIntyre K, Robinson E, Solley K (2010) Internet treatment for depression: a randomized controlled trial comparing clinician vs technician assistance. PLoS One 5:e10939. doi:10.1371/journal.pone.0010939

Titov N, Dear BF, Johnston L, Lorian C, Zou J, Wootton B et al (2013) Improving adherence and clinical outcomes in self-guided internet treatment for anxiety and depression: randomised controlled trial. PLoS One 8:e62873. doi:10.1371/journal.pone.0062873

van Bastelaar KM, Pouwer F, Cuijpers P, Riper H, Snoek FJ (2011) Web-based depression treatment for type 1 and type 2 diabetic patients: a randomized, controlled trial. Diabetes Care 34:320–325. doi:10.2337/dc10-1248

Vigerland S, Thulin U, Svirsky L, Öst L-G, Ljótsson B, Lindefors N et al (2013) Internet-delivered CBT for children with specific phobia: a pilot study. Cogn Behav Ther 42:303–314. doi:10.1080/16506073.2013.844201

Vlaescu G, Carlbring P, Lunner T, Andersson G (2015) An e-platform for rehabilitation of persons with hearing problems. Am J 24:271–275. doi:10.1044/2015_AJA-14-0083

Watkins PL (2008) Self-help therapies: past and present. In: Watkins PL, Clum GA (eds) Handbook of self-help therapies. Routledge, New York, pp 1–24

Watkins PL, Clum GA (eds) (2008) Handbook of self-help therapies. Routledge, New York

Westbrook D, Kennerly H, Kirk J (2011) Cognitive behaviour therapy. Skills and applications, 2nd edn. Sage, Los Angeles

Williams AD, Blackwell SE, Mackenzie A, Holmes EA, Andrews G (2013) Combining imagination and reason in the treatment of depression: a randomized controlled trial of internet-based cognitive-bias modification and internet-CBT for depression. J Consult Clin Psychol 81:793–799. doi:10.1037/a0033247

제2장

우울증의 인터넷 기반 인지행동치료

✒ Gerhard Andersson, Birgit Wagner, & Pim Cuijpers

주요우울장애와 우울증상은 매우 흔히 볼 수 있는 문제여서 비용-효과가 높으면서도 쉽게 이용할 수 있는 심리학적 치료가 요구된다. 우울장애와 우울증상의 가이드 ICBT에 대해 다룬 문헌들은 이미 다양하게 나와 있고 계속 출간되고 있는 중이다. 이 장에서는 프로그램의 예에 대해 살펴보고 그 근거에 대해서도 개관할 것이다. 대기자 대조군과 비교할 때 가이드 ICBT의 효과는 컸고 면대면 치료만큼 효과적이었다. 장기 효능 및 효과 자료에 따르면 효과는 지속적이었고 임상적인 상황에서도 충분한 효과를 보였다. 우울의 가이드 ICBT에 관한 비용-효과 연구는 그리 많지 않을뿐더러, ICBT와 면대면 CBT를 함께 결합시킨 치료에 대한 연구도 필요하다. 또한 지금까지 대부분의 연구가 성인을 대상으로 이뤄졌으므로 청소년이나 노인층을 대상으로 한 연구도 요구된다.

🔵 배경

우울은 전 세계적으로 흔한 문제이다(Ebmeier et al., 2006). 우울이 각자에게 나타나는 방식은 완전히 다르더라도, 주요우울장애로 진단하려면 하루 대부분의 시간에 그리고 2주 이상의 기간에 거의 매일 우울감을 느끼거나, 전부 또는 거의 대부분의 활동에서 흥미나 쾌감이 현격하게 저하되는 경험을 해야 한다. 진단 규준에는 이 두 주요 증상에 더하여 최소 2주 이상 지속되는 뚜렷한 체중 감소, 불면, 과다수면, 심리운동적 초조나 지체, 피로감, 활력 저하, 무가치감, 과도하거나 부적절한 죄책감, 사고력과 주의력 저하, 우유부단함, 죽음에 대한 반복적인 생각 등의 기타 증상도 포함된다(American Psychiatric Association, 2013). 최소 이들 증상이 다섯 개 이상 나타날 때 진단이 가능하다. 기분부전장애도 우울의 한 종류인데, 이 경우 우울한 기분이 거의 종일 지속되고 최소 2년 이상 우울한 날이 그렇지 않은 날보다도 더 많다는 것이 특징이다. 또한 주요우울장애의 기타 증상 중 두 가지 이상이 나타나야 한다. 불행하게도 우울은 재발되는 경우가 많다. 첫 번째 우울 삽화는 3개월에서 12개월 정도 지속되고(Spijker et al., 2002), 이후에는 두 번째 그리고 세 번째 삽화를 경험할 가능성이 높으며, 각 삽화가 나타날 때마다 이후 재발 가능성은 높아진다. 그러므로 우울이 발현되었을 때 치료하는 것을 넘어 재발을 예방하는 것이 임상가에게는 중요한 일이다. 또한 경도 우울을 잘 치료하는 것이 우울 삽화가 완전히 발현되는 것을 방지하는 데 있어 비용을 절감하는 길이기도 하다(van Zoonen et al., 2014). 이 장에서 우리는 우울의 가이드 ICBT에 대해 개관할 것이지만 그 전에 우선, 가장 널리 이용되는 심리학적 치료 기법들에 대해 논하고자 한다.

🍩 치료

우울 치료에는 다양한 약물치료와 심리학적 치료를 포함하여 여러 가지 방법이 존재한다. 항우울제 처방은 가장 대중적인 치료이며 효과가 좋고 심리학적 치료와 결합해서도 사용할 수 있다(Cuijpers et al., 2012). 그러나 장기 효과 면에서 보았을 때, 단독으로 처방되는 항우울제는 CBT만큼 효과가 지속적이지는 않다(Cuijpers et al., 2013). 이 장에서는 인터넷을 통해 전달되는 CBT(ICBT)에 대해 집중적으로 다룰 것이지만, 정신역동적 인터넷 치료(Johansson et al., 2012a)와 같은 다른 심리학적 치료나 운동요법(Ström et al., 2013) 역시 우울에 효과적인 것으로 나타났다. 또한 가이드 없는 인터넷 개입으로 실시된 대인관계치료 역시 우울증상에 대한 효과가 검증되었다(Donker et al., 2013).

우울에 대한 ICBT에 있어서 중요하게 다루고자 하는 부분은 그것이 어떻게 시행되는가 하는 점이다. 이 부분은 역사에 대해 다룬 장에 포함되어 있지만 이 지점에서 다시 간단히 언급할 필요가 있다. 우울에 있어서만큼은, 완전히 자율적인 치료보다 가이드 ICBT의 효과가 더 좋기 때문에 가이드 ICBT로 논의의 범위를 제한하려 한다(Johansson & Andersson, 2012).

🍩 우울증의 ICBT 프로그램

우울의 ICBT에 대한 문헌의 양이 점점 늘어나고 있다 해도, 대다수의 프로그램은 연구를 통해 검증된 바가 전혀 없기 때문에 현존하는 ICBT 프로그램 대부분을 상세히 다루기에는 어려움이 있다(Andersson, 2012). 하지만 개발되고 검증된 프로그램의 대부분은 CBT에 기초하고 있다. 그러므로 대개는 이론적인 설명, 행동활성화, 인지재구조화, 재발방지 등이 포함된다. 그러나 프로그램 간에 몇 가지 차이도 있다.

첫째, 초기 개발된 프로그램은 문자가 주요 매체로 사용되었고 상호작용적인 요소가 없거나 적었다. 이러한 것들은 '넷 독서치료(net bibliotherapy)'라 할 수 있다(Marks et al., 2007). 이후 점차 프로그램에 상호작용과 자동화된 요소가 포함되기 시작했다. 그림, 스트리밍 영상, 애니메이션, 음성 파일이나 온라인 강좌까지도 꽤 흔한 것이 되었고 일본 만화인 〈망가〉 형식으로 준임상적 우울을 치료하는 프로그램도 존재한다(Imamura et al., 2014). 그러나 아직까지 우울에 대한 프로그램 대부분은 주로 글이나 다운로드 가능한 문서파일에 의존하고 있는 상태이다.

둘째, 내담자-치료자 상호작용의 수준에서 크게 차이가 난다. 가장 흔한 접근은 보안된 웹 플랫폼상에서 이메일 답신을 통해 '최소' 가이드를 주는 것이다(Titov, 2010). 이런 '최소의 접촉'은 부과된 과제에 대한 격려나 피드백의 형태를 취하고, 정규 ICBT 프로그램에서는 한 명의 내담자당 매주 10분 이하의 시간이 소요된다(자세한 정보는 ICBT의 역사에 대해 다룬 장 참조). 분석 결과, 프로그램 참가자당 치료자가 투자한 분 단위 시간과 인터넷 기반 개입의 집단간 효과크기 간에 유의미한 상관이 있었다(Palmqvist et al., 2007). Andersson과 동료들은 10주의 프로그램 동안 환자당 약 100분 정도를 투자하여 과제에 대해 코멘트를 해주고 피드백을 주는 정도로 충분하다고 보았다(Andersson et al., 2009). 연구 결과, 치료자와의 접촉 시간을 일정한 정도 이상으로 계속 늘려 나간다고 해서 치료적 성과가 그에 비례해 증진되는 것은 아니었다(Vernmark et al., 2010). 흥미롭게도 이런 형태로 이뤄지는 과제에 대한 피드백을 주는 것이 꼭 전문적 임상가여야 할 필요는 없었고 적절히 훈련과 지도를 받는 비전문가로도 충분했다(Titov et al., 2010). 연락에 소요되는 시간을 더 줄이려면 이메일 자동 전송을 이용하면 된다(Titov et al., 2013). 이와는 반대로 임상가와의 접촉 시간을 늘리는 접근법도 있다. 예를 들어, 예약된 채팅 세션을 통해 실시간 접촉을 하는 식인데, 시간이 더 많이 들어가는 반면 자가가이드 ICBT에 비해 운용의 융통성은 줄어들었다(Kessler et al., 2009). 인터라피(Interapy)라는 프로그램도 있는데, 여기서 임상가와 내담자는 풍부한 문자 기반 상호작용을 시도한다(Ruwaard et al., 2009).

셋째, 프로그램이 어떻게 전달되는가 하는 점(즉, 전달과 제시의 과정)으로, 프로그램의 실제 내용보다 더 중요할 수도 있다. 특히 우울에 있어서 다양한 양식의 ICBT가 모두 어느 정도 효과가 있기는 하나, 그것이 전달되는 방식이 관건이었다. 치료에 의뢰된 방식(자가의뢰 또는 클리닉을 통한 의뢰), 진단 과정, 개입 중의 치료자 지원, 치료를 완료하는 정확한 마감 기간의 유무, 치료 지속 기간과 그 외 여러 가지 다른 '구조적' 요인 모두가 중요할 것이다.

CBT 내에서의 다양한 접근 방식은 ICBT 프로그램에 반영되어 있다. 기본적으로 대부분의 프로그램은 인지적이면서 행동적인 치료 기법을 기반으로 하고 있지만, 인터넷을 통해 치료할 수 있도록 제작된 문제해결 위주의 ICBT도 있다(Warmerdam et al., 2008). 서로 다른 장애들(예: 불안과 기분장애) 간에 공통된 부분을 추려 만든 범진단적(transdiagnostic) 치료 양식(Titov et al., 2011)이 있는 한편, 환자가 호소하는 각자의 문제에 딱 맞는 맞춤형 ICBT 접근도 있다(Johansson et al., 2012b). 어떤 부분에 중점을 두는가뿐만 아니라 어떤 대상 집단을 목표로 하는가에 따라서도 프로그램이 달라진다. 예를 들면, 아동과 청소년(Van Voorhees et al., 2007), 성인(Andersson et al., 2005), 노년층(Dear et al., 2013)을 각각 대상으로 하는 프로그램이 있고, 우울증의 잔류 증상이 있는 사람들을 대상으로 만들어진 프로그램(Holländare et al., 2011)도 있다. 〈표 2-1〉에서 이러한 프로그램의 내용에 대한 몇 가지 예시를 확인할 수 있다.

🌑 경험적인 연구

우울의 가이드 ICBT에 관해 이제는 꽤 많은 연구가 이뤄졌고 그 내용은 체계적인 개관 논문과 메타분석 연구에 잘 정리되어 있다. 개관 논문들에서 일반 전산화 치료와 인터넷으로 전달되는 치료를 구분해서 분석하지는 않았다. 새롭게 진행되는 전산화 치료(우울 극복하기 프로그램처럼 클리닉에서 CD-ROM을 통해 제시하는 치료)도 소수 등장하고 있으나, ICBT 연구가 대세가 되는 추세이다. 가

〈표 2-1〉 우울에 대한 다양한 가이드 ICBT 내용의 예

프로그램과 개발 국가	기간과 모듈 및 강좌 수	주요 내용	제시 방식	사용 지원 참고문헌 예
재발 방지 프로그램 (ISIDOR) 스웨덴	• 10주 • 9가지 기본 모듈과 상세 정보를 포함한 7가지 선택형 고급 모듈	• 심리교육 • 긍정적인 강화가 주어지는 활동 추가하기 • 부정적으로 강화되는 활동 다루기 • 인지재구조화 • 수면 개선 • 마음챙김 • 불안 감소 • 신체활동 • 장기 목표	• 다운로드할 수 있는 pdf 파일과 화면에 제시되는 문서 • 보안접촉 시스템 및 해당 시스템을 통한 과제 및 가이드 제공	Holländare et al. (2011)
우울에 대한 맞춤식 인터넷 개입 (Taylor) 스웨덴	• 10주 내외로 탄력적 운용 • 증상의 양상에 따라 처방된 25가지 모듈 • 고정 모듈: 심리교육, 인지재구조화, 안전행동, 재발방지	• 우울, 공황, 사회불안, 걱정, 트라우마, 스트레스 관리, 집중력 문제, 문제해결, 마음챙김과 이완에 대한 모듈들	• 위와 같음	Johansson et al. (2012b)
새드니스 (Sadness) 프로그램 호주	• 8주 • 6가지 온라인 강좌	• 행동활성화 • 인지재구조화 • 문제해결 • 자기주장 기술	• 삽화를 포함한 사례 내용, 프린트할 수 있는 요약본, 부가적인 참고문서(수면, 공황, 기타 공존 문제에 대한 문서파일) • 이메일과 자동알림을 통한 치료자 지원	Perini et al. (2009)
인터라피 (Interapy) 우울 네덜란드	• 11주 • 8단계 치료	• 지시문이 주어지는 8단계 　1. 알아차림의 유도: 쓰기 　2. 알아차림의 유도: 모니터링 　3. 활동의 구조화 　4. 부정적인 생각에 반박하기 　5. 행동 실험 　6. 자신에 대해 긍정적으로 말하기 　7. 사회 기술 　8. 재발방지	• 참가자 개인용 인터랙티브 워크북과 치료자를 위한 양식 매뉴얼 • 시스템 내부 이메일을 통한 연락 • 과제 부과	Ruwaard et al. (2009)

장 먼저 메타분석 개관에 실린 전반적 효과에 대해 논하려 한다. 그리고 우울 ICBT의 장기 효과에 대해 다룬 후 면대면 치료와 비교해 볼 것이다. 마지막으로 효과 자료에 대해 언급할 것이다.

저자 중 2인이 초기에 작성한 메타분석 개관에는 전산화된 개입과 ICBT가 모두 포함되어 있지만, 12개 연구 중 인터넷을 포함시키지 않은 연구가 두 개 있었다(Andersson & Cuijpers, 2009). 우리는 치료 후 대조군과 비교한 평균 효과크기가 $d=0.41$이라는 결과를 얻었지만 이런 추정치도 가이드 치료($d=0.61$)와 가이드 없는 치료($d=0.25$) 간의 유의미한 차이에 의해 조정된 것이 분명하다. 후속 개관에는 더 많은 연구가 포함되었지만 전반적인 결과는 동일했고(Richards & Richardson, 2012; Johansson & Andersson, 2012), 가이드의 정도와 결과 간에는 선형적인 연관성이 나타났다. 후속 연구에서는 효과크기가 $d=0.61$로 더 높게 나오기도 했다. Johansson과 Andersson(2012)의 논문에서 가이드가 전혀 없는 치료의 집단간 효과 차이가 $d=0.21$이었고 치료 전에만 연락을 주고받는 연구의 효과도 $d=0.33$이었다. 치료 중에 관계자와 연락을 하는 경우의 효과는 $d=0.58$이었고, 개입 전과 도중에 모두 연락을 주고받는 경우 효과는 $d=0.76$이었다. 이 마지막 효과크기는 일반 면대면 심리치료에서 나타나는 수치에 견줄 수 있는 정도이다(Cuijpers et al., 2011). 최근 추가된 자료에 따르면 2013년 1월부터 2014년 9월까지의 기간에 우울의 인터넷 치료에 대한 대조연구가 11개나 출판되었고, 이들 모두가 가이드 치료에 대한 연구였다(Andersson et al., 2014a).

이 분야의 문헌은 급속도로 많아지고 있다. 가이드 없는 ICBT(Clarke et al., 2002; Christensen et al., 2004)와 가이드 ICBT(Andersson et al., 2005)의 대조연구와 같은 초기 연구에서 출발해서, 여러 대조연구가 그 뒤를 이어 진행되었다. 예를 들어, 우울의 가이드 ICBT에 대한 대조군 연구는 호주(Perini et al., 2009), 스위스(Berger et al., 2011), 독일(Wagner et al., 2014), 네덜란드(Warmerdam et al., 2008; Ruwaard et al., 2009), 미국(Mohr et al., 2013) 등지에서 시행되었다. 이메일 치료(Vernmark et al., 2010), 수용지향 CBT(Carlbring et al., 2013)와 같은 다양한 형태의 ICBT와 더불어 인터넷 가이드를 포함한 스마트폰 활용 CBT에 대한 연

구(Ly et al., 2014)도 시도되었다. 또 다른 사례로는 경도 우울에 대해 망가 그림을 이용한 개입을 검증한 일본 연구도 있다(Imamura et al., 2014). 전에 밝혔듯이 다양한 하위집단에 대한 연구도 있다. 예를 들어, 당뇨와 우울(van Bastellar et al., 2011), 산후 우울(O'Mahen et al., 2014), 청소년(Saulsberry et al., 2013), 노년층과 성인(Titov et al., 2015a)을 대상으로 한 연구가 있고, 중국인과 같은 비서양권 언어 사용자에 맞춰서 번안·적용되기도 했다(Choi et al., 2012). 대부분의 연구는 경도 내지 중등도 우울에 중점을 두고 있으며, 우울 진단에 타당화된 도구를 사용하는 연구가 점차 늘어 가는 추세이다. 스웨덴에서는 유망한 결과를 보여 준 재발방지 프로그램 사례가 있었고(Holländare et al., 2011), 그 결과는 2년 후 추수연구까지 이어졌다(Holländare et al., 2013).

이 장의 초반부에 범진단적 ICBT와 맞춤형 ICBT에 대해 얘기했다. 범진단적, 맞춤형 ICBT의 장점은 우울에 동반되는 공존 문제를 다루기 좋다는 점인데, 불안이 그 좋은 예가 될 것이다(Andersson & Titov, 2014). 대조군이 있는 한 실험에서, 증상이 더 심각한 내담자군에 있어서 맞춤형 ICBT의 효과가 표준형 ICBT보다 우위임이 증명되었다(Johansson et al., 2012b). 서로 다른 우울 치료들이 동등한 정도의 효과를 보이는 경우가 많이 있기 때문에 이런 결과는 더 많은 연구를 통한 확증이 필요하다. 예를 들어, 전에 언급한 바가 있는 정신역동적 인터넷 치료는 한 연구에서 엄청난 치료효과를 나타냈다(Johansson et al., 2012a). 치료들 간의 차이를 연구하는 흥미로운 방식 중 한 가지는 내담자로 하여금 치료 방식을 선택할 수 있게 하는 것인데, 이러한 시도가 이뤄진 연구에서 대부분의 결과가 동등하게 나타났으나 내담자들의 선호도에서는 ICBT가 정신역동적 인터넷 치료를 앞섰다(Johansson et al., 2013).

ICBT 분야의 연구 일부에서는 원 논문에서 장기 추수효과를 검증하기도 했다. 예를 들어, 한 ICBT 연구에서는 면대면 집단치료와 ICBT를 비교 연구했고, 3년 후 추수 연구 자료에서 두 집단간 차이는 나타나지 않았지만 치료효과는 두 집단 모두 잘 유지됐다는 결과가 나왔다(Andersson et al., 2013b). 또 다른 연구에서는 3년 반 이후 자료에서 효과가 유지되었고(Andersson et al., 2013a) 치료 후 3년까지 장기 효과가 유지되었다는 연구도 출판되었다(Ruwaard et al., 2009). 그러나 이런 연구들에는 제한점이 있는데, 추수 기간의 우울 경과에 대한 언급이 없다는 점이다.

ICBT와 면대면 CBT 간의 차이를 대조함에 있어서 직접적인 비교가 많지 않은 이유는 비교연구를 하는 데 비용과 시간이 많이 소요되기 때문일 것이다. 최근의 개관연구에서 Andersson과 동료들은 단일한 연구로 면대면 CBT와 ICBT를 직접 비교한 연구(총 4개의 연구)를 수집하여 분석하였다(Andersson et al., 2014a). 확률효과 모형의 전체 효과크기는 Hedges' g[1]=0.12(95% CI: -0.08~0.32)로, 면대면 치료에 대해 가이드 ICBT의 손을 들어 주는 결과이고 이질성도 나타나지 않았다($I2$=00%). 이러한 결과는, 대조군이 있는 직접 비교연구에서 만큼은 일반적인 가이드 자가치료(Cuijpers et al., 2010)와 ICBT(Andersson et al., 2014b)가 면대면 치료만큼 효과가 있다는 다른 개관들과 일맥상통하는 것이다.

광고를 통해 연구에 모집된 환자들은 일반 진료 장면의 환자와 차이가 있을 수 있기 때문에 두 환경 모두에서 별도의 연구를 하는 것이 필요하다. 이를 효능(efficacy) 연구와 효과(effectiveness) 연구의 차이라 하는데, 이 중 효과 연구가 임상적인 대표성을 갖는 환경에서 정식 환자와 임상가에 대해 진행되는 연구이다(Hunsley & Lee, 2007). 정식 클리닉에서 진행되는 ICBT 연구가 점차 많이 출판되고 있고(Andersson & Hedman, 2013), 그중에는 우울에 대한 연구도 있다. 예를 들어, 네덜란드의 인터라피(Interapy) 프로그램(Ruwaard et al., 2012) 그리고 호주의 새드니스(Sadness) 프로그램(Williams & Andrews, 2013)에 대한 연구가 출간된 바 있다. 가이드 없는 우울 치료의 효과 연구 자료도 출간된 상태이다(Leykin et al., 2014). 이러한 연구들의 전반적인 결과는 ICBT 개입의 효과가 일반 진료의 효과에 비할 만하다는 것이다.

요약해 보면, 지금까지의 연구 결과 가이드 ICBT는 우울에 효과적이고 그 효과는 지속적인 편이다. 가이드 ICBT가 면대면 CBT만큼 효과적일 수 있지만 대

---

1) 역자 주: Hedges' g는 효과크기를 보여 주는 통계치로 Larry Hedges(1981)가 만든 것이다. 두 집단 평균의 편차점수에 기초한다는 점에서 Cohen's d와 유사하지만 구하는 공식에 차이가 있다.

부분이 경도와 중등도의 우울을 대상으로 한 연구이지 더 심각한 형태의 우울은 포함하지 않았음을 기억할 필요는 있다. 또한 다양한 대상 집단에 대해 가이드 ICBT의 효과가 입증되었지만 이들 대부분은 성인을 대상으로 한 연구였다.

🔘 사례

45세의 잉게르는 20대에 한 차례 우울을 경험한 바 있는 대기업의 중견 관리자로 두 아이와 남편이 있는 가정의 여성이다. 그녀는 자신이 다시 우울해질 것이라고는 전혀 생각하지 않았다. 겨울 휴가 때 가족과 스키를 타러 가서 넘어지며 다리가 부러지는 사고가 있었다. 몇 주간 회사를 쉬어야 했고 기대했던 승진에서 누락되었으며, 큰 아들(16세)은 학교생활에서 문제가 있었고 컴퓨터 앞에서 많은 시간을 허비했다. 이 모든 일로 그녀의 기분은 우울해졌고 점점 더 수동적으로 변해 갔다. 예를 들어, 그녀는 규칙적으로 하던 운동을 그만뒀고 친구들과의 만남도 피했다. 일이나 가족에게만 겨우 관심을 두는 정도였고 일이 잘 돌아가지 않으면 쉽게 주의력이 흐트러지고 짜증스러워지는 것을 느꼈다. 가족들도 그녀의 기분이 달라지고 수면에 어려움이 생겼음을 알게 되었다. 결국 지역보건의(general practitioner: GP)를 찾아가게 되었고 스웨덴 스톡홀름의 인터넷 정신건강의학 부서에서 도움을 받으라는 권고를 받았다. 그녀는 근처의 도시에 거주 중이었다. 2주라는 짧은 시간 안에 정신건강의학과에서 진찰받았고, 임상심리학자와의 면담 후, 치료 받겠다는 결정을 하면 바로 받게 되는 ICBT라는 것이 어떻게 진행되는지에 대한 설명까지 들었다. 우울 증상이 심각하지 않았고 대학의 학위가 있던 차라, 일할 시간을 많이 빼앗기지 않기를 원하는 자신에게는 좋은 대안이 될 것이라 생각했다. 부서에 소속된 심리학자(에릭)의 가이드로 10주간 진행되는 프로그램을 시작했고 에릭이 치료 과정을 가이드하면서 과제에 대한 피드백도 제공했다. 활동 계획을 짜는 것은 아주 쉬웠고, 부정적인 사고 경향이 항상 강했기 때문에 인지치료 기법이 가장 큰 도움이 됐으며 등록과 과제 작성에서도 많은 도움을 받았다. 또한 하루 일과 관리를 잘하고 보상적인 활동(운동을 다시 시작하고 친구를 만나는 등)을 하면서 일찌감치 수면도 나아지기 시작했지만, 수면 관리를 위한 조언 역시 도움이 됐다. 치료의 마지막에는 재발 방지 계획을 세웠다. 치료 종료 후 치료자와 면담을 했고 피드백도 받았다. 치료 중에 증상을 모니터했고 시작한 지 몇 주 만에 나아짐을 느꼈다. 이후 그녀는 자신이 아주 잘 해냈고 치료자가 잘 지원해 줬다고 느꼈다.

🔵 비용-효과

우울의 가이드 ICBT에 대한 비용-효과 연구는 많지 않으나, 가이드 없는 ICBT에 대한 연구는 더러 있다(de Graaf et al., 2008). 그러나 Warmerdam과 동료들은 가이드 ICBT와 문제해결 치료의 비용-효과가 괜찮다는 연구 결과를 제시했고(Warmerdam et al., 2010), 영국에서 시행된 실시간(real-time) ICBT 연구에서도 비슷한 결과가 나왔다(Hollinghurst et al., 2010). 또한 노년층 성인을 대상으로 한 ICBT 연구의 비용 자료도 나와 있다(Titov et al., 2015a). 피고용인이 경험하는 우울증상에 대한 연구에서도 개입은 대체로 비용-효과가 있었으나 고용주에 대한 결과는 달랐다(Geraedts et al., 2015). 우울의 가이드 ICBT에 대한 비용-효과 문제에 있어서 결론은 아직 불분명하고(Arnberg et al., 2014), 좀 더 많은 연구가 필요하다.

🔵 임상적 보급 및 확산

이 장의 초반에 밝혔듯이 효과성 자료가 속속 출간되는 상황이고, 호주의 마인드스팟(Mind Spot) 클리닉 등, 다인원의 환자들을 대상으로 여러 차례 시행된 프로그램에 대한 보고도 나오고 있다(Titov et al., 2015b). 우울에 대한 가이드

ICBT가 얼마나 잘 보급되고 있는지에 대해 전체 상황을 말하기는 어렵다. 실제 치료를 하는 사람들이 모두 그 내용을 출판하지는 않기 때문이다. 더구나 무드 짐(MoodGym)처럼 치료의 일부로 포함되어 진행되는, 가이드 없는 프로그램의 경우 면대면 치료와 결합하여 시행된다(Høifødt et al., 2013). 스웨덴의 경우 우울에 대한 가이드 ICBT가 몇 군데(카롤린스카 대학교병원의 인터넷 정신건강의학과 등)에서 시행되었지만 국가 차원의 치료 플랫폼을 개발하는 것이 접근성을 높이는 데에는 가장 효과적일 것이다. 또한 세계 도처에서 보건의료 서비스는 보험을 기반으로 운영되기 때문에 독일의 데프렉시스(Deprexis) 같은 사기업 프로그램도 점차 치료적 선택지의 하나로 대두되는 추세이고(Meyer et al., 2015), 네덜란드에서도 몇 가지 프로그램이 시행되고 있다(인터라피). 영국, 노르웨이 그리고 스웨덴에서는 보급 단계에서부터 세금을 재원으로 하는 보건의료 체계가 개입되었다. 결론짓자면, 확산에 있어서는 법적·윤리적인 측면이 매우 중요한 역할을 할 것이나 우울의 ICBT 관련 내용도 점차 임상가 지침의 일부로 통합되어 가고 있는 중이다.

🌑 논의 및 후속 과제

이제 치료자의 역할, 환자의 경험, 연구의 새로운 분야, 제한점 등에 대해 얘기하려 한다.

첫째, 많은 연구를 통해 검증되었다시피 우울의 ICBT는 치료 기간 내내 환자에게 가이드를 제공하면 효과가 좋아진다. 그렇다면 누가 가이드를 제공할 것인가 하는 의문이 생긴다. 전에 언급했듯이 Titov와 동료들은 기술적인 부분을 위주로 지원하는 것이 옳다고 생각했고(Titov et al., 2010), 치료자 개개인 간의 효과성 차이는 크지 않은 것으로 나타났다(Almlöv et al., 2009). 또한 치료적 지원은 프로그램 내 문서자료를 통해 직접 제공할 수도 있으므로(Richardson et al., 2010) 치료자의 주된 역할은 환자를 격려하는 것이 된다. 한편, ICBT의 치료적 동맹 수준은 높은 편이었고(Andersson et al., 2012; Preschl et al., 2011), 우리의 임상 경험에 비춰 봐도 환자는 온라인 치료자와 결속력을 갖게 된다. 이런 부분은 중점적으로 후속 연구가 필요하다. 왜냐하면 환자가 치료자를 직접 만나지 않는다는 점으로 인해, 면대면 치료의 동맹과는 다른 성질의 동맹이 될 것이기 때문이다.

둘째, 환자가 인터넷 치료를 어떻게 느끼는가에 대한 질적 연구도 점점 많아지고 있다. 우울에 대한 한 연구에서, 일부 환자는 프로그램에 '독자'의 역할로만 참여하는 경향이 있었기 때문에 치료과정에 참여했음에도 불구하고 실생활에서의 변화는 크지 않은 것으로 나타났다(Bendelin et al., 2011). 그러나 이런 문제는 면대면 치료에서도 일어날 수 있으며, 임상적으로 관찰한 바에 의하면 ICBT의 전반적인 이행도(adherence) 자체는 면대면 치료에 비해 나쁘지 않은 편이었다(van Ballegooijen et al., 2014).

이런 예비적인 성격의 연구들이 면대면 개입만큼 ICBT가 효과적이라는 주장을 뒷받침하기는 하지만, 면대면 치료에서 증상 개선에 효과를 발휘하는 요인들이 ICBT 환경에서도 동일하게 작용하는가는 불분명하다. 낮은 사회적 실재감과 면대면접촉의 부재와 같은 치료 요인은 원래 인터넷 기반 개입의 단점으로 지적되어 온 것이다. 그러나 바로 이런 요인들이 면대면 개입과의 비교에서 강점으로 작용할 수도 있다(Wagner et al., 2014). 온라인 참가자들은 그들 자신이 개입의 지속 여부에 대한 책임감을 갖게 되기 때문에 구조화된 치료 매뉴얼에 더 집중할 수 있을지도 모른다. 면대면 치료와 비교하자면 개별 가이드가 적어짐으로 인해 치료 모듈과 과제 수행에 있어서 개인의 책임에 대한 집중도는 높아질 수 있다. 이런 집중도는 ICBT의 치료 매뉴얼 이행도 역시 면대면 치료에 비해 높아지게 만든다. Derubeis와 Feeley(1990)는 인지행동치료의 이행도는 구체적 이행도와 추상적 이행도의 두 가지로 구분할 수 있다고 하였다. 구체적 이행도는 인지재구조화 작업지, 과제할당, 행동적 기법 등의 인지행동적인 도구와 관련된다. 반면에, 인지행동치료에 있어서 추상적 이행도란 환자의 상황이나 신념에 대한 이해를 중점으로 치료와 관련된 문제들에 대한 광범위한 논의와, 환자의 웰빙이나 치료의 진전에 대한 대화 같은 것과 관련이 있다. ICBT에서는 과제, 심리교육, 행동관찰 기법 등의 도구를 활용하는 데 있어서의 구체적 이행도가 관건이 된다. 환자의 최근 상황에 대한 대화 정도의, 극히 일부의 치료 관련 연락만이 추상적 이행도와 관련이 있다. 환자들은 역시 면대면 치료에서, 문제되는 현재 상황에 대해 얘기하거나 치료 모듈의 착실한 이행에 대해 얘기할 기회를 더 많이 갖게 된다(Wagner et al., 2014).

이 분야에서 이후 도전할 수 있는 여지는 아주 많다. 약물치료와 함께 가이드 ICBT를 사용한 양극성 장애에 대해 아직 연구가 충분하지 않고(온라인 심리교육에 대한 연구가 최소 한 가지 존재한다), 우울에 동반된 자살사고에 대해서도 초반 작업까지만 이루어지기는 하였으나(van Spijker et al., 2014), 인터넷 개입 후 그런 증상들이 전반적으로 감소된 것으로 나타난다(Watts et al., 2012). 우울에 대한 면대면 치료에 스마트폰 애플리케이션을 결합한 연구가 출판되고 있으나(Ly et al., 2012), 정식 면대면 치료와 ICBT가 완전히 융합된 프로그램에 대한 연구는 많지 않다. 임상가들은 면대면 치료를 인터넷 치료로 대체하기보다는 서비스를 적절히 융합시키는 것에 더 호의적이기 때문에 이 분야의 전망은 좋다(van der Vaart et al., 2014). 치료 결과의 조절 및 매개 변인에 대해서도 더 많은 연구가 필요하다. 다량의 자료 세트를 모으는 것이 가능하기 때문에 환자 수준의 메타분석을 하면 조절변인을 알아내는 데 유용할 것이다(Bower et al., 2013). 매개변인의 경우 ICBT 프로그램에서 매주 측정할 수 있도록 설정하여 연구하는 것이 가능하다(Hedman et al., 2014). 최신 모바일 애플리케이션을 이용하여 자료를 쉽게 수집하는 것이 가능해졌으며, 한 예로는 센서 자료를 수집하기도 했다(Cuijpers et al., 2015). 다른 연구 분야는 인지왜곡의 교정으로 ICBT의 효과를 증진시킬 가능성에 대해 알아볼 수 있다(Williams et al., 2013).

가능성들과 함께 몇 가지 제한점도 존재한다. 첫째, 대개의 심리치료 연구와 마찬가지로 대조연구에 참여한 환자들 대부분은 교육 수준이 높기 때문에 교육 수준이 낮은 환자들에게는 어떻게 조정해서 적용해야 하는지, 소리나 영상(오디오북이나 영상 강의 스트리밍)을 통해 전달했을 때 ICBT가 잘 통할지에 대해서도 충분히 밝혀지지 않았다. 둘째, 항우울제 약물은 널리 통용되고 있고, 특히 우울이 심각한 경우 심리치료의 효과를 증대시킬 수 있다(Cuijpers et al., 2011). 그런데 ICBT에 대한 많은 연구에서 환자들은 투약 중인 (안정된) 상태였으나 ICBT와 항우울제가 어떻게 상호작용하는가는 아직까지 불분명하다. 셋째, 서로 다른 환경, 국가 그리고 이해관계자별로 ICBT에 대한 태도는 달라진다. 예를 들어, 임상가에 비해 환자가 대체로 더 긍정적일 수 있지만(Gun et al., 2011), 이들 다수가 면대면 치료를 더 선호할 것이며(Mohr et al., 2010), ICBT를 융합한 치료를 통해 더 많은 사람에게 적은 비용으로 혜택을 주는 것이 가능할 것이다. 결론적으로 몇몇 도전이 있을 순 있겠지만 현재까지의 연구로 볼 때 ICBT는 경쟁력이 있는 치료 방식임은 분명하다고 할 수 있다.

🔘 참고문헌

Almlov J, Carlbring P, Berger T, Cuijpers P, Andersson G (2009) Therapist factors in Internet-delivered CBT for major depressive disorder. Cogn Behav Ther 38:247-254. doi:10.1080/16506070903116935

American Psychiatric Association (2013) Desk reference to the diagnostic criteria from DSM-5. American Psychiatric Press, Washington

Andersson G (2014) The internet and CBT: a clinical guide. CRC Press, Boca Raton

Andersson G, Cuijpers P (2009) Internet-based and other computerized psychological treatments for adult depression: a meta-analysis. Cogn Behav Ther 38:196-205. doi:10.1080/16506070903318960

Andersson G, Hedman E (2013) Effectiveness of guided Internet-delivered cognitive behaviour therapy in regular clinical settings. Verhaltenstherapie 23:140-148. doi:10.1159/000354779

Andersson G, Titov N (2014) Advantages and limitations of Internet-based interventions for common mental disorders. World Psychiatry 13:4-11. doi:10.1002/wps.20083

Andersson G, Bergström J, Holländare F, Carlbring P, Kaldo V, Ekselius L (2005) Internet-based self-help for depression: a randomised controlled trial. Br J Psychiatry 187:456-461. doi:10.1192/bjp.187.5.456

Andersson G, Carlbring P, Berger T, Almlöv J, Cuijpers P (2009) What makes Internet therapy work? Cogn Behav Ther 38(S1):55-60. doi:10.1080/16506070902916400

Andersson G, Paxling B, Wiwe M, Vernmark K, Bertholds Felix C, Lundborg L et al (2012) Therapeutic alliance in guided Internet-delivered cognitive behavioural treatment of depression, generalized anxiety disorder and social anxiety disorder. Behav Res Ther 50:544-550. doi:10.1016/j.brat.2012.05.003

Andersson G, Hesser H, Hummerdal D, Bergman-Nordgren L, Carlbring P (2013a) A 3.5-year follow-up of Internet-delivered cognitive behaviour therapy for major depression. J Ment Health 22:155-164

Andersson G, Hesser H, Veilord A, Svedling L, Andersson F, Sleman O et al (2013b) Randomized controlled non-inferiority trial with 3-year follow-up of internet-delivered versus face-to-face group cognitive behavioural therapy for depression. J Affect Disord 151:986-994. doi:10.1016/j.jad.2013.08.022

Andersson G, Bergman Nordgren L, Buhrman M, Carlbring P (2014a) Psychological treatments for depression delivered via the Internet and supported by a clinician: an update. Span J Clin Psychol 19:217-225. doi:10.5944/rppc.vol.19.num.3.2014.13903

Andersson G, Cuijpers P, Carlbring P, Riper H, Hedman E (2014b) Internet-based vs. face-to-face cognitive behaviour therapy for psychiatric and somatic disorders: a systematic review and meta-analysis. World Psychiatry 13:288-295. doi:10.1002/wps.20151

Arnberg FK, Linton SJ, Hultcrantz M, Heintz E, Jonsson U (2014) Internet-delivered psychological treatments for mood and anxiety disorders: a systematic review of their efficacy, safety, and cost-effectiveness. PLoS One 9:e98118. doi:10.1371/journal.pone.0098118

Bendelin N, Hesser H, Dahl J, Carlbring P, Zetterqvist Nelson K, Andersson G (2011) Experiences of guided Internet-based cognitive-behavioural treatment for depression: A qualitative study. BMC Psychiatry 11:107. doi:10.1186/1471-244X-11-107

Berger T, Hämmerli K, Gubser N, Andersson G, Caspar F (2011) Internet-based treatment of depression: a randomized controlled trial comparing guided with unguided self-help. Cogn Behav Ther 40:251-266. doi:10.1080/16506073.2011.616531

Bower P, Kontopantelis E, Sutton AP, Kendrick T, Richards D, Gilbody S et al (2013) Influence of initial severity of depression on effectiveness of low intensity interventions: meta-analysis of individual patient data. Br Med J 346:f540. doi:10.1136/bmj.f540

Carlbring P, Hägglund M, Luthström A, Dahlin M, Kadowaki Å, Vernmark K et al (2013) Internet-based behavioural activation and acceptance-based treatment for depression: a randomized controlled trial. J Affect Disord 148:331-337. doi:10.1016/j.jad.2012.12.020

Choi I, Zou J, Titov N, Dear BF, Li S, Johnston L et al (2012) Culturally attuned Internet treatment for depression amongst Chinese Australians: a randomised controlled trial. J Affect Disord 136:459-468. doi:10.1016/j.jad.2011.11.003

Christensen H, Griffiths KM, Jorm A (2004) Delivering interventions for depression by using the internet: randomised controlled trial. Br Med J 328:265-268. doi:10.1136/bmj.37945.566632.

Clarke G, Reid E, Eubanks D, O'Connor E, DeBar LL, Kelleher C et al (2002) Overcoming depression on the Internet (ODIN): a randomized controlled trial of an Internet depression skills intervention program. JMIR 4:e14. doi:10.2196/jmir.4.3.e14

Cuijpers P, Donker T, van Straten A, Andersson G (2010) Is guided self-help as effective as face-to-face psychotherapy for depression and anxiety disorders? A meta-analysis of comparative outcome studies. Psychol Med 40:1943-1957. doi:10.1017/S0033291710000772

Cuijpers P, Andersson G, Donker T, van Straten A (2011) Psychological treatment of depression: results of a series of meta-analyses. Nord J Psychiatry 65:354-364. doi:10.3109/08039488.2011.596570

Cuijpers P, Reynolds CF II, Donker T, Juan L, Andersson G, Beekman A (2012) Personalized treatment of adult depression: medication, psychotherapy or both? A systematic review. Depress Anxiety 29:855-864. doi:10.1002/da.21985

Cuijpers P, Hollon S, Van Straten A, Bockting C, Berking M, Andersson G (2013) Does cognitive behaviour therapy have an enduring effect that is superior to keeping patients on continuation pharmacotherapy? A meta-analysis. BMJ Open 3:e002542. doi:10.1136/bmjopen-2012-002542

Cuijpers P, Riper H, Andersson G (2015) Internet-based treatment of depression. Curr Opin Psychol 4:131-135. doi:10.1016/j.copsyc.2014.12.026

de Graaf LE, Gerhards SA, Evers SM, Arntz A, Riper H, Severens JL et al (2008) Clinical and cost-effectiveness of computerised cognitive behavioural therapy for depression in primary care: design of a randomised trial. BMC Public Health 8:224. doi:10.1186/1471-2458-8-224

Dear BF, Zou J, Titov N, Lorian C, Johnston L, Spence J et al (2013) Internet-delivered cognitive behavioural therapy for depression: a feasibility open trial for older adults. Aust N Z J Psychiatry 47:169-176. doi:10.1177/0004867412466154

Donker T, Bennett K, Bennett A, Mackinnon A, van Straten A, Cuijpers P et al (2013) Internet-delivered interpersonal psychotherapy versus internet-delivered cognitive behavioural therapy for adults with depressive symptoms: randomized controlled noninferiority trial. JMIR 15:e82. doi:10.2196/jmir.2307, v15i5e82 [pii]

Ebmeier KP, Donaghey C, Steele JD (2006) Recent developments and current controversies in depression. Lancet 367:153-167. doi:10.1016/S0140-6736(06)67964-6

Geraedts AS, van Dongen JM, Kleiboer AM, Wiezer NM, van Mechelen W, Cuijpers P et al (2015) Economic evaluation of a web-based guided self-help intervention for employees with depressive symptoms: results of a randomized controlled trial. J Occup Environ Med 57:666-675.doi:10.1097/jom.0000000000000423

Gun SY, Titov N, Andrews G (2011) Acceptability of Internet treatment of anxiety and depression. Australas Psychiatry 19:259-264. doi:10.3109/10398562.2011.562295

Hedman E, Ljótsson B, Kaldo V, Hesser H, El Alaoui S, Kraepelin M et al (2014) Effectiveness of Internet-based cognitive behaviour therapy for depression in routine psychiatric care. J

Affect Disord 155:49-58. doi:10.1016/j.jad.2013.10.023

Høifødt RS, Lillevoll KR, Griffiths KM, Wilsgaard T, Eisemann M, Waterloo K et al (2013) The clinical effectiveness of web-based cognitive behavioural therapy with face-to-face therapist support for depressed primary care patients: randomized controlled trial. J Med Internet Res 15:e153. doi:10.2196/jmir.2714

Holländare F, Johnsson S, Randestad M, Tillfors M, Carlbring P, Andersson G et al (2011) Randomized trial of internet-based relapse prevention for partially remitted depression. Acta Psychiatr Scand 124:285-294. doi:10.1111/j.1600-0447.2011.01698.x

Holländare F, Johnsson S, Randestad M, Tillfors M, Carlbring P, Andersson G et al (2013) Two-year outcome for Internet-based relapse prevention for partially remitted depression. Behav Res Ther 51:719-722. doi:10.1016/j.brat.2013.08.002

Hollinghurst S, Peters TJ, Kaur S, Wiles N, Lewis G, Kessler D (2010) Cost-effectiveness of therapist-delivered online cognitive-behavioural therapy for depression: randomised controlled trial. Br J Psychiatry 197:297-304. doi:10.1192/bjp.bp.109.073080

Hunsley J, Lee CM (2007) Research-informed benchmarks for psychological treatments: efficacy studies, effectiveness studies, and beyond. Prof Psychol Res Pract 38:21-33. doi:10.1037/0735-7028.38.1.21

Imamura K, Kawakami N, Furukawa TA, Matsuyama Y, Shimazu A, Umanodan R et al (2014) Effects of an Internet-based cognitive behavioural therapy (ICBT) program in Manga format on improving subthreshold depressive symptoms among healthy workers: a randomized controlled trial. PLoS One 9(5):e97167. doi:10.1371/journal.pone.0097167

Johansson R, Andersson G (2012) Internet-based psychological treatments for depression. Expert Rev Neurother 12:861-870. doi:10.1586/ern.12.63

Johansson R, Ekbladh S, Hebert A, Lindstrom M, Moller S, Petitt E et al (2012a) Psychodynamic guided self-help for adult depression through the Internet: a randomised controlled trial. PLoS One 7(5):e38021. doi:10.1371/journal.pone.0038021

Johansson R, Sjöberg E, Sjogren M, Johnsson E, Carlbring P, Andersson T et al (2012b) Tailored vs. standardized Internet-based cognitive behaviour therapy for depression and comorbid symptoms: a randomized controlled trial. PLoS One 7(5):e36905. doi:10.1371/journal.pone.0036905

Johansson R, Nyblom A, Carlbring P, Cuijpers P, Andersson G (2013) Choosing between Internet-based psychodynamic versus cognitive behavioural therapy for depression: a pilot preference study. BMC Psychiatry 13:268. doi:10.1186/10.1186/1471-244X-13-268

Kessler D, Lewis G, Kaur S, Wiles N, King M, Weich S et al (2009) Therapist-delivered internet psychotherapy for depression in primary care: a randomised controlled trial. Lancet 374:628-634. doi:10.1016/S0140-6736(09)61257-5

Leykin Y, Munoz RF, Contreras O, Latham MD (2014) Results from a trial of an unsupported internet intervention for depressive symptoms. Internet Interv 1:175-181. doi:10.1016/j.invent.2014.09.002

Ly KH, Truschel A, Jarl L, Magnusson S, Windahl T, Johansson R et al (2014) Behavioural activation vs Mindfulness-based guided self-help treatment administered through a smartphone application: a randomized controlled trial. BMJ Open 4:e003440. doi:10.1136/bmjopen-2013-003440

Ly KH, Topooco N, Cederlund H, Wallin A, Bergström J, Molander O et al (2015) Smartphone-supported versus full behavioural activation for depression: a randomised controlled trial. PLoS One 10:e0126559. doi:10.1371/journal.pone.0126559

Marks IM, Cavanagh K, Gega L (2007) Hands-on help. Computer-aided psychotherapy (Maudsley monograph no. 49). Psychology Press, Hove

Meyer B, Bierbrodt J, Schröder J, Berger T, Beeverse CG, Weissa M et al (2015) Effects of an internet intervention (Deprexis) on severe depression symptoms: randomized controlled trial. Internet Intervent 2:48-59. doi:10.1016/j.invent.2014.12.003

Mohr DC, Siddique J, Ho J, Duffecy J, Jin L, Fokuo JK (2010) Interest in behavioural and psychological treatments delivered face-to-face, by telephone, and by internet. Ann Behav Med 40:89-98. doi:10.1007/s12160-010-9203-7

Mohr DC, Duffecy J, Ho J, Kwasny M, Cai X, Burns MN et al (2013) A randomized controlled trial evaluating a manualized TeleCoaching protocol for improving adherence to a web-based intervention for the treatment of depression. PLoS One 8(8):e70086. doi:10.1371/journal.pone.0070086

O'Mahen HA, Richards DA, Woodford J, Wilkinson E, McGinley J, Taylor RS et al (2014) Netmums: a phase II randomized controlled trial of a guided Internet behavioural activation treatment for postpartum depression. Psychol Med 44:1675-1689. doi:10.1017/s0033291713002092

Palmqvist B, Carlbring P, Andersson G (2007) Internet-delivered treatments with or without therapist input: does the therapist factor have implications for efficacy and cost? Expert Rev Pharmacoecon Outcomes Res 7:291-297. doi:10.1586/14737167.7.3.291

Perini S, Titov N, Andrews G (2009) Clinician-assisted Internet-based treatment is effective for depression: randomized controlled trial. Aust N Z J Psychiatry 43:571-578. doi:10.1080/00048670902873722

Preschl B, Maercker A, Wagner B (2011) The working alliance in a randomized controlled trial comparing online with face-to-face cognitive-behavioural therapy for depression. BMC Psychiatry 11:189. doi:10.1186/1471-244X-11-189

Richards D, Richardson T (2012) Computer-based psychological treatments for depression: a systematic review and meta-analysis. Clin Psychol Rev 32:329-342. doi:10.1016/j.cpr.2012.02.004

Richardson R, Richards DA, Barkham M (2010) Self-help books for people with depression: the role of the therapeutic relationship. Behav Cogn Psychother 38:67-81

Ruwaard J, Schrieken B, Schrijver M, Broeksteeg J, Dekker J, Vermeulen H et al (2009) Standardized web-based CBT of mild to moderate depression: a randomized controlled trial with a long-term follow-up. Cogn Behav Ther 38:206-221

Ruwaard J, Lange A, Schrieken B, Dolan CV, Emmelkamp P (2012) The effectiveness of online cognitive behavioural treatment in routine clinical practice. PLoS One 7(7):e40089. doi:10.1371/journal.pone.0040089

Saulsberry A, Marko-Holguin M, Blomeke K, Hinkle C, Fogel J, Gladstone T et al (2013) Randomized clinical trial of a primary care internet-based intervention to prevent adolescent depression: one-year outcomes. J Can Acad Child Adolesc Psychiatry 22:106-117

Spijker J, de Graaf R, Bijl RV, Beekman AT, Ormel J, Nolen WA (2002) Duration of major depressive episodes in the general population: results from The Netherlands Mental Health Survey and Incidence Study (NEMESIS). Br J Psychiatry 181:208-213. doi:10.1192/bjp.181.3.208

Ström M, Uckelstam C-J, Andersson G, Hassmén P, Umefjord G, Carlbring P (2013) Internet-delivered therapist-guided physical activity for mild to moderate depression: a randomized controlled trial. PeerJ 1:e178. doi:10.7717/peerj.178

Titov N (2010) Email in low intensity CBT interventions. In: Bennett-Levy J, Christensen H, Farrand P, Griffiths K, Kavanagh D, Klein B et al (eds) Oxford Guide to low intensity CBT interventions. Oxford University Press, Oxford, pp 287-293

Titov N, Andrews G, Davies M, McIntyre K, Robinson E, Solley K (2010) Internet treatment for depression: a randomized controlled trial comparing clinician vs technician assistance. PLoS One 5:e10939. doi:10.1371/journal.pone.0010939

Titov N, Dear BF, Schwencke G, Andrews G, Johnston L, Craske MG et al (2011) Transdiagnostic internet treatment for anxiety and depression: a randomised controlled trial. Behav Res Ther 49:441-452. doi:10.1016/j.brat.2011.03.007

Titov N, Dear BF, Johnston L, Lorian C, Zou J, Wootton B et al (2013) Improving adherence and clinical outcomes in self-guided internet treatment for anxiety and depression: randomised controlled trial. PLoS One 8:e62873. doi:10.1371/journal.pone.0062873

Titov N, Dear BF, Ali S, Zou JB, Lorian CN, Johnston L et al (2015a) Clinical and cost-effectiveness of therapist-guided internet-delivered cognitive behaviour therapy for older adults with symptoms of depression: a randomized controlled trial. Behav Ther 46:193-205. doi:10.1016/j.beth.2014.09.008

Titov N, Dear BF, Staples L, Bennett-Levy J, Klein B, Rapee RM et al (2015b) MindSpot Clinic: an accessible, efficient and effective online treatment service for anxiety and depression. Psychiatr Serv 66(10):1043-1050

van Ballegooijen W, Cuijpers P, van Straten A, Karyotaki E, Andersson G, Smit JH et al (2014) Adherence to Internet-based and face-to-face cognitive behavioural therapy for depression: a meta-analysis. PLoS One 9:e100674. doi:10.1371/journal.pone.0100674

van Bastelaar KM, Pouwer F, Cuijpers P, Riper H, Snoek FJ (2011) Web-based depression treatment for type 1 and type 2 diabetic patients: a randomized, controlled trial. Diabetes

Care 34:320-325. doi:10.2337/dc10-1248

van der Vaart R, Witting M, Riper H, Kooistra L, Bohlmeijer ET, van Gemert-Pijnen LJ (2014) Blending online therapy into regular face-to-face therapy for depression: content, ratio and preconditions according to patients and therapists using a Delphi study. BMC Psychiatry 14:355. doi:10.1186/s12888-014-0355-z

van Spijker BA, van Straten A, Kerkhof AJ (2014) Effectiveness of online self-help for suicidal thoughts: results of a randomised controlled trial. PLoS One 9:e90118. doi:10.1371/journal.pone.0090118

Van Voorhees BW, Ellis JM, Gollan JK, Bell CC, Stuart SS, Fogel J et al (2007) Development and process evaluation of a primary care Internet-based intervention to prevent depression in emerging adults. Prim Care Companion J Clin Psychiatry 9(5):346-355

van Zoonen K, Buntrock C, Ebert DD, Smit F, Reynolds CF 3rd, Beekman AT et al (2014) Preventing the onset of major depressive disorder: a meta-analytic review of psychological interventions. Int J Epidemiol 43(2):318-329. doi:10.1093/ije/dyt175

Vernmark K, Lenndin J, Bjärehed J, Carlsson M, Karlsson J, Oberg J et al (2010) Internet administered guided self-help versus individualized e-mail therapy: a randomized trial of two versions of CBT for major depression. Behav Res Ther 48:368-376. doi:10.1016/j.brat.2010.01.005

Wagner B, Horn AB, Maercker A (2014) Internet-based versus face-to-face cognitive-behavioural intervention for depression: a randomized controlled non-inferiority trial. J Affect Disord 152-54:113-121. doi:10.1016/j.jad.2013.06.032

Warmerdam L, van Straten A, Twisk J, Riper H, Cuijpers P (2008) Internet-based treatment for adults with depressive symptoms: randomized controlled trial. JMIR 10:e44. doi:10.2196/jmir.1094

Warmerdam L, Smit F, van Straten A, Riper H, Cuijpers P (2010) Cost-utility and cost-effectiveness of internet-based treatment for adults with depressive symptoms: randomized trial. JMIR 12(5):e53. doi:10.2196/jmir.1436

Watts S, Newby JM, Mewton L, Andrews G (2012) A clinical audit of changes in suicide ideas with internet treatment for depression. BMJ Open 2:e001558. doi:10.1136/bmjopen-2012-001558

Williams AD, Andrews G (2013) The effectiveness of Internet cognitive behavioural therapy(ICBT) for depression in primary care: a quality assurance study. PLoS One 8:e57447. doi:10.1371/journal.pone.0057447

Williams AD, Blackwell SE, Mackenzie A, Holmes EA, Andrews G (2013) Combining imagination and reason in the treatment of depression: a randomized controlled trial of internet-based cognitive-bias modification and internet-CBT for depression. J Consult Clin Psychol 81:793-799. doi:10.1037/a0033247

제3장

공황장애와 광장공포증의 인터넷 기반 인지행동치료:
가정용 컴퓨터 노출부터 실제 상황 노출까지

✍ Wouter van Ballegooijen, Britt Klein, & Nils Lindefors

광장공포증을 동반하거나 동반하지 않은 공황장애(panic disorder with or without agoraphobia, 이하 공황장애)는 신체불안증상, 부적응적 인지 그리고 회피행동이 문제가 되는 심각한 장애이다. 인터넷 기반 인지행동치료(ICBT)는 공황장애로 고통받는 사람들에게 접근성 있는 정신건강 서비스를 제공할 수 있고, 심리학적 치료의 활용도를 높이는데도 도움이 될 것이다. 공황장애의 ICBT와 관련된 문헌들에서 대부분 긍정적인 결과가 나왔고, 특히 일반 집단을 대상으로 한 치료자 가이드 ICBT가 효과적이었다. 가이드 없는 공황장애 ICBT에 대해 연구된 바는 적지만 대체로 긍정적인 결과가 나왔으며, 다만 가이드 ICBT에 비해 치료 이탈률이 높은 편이었다. 가이드 ICBT가 공황장애 입원환자의 치료에 효과적이라는 증거도 있다.

공황장애에 대한 ICBT의 비용-효과 연구는 미비한 편이지만 면대면 CBT에 비하면 비용절감 효과가 있는 것으로 보인다. 이 장에서는 공황장애에 대한 현존하는 ICBT 프로그램과 스웨덴과 호주에서의 사례연구 및 적용의 예 등에 대해서도 다룰 것이다. 이어서 가이드를 최소화한 ICBT의 가능성, 모바일이나 가상현실 등의 기술을 이용하는 것과 같이 공황장애 ICBT에서의 혁신분야에 대해 밝힌 후, 연구나 개발 측면에서 향후 지향할 바에 대해 얘기하는 것으로 마무리하겠다.

공황장애와 광장공포증

공황장애와 광장공포증은 빈번하게 나타나는, 개인이나 사회 전반에 심각한 영향을 끼치는 불안장애 종류이다(Buist-Bouwman et al., 2006; De Graaf et al., 2010; Smit et al., 2006). 공황장애의 특징은 호흡곤란, 심계항진 등의 신체증상이 나타나는 공황발작과 문제성 인지(예: 가능성의 과대 추정), 공황발작이 일어날 것에 대한 지속적인 두려움 등이다(World Health Organization, 2014; American Psychiatric Association, 2013). 흔히 광장공포증은 공황장애에 동반해서 나타나고, 공황발작이 일어났을 때 도피하기가 어렵거나 당황스러울 만한 상황 또는 장소를 회피하는 반응이 관련된다. 이 장에서는 광장공포증을 동반하거나 동반하지 않은 공황장애를 일컬어 공황장애로 통칭하기로 한다. 공황장애와 공황이 동반되지 않는 광장공포증의 생애 유병률은 각각 3.8%와 0.9%이다(De Graaf et al., 2010). 네덜란드에서 조사된 12개월 유병률은 각각 1.2%, 0.4%였다(De Graaf et al., 2010). 호주에서 조사된 12개월 유병률은 2.6%였다(Australian Bureau of Statistics, 2007).

공황장애나 광장공포가 있는 사람이 대개 회피하고자 하는 상황에는, 자동차 운전하기, 슈퍼마켓 가기, 대중교통 이용하기 등이 있다. 따라서 가정 등의 장소에서 융통성 있게 접근하는 것이 가능한 ICBT는 이러한 사람들이 받아들이기에 용이한 형태이고, 심리학적 치료를 선택하여 받을 가능성을 높이는 역할도 한다. 이 장에서는 공황장애와 광장공포증에 대한 ICBT 관련 문헌을 개관할 것이다. 또한 이 분야에서의 문제와 발전, 향후 지향점 등에 대해서도 논의할 것이다.

공황장애와 광장공포증의 기존 ICBT 프로그램

몇몇 연구에서 공황장애와 광장공포증의 인터넷 개입에 대해 다루고 있다.

이들 개입은 인지행동치료(CBT)에 기초하고 있고 치료자나 코치가 가이드한다.

패닉온라인

패닉온라인(Panic Online)은 호주연방대학교의 Klein과 동료들에 의해 1990년대 말에 개발되었다. 이 프로그램은 여러 차례 다양하게 시행되었고 (Kiropoulos et al., 2008; Klein et al., 2006, 2008, 2009; Klein & Richards, 2001; Pier et al., 2008; Richards et al., 2006; Shandley et al., 2008) 모든 연구에서 효능성 검증이 이뤄졌다. 패닉온라인 프로그램은 공황장애의 CBT 치료 원리에 기초한 여섯 가지 핵심 공황 모듈로 구성되어 있다. 여기에는 심리교육, 공황과 불안의 자기감찰, 호흡조절법, 점진적 근육이완, 부정적 인지(가능성의 과대추정과 재앙화), 공황 관련 감각과 상황에 대한 노출 및 재발방지 등이 포함된다. 이 프로그램은 이완 시 사용되는 오디오 파일, 플래시 인터랙티브 영상[1], 그림을 이용한 노출연습, PDF 파일, 온라인으로 작성하는 자기감찰 양식, 이메일 교환(치료자 가이드가 포함된 프로그램의 경우) 등을 이용해서 양방향으로 진행된다. 모듈의 길이는 다양하지만 웹페이지 기준으로 평균 8페이지 정도이다.

패닉스탑!

패닉스탑!(Panic Stop!)은 2009년 호주의 스윈번 대학교에서 연방정부 기금으로 설립된 가상 심리클리닉[초반에는 불안온라인(Anxiety Online)으로 현재는 정신건강온라인(Mental Health Online)으로 불림]의 일부이며, Klein과 동료들에 의해 개발되었다. 정신건강온라인에서는 모든 국가에서 이용 가능한 자동화된 심리학적 평가인 e-PASS를 거쳐, 불안의 자가가이드 CBT에 무료로 참여할 수 있다. e-PASS는 온라인 자기보고식 진단평가 도구로 정신장애진단 및 통계편람

---

1) 역자 주: 일반 영상은 그냥 시청하는 것임에 반해 인터랙티브(양방향) 영상은 사용자의 스크롤, 클릭, 링크 등 행위에 반응할 수 있는 영상을 의미한다.

(DSM-IV-TR; APA, 2000)의 21가지 장애를 측정하고, 자기 또는 치료자 가이드 온라인 프로그램의 관문 역할을 한다. e-PASS는 540개 이상의 문항으로 구성된 자동화된 도구로 DSM-IV-TR(APA, 2000)이 정한 규준을 그대로 사용한다. 또한 자살사고나 왜곡된 사고를 선별해 내고, 보고된 증상에 약물이 영향을 끼치거나 의학적인 문제가 관련된 것은 아닌지에 대해서도 점검한다. 프로그램 소비자들은 e-PASS를 통해 다양한 심리학적 증상과 장애에 있어서 스스로 문제가 없는지를 확인해 보고, 자신이 보고한 증상에 맞는, 적합한 온라인 치료 프로그램을 제공받는다(더 상세한 내용은 Klein et al., 2011 참조). 패닉스탑!은 12개의 모듈로 구성되어 있고, 패닉온라인의 확장판이라고 보면 된다(패닉스탑!의 2모듈이 대개 패닉온라인의 1모듈에 상응한다). 패닉스탑!에는 다양한 인터랙티브 활동, 공황과 기분에 대한 역동적인 자기감찰, 다양한 오디오 지시(호흡 조절, 점진적 근육 이완, 마음챙김), 영상을 이용한 노출훈련(다리 건너기, 가게 입장하기, 대중교통 이용하기), 과제 지시, 이메일 알림 등이 포함된다. 모듈의 길이는 다양하지만 웹페이지로 평균 20페이지 정도이다. 현재까지의 근거 자료에 따르면 패닉스탑!(자가가이드판)은 공황(Klein et al., 2011)뿐만 아니라 공존하는 우울(AL-Asadi et al., 2014)에 대해서도 효과적이었다.

인터넷 정신건강의학 클리닉

스톡홀름의 인터넷 정신건강의학 클리닉(Internet Psychiatry Clinic)은 스웨덴 사람들에게 우울, 사회불안장애, 공황장애 등에 대한 가이드 ICBT를 제공하고 있다. 공황장애 치료는 10개의 모듈로 구성되어 있고 3개월에 걸쳐 10개의 독립된 치료 모듈이 연속으로 진행된다. 치료 중에는 웹 기반 플랫폼을 통해 치료자와 환자가 연락을 주고받으며, 이 플랫폼에는 치료 모듈에 대한 정보, 자가평가 도구 외에 치료 진행을 돕는 다양한 지원 장치가 포함되어 있다(Hedman et al., 2013). 치료 내용은 다음과 같은 단계로 구분된다. (1) 불안, 공황장애 및 인지행동치료에 대한 심리교육, (2) 부정적 자동사고, 사고의 악순환, 감정과 신체감각에 대한 집중, (3) 인지재구조화, (4~5) 자극감응 훈련[2], (6~8) 광장공포 노출기법, (9) 이전 모든 모듈의 요약, (10) 재발방지. 각 치료 모듈마다 환자와 치료자가 평가를 마치고 나면 바로 다음 단계로 진행된다. 치료 성과는 클리닉 방문 시기에 사전평가와 사후평가를 시행하고, 치료 6개월 후에는 웹 기반으로 추수평가를 시행한다. 또한 치료 플랫폼의 PDSS-SR(Panic Disorder Severity Scale-Self report)과 MADRS-S(Montgomery Åsberg Depression Rating Scale-Self-report; Svanborg and Åsberg, 1994)라는 척도를 이용하여 매주 자가평가 자료를 얻는다.

웁살라[3] 모델

Carlbring 등(2006)이 개발한 ICBT 개입의 일환으로 10개의 모듈(1~2모듈, 심리교육과 치료에 대한 소개/3모듈, 호흡 재교육과 과호흡 검사/4~5모듈, 인지재구조화/6~7모듈, 자극감응 훈련/8~9모듈, 실제 상황에의 노출/10모듈, 재발방지와 자기주장 훈련)로 구성되어 있다. 각 모듈은 25페이지 정도로 구성되고, 정보와 훈련이 포함되며 3~8개 정도의 질문에 답변을 서술하는 것으로 끝맺는다. 각 모듈에는 인터랙티브한 선다형 퀴즈가 포함되어 있는데 정답을 했을 때에만 다음 단계로 진행할 수 있다. 오답을 할 경우 참가자에게 자동으로 피드백한 후 상세한 설명을 곁들인 정답을 제시한다.

가이드 없는 공개 CBT 프로그램

이 ICBT 개입(Farvolden et al., 2005)은 가이드가 없는 형식이다. 기본 요소로는 공황장애와 광장공포증의 인지행동 모델에 대한 소개, 목표 설정, 노출훈련,

---

2) 역자 주: 자극감응 훈련(interoceptive exposure)은 내부 감각(interoceptive)을 스스로 유발시켜 노출하는 훈련으로, 공황감각 유발 훈련이라고도 부른다. 가느다란 빨대로 호흡하여 어지러움을 유발하거나 호흡을 참는 것을 통해 스스로 공황증상을 유도하여 이러한 신체적 공황 유사감각에 익숙해지도록 한다.

3) 역자 주: 웁살라(Uppsala)는 스웨덴 중동부에 있는 도시의 이름이다. 이곳에는 북유럽에서 가장 오래되고 명망 높은 공립 종합대학교인 웁살라 대학교가 있다.

인지재구조화, 자극감응 훈련, 이완훈련, 생활습관 변화와 스트레스 관리에 대한 정보 등이 포함된다. 참가자는 과제를 받아서 매주 완료해야 하고 각 모듈을 시작할 때 각자의 증상에 대한 몇 가지 질문과, 과제 및 그 동안의 진전에 대해 답(주간 정리)해야 한다. 이들 자료와 각 모듈마다 완료한 훈련들의 결과는 이용자 각자의 회기 일지(Session Diary)에 저장했다가 다시 열람할 수 있다.

패닉프로그램

패닉프로그램(The Panic Programme; Wims et al., 2010)에는 6개의 온라인 모듈, 과제, 온라인 토론 포럼 참여 그리고 정신건강 임상가와의 정기 이메일 연락이라는 네 가지 요소가 포함된다. 6개의 온라인 모듈은 공황장애 CBT 프로그램에 사용되는 최선의 치료 원리를 따른다. 각 모듈의 내용 중 일부는 공황과 광장공포가 있는 여성이 치료자의 도움을 받아 자신의 증상을 극복해 나가는 과정을 담은, 그림을 곁들인 이야기 형태로 제공된다. 패닉프로그램에 담겨 있는 CBT의 원리와 기법에는 심리교육, 점진적 노출, 인지재구조화, 생리적 탈각성과 재발방지가 포함된다. 각 모듈마다 해당 모듈의 요약된 내용을 프린트할 수 있고 과제도 주어진다. 참가자는 각자의 별칭을 정해서 보안과 기밀이 유지되는 온라인 토론 포럼에 메시지와 과제를 올릴 수 있다. 이 포럼은 임상가가 운영한다. 각 모듈이 끝나면 참가자는 치료자로부터 이메일을 받는다.

인터라피

인터라피(Interapy; Ruwaard et al., 2010)의 공황장애 프로그램 역시 CBT를 기초로 한다. 다른 공황장애 개입과 비교할 때, 인터라피는 면대면 CBT와 좀 더 비슷하게 만들어진 프로그램이다. 과제와 계획적 치료 회기로 구성되고 과제는 내담자에게 필요한 내용에 맞춰서 구성하고 설명도 해 준다. 과제는 개별 인터랙티브 워크북에 따라 하도록 되어 있다. 매뉴얼에서 지정하고 있는 특정 상황들에 대해서 치료자가 이 워크북의 내용에 기초하여 피드백과 추가 지시사항을 올린다. 치료자가 내담자가 작성한 과제 내용을 읽고 피드백을 준비하는 데 20 내지 40분 정도가 소요된다. 매뉴얼에는 이런 피드백 회기가 14회 포함되기 때문에 전체 치료에 치료자가 들이는 시간은 5 내지 9시간 정도이다. 전산화된 매뉴얼에 치료의 각 단계마다 과제의 순서, 성질, 내용, 치료자가 피드백을 주어야 하는 순간 등이 명시되어 있으므로 치료 적용 시 일관성이 높다. 매뉴얼에는 피드백의 기본 양식도 있어서 치료자는 내담자에게 필요한 내용에 맞춰 적용하면 된다. 이 기본 양식에는 부과된 과제를 끝내는 데서의 어려움과 같은 다양한 시나리오별로 어떤 순으로 행동을 취할지에 대한 방안들도 포함되어 있다. 치료는 대개 11주간 진행되고 내담자는 7가지 치료 모듈을 완료한다. 이 11주 동안 참가자는 공황일지를 적고 심리교육, 자각 훈련, 응용이완, 인지재구조화, 자극감응 기법 등을 해낸다. 프로그램에는 자신과 유사한 두려움과 공황발작을 겪고 있는 가상의 친구에게 조언의 편지를 쓰는 것과 같은 쓰기 과제도 몇 가지 포함된다.

공황장애에 대한 맞춤형 ICBT

Silfvernagel 등(2012)은 맞춤형 ICBT 개입(tailored ICBT)을 참가자의 증상에 맞춰 내용을 조정하되, 불안장애와 우울에 대한 다양한 기존 ICBT 내용을 포함시킨 개입이라 하였다. 첫 번째 모듈(소개)과 마지막 모듈(재발방지)은 고정으로 실시하고 다음의 17개 모듈은 치료자의 처방에 따라 선택하여 적용한다. 17개 모듈은 인지재구조화(2모듈), 공황장애(2모듈), 광장공포증(1모듈), 범불안장애(3모듈), 사회불안(2모듈), 행동활성화(2모듈), 응용이완(1모듈), 스트레스(1모듈), 마음챙김(1모듈), 문제해결(1모듈) 그리고 불면증(1모듈)으로 구성된다. 모듈은 모두 잘 검증된 근거기반 CBT 요소를 기초로 만들어졌다. 공황 모듈은 심리교육과 자극감응 훈련으로 구성되어 있다. 모든 모듈에는 심리교육이 포함되고, 대부분의 모듈에 노출훈련이 포함되었으며 일부는 내용에 따라 행동실험을 하도록 한다. 모든 모듈에는 과제로 심리교육 부분에 대한 질문, 노출훈련과 같은 참가자가 마쳐야 하는 과업 등이 포함된다. 저자들은 각 참가자별로 8주차 동안 6 내지 8가지 모듈을 처방하고자 하였다. 참가자에 대한 전형적인 모듈 처방 구성의 예는 소개, 인지재구조화 모듈 1과 모듈 2, 공황장애 모듈 1과 모듈 2, 광장공포증, 응용이완, 재발방지이다.

돈패닉온라인

돈패닉온라인(Don't Panic Online, 이하 DPO)은 네덜란드의 가이드 ICBT 과정(Van Ballegooijen et al., 2011, 2013)으로 네덜란드의 정신건강 및 중독 연구소인 트림보스 연구소와 네덜란드 정신보건 연구소의 협조하에 만들어졌다. 이 과정의 전체 틀은 우울 증상에 대한 근거기반 인터넷 개입인 Colour Your Life(Warmerdam et al., 2008; Spek et al., 2008)를 기초로 했고 내용은 Don't Panic(Meulenbeek et al., 2005, 2010)이라는 면대면 집단치료를 따랐다. DPO는 6개의 모듈로 구성되며 참가자들은 다양한 인지행동 기법과 기술을 적용하여 공황증상을 조절하는 법을 배운다. 각 모듈은 문서, 음성안내, 애니메이션 도표와 영상 자료로 구성된다. 애니메이션 부분은 음성안내와 세트로 구성된다. 대개의 모듈은 완료하기까지 30분 정도 걸리고 소개, 이전 모듈의 과제에 대한 논의, 다음 주차에 소개될 새로운 이론과 과제가 포함된다. 전체 과정은 5번째 모듈까지는 주 단위로 진행하고 그로부터 4주가 지난 후에 6번째 모듈을 시행하도록 되어 있다. 8주 내에 과정을 완료할 수 있지만 참가자에게는 3개월의 시간을 준다. 참가자들은 모듈 외에도 과제 제출함, 공황발작 기록지, 기타 자료를 열람할 수 있는 도서관, 간단한 조언, 토론 게시판 등의 여러 가지 온라인 자원들을 활용할 수 있다.

DPO 참가자들은 공황발작, 불안, 과호흡, 스트레스 근원과 생활양식의 영향 등에 대한 정보를 얻는 것으로 프로그램을 시작한다. 이들 정보는 CBT에 근거한 내용으로, 불안한 생각, 감정, 행동이 악순환을 만든다는 것을 설명해 준다.

참가자들은 공황발작기록지를 통해 자신의 공황발작을 꼼꼼히 기록해 간다. 이후 단계에서는 이완훈련과 인지재구조화를 한다. 참가자들은 공황의 느낌을 활성화시키는 사고에 도전하고, 이런 사고를 좀 더 현실적이고 건설적인 사고로 대체시켜서 불안을 줄여 가도록 배우며, 이를 계속 연습하도록 안내받는다. 자극감응 훈련도 있는데, 어지러움을 유발하거나 호흡을 참는 것을 통해 스스로 공황증상을 유도하여 이러한 신체적 공황 유사감각에 익숙해지도록 한다. 마지막 단계에서 참가자들은 감당할 수 있는 것부터 어려운 것까지 난이도 순으로 순위 매긴 활동을 통해 실생활에서의 노출훈련을 해 본다. 마지막 모듈은 5번째 모듈 시행 후 4주가 지난 다음에 실시하며 재발방지를 다룬다.

🔵 연구와 임상에서의 효과

문헌 개관

공황장애에 대한 인터넷 치료는 광범위하게 연구되었다. 공황장애의 가이드 ICBT에 대한 무작위 대조연구를 개관한 바에 의하면, 가이드 ICBT 개입의 전반적인 효과크기는 대조군에 비해 좋은 편이다(Hedge's g=0.84; Andrews et al., 2010). 다른 연구들에서도 공황장애에 대한 표준적 면대면 CBT만큼 공황장애에 대한 가이드 ICBT의 효과가 좋다는 결과가 나왔고(Kiropoulos et al., 2008), 치료자와의 이메일 접촉 빈도는 효과에 별 영향을 주지 않았으며(Klein et al., 2009), 심리학자의 이메일 가이드는 지역보건의의 면대면 가이드와 동등한 효과가 있었다(Shandley et al., 2009; Pier et al., 2008). 무작위 대조연구를 통해 집단으로 실시된 CBT와 ICBT의 비교에서도 동등한 효과가 있다는 결과가 나왔다(Bergström et al., 2010). 공황장애의 ICBT에 스트레스관리 요소를 추가하였을 때 ICBT 단독에 비해 치료 후 즉각적인 임상적 성과가 더 나은 것으로 나타났지만(Richards et al., 2006), 동일한 연구의 장기 추수효과에서는 차이가 없었다. 여러 불안장애와 일부 우울증까지 포함한 범진단적 가이드 ICBT에 대해 조사한 연구도 이뤄졌다. 이러한 개입들은 포괄적인 내용의 모듈(예: Titov et al., 2011)은 고정으로, 개인에게 응용된 모듈(Carlbring et al., 2011)은 선택하여 적용할 수 있도록 구성된다. 불안장애의 하위 범주들이 다른 불안장애나 우울과 공존질환으로 나타나는 경우가 많다는 점을 감안할 때 범진단적 ICBT는 유용한 방편이 된다. 연구들을 통해 좋은 성과가 입증되었고(Carlbring et al., 2011; Titov et al., 2011), 공황장애의 경우 특히 성과가 좋았다.

치료자 가이드가 있는 ICBT에 비해 가이드 없는(또는 자가시행의) 공황장애 ICBT에 대한 연구는 소수이다. 가이드 없는 ICBT에 대해서는 완전히 자동화되고 공개된 자연관찰식 연구와 대조군이 없는 준실험적 연구가 행해졌다(Farvolden et al., 2005; Klein et al., 2008, 2011; AL-Asadi et al., 2014). 완전 자동화 개방형 자연관찰 연구(Farvolden et al., 2005; Klein et al., 2011; AL-Asadi et al., 2014)에서는 연구자가 어떠한 개입(선별, 평가, 치료)도 하지 않는다. 참가자가 자동화된 기제를 통해 전체 프로그램을 진행해 나갈 수 있도록 정교하게 프로그래밍을 한다. 이들 완전 자동화 프로그램 연구 결과, 참가자들은 치료 후 평가에서 공황증상이 감소되었고(Farvolden et al., 2005; Klein et al., 2011; AL-Asadi et al., 2014), 심리적 고통의 수준, 공황과 우울의 임상적 강도 역시 감소했으며 정신건강 관리에 있어서의 자신감은 증진되었다(Klein et al., 2011; AL-Asadi et al., 2014). 이상의 세 연구에서 등록 시의 인원이 많았던 것에 비해 치료 후 설문에 답한 수는 적었다.

임상 실제에서의 공황장애 ICBT 활용에 대해서는 가이드 ICBT의 타당성과 효과성을 검증한 두 연구가 있다(Bergström et al., 2010; Hedman et al., 2013). Hedman 등(2013)은 공황장애의 ICBT를 정규 치료 프로그램에 포함시켜 시행하는 경우, 이전에 출간된 무작위 대조연구에서만큼 효과가 있다고 결론지었다. Bergström 등(2010)은 정신건강의학 의원의 입원환자들을 대상으로 무작위 대조연구를 시행하여, 효과가 잘 검증된 표준 치료법을 집단치료로 시행한 경우와 비교했을 때 효능성에 있어 ICBT가 크게 떨어지지 않는다는 것을 보여 주었다.

전체적으로 보아 이들 연구에 의해 가이드 ICBT와 가이드 없는 ICBT 모두 공황장애에 대해 유망한 치료 기법이라 할 수 있고 임상 실제에서의 효과도 일부 검증되었다. 가이드 없는 ICBT의 접근이 개방되어 있고 완전 자동화되었다는 속성으로 인해 비용-절감의 효과도 상당할 것이지만, 보통 가이드 치료에 비해서 치료의 수용성과 치료 중 이탈이 문제가 되는 경우가 더 많다.

돈패닉온라인

기존에 출간된 무작위 대조연구 대부분에서 공황장애의 가이드 ICBT 효과가 유의미하다는 결과(〈표 3-1〉)가 나왔으나 효과크기는 천차만별이다. 한 연구에서는 집단간 차이가 유의미하지 않은, 즉 치료 참가자가 대기자 집단에 비해 유의미한 증상 개선을 보이지 않는다는 결과가 나타났다(Van Ballegooijen et al., 2013). 치료 완료자만을 분석한[4] 결과에서는 〈표 3-1〉의 다른 연구들에 비할 만한 성과가 나오기도 했으나(Cohen's d=0.60~0.94), 중도 탈락률이 높은 관계로 결측치 다중 대체에 의해 치료 후 평가 점수를 보수적으로 추정했을 때 치료 의향자분석[5]에서의 효과는 유의미하지 않았다. 개입의 내용, 개입의 기술적 측면, 가이드의 유형, 연구 절차 그리고 모집된 표본의 특성 등 치료 이행도에 영향을 주는 요인은 다양하다. 해당 연구(Van Ballegooijen et al., 2011, 2013)를 면밀하게 살펴보면 낮은 치료 이행도에 대한 가설을 세워 볼 수 있을 것이다.

돈패닉온라인(DPO) 개입법에 대해서는 앞서 설명한 바 있다. 임상 실제에 대한 경험이 아주 적은 석사 수준의 임상심리 전공 학생들이 간단한 훈련을 마친 후 연구자 중 한 명의 지도감독하에 참가자들을 이끌었다. 네덜란드에서는 특히 석사 수준의 임상심리 전공 학생들이 치료 실제에 대한 경험이 아주 적다는 점을 반드시 감안할 필요가 있다. 매주 참가자들은 각자의 코치(임상심리 전공

---

4) 역자 주: 탈락자를 제외한 치료 완료자들은 비교적 우수한 참가자일 가능성이 높다. 따라서 치료 완료자만 분석(completers-only analysis)하는 것은 일종의 편향(bias)을 낳게 된다.

5) 역자 주: 치료완료자분석이 초래하는 편향을 최소화하기 위해, 중도 탈락 여부를 상관하지 않고 최초에 치료집단에 참여한 모든 참가자 자료를 분석하는 방법이 치료의향자(intention-to-treat)분석이다.

〈표 3-1〉 광장공포를 동반하거나 동반하지 않은 공황장애에 대한 가이드 ICBT의 무작위 대조
연구 결과

저자(연도)	N	n	조건	치료 후 집단간 효과 크기(Cohen's d)	중도탈락 수 (%)
Carlbring (2001)	31	±15	ICBT	ICBT>대조군 d=±1.44(BSQ)	4(27%)
		±15	WL		
Carlbring (2006)	60	30	ICBT	ICBT>대조군 d=1.97(BSQ)	1(3%)
		30	WL		
Klein (2001)	23	11	ICBT	ICBT>대조군	1(9%)
		12	자기감찰		
Klein (2006)	37	19	ICBT	ICBT>대조군 d=2.52(PDSS)	1(5%)
		18	정보제공		
Richards (2006)	21	12	ICBT	ICBT>대조군 d=1.36(PDSS)	2(17%)
		9	정보제공		
Ruwaard (2010)	58	27	ICBT	ICBT>대조군 d=0.55(PDSS-SR)	3(11%)
		31	WL		
Silfvernagel (2012)	57	29	ICBT(맞춤형)	ICBT>대조군 d=1.39(PDSS)	12명(41%)은 전체 회기의 50% 이하 이행
		28	WL		
Van Ballegooijen (2013)	126	63	ICBT	ICBT=대조군 d=0.30^{NS}(PDSS-SR)	46명(73%)은 전체 회기의 67% 이하 이행
		63	WL		
Wims (2010)	59	29	ICBT	ICBT>대조군 d=0.59(PDSS)	6(21%)
		25	WL		
합동 효과크기의 추정치				d=1.21	

약어: BSQ=신체감각질문지(body sensation questionnaire), ICBT=인터넷 기반 인지행동치료(internet-based cognitive behavioural therapy), NS=유의미하지 않음(not significant), PDSS=공황장애 심각도 척도(panic disorder severity scale), PDSS-SR=공황장애 심각도 척도-자기보고식(panic disorder severity scale-self report), WL=대기자 통제집단(waiting list)

학생)로부터 이메일을 통해 진행 상황과 프로그램을 이행하면서 겪는 어려움에 대한 질문을 받았다. 코치들은 치료 과정이나 관련된 훈련에 대한 질문에 답을 해 주었다. 참가자의 정신건강과 관련된 질문들에는 간단하게만 답변하도록 지시받았다. 참가자들은 최대 3개월까지 가이드를 받았다. 참가자별로, 그리고 주차별로 참가자 각각에 대한 주차별 전체 소요 시간은 크게 달라졌지만 평균적으로 5분 내지 10분 정도가 소요되었다.

무작위 대조연구의 참가자는 대부분 웹사이트를 통해 일반 인구에서 모집했다. 포함 규준은 18세 이상 연령의, 경도에서 중등도의 공황증상(PDSS-SR 5에서 10점)을 보이고, 자살 위험성이 없거나 낮은 사람들로 하였다. 진단의 여부나 약물 및 심리치료 여부는 제한하지 않았다. 368명의 지원자 중 126명이 규준에 부합하였고 치료집단(n=63)과 통제집단(n=63)에 무선으로 할당되었다. 통제집단 참가자는 사후평가(기저선 측정 3개월 후)를 마친 후 DPO 프로그램 참여가 가능하도록 조치했지만 가이드 없이 진행하였다. 이들은 대기하는 동안 공황과 광장공포 증상에 대한 정보를 제공하는 웹사이트에 접속하는 것이 가능했다. 이 웹사이트에는 참가자가 공황증상과 치료에 대해 더 궁금한 것이 있을 경우에 지역보건의에게 연락하도록 하는 조언이 포함되어 있었다. 통제집단과 치료집단 모두 어떠한(추가적인) 도움을 원하든 자유롭게 도움을 받을 수 있게 허용하였다. 치료집단 63명 중 34명(54%)이 사후평가 설문까지 마쳤다. 약간 더 많은 수의 통제집단 참가자가 사후평가 설문에 응했다(63명 중 39명, 62%).

앞서 언급했듯이 치료의향자(ITT)분석에서는 유의미한 효과가 나타나지 않았지만 치료 완료자만을 대상으로 한 분석에서는 효과가 나타났다. 여기서 완료자들은 사실상 치료를 완전히 마친 사람들은 아니지만 과정 초반의 4모듈(또는 그 이상)까지는 마친 사람들이다(n=17). 이들 17명 중 16명은 치료 후 설문까지 모두 완료하였다. 경로추적 시스템을 통해 참가자가 모듈을 완료한 날짜를 일일이 기록했다. [그림 3-1]에서 치료집단(가이드 있는)과 대기자 통제집단(가이드 없는)의 치료 이행도를 확인할 수 있다. 치료집단 중 4명의 참가자(6%)는 3개월 내에 6가지 모듈을 모두 완료했다. 치료집단에서 30명의 참가자는 사후 측정에 응했으나 6개의 모듈 모두를 완료하지는 못했다. 이들에게 끝까지 마치지 못한 이유를 물었을 때, 대부분이 시간제한과 관련된 이유를 가장 많이 언급했고(n=13), 생활사건(n=5)이나 증상이 너무 심해서 프로그램(전체 또는 일부분) 진행이나 과제 수행이 어려웠다는 이유(n=5)도 있었다.

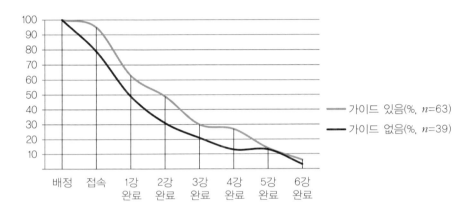

[그림 3-1] DPO의 **치료집단(가이드 있음)**과
통제집단(가이드 없음)의 이행도 백분율

치료 이행도는 공황장애에 대한 이전 가이드 인터넷 치료들에 비해 DPO 연구에서 낮게 나타났다(〈표 3-1〉). 몇 가지 설명이 가능한데(Van Ballegooijen et al., 2013 참조), 가이드 유형이 낮은 이행도를 설명하는 주된 요인이라는 것이 그중 한 가지이다. [그림 3-1]을 보면 가이드 치료집단과 3개월의 대기 시간을 마치고 가이드 없는 프로그램에 참여한 통제집단간 이행도에는 별 차이가 없다. 이것으로 볼 때 가이드는 이행도에 큰 영향을 주지 않는다. 두 집단의 이행도는 공황장애의 가이드 ICBT에 대한 기존 연구보다는 공황장애의 가이드 없는 인터넷 개입의 수치와 더 유사점을 보인다(Farvolden et al., 2005; Klein et al., 2011). 가이드 없는 ICBT 연구에서 보고된 완료율은 1% 또는 10%였다(Farvolden et al., 2005; Klein et al., 2011). 앞서 밝혔듯이 DPO에서는 가이드를 최소한만 주고 참가자의 동기를 유지하는 데 중점을 둔다. 참가자가 정신건강과 관련된 질문을 하면 간

단한 답변만 주도록 되어 있다. 아마도 그런 최소한의 가이드로는 공황장애 참가자 지원에 불충분하며, 치료자와의 상호작용이 더 필요한 것으로 생각된다. 이러한 부분에 대해서는 이 장의 논의 부분에서 더 다루려고 한다.

🔵 패닉온라인 사례

다음에서 패닉온라인의 치료자 가이드 ICBT 프로그램 참가자(리사-가명)의 치료 경험에 대한 사례연구를 다루고자 한다.

ICBT 프로그램의 설계와 내용에 대한 총평

ICBT 프로그램이 어떻게 설계되었는가(화면구성 방식, 멀티미디어의 활용과 배합), 모듈 전달방법(처음부터 전체 모듈에 접근이 가능케 하거나 모듈을 주 단위로 연계적으로 열어 줌), 내용의 구성(즉, 생리, 인지, 행동 측면에 대한 공황의 전통적 CBT 형식을 따르거나 다른 변형된 형식의 시도) 그리고 내용의 분위기(자기효능감을 증진시키거나 더 힘들어질 때 치료를 지속할 수 있게 동기부여하는 등)와 별개로 중요한 하나의 요인으로 온라인 치료자 요인이 있다. 온라인 치료자는 치료 첫날부터 라포를 형성하고, 치료에서 어려운 국면을 거칠 때는 특히 지속적으로 참가자를 독려하고 동기부여를 해 줘야만 한다. 참가자가 제출한 자기감찰 양식을 잘 검토하고, 참가자의 이메일에 드러나는 참가자의 반응(그리고 무반응)을 '감식'하며, 치료자 이메일로 참가자에게 직접 질문을 하기도 하면서 참가자의 걱정, 불안, 두려움을 예리하게 살펴야만 한다.

모듈 1과 2

패닉온라인의 모듈 1, 2에서는 공황과 불안의 심리교육과 치료 원리 수립하기, 자기효능감 증진과 자기감찰에 대한 소개를 한다. 공황 문제를 겪는 많은 이가 그러하듯, 리사 역시 프로그램 시작이 곧 '두려움에 직면'해야 한다는 의미이기도 했기에 압도당하는 식의 감정을 토로했다. 또한 리사는 치료가 온라인으로 진행되는 것에는 편안한 마음이 든다고 하였다. 마음 한 편으로 리사는 '너무 어렵거나 무서워지면' 언제든 프로그램을 중단할 수 있다는 것을 알고 있었다.

ICBT 치료의 첫 2주 동안 이메일 연락을 통해 신속하게 라포를 형성했다. 또한 오프라인으로 행한 공황과 기분감찰 활동이 어땠는지에 대해서도 보고했다. 참가자가 시스템을 통해 자기감찰 양식을 제출하면 치료자가 이러한 활동들의 요약된 내용을 살펴볼 수 있다. 2주차 말에는 자신의 공황발작의 순차적 특징과 공황발작의 빈도와 심각도에 따라 기분이 어떻게 영향을 받는가에 대해 좀 더 이해하게 되었다고 말했다. 리사는 이제 공황발작이 일어날 만한 조건과 특정한 유발인이 무엇인가 알게 되었고, '더 통제력을 갖게 된' 느낌이 든다고 했다.

모듈 3

모듈 3에서는 생리적인 요인으로 이완(relaxation)에 중점을 둔다. 이는 지시문 및 다운로드 가능 음성안내를 통한 호흡통제 훈련과 점진적 근육이완법(progressive muscle relaxation: PMR), 자기감찰 양식 연습을 배워 안정되고 이완된 상태가 되는 방법을 배우는 구성이다. 리사는 패닉온라인 프로그램의 다른 자료(자기주장과 시간관리)도 활용했다. 리사는 공황과 기분의 자기감찰, 호흡통제 훈련과 점진적 근육이완법 실습을 지속하면서 온라인과 오프라인 활동에 대해 계속 보고했다. 패닉온라인의 많은 참가자와 마찬가지로 리사 역시 자신이 익힌 것들 중에 호흡통제 방법이 통제감을 가장 강화시켜 주는 즐거운 연습이라고 했다. 아래에서도 논하겠지만 대개의 참가자는 노출훈련 역시 매우 효과적인 훈련이기는 하나 가장 도전적인 과제이기도 해서 즐기기에는 어려움이 있었다고 했다.

모듈 4

네 번째 모듈은 공황의 순환에 대한 정보와 부정적 사고 및 가능성의 과대추정, 재앙화 사고의 이해, 자기진술의 공박과 개선, 사건의 예측가능성을 높이기와 같은 인지적 요소에 초점을 맞춘다. 리사는 인지재구조화 훈련에서 아주 철저한 태도를 보여서, 모든 노력을 다하여 자동적 사고를 최대한 찾아내고 발생가능성을 평정했으며 더 현실적인 대안들도 생각해 냈다. 리사는 이메일을 통해 자신의 인지재구조화 자기감찰 양식을 공유하고 그에 대해 논의했다. 프로그램 말미에 평정한 불필요한 생각들의 발생가능성에 대한 추정치는 100 내지 90%에서 1 내지 2%까지 낮아졌다. 리사는 도움이 되는 현실적인 대안적 사고를 점점 더 많이 생각해 낼 수 있다 느꼈고, 이 방법을 완전히 익히고 나서 얼마나 '세상이 달라 보이는지'에 대해서도 얘기했다. 호흡조절과 점진적 근육이완 그리고 불필요한 사고에 공박하는 법을 충분히 이해하고 활용할 수도 있다는 자신감을 얻었을 때 리사는 모듈 5를 시작했다.

모듈 5

다섯 번째 모듈은 공황의 행동적 요소, 즉 단계적인 방식에 따라 노출기법(내부 신체자극, 상상/시각 그리고 실제 상황에서의 노출)을 배우고 실행하는 것에 중점을 둔다. 이 노출 활동의 단계적인 속성과 시행 시점에 대해서는 이메일로 논의한다.

리사는 빨대 호흡하기와 의자 회전하기가 자극감응 훈련 중 가장 힘든 부분이라 느꼈다. 그러나 모든 훈련을 제대로 마치고 나자(여러 차례 시행에서 8점 만점 기준에서 2점 내지 그 이하의 고통 점수를 기록) 그동안 공황으로 인해 회피해 왔던 실제 상황에 대한 심상노출 몇 가지를 시도해 보도록 격려를 받았다. 리사는 심상노출 훈련으로 '슈퍼마켓 방문하기' 예를 시도해 보기로 했다. 프로그램에서 지시문을 제공하고 이것을 몇 차례 2점 이하의 고통 점수로 마감할 수 있었을 때, 가게로 걸어 들어가고 통로를 지나 몇 가지 물품을 골라 계산대로 돌아오고 지불을 하는 데까지 사진으로 제시된 장면들을 통해 연습하는 단계까지 거쳤다. 역시 몇 차례에 걸쳐 고통 점수 2점 이하로 성공할 때까지 사진으로 시각화된 노출 단계를 반복 시행했다. 프로그램에서 사용하는 다른 예로는 운전하기와 대중교통 이용하기가 있다.

그 이후에는 실제 상황에서 노출훈련을 하는 방법에 대해 프로그램에서 지시를 준다. 리사가 슈퍼마켓에 가기 전 언제, 어디서 무엇을 살 것인지, 호흡을 조절하는 법, 사고를 반박하는 법 등에 대해서 역시 이메일을 통해 소통했다.

그리고 리사는 실제 상황에서의 노출을 시행해 보고 첫 번째 노출훈련을 마치고 나서 그에 대한 보고를 했다. 압박감이 크기는 했지만 슈퍼마켓에서 벗어나지 않고 함께 정한 물품들을 구매할 수 있었다고 했다. 이후에도 리사의 다음 슈퍼마켓 노출훈련에 대한 격려와 지원을 중심으로 이메일을 주고받았다. 2주 동안 연습을 하고 나자 리사는 크게 불안을 느끼지 않고 대형 쇼핑센터에 입장하는 것이 가능해졌다. 여섯 번째의 슈퍼마켓 훈련을 할 때, 경미한 공황발작을 경험하기는 했으나 두 달 전에 느꼈던 것과 같은 마비될 듯한 두려움까지는 생기지 않았고, 가게에서 바로 도망쳐 버리지 않고 쇼핑을 계속 할 수 있었다. 리사는 이 경험이, 도망치고자 하는 감정이나 욕구 없이 심한 불안이나 공황발작을 다스려 낼 수 있다는 점을 체험하게 한 '필요악'처럼 느껴졌다고 평하기도 했다. 모듈 5의 말미에 리사는 노출훈련을 통해 '몸과 마음을 재교육'하고 '다시 한번 안전해진' 느낌을 갖게 되었다고 말하기도 했다.

모듈 6

모듈 6은 표준적 재발방지와 계획 모듈이다. 이 모듈을 마치고 리사는 불안과 공황이 다시 상승했을 때 이를 다루는 데 필요한 도구를 갖게 되었다고 말했다. 만일 공황이 발생한다면 실패로 받아들이기(그리고 '오, 안 돼…… 또 시작이다.'라고 생각하기)보다는, 배운 것을 도입하고 시도해 보라는 신고라고 생각할 것이다.

리사는 점진적 근육이완(PMR)을 계속 연습할 계획이고(약물보다 PMR이 훨씬 효과적이라고 했다) 더 근원적인 회피행동(공황으로 인해 리사는 몇 년 동안 비행기를 타지 못했고 스포츠도 즐기지 못했다)에 대한 노출훈련도 시도할 것이라 했다.

논평

리사는 자신의 사고와 신념에 직면하기 전까지는 앞으로 나아가는 것이 불가능하다고 느껴왔음을 프로그램과 치료자와의 이메일 논의를 통해 깨달았다고 했다. 그녀는 공황과 불안에게 잡아먹힌 채, '살아 보지 않는' 식의 굴레에 빠져 지내온 것 같다고 느꼈다. 리사는 '어렵고' '고통스러운 작업'이기는 했지만 프로그램의 진행 과정을 통해 자신감이 커졌다고 했다. 두려움과 눈물도 겪었지만 큰 행복을 경험했다고도 말했다. 리사는 패닉온라인 프로그램이 놀라운 여정이었으며 자신의 삶을 뒤바꿔 놓았고, 그 여정을 통해서 힘을 되찾고 새롭게 자유로움을 느꼈으며, 엄청난 자신감을 갖게 된 동시에 우울도 나아져서 다시 웃고 즐길 수 있게 되었을 뿐 아니라, 삶에서 부딪히는 도전에 대해 더 가볍고 자신 있는 마음이 든다고 했다. 치료의 특성상(온라인, 휴무나 쉬는 시간 없이, 자기 속도에 맞춰 가이드와 지원을 해 주는 치료자가 존재하는) 시작 단계에서 치료라는 '생각만으로' 느끼는 압박감이 덜했기 때문에 이후 프로그램에서의 어려운 국면들에 더욱 집중할 수 있었다고 했다.

치료 프로그램을 온라인으로 접하는 경우, 특히 자가가이드 ICBT의 경우에는 참가자가 단순히 컴퓨터를 끄는 것만으로 프로그램과의 연결을 쉽게 단절할 수 있게 해 준다. 이것이 아마도 치료 초반에 흔히 나타나는 높은 이탈률의 핵심적인 원인일 것이다. 그러나 어떤 참가자들은 '그냥 꺼 버릴 수 있다'는 점을 아는 것만으로 역설적이게도, 처음 어려운 주차들에 그것을 켤 수 있는 용기가 생긴다고 말한다. 일단 치료 프로그램을 접하고 그것이 진행되면 일부 참가자는 더 이상 '꺼 버리는 것'에 대한 생각이 나지 않는다고 말한다. 이렇게 볼 때 지속적인 참여에 있어서 첫인상은 상당한 영향을 주는 듯하다. 그러므로 치료 개발자들은 처음 로그인을 했을 때 어떻게 긍정적으로 이끌고 격려하며 치료 과정에 대한 압박감을 줄일 수 있을지에 대해 공을 들일 필요가 있다. 이렇게 하지 못하면 참가자가 첫 로그인을 하고 나서 (앞의 [그림 3-1]에서 보듯이) 프로그램을 다시는 방문하지 않을 가능성이 더 높아질 것이다(특히 자가가이드의 경우).

🔘 비용-효과

공황장애의 ICBT에 대한 비용-효과 연구는 그리 많지 않다. 그러나 Klein 등 (2006)이 패닉온라인에 대해 아주 기본적인 비용편익 분석을 한 내용이 있다. 이 연구에서는 세 가지 조건으로, 이메일 치료자가 존재하는 패닉온라인, 매주 전화치료 회기를 갖는 구조화된 CBT 워크북 제공 그리고 정보제공 대조 조건(심리교육만 제공)을 비교했다. 인당 소요비용은 치료자 시간과 운용비용(웹 호스팅, 매뉴얼 제작비, 전화요금 등)을 기본으로 했다. 인당 비용은 각각 호주달러(AUD)로 $350, $378, $55였다. 이들에 상응하는 면대면 심리학적 치료의 비용을 계산하지는 않았지만 공황의 표준적 면대면 치료를 제공하는 데 소요되는 비용은 2003년 기준으로 AUD 800이었다.

불안온라인과 정신건강온라인이 속해 있는 국제 가상 심리클리닉도 비용 절감의 효과가 있다. 호주 심리학회(Australian Psychological Society)의 심리학적 치료 권장 비용 가격표를 이용하여 평가와 치료에 소요되는 비용을 비교했을 때 면대면 치료에 소요되는 인력 노동 비용은 현재까지의 불안온라인과 정신건강온라인 연구 자료를 기초로, AUD 870만이었다(Klein et al., 2011). 이 추정치에는 불안온라인의 개발 비용은 포함되지 않았다. 가상 클리닉의 개발과 유지비용은 2009년 10월에서 2011년 4월까지 AUD 200만에 육박하며 이 중 대부분의 비용은 1차 개발비용이다(AUD 166만). 첫해와 시행 반 년 동안 불안온라인 서비스가 감축한 노동시간 비용은 AUD 670만 상당이다. 최초 개발비용은 재발생하지 않는다는 점을 감안한다면 시간이 갈수록 비용절감의 효과는 커지는 것으로 볼 수 있다. ICBT의 비용-효과는 스톡홀름의 인터넷 정신건강의학 클리닉에서 부차적 연구 목표로서 검증하였다. 무작위 대조연구에서 ICBT는 면대면 집단 CBT와 비교했을 때 공황증상이 있는 입원환자들에게 유사한 정도의 효과를 거뒀고, 치료자가 소요하는 시간 면에서는 4배 더 큰 비용-효과가 있었다(Bergström et al., 2010).

🔵 임상적 보급 및 확산

불안온라인(Anxiety Online)/정신건강온라인(Mental Health Online; 더 많은 정보는 Klein et al., 2011 참조)은 전 세계에서 무료로 이용이 가능하다. 이 서비스는 현재 심리교육, 서비스 의뢰 정보제공, 온라인 심리평가, 보건분야 임상가 포털 접근, 온라인 치료자(eTherapist) 훈련, 공황장애, 범불안장애, 사회불안장애, 외상후스트레스장애, 강박장애에 대한 자가가이드 ICBT로 구성되어 있다. 여기에서는 우울, 불면, 신경성폭식증 그리고 아직까지는 연구용으로만 활용되고 있으나 우울과 불안이 있는 성인기 초반 게이와 레즈비언을 대상으로 하는 범진단적 초기개입 프로그램도 포함되어 있다. 치료자 가이드판도 이용 가능하지만 호주 거주자들에게만 개방되어 있다. 치료자 가이드는 이메일을 이용할 수 있고, 자체 인스턴트 메시지, 인터넷 전화, 화상채팅, 가상현실채팅 기능도 있다. 2009년 10월부터 2013년 6월까지 정신건강온라인을 통해 1만 6,999명의 내담자가 등록해서 온라인 심리평가를 받았고, 이 중 6,249명은 다섯 가지의 불안장애 치료 프로그램 중 하나를 시작했다.

스톡홀름의 인터넷 정신건강의학 클리닉(www.internetpsychiatry.se)에서는 지금까지 1,000명이 약간 넘는 인원에게 정규 임상 프로그램의 일부로서 공황장애 가이드 ICBT를 서비스했다. 스톡홀름주의 인구는 210만 명 이상이고, 인터넷 정신건강의학 클리닉이 이 구역의 ICBT를 담당하고 있다. 프로그램(Hedman et al., 2013)에 참가한 대부분의 환자는 웹 기반 절차를 거친 후 스스로 치료를

상적 효과도 개선될 수 있으리라 본다.

참고문헌

AL-Asadi AM, Klein B, Meyer D (2014) Posttreatment attrition and its predictors, attrition bias, and treatment efficacy of the anxiety online programs. J Med Internet Res 16(10):e232

Alcaniz M, Botella C, Baños R, Perpiñá C, Rey B, Lozano JA, Guillén V, Barrera F, Gil JA (2003) Internet-based telehealth system for the treatment of agoraphobia. CyberPsychol Behav 6(4):355-358

American Psychiatric Association (2000) Diagnostic and statistical manual of mental disorders:DSM-IV-TR. 4th edition, text revision. American Psychiatric Association, Washington, DC

American Psychiatric Association (2013) Diagnostic and statistical manual of mental disorders, 5th edn. Author, Washington, DC

Andrews G, Cuijpers P, Craske MG, McEvoy P, Titov N (2010) Computer therapy for the anxiety and depressive disorders is effective, acceptable and practical health care: a meta-analysis. PLoS One 5(10):e13196

Australian Bureau of Statistics (2007) National survey of mental health and wellbeing (2007). Australian Bureau of Statistics, Canberra

Bergström J, Andersson G, Ljótsson B, Ruck C, Andréewitch S, Karlsson A, Carlbring P, Andersson E, Lindefors N (2010) Internet-versus group-administered cognitive behaviour therapy for panic disorder in a psychiatric setting: a randomised trial. BMC Psychiatry 10(1):54

Botella C, García-Palacios A, Villa H, Baños RM, Quero S, Alcañiz M, Riva G (2007) Virtual reality exposure in the treatment of panic disorder and agoraphobia: a controlled study. Clin Psychol Psychother 14(3):164-175

Buist-Bouwman MA, De Graaf R, Vollebergh WA, Alonso J, Bruffaerts R, Ormel J (2006) Functional disability of mental disorders and comparison with physical disorders: a study among the general population of six European countries. Acta Psychiatr Scand 113(6):492-500

Carlbring P, Westling BE, Ljungstrand P, Ekselius L, Andersson G (2001) Treatment of panic disorder via the Internet: a randomized trial of a self-help program. Behav Ther 32(4):751-764

Carlbring P, Bohman S, Brunt S, Buhrman M, Westling B, Ekselius L, Andersson G (2006) Remote treatment of panic disorder: a randomized trial of internet-based cognitive behaviour therapy supplemented with telephone calls. Am J Psychiatry 163(12):2119-2125

Carlbring P, Maurin L, Torngren C, Linna E, Eriksson T, Sparthan E et al (2011) Individually-tailored, Internet-based treatment for anxiety disorders: a randomized controlled trial. Behav Res Ther 49(1):18-24

De Graaf R, ten Have M, van Dorsselaer S (2010) [De psychische gezondheid van de Nederlandse bevolking. NEMESIS-2: Opzet en eerste resultaten.]. Trimbos-instituut, Utrecht

Ebenfeld L, Stegemann SK, Lehr D, Ebert DD, Jazaieri H, Van Ballegooijen W, et al (2014) Efficacy of a hybrid online training for panic symptoms and agoraphobia: study protocol for a randomized controlled trial. Trials 15(1):427

El Alaoui S, Hedman E, Ljótsson B, Bergström J, Andersson E, Rück C, Andersson G, Lindefors N (2013) Predictors and moderators of internet- and group-based cognitive behaviour therapy for panic disorder. PLoS One 8(11):e79024

Farvolden P, Denisoff E, Selby P, Bagby RM, Rudy L (2005) Usage and longitudinal effectiveness of a Web-based self-help cognitive behavioural therapy program for panic disorder. J Med Internet Res 7(1):e7

Hedman E, Ljótsson B, Rück C, Bergström J, Andersson G, Kaldo V, Jansson L, Andersson E, Andersson E, Blom K, El Alaoui S, Falk L, Ivarsson J, Nasri B, Rydh S, Lindefors N (2013) Effectiveness of internet-based cognitive behaviour therapy for panic disorder in routine psychiatric care. Acta Psychiatr Scand 128(6):457-467

Kelders SM, Kok RN, Ossebaard HC, Van Gemert-Pijnen JE (2012) Persuasive system design does matter: a systematic review of adherence to web-based interventions. J Med Internet Res 14(6):e152

Kessler RC, Chiu WT, Demler O, Merikangas KR, Walters EE (2005) Prevalence, severity, and comorbidity of 12-month DSM-IV disorders in the National Comorbidity Survey Replication. Arch Gen Psychiatry 62(6):617-627

Kiropoulos LA, Klein B, Austin DW, Gilson K, Pier C, Mitchell J, Ciechomski L (2008) Is internet-based CBT for panic disorder and agoraphobia as effective as face-to-face CBT? J Anxiety Disord 22(8):1273-1284

Klein B, Richards JC (2001) A brief internet-based treatment for panic disorder. Behav Cogn Psychother 29(01):113-117

Klein B, Richards JC, Austin DW (2006) Efficacy of internet therapy for panic disorder. J Behav Ther Exp Psychiatry 37(3):213-238

Klein B, Shandley K, Austin D, Nordin S (2008) Pilot trial of panic online self-guided version:internet-based treatment for panic disorder. J Appl Psychol 4(2):25-30

Klein B, Austin D, Pier C, Kiropoulos L, Shandley K, Mitchell J, Gilson K, Ciechomski L (2009) Internet-based treatment for panic disorder: does frequency of therapist contact make a difference? Cogn Behav Ther 38(2):100-113

Klein B, Meyer D, Austin DW, Kyrios M (2011) Anxiety online—virtual clinic: preliminary outcomes following completion of five fully automated treatment programs for anxiety disorders and symptoms. J Med Internet Res 13(4):e89

Lindner P, Ivanova E, Ly KH, Andersson G, Carlbring P (2013) Guided and unguided CBT for social anxiety disorder and/or panic disorder via the Internet and a smartphone application:study protocol for a randomised controlled trial. Trials 14(1):437

Meulenbeek P, Herzmanatus J, Smit F, Willemse G, van der Zanden R (2005) Cursusmap: Geen Paniek, leren omgaan met paniekklachten. Trimbos-instituut/GGNet, Utrecht

Meulenbeek P, Willemse G, Smit F, van Balkom A, Spinhoven P, Cuijpers P (2010) Early intervention in panic: pragmatic randomised controlled trial. Br J Psychiatry 196(4):326–331

Meyerbröker K, Emmelkamp PM (2010) Virtual reality exposure therapy in anxiety disorders: a systematic review of process-and-outcome studies. Depress Anxiety 27(10):933–944

Meyerbröker K, Morina N, Kerkhof GA, Emmelkamp PMG (2013) Virtual reality exposure therapy does not provide any additional value in agoraphobic patients: a randomized controlled trial. Psychother Psychosom 82(3):170–176

Peñate W, Pitti CT, Bethencourt JM, de la Fuente J, Gracia R (2008) The effects of a treatment based on the use of virtual reality exposure and cognitive-behavioural therapy applied to patients with agoraphobia. Int J Clin Health Psychol 8(1):5–22

Pier C, Austin DW, Klein B, Mitchell J, Schattner P, Ciechomski L, Wade V (2008) A controlled trial of internet-based cognitive-behavioural therapy for panic disorder with face-to-face support from a general practitioner or email support from a psychologist. Mental Health Fam Med 5(1):29

Pitti C, Peñate W, de la Fuente J, Bethencourt J, Acosta L, Villaverde M, Gracia R (2007) Agoraphobia: combined treatment and virtual reality. Preliminary results. Actas Esp Psiquiatr 36(2):94–101

Richards D, Richardson T (2012) Computer-based psychological treatments for depression: a systematic review and meta-analysis. Clin Psychol Rev 32(4):329–342

Richards JC, Klein B, Austin DW (2006) Internet cognitive behavioural therapy for panic disorder: does the inclusion of stress management information improve end-state functioning? Clin Psychologist 10(1):2–15

Robinson E, Titov N, Andrews G, McIntyre K, Schwencke G, Solley K (2010) Internet treatment for generalized anxiety disorder: a randomized controlled trial comparing clinician vs. technician assistance. PLoS One 5(6):e10942

Ruwaard J, Broeksteeg J, Schrieken B, Emmelkamp P, Lange A (2010) Web-based therapist-assisted cognitive behavioural treatment of panic symptoms: a randomized controlled trial with a three-year follow-up. J Anxiety Disord 24(4):387–396

Shandley K, Austin D, Klein B, Pier C, Schattner P, Pierce D, Wade T (2008) Therapist assisted, internet-based treatment for panic disorder: can general practitioners achieve comparable patient outcomes to psychologists? J Med Internet Res 10:e14

Silfvernagel K, Carlbring P, Kabo J, Edstrom S, Eriksson J, Manson L, Andersson G (2012) Individually tailored internet-based treatment for young adults and adults with panic attacks:randomized controlled trial. J Med Internet Res 14(3):e65

Smit F, Cuijpers P, Oostenbrink J, Batelaan N, De Graaf R, Beekman A (2006) Costs of nine common mental disorders: implications for curative and preventive psychiatry. J Ment Health Policy Econ 9(4):193-200

Spek V, Cuijpers P, Nykliček I, Smits N, Riper H, Keyzer J, Pop V (2008) One-year follow-up results of a randomized controlled clinical trial on internet-based cognitive behavioural therapy for subthreshold depression in people over 50 years. Psychol Med 38(05):635-639

Svanborg P, Åsberg M (1994) A new self-rating scale for depression and anxiety states based on the Comprehensive Psychopathological Rating Scale. Acta Psychiatr Scand 89(1):21-28

Titov N, Andrews G, Davies M, McIntyre K, Robinson E, Solley K (2010) Internet treatment for depression: a randomized controlled trial comparing clinician vs. technician assistance. PLoS One 5(6):e10939

Titov N, Dear BF, Schwencke G, Andrews G, Johnston L, Craske MG et al (2011) Transdiagnostic internet treatment for anxiety and depression: a randomised controlled trial. Behav Res Ther 49(8):441-452

Van Ballegooijen W, Riper H, van Straten A, Kramer J, Conijn B, Cuijpers P (2011) The effects of an Internet based self-help course for reducing panic symptoms —Don't Panic Online: study protocol for a randomised controlled trial. Trials 12:75

Van Ballegooijen W, Riper H, Klein B, Ebert DD, Kramer J, Meulenbeek P, Cuijpers P (2013) An internet-based guided self-help intervention for panic symptoms: randomized controlled trial. J Med Internet Res 15(7):e154

Warmerdam L, van Straten A, Twisk J, Riper H, Cuijpers P (2008) Internet-based treatment for adults with depressive symptoms: randomized controlled trial. J Med Internet Res 10(4):e44

Wims E, Titov N, Andrews G, Choi I (2010) Clinician-assisted Internet-based treatment is effective for panic: a randomized controlled trial. Aust N Z J Psychiatry 44(7):599-607

World Health Organisation (2014) ICD-10 version: 2015. From: http://apps.who.int/classifications/icd10/browse/2015/en. Accessed 4th Dec 2014

제4장

사회불안장애의 인터넷 기반 인지행동치료

 Erik Hedman, Cristina Botella, & Thomas Berger

사회불안장애(social anxiety disorder: SAD)란 사회적 상황에서 타인이 자신을 면밀히 관찰하는 것에 대해 뚜렷하고 지속적인 두려움을 보이는 장애이다. 또한 유병률이 높고, 발병했을 때 치료받지 않으면 대부분 만성적인 경과를 밟게 된다. 사회불안장애 인지행동치료(CBT)의 치료 반응률은 50~75% 정도로 상당히 효과적인 것으로 밝혀졌다. 10년이 넘는 기간에 걸쳐 인터넷 기반 CBT(ICBT)에 대한 연구가 이뤄졌고, 독립적인 네 집단의 연구팀이 치료를 뒷받침할 만한 증거들을 찾아냈다. 사실상 사회불안장애 ICBT의 대부분은 지정된 치료자가 치료 기간에 내담자를 안내하는 치료자 가이드가 있는, 인터넷 기반의, 자가치료 식의 CBT라고 할 수 있다. 치료는 매뉴얼화되어 있고, 5 내지 15단위의 모듈이나 단원(면대면 치료에서 회기에 해당)으로 명확하게 구성되어 있다. 지금까지 개발된 사회불안장애 치료들은 중요한 특징을 서로 공유하고 있다. 즉, CBT에 기초하고 있고, 면대면 CBT에서 효과적이라 밝혀진 개입으로 구성되어 있으며, 심리교육 자료의 분량이 많고, 환자와 치료자 간의 주된 연락 방식으로 비동기식 문자 메시지를 이용한다는 점 등이다. 사회불안장애의 ICBT는 최소 16개의 무작위 연구를 통해 효과가 검증되었고 면대면(face-to-face) 치료에 뒤처지지 않는 것으로 나타났다. 몇몇 연구에 의하면 ICBT는 비용-효과가 좋은 치료 방식이다. 대부분의 경우 나이가 어릴 때부터 사회불안장애가 나타나기 때문에 후속 연구에서 가장 중요한 부분은 아동과 청소년을 위한 ICBT 관련 지식을 축적하는 것이라 본다. 성인 대상의 사회불안장애 ICBT는 효과적인 치료 방식이며 근거기반 심리학적 치료에 대한 접근성을 높이는 역할을 할 것으로 기대된다.

🐾 정의와 역학

DSM-IV 기준에 의하면 사회불안장애의 중요한 진단적 특징은 "타인에게 면밀하게 관찰당할 가능성 그리고 친밀하지 않은 사람에게 노출될 만한 사회적 상황 및 수행 상황에 대한 뚜렷하고 지속적인 두려움"이다(American Psychiatric Association, 1994). 사회불안이 있는 사람은 자신이 창피하고 당황스러운 방식으로 행동(또는 불안증상을 보임)하게 될까 두려워한다. 따라서 사회불안장애의 특징은 타인으로부터 부정적 평가를 받게 될까 봐 두려워하는 것이고, 보통 이들이 가장 많이 두려워하는 상황은 대중 앞에서 말하는 것이며, 이들 대다수는 하나가 아닌 다양한 사회적 상황에 대해 두려움을 보인다(Furmark et al., 1999; Ruscio et al., 2008). 처음에는 사회불안장애를 단순공포증의 한 종류로 보았지만, 동물공포증 같은 단순공포증과는 여러 측면에서 차이가 있다. 사회불안을 겪는 대부분의 사람은 사회적 상황에서뿐만 아니라 이러한 상황에 진입하기 전에 높은 수준의 예기불안을 느끼는 경우가 많고, 그로 인해 사회적인 행사를 완전히 피해 버리거나 안전행동을 하게 된다(Clark & Wells, 1995). 안전행동(safety behavior)이란 항불안제 복용이나 눈 맞춤 회피 등으로 나타나는 미묘한 회피행동을 말한다. 사회불안장애가 있는 사람은 사회적 사건 이후에 대개 사후처리 과정에 몰두한다. 즉, 자기 자신의 수행을 낱낱이 되새기고, 다른 사람들이 부정적인 시각으로 볼 것 같은 행동에 관심을 집중하게 된다(Clark & Wells, 1995). DSM-III-R에 처음 등장할 때는 사회공포증으로 소개되었지만, 겉으로 보이는 증상과 그 유해한 결과라는 두 측면 모두에서 심각한 영향력이 있는 사회불안장애의 속성을 제대로 인지하고자 하는 의도로, 사회공포증이라는 진단을 사회불안장애가 대체하게 되었다(Liebowitz et al., 2000). 사회불안장애의 진단 규준은 DSM-5에서도 대부분 그대로 유지되고 있다(American Psychiatric Association, 2013).

사회불안장애는 불안장애 중 가장 흔하게 나타나는 장애의 하나로, 대규모 지역사회 기반 연구에서 조사된 12개월 유병률이 7~8%에 이른다(Kessler et al., 1994; Magee et al., 1996). 사회불안장애의 역학연구에서 일관되게 나타나는 결과는 여성이 장애에 걸릴 위험성이 더 높다는 것이다(Funmark, 2002). 표본 크기와 방법론적 강도를 감안하였을 때 최선의 추정치는 1.5 대 1 정도이다(Funmark, 2002). 사회불안장애는 보통 11~13세 사이에 조기 발병하고 성인기에 발병하는 일은 드물다(Wittchen & Fehm, 2003; Beesdo et al., 2007). 사회불안장애가 있는 사람 중 반 이상은 공존 정신과 장애를 앓고 있으며, 대개 나타나는 공존장애는 불안장애, 우울 또는 물질 남용이다(Chartier et al., 2003; Ruscio et al., 2008). 공존장애 중, 사회불안장애의 발병이 선행하는 경우가 많고, 이때 사회불안장애가 이후 발병하는 장애의 원인 역할을 하는 것으로 생각된다. 사회불안장애는 여러 생활분야에서의 기능 저하와 관련된다(Fehm et al., 2005). 사회불안장애는 실업률 증가(Wittchen et al., 2000; Lampe et al., 2003; Bruch et al., 2003), 낮은 학업성취(Furmark et al., 1999; Davidson et al., 1993), 삶의질 저하(Wittchen et al., 2000; Olatunji et al., 2007), 신체건강 악화(Dahl & Dahl, 2010)의 위험률을 높이는 역할을 한다. 임상집단에서 사회불안장애가 자연 치유되는 경우는 드물고 치료받지 않는 다수의 경우 만성화되는 경과를 밟는다(Yonkers et al., 2001).

🔵 사회불안장애의 치료

심리학적 치료 중에는 인지행동치료(CBT)가 가장 경험적 기반이 탄탄한 치료이다. 이 중 가장 활발하게 연구된 두 가지 치료 방식은 Heimberg와 동료들(2002)이 개발한 인지행동 집단치료(cognitive behavior group therapy: CBGT)와 Clark와 동료들(2003)이 개발한 개인 인지치료(individual cognitive therapy: ICT)이다. 이들 두 치료는 비교적 단기이고(약 12 내지 16주), 사회불안의 다른 유사한 CBT 모듈을 기반으로 하고 있으며 불안 증상과 재앙적 해석, 내적이거나 외적인 위협에 대한 주의, 안전행동 그리고 회피행동 간의 악순환을 끊는 것을 목표로 삼는다. CBGT와 ICT의 공통점은 환자의 문제를 CBT 모형에 기초해서 개별적으로 사례개념화한다는 것이다. 또한 두 치료 모두 주차별 과제를 크게 중시하고 사회적 자극에 대한 노출과 인지재구조화 요소를 결합한 훈련을 하며, 재발방지가 포함된다. 즉, 두 치료 모두 가장 두려워하는 것을 직면하도록 요구한다는 점 때문에 환자가 어려움을 느낄 수도 있다. 두 치료에서는 차이점 역시 존재한다. Heimberg의 CBGT에서 치료의 주요 요소는 두려움을 느끼는 사회적 상황에 대한 회기 내 노출과 언어적 인지재구조화이며, 노출은 상당 부분 습관화의 맥락에서 진행된다(Heimberg & Becker, 2002). ICT에서는 안전행동을 금하고, 두려움을 느끼는 재앙적 사건을 의도적으로 차단한 상태에서 환자로 하여금 행동실험을 통해 예언을 하고 그 예언을 검증해 봄으로써 사회불안을 완화시킬 수 있게 한다. 이 치료에는 또한 자기초점적 주의와 안전행동의 부정적 효과를 알아보는 것과 외부에 주의를 두는 방법 훈련, 부정적 자기상을 교정하는 영상 피드백 등도 포함된다(Clark et al., 2003). 이들 두 치료는 탄탄한 경험적 증거를 확보하고 있고 17개 이상의 무작위 대조군 연구를 통해 검증되었으며 여타 심리학적 치료나 약물 위약집단보다 우수한 것으로 나타났다(Ponniah & Hollon, 2008). 두 치료의 효과크기 역시 전반적으로 큰 편이었다. ICT가 CBGT보다 좀 더 효과적이라는 경험적 자료들이 있는데 아마도 좀 더 복잡한 절차 때문이거나 개별치료로서 좀 더 맞춤형 치료가 될 수 있었기 때문이라 생각된다. 약 2/3 정도의 인원이 임상적으로 유의미한 개선을 보였고, 장기 추수연구 결과 개선효과가 최소 5년 이상 지속되는 것으로 나타났다(Heimberg et al., 1993; Mörtberg et al., 2011). 한 연구에 의하면 약물치료(페넬진)와 CBGT를 조합시켰을 때 CBGT 단독보다 효과가 좋았다(Blanco et al., 2010). 그러나 이 분야의 연구가 아직은 많이 제한되어 있기 때문에 사회불안장애의 조합 치료가 단독 치료에 비해 우월하다고 확언하기는 어렵다(Hofmann et al., 2009).

🔵 사회불안장애의 인터넷 기반 치료

지난 수십 년 동안 인터넷 기반 치료 분야에서 연구가 가장 광범위하게 진행된 장애는 사회불안장애이고, 장애의 특성상 경험적인 측면에서의 지지도 많이 받고 있다. 스웨덴, 스위스, 스페인, 호주 그리고 영국에서 각각 독립적인 다섯 연구집단이 사회불안장애에 대한 인터넷 기반 인지행동치료(ICBT)를 개발 및 검증하였다. 기본적으로 사회불안장애 ICBT의 대부분은 지명된 치료자가 치료 기간에 내담자를 가이드하는, 치료자 가이드 인터넷 기반 자가 CBT라 말할 수 있다. 여타 많은 장애에 대한 CBT와 마찬가지로 치료는 매뉴얼화되어 있고 면대면 CBT의 회기에 상응하는 개념인 모듈이나 수업이 5 내지 15회기 정도로 구성되며 구조가 잘 정해져 있다. 현재까지 개발된 사회불안장애 치료는 모두 필수적인 치료 요소를 공유하고 있으며 그것은 다음과 같다.

- 인지행동치료를 기반으로 한다.
- 노출훈련과 같이, 면대면 방식의 치료에서 효과적이라고 나타난 치료 요소로 구성된다.
- 심리교육 자료의 양이 방대하다.
- 8 내지 15주 정도의 기간이 소요된다.
- 대부분의 경우 치료자와 환자 간의 주된 연락 방식은 비동기식 문자 메시지이다.
- 인터넷 기반 치료 플랫폼에 워크시트와 평가 시스템이 탑재되어 있다.

ICBT는 특히 이들 환자 집단에 적합한 것으로 생각되며 사회불안장애를 가진 사람에게 두려움을 유발할 수 있는 면대면 접촉을 하지 않아도 된다는 점이 치료의 심리교육 부분 학습을 사실상 용이하게 만들어 주는 것으로 보인다 (Hedman et al., 2014a). 즉, 자신이 치료자에게 평가당하는 것 같이 느끼게 하는

사회적 맥락을 벗어나서라면, 다소 복잡하기까지한 치료 모델이나 치료 저변의
원리를 배우는 것이 한층 쉬워질 것이다. 다음 부분에서는 간략한 내용을 통하
여 5가지 ICBT에 대해 다룰 것이다.

사회불안장애의 스웨덴식 ICBT

치료자 가이드 ICBT 중 가장 초반에 개발된 것 중 하나가 Andersson과 동료
들(2006)이 개발한 치료이다. 이 치료는 Clark 등이 개발한 사회불안장애의 개
인 인지치료를 기반으로, 행동실험, 안전행동 다루기, 주의력 훈련 등의 요소
로 구성되어 있다. 또한 노출연습과 사회기술 훈련도 포함된다. 치료는 9 내지
15개의 모듈로 구성되어 있으며, 이 모듈은 면대면 CBT에서와 동일한 지식과

〈표 4-1〉 사회불안장애의 인터넷 기반 인지행동치료의 모듈 구성의 예

모듈	내용	주요 연습과제	페이지 수
1	사회불안장애와 그 치료에 대한 소개 및 정보	사회불안에 관한 자료 읽기, 치료 원리를 이해했는지 확인하는 질문에 답하기	19
2	사회불안에 대한 Clark와 Wells의 모델에 대한 심리교육	모델에 따라 각자의 인지, 정서, 행동 반응을 연결짓기	20
3	인지재구조화	부정적인 자동사고를 밝혀내고 논박하기	30
4	행동실험	사회적 상황에서 부정적인 예측을 검증해 보기	23
5	노출, I부	사회적 사건에 대한 체계적 노출	21
6	주의전환 훈련	주의 초점을 전환하는 연습	19
7	노출, II부	사회적 사건에 대한 체계적 노출	17
8	사회기술 훈련	자기주장 훈련	19
9	노출, III부	사회적 사건에 대한 체계적 노출	10
10	재발방지	개별 재발방지 계획 짜기	21
			총 199

도구를 제공하기 위해 고안된 것이고 치료 회기별로 구성된 문서라 할 수 있다. 〈표 4-1〉에서 사회불안장애 ICBT 모듈 내용의 예를 볼 수 있다. 각 모듈마다 훈련과제 세트가 포함되고 훈련과제를 완료하는 시점에 모듈의 단계를 밟아 나갈 수 있다. 환자는 치료받는 동안 개별적으로 지정된 치료자와 접촉하는 것이 가능하며 이런 연락은 대부분 문자 메시지로만 주고받는다. 환자는 또한 치료를 받는 다른 환자들에게 익명으로 글을 남길 수 있는 토론 포럼을 이용할 수 있다. 이 치료는 전체적으로 볼 때, 복잡한 기술적인 요소는 그다지 많지 않고 문서화된 자료 위주여서, 본질상 치료자 가이드 온라인 독서치료라 할 법하다. 진행된 연구들의 대부분에서 사전에 정해진 모듈을 이용하였다. 즉, 증상의 양상에 관계없이 모든 참가자는 동일한 모듈에 노출되었지만, 최근에는 환자의 특성에 치료 내용을 맞춰 조정하는 방식이 개발되고 있으며(예: Carlbring, 2011a), 예를 들어 수면 문제를 함께 나타내는 사회불안장애 환자가 있을 때 수면을 개선시키는 방법에 대한 정보가 포함된 모듈을 추가로 제공하는 식이다.

사회불안장애의 스위스식 ICBT

스위스의 사회불안장애 치료에는 Berger와 동료들(2009)이 개발에 참여하였고, 이들 역시 개인 인지치료를 기반으로 치료를 개발하였기 때문에 스웨덴의 치료 프로그램과 기본적인 요인의 대부분을 공유하고 있다. 10주 분량의 치료로 5개의 단원으로 구성되고 환자는 지정된 치료자와 연락을 주고받으며 토론 포럼도 이용할 수 있다. 스웨덴 프로그램이 자가치료 독서물에 가까운 반면, 스위스식의 경우 양방향적인 요소가 다분히 포함되어 있다. 예를 들어, 참가자들은 온라인으로 일지를 쓰고 노출위계도 정한다. 또한 영상 속의 가상 청중 앞에서 노출연습과 행동실험을 해 보는 식으로 영상 형태의 공포 자극을 활용하기도 한다. 이 프로그램에는 토론 포럼 이외에도 협동적인 온라인 집단 활동이 포함되어 있고, 익명으로 다른 참가자들과 함께 워크시트와 일지를 공유하는 등의 활동도 가능하다. 스위스 프로그램은 가이드가 없거나 있는 두 방식 모두로 활용 가능하고(Berger et al., 2011), 맞춤형 접근을 사용할 때의 자가가이드는 공존하는 다른 불안장애에 따라 개별 맞춤식으로 조정한다(공황장애, 범불안장애; Berger et al., 2014).

사회불안장애의 스페인식 ICBT

스페인에서는 Botella와 동료들이 사회불안장애에 대한 ICBT를 최초 개발했다(Botella et al., 2000, 2004). 이 ICBT에는 심리교육, 인지교육, 주의력 훈련, 노출 등의 몇몇 요소가 포함된다. [그림 4-1]에 스페인 ICBT의 모듈별 구조와 내용이 나와 있다. 각 모듈마다 연습과제 세트가 포함되어 있고 연습과제를 완료하고 나면 다음 단계 모듈로의 진행이 가능해진다. 이 치료는 완전히 자동화된 방식으로 실시 가능하다. 즉, 환자는 온라인 자기보고 평가를 거쳐 미리 정해진 규준에 맞는 자격이 되면 치료받는 것이 허용된다. 이때 치료자와의 접촉 없이 질문에만 답을 하면 되는데, 답변의 내용에 따라 치료의 주요 내용을 이해하지 못한 것으로 보이거나 두려움을 느꼈던 상황에 직면할 때 느끼는 불안의 수준이 감소하지 않는 경우, 다음 단계로의 진행이 제한된다. 이와 같은 상황에서는 환자로 하여금 치료에 관한 자료를 다시 한번 살펴보도록 한다. 온라인 프로그램과 치료자와의 접촉(전화 또는 면대면)을 결합시킨 형태의 프로그램도 가능하다. 치료에서 주요 요소는 가상 노출로서, 프로그램에는 사회불안장애가 있는 사람에게 사회불안을 유발할 수 있는, '수업' '입사면접' 등 전형적인 시나리오 여섯 가지가 포함되어 있다. 각 시나리오마다 공포자극 역할을 하는 영상 세트가 있어서, 영상 내 가상의 청중 앞에서 환자는 구두 발표를 하게 된다. 가장 처음 평가 시에 위계를 정하고, 두려움이 가장 약한 것에서부터 심한 것까지 점진적으로 두려움의 수준에 따라 시나리오가 제공된다. 또한 노출을 마쳤을 때 그들이 느끼는 두려움의 정도에 따라 차별적인 정보를 제공하고, 지속적으로 연습하도록 격려하고 노력에 대해 칭찬해 준다. 또한 일일 과제도 완성할 수 있도록 격려한다.

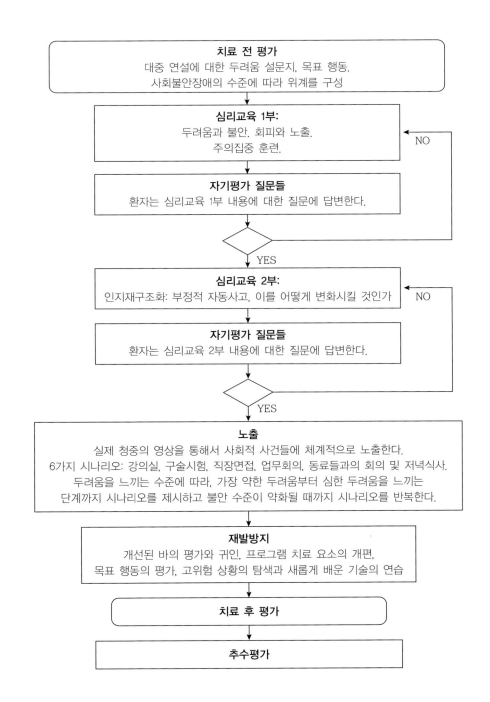

치료 전 평가
대중 연설에 대한 두려움 설문지, 목표 행동.
사회불안장애의 수준에 따라 위계를 구성

심리교육 1부:
두려움과 불안. 회피와 노출.
주의집중 훈련.

자기평가 질문들
환자는 심리교육 1부 내용에 대한 질문에 답변한다.

NO

YES

심리교육 2부:
인지재구조화: 부정적 자동사고, 이를 어떻게 변화시킬 것인가

자기평가 질문들
환자는 심리교육 2부 내용에 대한 질문에 답변한다.

NO

YES

노출
실제 청중의 영상을 통해서 사회적 사건들에 체계적으로 노출한다.
6가지 시나리오: 강의실, 구술시험, 직장면접, 업무회의, 동료들과의 회의 및 저녁식사.
두려움을 느끼는 수준에 따라, 가장 약한 두려움부터 심한 두려움을 느끼는
단계까지 시나리오를 제시하고 불안 수준이 약화될 때까지 시나리오를 반복한다.

재발방지
개선된 바의 평가와 귀인. 프로그램 치료 요소의 개편,
목표 행동의 평가, 고위험 상황의 탐색과 새롭게 배운 기술의 연습

치료 후 평가

추수평가

[그림 4-1] 사회불안장애의 인터넷 기반 인지행동치료의 구조와 내용의 예시

사회불안장애의 호주식 ICBT

호주에서는 Titov, Andrews와 동료들이 샤이니스 프로그램(The Shyness Program)이라는 인터넷 기반 사회불안장애 치료를 개발하고 검증했다(Titov et al., 2008a). 이 치료는 과거 개발된 CLIMATEGP[1]의 사회불안장애 온라인 강좌의 내용을 기초로 만들어졌다. 10주간의 여섯 강좌를 통해 전달되는 주 내용은 CBT와 사회불안, 노출연습, 인지재구조화에 대한 심리교육이다. 각 강좌를 통해 전달하고자 하는 주된 메시지는 사회불안장애를 겪는 가상 인물이 CBT를 통해 사회불안을 극복하는 법을 배우는 이야기를 통해서도 전달한다. 이 치료는 구조적인 면에서 스웨덴 및 스위스의 치료와 유사하다. 즉, 환자는 과제에 대해 정해진 치료자로부터 비동기식 문자 피드백을 받는다. 치료에는 환자가 다른 이들과 익명으로 경험을 공유하고 지지를 주고받을 수 있는 온라인 토론 포럼도 내장되어 있다.

사회불안장애의 영국식 ICBT

영국의 사회불안장애 ICBT(Stott et al., 2013)는 Clark와 동료들이 개발한 개인 인지치료를 토대로 만들어졌다. 개별 인지치료의 모든 내용을 포괄하면서도 치료자가 들이는 시간은 최소화할 수 있게 설계되었고 스웨덴, 스위스, 호주식 치료의 구조와 대부분이 유사하다. 이 치료에서도 환자는 이메일과 유사한 방식을 통해 지정된 치료자와 접촉하고, 치료는 몇 가지 인터넷 기반 모듈로 구성되며 환자가 치료에 들이는 시간은 면대면 치료와 거의 동일하다. 아홉 가지 모듈은 모든 환자에게 필수 과정이지만, 치료자가 필요하다고 판단한 경우에는 흔히 치료에 방해되는 요소가 무엇인지에 대한 모듈이나 사회불안장애가 있는 일부의 사람에게만 적용되는 내용 등을 추가할 수 있다. 이 치료는 기술적인 관점에서 선도적인 편으로, 영상 클립을 통한 심리교육, 웹캠을 이용한 소통 등이 가

---

1) 역자 주: CLIMATEGP는 호주의 Gavin Andrews (2007)가 개발한 웹 기반 가족교육 프로그램이다.

능하다. 웹캠의 내용은 저장하였다가 환자로 하여금 자기지각 내용과 실제 사회적 수행 간의 차이에 대해 깨닫게 할 수 있는 영상 피드백 훈련에서 활용할 수 있다. 치료에 대해 안내하는 내용이 담긴 비디오는 다음 주소에서 확인할 수 있다. http://youtu.be/rXXOOSkA0qg

🌑 사회불안장애의 인터넷 기반 CBT 관련 연구

다양한 국가(호주, 스웨덴, 스위스, 스페인, 영국)의 연구자들은 각자 사회불안장애에 대한 여러 ICBT 프로그램에 대해 검증하고자 했다. 최소 15가지에 이르는 무작위 대조연구가 시행되었고 이들 기존 경험적 증거들은 ICBT가 효과적임을 분명히 보여 주고 있다. 메타분석의 자료(Andrews et al., 2010)에서도 사회불안장애 ICBT의 전체 효과크기는 대조군보다 컸고(g=0.92, 95% CI 0.74-1.09), 단기효과와 장기효과가 모두 검증되었다. 또한 치료자와의 접촉이 제한적임에도 불구하고 치료 이행도 역시 우수한 것으로 나타났다. ICBT가 사회불안장애를 겪는 사람들이 치료 장벽을 극복할 수 있도록 돕는 역할을 담당할 수 있을 것이라 생각된다. 이와 관련된 내용으로 사회불안장애 ICBT 연구에 대해 더 다룰 것이다.

효능성과 장기 성과

사회불안장애에 대해 ICBT 프로그램을 적용한 사례의 연구를 통해, 스페인의 연구자 Botella 등(2004)이 최초로 치료 효능의 경험적 증거를 찾아냈다. 이 동일한 프로그램에 대해 이후에도 일련의 사례연구가 진행되었고(Botella et al., 2007), 치료 결과가 좋았던 12명의 사회공포증 환자에 대한 효능성 자료도 보고되었다. 스웨덴 팀(Carlbring et al., 2006)은 ICBT 프로그램에 주당 1회 이메일을 통해 치료자의 연락을 추가하고 치료에 참여한 26명을 대상으로 한 공개치료 프로그램에 대한 논문을 출간하였다. 그 내용을 보면, 참가자들은 성과 모두 지표에서 유의미한 개선을 나타냈고 치료 성과는 6개월 추수평가 시까지 유지되거나 개선되었다. 이들 연구는 ICBT가 사회불안장애로 진단받은 사람들에게 권장할 만한 치료라는 주장을 지지하는 예비적인 증거라 할 수 있다.

〈표 4-2〉에서 ICBT의 효과를 검증하고자 한 대조군 임상연구에 대한 개관을 볼 수 있다. Andersson과 동료들(2006)은 사회불안장애 ICBT 효능성에 대해 최초로, 대조군이 있는 무작위 연구를 출간했고 이후에도 동일한 ICBT 프로그램을 이용하여 몇 차례 더 연구를 진행했다(아래 참조). 이 첫 번째 무작위 대조 연구에서 64명의 참가자는 지정된 치료자와의 이메일 연락을 통한 지원과 집단 형태의 실제 상황 노출 2회기가 추가된 ICBT 프로그램 또는 대기목록에 할당되었다. 연구 결과, ICBT 조건이 대조 조건에 비해 유의미하게 효능이 우수했고, 치료의 성과는 1년 이후까지도 유지되었다. 저자들은 장기 성과(30개월 추수)에 대한 연구도 출간하였으며, 여기서도 이전 사회불안장애 CBT와 마찬가지로 인터넷 치료 역시 장기 효과가 유지되는 것으로 나타났다(Carlbring et al., 2009). 실제 상황에서의 노출 회기를 제외했다는 점 외에 거의 동일한 방식을 적용한 치료 연구에서, Hedman과 동료들은 치료의 성과가 치료 종료 후 5년까지도 유지된다고 밝혔다(Hedman et al., 2011a). 사회불안장애 ICBT의 효능은 호주에서 시행된 여러 연구를 통해서도 증명되었다. Titov와 동료들(2008b)은 105명의 사회불안장애 참가자를 ICBT 또는 대기자 통제집단에 무작위 할당하여 무작위 대조 연구를 실시하였다. 그 결과, 치료집단과 대기자집단 간에 유의미한 차이가 나타났다. 스웨덴 연구와 마찬가지로 그 효과는 면대면 치료에서 얻은 효과에 비할 만했다. 스위스에서는 Berger와 동료들이 이메일을 통한 치료자와의 최소 접촉이 포함된 ICBT와 대기자 대조군에 사회불안장애 52명을 무작위 할당하여 무작위 대조연구를 시행하였다. 치료 후 측정한 모든 주요 성과 평가치에서 두 집단간에 유의미한 차이가 있었다. 이러한 결과는 곧 사회불안장애 치료에 있어서 치료자와 최소한의 접촉이라는 요소가 추가된 ICBT 개입의 전망이 좋다는 것을 의미한다. Gallego, Emmelkamp, van der Kooj와 Mees(2011)는 스페인

〈표 4-2〉 사회불안장애 인터넷 기반 인지행동치료의 효과를 검증하기 위한 무작위 대조연구

나라[참고문헌]	치료 방식	N	성과의 평가	치료 방식별 효과크기 (d: 사전-사후)	연도
호주 (Titov et al., 2008a)	(a) ICBT	105	SIAS	(a) 1.24	2008
호주 (Titov et al., 2008b)	(a) ICBT	88	SIAS	(a) 1.21	2008
호주 (Titov et al., 2008c)	(a) ICBT (b) 가이드 없는 ICBT	98	SIAS	(a) 1.47 (b) 0.36	2008
호주 (Titov et al., 2009a)	(a) 가이드 없는 ICBT (b) 가이드 없는 ICBT + 전화 지원	168	SIAS	(a) 1.41 (b) 0.98	2009
호주 (Titov et al., 2009b)	(a) ICBT + '기사'의 지원 (b) ICBT	85	SIAS, SPS	(a) 1.47(SIAS), 1.15(SPS) (b) 1.56(SIAS), 1.15(SPS)	2009
호주 (Titov et al., 2010a)	(a) ICBT (b) ICBT+ 동기 지원	113	SIAS, SPS	(a) 1.16(SIAS), 1.04(SPS) (b) 1.15(SIAS), 0.75(SPS)	2010
호주 (Andrews et al., 2011b)	(a) ICBT (b) 실제 CBT	37	SIAS, SPS	(a) 0.74(SIAS), 0.58(SPS) (b) 0.89(SIAS), 0.82(SPS)	2011
독일, 스위스 (Boettcher et al., 2012a)	(a) 가이드 없음 + SCID 면담 (b) 가이드 없음 - SCID 면담	109	SIAS, SPS	(a) 1.63(SIAS), 1.39(SPS) (b) 1.28(SIAS), 1.00(SPS)	2012
네덜란드 (Gallego et al., 2011)	(a) ICBT	41	FPSQ	(a) 1.13	2011
스페인 (Botella et al., 2010)	(a) ICBT (b) 실제 CBT	98	FPSQ	(a) 0.91 (b) 0.90	2010
스웨덴 (Andersson et al., 2006)	(a) ICBT + 노출	64	LSAS-SR	(a) 0.91	2006
스웨덴 (Carlbring et al., 2007)	(a) ICBT + 전화 지원	60	LSAS-SR	(a) 1.00	2007
스웨덴 (Tillfors et al., 2008)	(a) ICBT + 노출 (b) ICBT	38	LSAS-SR	(a) 0.82 (b) 1.01	2008
스웨덴 (Furmark et al., 2009a)	(a) ICBT	120	LSAS-SR	(a) 0.93 (b) 0.78	2009

스웨덴 (Furmark et al., 2009a)	(a) ICBT (b) IAR	115	LSAS-SR	(a) 1.35 (d) 0.99	2009
스웨덴 (Hedman et al., 2011b)	(a) ICBT (b) 실제 CBT	126	LSAS	(a) 1.42 (b) 0.97	2011
스위스 (Berger et al., 2009)	(a) ICBT	52	LSAS-SR	(a) 0.82	2009
스위스 (Berger et al., 2011)	(a) ICBT (b) 가이드 없는 ICBT (c) 유연성 있는 지원의 ICBT	81	LSAS-SR	(a) 1.53 (b) 1.48 (c) 1.41	2011

약어: ICBT=인터넷 기반 인지행동치료, LSAS=Liebowitz 사회불안장애 척도, SIAS=사회적 상호작용 불안 척도, SPS=사회공포 척도, FPSQ=대중연설에 대한 두려움 척도, S-R=자기보고식

식 사회불안장애 ICBT 네덜란드어판의 효과를 검증하는 무작위 대조연구를 시행하였다. 41명의 사회불안장애 참가자를 이메일을 통한 최소 치료자 접촉이 가미된 ICBT와 대기자 통제집단에 각각 무작위로 배정한 연구였다. ICBT를 통해 치료받은 집단은 사회불안장애와 관련된 모든 사전·사후 측정치에서 유의미한 개선효과를 보였고 대조군에 비해서도 더 나은 효과를 보였다. 이 연구와 함께 영국 팀(Stott et al., 2013)의 시범 연구에서도 사회불안장애 ICBT의 효능을 입증하는 추가 증거가 보고되었는데, 다양한 문화적 맥락에서 지속적인 효과가 유지되는 치료로 ICBT가 활용될 수 있다는 사실을 뒷받침해 주는 것이라 할 수 있다.

ICBT와 면대면 CBT의 비교

사회불안장애의 전통적인 면대면 CBT와 ICBT에 대한 비교연구도 이뤄졌다. Hedman 등(2011b)은 정신과 치료 장면에서도 ICBT가 전통적인 방식의 면대면 CBT 집단치료만큼 효과가 있는지를 검증하고자 무작위 대조연구를 진행하였다. 사회불안장애가 있는 126명이 이 두 치료 조건에 각각 무선 할당되었다. 그 결과, 두 조건 모두에서 유사한 수준의 큰 개선이 나타났고, 이는 ICBT가 사회

불안장애의 치료에 있어서 전통적인 CBT 집단치료만큼 효과적이라는 것을 입증하는 것이다. Botella와 동료들(2010)은 사회불안장애로 진단받은 127명의 참가자를 세 실험 조건에 할당하여 무작위 대조연구를 하였다. 세 가지 실험 조건은 각각 자가 시행하는 ICBT 프로그램, 치료자가 실시하는 동일한 CBT 치료, 대기자 통제집단으로 구분되었다. 연구 결과에 따르면 두 치료 방식(자가시행과 치료자 실시)에서 모두 동등한 수준으로 대기자 통제집단보다 우수한 효과가 나타났다. 또한 치료의 성과가 1년 이후 추수평가 시까지 유지되었다. 호주에서 시행된 연구에서 Titov 등(Andrews et al., 2011b)의 연구자들도 75명이 참여한 무작위 대조연구를 통해 사회불안장애의 면대면 CBT 집단치료와 ICBT의 효과를 비교하였다. 두 치료 방식 모두 유의미한 개선효과를 나타냈고 치료 간 차이는 유의미하지 않았다. 이 모든 결과는 전달방법이 상이한 두 가지 치료 방식(면대면 CBT와 ICBT)이 동일하게 효과가 있다는 것이고, 소요되는 치료자 시간 면에서만 차이가 있다는 것을 의미한다. 이러한 결과는 과거 공황장애의 ICBT 연구(예: Carlbring et al., 2005) 결과와도 일치하는 것이다.

치료자 지원과 관련된 연구

일련의 비중 있는 연구들은 치료 진행 중 필요한 지원과 가이드의 정도에 대해 알아보는 데 중점을 두고 있다. Tillfors와 동료들(2008)은 대학생을 대상으로 하여, 다섯 번의 실제 상황 집단노출 회기를 추가했을 때, ICBT 자가치료의 효과가 커질지를 알아보고자 무작위 대조연구를 시행하였다. 사회불안장애 규준에 합치하는 38명의 참가자가 두 가지 치료 조건, 즉 5번의 집단노출 회기가 결합된 ICBT와 단독 ICBT 조건에 무선 할당되었다. 두 치료 조건 모두에서 사전-사후 비교 그리고 사전과 1년 후 추수평가 비교 시, 모든 사회불안장애 관련 측정치상 유의미한 개선이 있었다. 이는 집단노출 회기를 추가하더라도 치료 성과가 유의미하게 나아지지는 않는다는 것을 의미한다.

치료자 가이드의 역할과 필요성에 대해 알아보기 위해 Berger 등(2011)은 10주간의 가이드 없는 치료와 매주 이메일을 통한 최소의 치료자 지원이 추가된 개입을 비교해 보았다. 이 연구에는 세 번째 조건으로 지원이 전혀 없는 단계부터 참가자 요청에 따라 이메일이나 전화 지원을 하는 단계까지 지원의 수준을 각자 조정할 수 있도록 한 조건이 포함되었다. 사회불안장애가 있는 81명이 세 조건에 무작위 배정되었다. 그 결과, 세 치료집단 모두에서 유의미한 개선이 나타났고 임상적 성과, 중도 탈락률, 치료 이행도에 있어서 집단간 차이는 나타나지 않았다. 이 결과는 사회불안장애의 ICBT가 치료자 가이드가 있을 때와 지원이 전혀 없는 두 경우 모두 효과적인 치료 선택지라는 것을 의미한다.

호주 연구진 역시 몇몇 무작위 대조연구를 통해 앞선 연구들과 유사한 결과를 얻었다. 예를 들어, Titov 등(2008c)은 사회불안장애가 있는 98명을 임상가 지원 ICBT 프로그램(치료자와의 이메일 연락과 온라인 토론 포럼 참여), 임상가와의 접촉이 배제된 동일한 ICBT 프로그램 그리고 대기자 통제집단의 조건에 각각 무선 할당하여 연구해 보았다. 치료자 가이드 조건의 효과가 자가가이드 조건에 비해 우수하였으나, 치료를 끝까지 완료해 낸 하위집단 참가자만을 보았을 때는 자가가이드 조건의 효과가 더 나았다. 후속 연구에서 Titov와 동료들(2009a)은 자가가이드 치료의 효과를, 보조 연구진에 의한 매주의 전화 알림이 추가된 자가가이드 치료와 비교해 보았다. 연구 결과, 알림이 포함된 조건의 이행도와 성과가 나은 것으로 나타났다.

전체적으로 볼 때, 가이드 없는 사회불안장애 치료에 대한 연구 결과에 관해 아직 완전히 결론 내리기는 어렵다. 그러나 치료자 지원이 없는 독서치료 형태로 시행된 사회불안장애의 가이드 없는 치료와 가이드 ICBT를 비교한 Furmark와 동료들(2009b)의 연구처럼 가이드 유무에 별 차이가 없었다는 연구는 놀라운 결과라 할 만하다. 다양한 장애에 대한 ICBT 메타분석 자료에 따르면 증상의 개선이나 중도탈락률 면에서 가이드 없는 치료에 비해 가이드가 있는 치료의 결과가 더 좋았기 때문이다(Richards & Richardson, 2012; Spek et al., 2007). 아마도 우울 등 다른 장애와 비교할 때 사회불안장애의 ICBT에 있어서 가이드의 중요도가 낮은 것으로 보인다. 그러나 가이드 없는 치료는 특정한 조건하에서만 좋은 치료적 성과가 있는 것일 가능성도 있다. 앞서 언급한 두 연구에서는 진단이 확정적이었고 진단 단계에서 임상가나 연구진행자와의 접촉이 있었다. 연구자와의 접촉이 전혀 없고 대조집단이 없는 연구에서 중도탈락률은 상당히 높은 편이었다(Klein et al., 2011). 가이드 없는 치료에 있어서의, 진단 단계에서의 임상가 접촉효과를 알아보기 위한 한 연구에서는 구조화된 진단면담 참여가 주요 치료 성과에 영향을 끼치지는 않았지만, 이행도나 2차적 성과에는 긍정적인 영향을 주었다(Boettcher et al., 2012a). 여러모로 볼 때, 사회불안장애의 ICBT 시행 전 그리고 시행 중의 지원과 접촉의 역할에 대해서는 더 많은 연구가 필요한 것으로 보인다.

지원의 역할에 대해 알아보고자 하는 다른 선상의 연구는 가이드 ICBT의 치료자와 관련된 연구들이다. 누가 지원을 해 주는가가 상관이 있을까? Titov와 동료들(2009b)은 비임상가에 의한 가이드가 주어지는 사회불안장애 ICBT의 치료 성과가 좋다는 결과를 밝혔다. Andersson과 동료들(2012)도 치료자로서의 경험치가 갖는 영향에 대해 평가한 결과, 경험이 있는 치료자와 ICBT에 대해 사전 경험이 없는 치료자 간에 차이가 없다는 점을 밝혔다. 그러나 경험이 없는 치료자들은 경험이 있는 치료자에 비해 가이드에 더 많은 시간을 소요하는 것으로 나타났다. 전체적인 결과로 보면 ICBT가 효과를 내는 데 있어서 경험 있는 치료자가 꼭 필요한 것은 아니며, 그 이유는 (1) 치료가 고도로 구조화되어 있고, (2) 치료의 주요 요소 자체가 전문성이 가미된 자가치료 프로그램이기 때문이라 생각된다. 또한 경험이 없는 치료자와 코치를 활용한 모든 연구에서 비임상가나 경험 없는 치료자들이 면밀한 임상적 감독하에 있었다는 점도 중요하다.

또 다른 주요 이슈로는 임상적 성과를 증진시킬 수 있는 부차적인 전략을 추가시키는 것이다. 예를 들어, Titov 등(2010a)은 ICBT 프로그램에 동기증진 전략을 추가했다(변화에 대한 양가감정을 이해하고 탐색하기, 자기효능감을 증진하기 등). 무작위 대조연구 결과 이런 부가 전략이 추가되거나 추가되지 않은 ICBT 모두 효과가 있었다. 동기 치료 조건의 참가자들이 치료 회기를 완료하는 비율이 높았지만(각각 75%, 56%), 치료 후와 3개월 후의 추수평가 시에 두 조건 간 차이는 나타나지 않았다.

　토론집단과 같은 협동적인 온라인 집단 요소를 추가하는 것도 치료효과를 증진시킬 가능성이 있다. ICBT에 협동적 요소를 결합시키는 것이 도움이 될 수 있다는 간접적인 증거는 존재한다. Titov 등(2008c)의 후속 연구에서 임상가가 중재하는 온라인 토론 포럼을 추가했을 때 가이드 없는 사회불안장애 ICBT의 집단내 효과크기를 약간이나마 개선시킬 수 있었다. 앞서 Furmark와 동료들(2009a)의 연구에서 보았듯이 치료자 지원은 없지만 온라인 토론 참여가 가능한 독서치료 형태의 자가가이드 개입은 가이드 ICBT만큼 효과적이었다. 더구나 포럼의 토론 내용을 질적 분석한 결과, 집단치료에서 변화의 치료 기제로 알려진 것들이 역할을 하고 있는 것으로 나타났다(예: 정상화, 이타주의, 희망 주기, 사회화 기술의 발달, 모방행동, 집단 응집력; Berger, 2011). 하지만 아직까지 우리가 파악한 바로는 협동적인 요소의 유무에 따라 동일한 인터넷 기반 치료를 직접 비교한 연구는 존재하지 않으므로, 온라인 토론 게시판을 치료에 결합시키는 것의 효과에 대해 분명한 결론을 내릴 수는 없다.

사회불안장애 ICBT의 공병률 연구

　사회불안장애가 있는 환자의 공존장애와 관련된 연구도 필요하다. 이러한 연구는 통합된 범진단적 치료가 제공되는 경우(Titov et al., 2010b, 2011; Johnston et al., 2011) 그리고 기분장애, 다른 불안장애들, 불면과 같이 공존하는 문제나 장애에 대한 모듈을 함께 제공함으로써 환자의 증상 유형에 개별적으로 맞춰 자가 치료 가이드를 주는, 즉 맞춤식 접근을 통해 진행할 수 있다(Berger et al., 2014; Carlbring et al., 2011b; Andersson et al., 2011). 두 접근 모두 효과적이기는 했지만, 사회불안장애만을 대상으로 하는 치료보다 범진단적 치료나 맞춤형 접근이 환자에게 더 유익한가는 분명하지 않다. 맞춤형 치료와 표준식 장애 특정 접근을 직접 비교한 한 연구에서 두 접근 간 차이는 유의미하지 않았다. 하지만 이 연구에서 다룬 불안장애의 종류는 다양했고, 환자별 공존장애 수준도 달랐다(Berger et al., 2014). 맞춤형 접근은 사회불안장애 중에서도 공존장애의 정도가 심한 환자와 같은 일부 집단에 특히 유익할 가능성도 있다. 앞서 다룬 연구에서는 공존장애가 심각한 사회불안장애 하위집단의 수가 적어서 따로 하위집단을 분석하기에 충분하지 않았다(Berger et al., 2014). 공존장애가 있는 우울에 대한 대조연구에서 표준 ICBT와 맞춤형 개입을 비교했을 때, 더 심각한 장애를 다루는 경우에는 맞춤형 치료의 성과가 더 좋다는 결과가 나왔다(Johansson et al., 2012).

예측변인과 매개변인

앞서 보았듯이 가이드 있는 ICBT와 가이드 없는 ICBT 모두 치료효과가 있었고 사회불안장애의 근거기반 심리학적 치료에 대한 접근성을 높이는 역할을 하는 것으로 생각된다. 그러나 최소 1/3 정도의 환자는 치료에 대해 충분한 반응을 나타내지 않았고, 따라서 임상가가 치료 관련 의사결정을 하는 데 도움이 될 만한 특정한 예측변인과 매개변인을 밝혀내는 것은 중요하다. 예측변인과 매개변인에 대해 파악함으로써 ICBT를 효과적으로 보급시킬 수 있고 더 많은 수의 환자들이 치료에 반응을 보이도록 할 수 있을 것이다(Kraemer et al., 2002).

집단치료와 ICBT를 비교한 무작위 대조연구에서 Hedman 등(2012a)은 치료 성과의 임상적이고 유전적인 예측변인과 매개변인이 무엇인지 알아내고자 하였다. 그 결과, 좋은 치료 성과를 가장 안정적으로 예측하는 변수는 정규직 여부, 자녀의 유무, 우울 증상의 정도, 치료에 대한 기대와 신뢰 정도, 치료 이행도의 수준 등이었다. 유전적인 다형성도 검증 대상이었으나 유의미한 결과는 나타나지 않았다. 매개변인에 있어서는 공존하는 불안과 우울 증상이 낮은 수준일 때 ICBT에서 좋은 치료 반응이 나타났으나 면대면 CBT 집단치료에서는 유의미한 결과가 나타나지 않았다. Nordgreen 등(2012)은 가이드가 있거나 없는 사회불안장애의 자가치료에 대해 다양한 치료 전 증상(사회불안 증상의 기저선, 공존하는 우울 증상 등)과 프로그램 요인(신뢰 수준과 이행도)을, 치료 이행도와 성과의 예측변수로 분석해 보았다. 가이드가 있거나 없는 사회불안장애 자가치료를 받는 245명의 환자를 대상으로 연구한 결과, 사회불안장애의 면대면 CBT 연구문헌에서와 유사한 결과를 얻어냈다. 즉, 치료 전 사회불안장애 증상의 강도가 가이드가 있거나 없는 ICBT 조건 모두에서 치료 성과를 예측했고, 참가자가 일반화된 사회불안장애인가 또는 특정 사회불안장애인가와 상관없이 유사한 결과가 나왔다. 이 결과는 Hedman 등(2012a)의 연구에서 치료에 대한 기대와 신뢰감 수준이 치료 성과와 무관했다는 결과와는 일부 상치하는 것이다. Nordgreen 등(2012)은 이행도의 예측변인에 대해서도 검증코자 하였고, 가이드 있는 조건에서는 치료 전 증상이나 신뢰감 수준은 치료 이행도를 예측하지 못하는 것으로 밝혀냈다. 반면, 가이드 없는 ICBT 집단에서는 치료 프로그램에 대한 높은 신뢰도가 높은 치료 이행도와 상관을 보였으며, 가이드 ICBT와 가이드 없는 ICBT에 대한 신뢰도 평정의 집단간 차이는 없었다. 이는 가이드 없는 치료의 환자가 프로그램에 대해 신뢰할 만하다고 평가하고 높은 기대를 가질수록 가이드 있는 ICBT의 환자와 유사한 이행도를 보인다는 것이다. Nordgreen과 동료들(2012)은 이러한 결과를 토대로, 긍정적인 기대감을 높이고자 한다면 가이드가 있거나 없는 사회불안장애 ICBT의 효과에 대해 미리 충분한 정보를 제공할 것을 권고하였다. 같은 선상에서 Boettcher와 동료들(2013a)은 환자의 기대 수준이 적절한지가 변화의 주요한 기제라고 가정하였다. 그들은 사회불안장애의 가이드 없는 ICBT 프로그램을 이행한 109명의 환자를 대상으로 연구를 진행하였다. 그 결과, 긍정적인 성과 기대가 변화와 치료 이행도를 유의미하게 예측하는 변인이었고 이 효과는 초기 증상 변화에 의해 매개되었다. 이 저자들은 환자의 기대 수준이 사회불안장애의 치료를 선택하는 데 있어서 임상가의 의사결정을 돕는 유용한 요인이 될 것이라 결론지었다.

　전체적으로 볼 때 이들 연구 결과는 치료 성과의 예측변인과 매개변인을 다양한 임상적 상황과 집단을 대상으로 검증하는 연구가 중요하다는 점을 강조하는 것이며 이를 통해 사회불안장애 ICBT의 보급 역시 가능해질 것이다.

🔵 사례

한나는 32세이며 어릴 때부터 사회불안으로 고통받아 왔다. 그녀는 뉴스 기사를 통해 스위스의 베른 대학교에서 시행하는 인터넷 기반 가이드 자가치료에 대해 알게 되었다. 한나는 이메일을 통해 불안, 우울, 웰빙 그리고 그 외의 기타 사항들에 대해 온라인 설문지에 답하도록 요청받았다. 그 답변을 통해서 한나가 혼자 살고 있고 아이가 없으며, 심리치료를 받아 본 적이 없고, 자살 위험이 없으며, 다양한 사회공포증 질문지상에서 사회불안장애 기준치를 넘어선다는 것을 확인할 수 있었다. 전화로 이뤄진 후속 진단면담을 통해 사회불안장애가 확진되었다. 통화하는 동안 한나는 자신이 교사이고 심리치료를 받기 어려운 스위스 산골 마을에 살고 있다고 밝혔다. 그녀는 전통적 방식의 치료를 받기 위해 운전해서 이웃 마을로 가는 것을 원치 않았고 작은 시골에서 누군가가 그녀—작은 시골 마을 교사—가 심리치료를 받는다는 사실을 알게 될까 두려워서 인터넷 기반 접근을 이용해 보기로 결정했다.

한나는 암호화를 통해 보호된 인터넷 기반 첫 회기 프로그램에 접속했고 시몬 베버라는 심리학자가 프로그램을 진행하는 동안 보안 이메일 시스템을 통해 지원해줄 것이라는 얘기도 들었다. 이 심리학자는 매주의 진전에 대해 피드백을 써 주고 질문에도 답해 주기로 했다. 시몬 베버는 참가자의 프로그램 이용과 증상의 개선에 대해 추적이 가능한 치료자 권한을 통해, 한나가 여러 가지 심리교육적 요소와 온라인 불안일지를 포함한 첫 자가치료 회기를 진행해 나가는 것을 관찰할 수 있었다. 그는 프로그램에 내장된 이메일 시스템을 통해 다음과 같은 첫 번째 피드백을 주었다. "한나 님, 첫 회기를 잘 마치셨군요. 잘 하셨습니다! 불안일지도 잘 쓰셨군요. 교사회의 동안 구석에 조용히 앉아 '너무 긴장되어서 아무 말도 못 할 거야.'라는 생각을 했다고 쓰셨네요. 이런 행동과 생각은 사회불안을 경험하는 사람에게 아주 전형적인 것입니다. 이 프로그램이 당신에게 잘 맞을 것으로 생각합니다. 프로그램을 해 나가면서 당신이 기록한 행동과 사고들을 함께 변화시켜 나갈 수 있을 것입니다. 이제 2회기를 시작해서도 좋습니다."

한나는 곧바로 답장을 써서 첫 회기가 아주 흥미로웠고 두 번째 회기를 시작하려는 의욕이 강해졌다고 했다. 두 번째 회기에서는 인지행동적 모델을 기반으로 자신이 갖고 있는 불안을 설명하는 자기만의 모델을 개발하도록 했다. 한나는 자신이 초등학생 때 R 발음이 부정확하다는 이유로 놀림을 받았다고 썼다. 이후 교사는 같은 반 아이들 앞에서 그녀를 놀림거리로 만들었다. 그녀는 또한 치료에서 설명 들었던 안전행동 몇 가지를 찾아냈다. 학부모와의 만남 전에 그녀는 항상 안정제를 복용했고 자신이 할 말을 아주 조심스럽게 연습했다. 이런 상황이면 그녀는 얼굴 붉힘과 같은 신체증상을 조절하는 것에 노력을 기울였다. 이제 이런 행동이 오히려 자신의 두려움을 강화하고 유지한다는 것을 이해할 수 있었다.

심리학자로부터 짧지만 동기를 부여하는 피드백을 받고 한나는 세 번째 회기를 시작했다. 그녀는 자신의 불안일지에 기록했던 부정적 생각들에 의문을 제기해 보고 더 현실적인 생각을 떠올려 보라는 지시를 받았다. 한나는 이 과제도 잘 마쳤다. 그러나 심리학자에게 보낸 메시지에서 그녀는 현실적인 생각들이 마치 카드로 쌓아올린 집처럼 무너져 버리고 부정적인 생각들이 현실을 채워 버린다고 하였다. 심리학자는 상황을 회피해 버리지 않은 것만으로도 잘 하고 있는 것이고 몇 년 동안 공고하게 쌓아 온 부정적인 사고방식을 변화시키려면 시간과 노력이 필요하다고 안심시켜 주었다.

네 번째 회기에서 한나는 자기 자신이 아닌 과제와 주변 환경에 주의를 집중하는 것을 배우는, 자기초점적 주의와 관련한 다양한 연습을 시도하도록 지시받았다. 심리학자에게 보낸 메시지에서 한나는 사람들과 가벼운 대화를 나누는 상황에서 자신이 아닌 주변에 집중하는 데 성공하여서 연습이 많은 도움이 되었다고 밝혔다. 그녀는 연습이 자신의 지평을 넓혀 주었고, 두려움에 대해 더 이상 심한 무력감을 느끼지 않게 되었다고 말했다.

다섯 번째 회기에서는 노출의 치료적 원리와 두려움 유발 상황을 기록한 일지가 도입되었다. 자신이 원하는 바대로 살지 못하게 방해하는 동시에 몇 주 내로 노출이 가능한 상황을 기록하는 것이 특히 중요하다는 점을 한나에게 알려 주었다. 일지에는 앞으로 줄여야 하는, 예기 불안의 수준과 안전행동을 기록하도록 했다. 10주간의 개입 동안 30가지 상황을 적었고 실제 24가지 상황에 자신을 노출시켰다. 상황을 경험한 후, 그녀는 기대한 것보다 실제 느낀 두려움이 대부분 훨씬 덜했다고 보고했다. 첫 시작부터 사회적 상황을 접하는 것이 점점 쉬워지게 될 것이고 안전행동도 멈추게 될 것이라는 것이 분명했다.

총 10주가 지난 후 최종 진단적 면담에서 확인되었듯이, 한나는 사회불안장애 진단 규준에 더 이상 맞지 않았다. 다른 다양한 장애 관련 설문지에서도 유사하게 개선이 나타났다. 한나는 자신의 치료자에게 마감하는 메시지를 보냈다. "저는 정말 잘 하고 있다고 말할 수 있어요. 사회불안증상이 훨씬 덜해졌고 이 상태로 쭉 갔으면 좋겠어요. 처음 이 일을 시작할 때처럼 의욕적으로 이번 학년을 시작했고 여가 시간도 즐기고 있어요. 우리가 주고받은 메시지를 다시 보았고 당신이 대단한 일을 해 주신 것에 꼭 감사드리고 싶어요. 제 여정에 당신과 프로그램이 훌륭한 동반자가 되었어요. 치료 동안 믿을 수 있는 곳에 저를 맡긴 기분이었어요. 그동안 하지 못한 것들을 시도해 보려 합니다. 정말 감사합니다." 여섯 달 후 추수평가에서 긍정적인 변화가 잘 유지되고 있음이 확인되었다.

비용-효과

사회불안장애는 커다란 개인적 부담을 동반하고(Stein & Stein, 2008; Kessler et al., 2012), 사회불안장애가 있는 환자의 대다수가 다른 공존 정신장애(예: 우울, 다른 불안장애, 약물 남용 등)로 고통을 받는다(Fehm et al., 2005; Lipsitz & Schneider, 2000). 해당 문제를 겪고 있는 개인의 고통 외에도 사회 직간접 비용으로 인한 경제적 부담 역시 중차대한 문제이다(Stuhldreher et al., 2014). 또한 실업과 장애 발생 위험률을 높이는 요소이기도 하다. 사회불안장애로 인한 연간 사회적 비용은 거주자 100만 명당 3억 5,000만 달러에 달했다(Hedman et al., 2014b). 사회불안장애 환자가 이용한 보험에 의해 발생한 비용(직접비용)은 낮은 편이지만 생산성 저하로 인한 사회적 부담(간접비용)은 상당하다. 이는 대부분의 환자가 아직까지 충분히 치료를 받지 못하고 있다는 의미이기도 하다(Stuhldreher et al., 2014).

이전에 밝힌 대로 가이드 ICBT는 사회불안장애 치료에 있어서 유망한 치료 방식이다. 또한 ICBT는 전통적인 사회불안장애 면대면 CBT의 활용도를 크게 끌어올리는 역할을 할 수 있다(Hedman et al., 2012b). 그러나 ICBT 프로그램의 확산을 대대적으로 권고하기 위해서는 우선 프로그램 확산의 보건 경제적 효과에 대해 확실히 답할 수 있어야 한다. 사회불안장애 치료의 비용-효과에 대한 연구는 많지 않다. Lewis, Pearce와 Bisson(2012)은 불안장애 자가치료 개입의 효능성과 비용-효과를 알아보기 위해 체계적인 문헌조사를 실시하였다. 그 결과, 자가치료 개입은 사회불안장애로 진단받은 사람들에게 효과적인 치료 방식이었다. 그러나 조사된 문헌에는 자가치료의 기타 경제적 비용 및 조건에 대해 함께 평가한 연구가 부재하므로 그 비용-효과와 관련해서는 어떠한 결론도 내릴 수 없다. 이쯤해서 사회불안장애 ICBT의 비용-효과에 대한 가장 주요한 연구들에 대해 정리해 보려 한다.

사회불안장애 ICBT 프로그램의 비용-효과에 대해 결론짓기 위해 Titov와 동료들(2009d)이 진행한 연구가 있다. 이들은 193명의 참가자를 ICBT 프로그램과 대기자 통제집단에 각각 무선 할당하였다. 질병부담수명(years living with disability: YLD) 1년당 소모 비용이 얼마인지 알아보는 방식으로 비용-효과를 계산했다. 그 결과, ICBT 집단치료의 효과가 더 좋았다. 저자들은 ICBT 프로그램이 비용-효과적이라고 결론지었다. 그러나 이 연구의 중요한 제한점은 효과크기와 운영 시간 추정치를 자신들이 벤치마킹한 기존 출판된 사회불안 면대면 집단치료 연구로부터 차용했다는 점이다(McEvoy, 2007).

인지행동 집단치료와 ICBT를 비교한 무작위 대조연구에서 Hedman과 동료들(2011c)은, 사회적 관점에서의 ICBT 비용-효과를 조사하기 위한 순행 무작위 대조연구를 처음으로 실시하였고, 직접비용과 간접비용을 모두 분석하였다. 그 결과, 두 치료 조건 모두에서 총 비용이 유의미하게 감축되는 것으로 나타났다. 또한 두 치료 모두에서 사회불안장애 증상과 전체 총비용이 동등하게 감소하는 것으로 나타났다. 저자들은 두 치료가 모두 사회불안장애의 사회적 비용을 감소시키는 데 유용하기는 하지만, 소요되는 치료자 시간에 따른 개입비용 절감 측면을 감안할 때, ICBT가 인지행동 집단치료에 비해 더 비용-효과가 좋은 것으로 볼 수 있다고 결론지었다. 평균적으로 볼 때, ICBT에서 치료자는 환자당 매주 5.5분을 사용했고, 인지행동 집단치료에서 그에 상응하는 추정치는 50분(6명의 환자와 2명의 치료자가 2.5시간 회기 진행)이었다. 최근 같은 집단의 4년간의 추적 자료가 보고되었다(Hedman et al., 2014b). 그 결과, 장기적으로 볼 때 사회불안장애의 ICBT는 인지행동 집단치료만큼 효과적이었고 장기적인 보건 경제 효과 역시 비슷한 수준이었다.

효능과 비용-효과에 대해서는 Hedman과 동료들(2012b)도 체계적인 개관연구를 했다. 그 결과, ICBT의 효과가 컸고, 저자들은 이 자료와 ICBT에 들어가는 치료자 시간이 제한적이라는 사실을 종합하여, ICBT의 비용-효과가 매우 좋다는 주장을 했다. 그러나 이 개관에 포함된 108개의 연구 중 단 8개의 연구에서만 비용-효과 관련 자료가 다뤄졌고, 이들 중 다시 두 연구만이 사회불안장애에 초점을 맞춘 연구였다는 점을 반드시 기억해야 한다.

마지막으로, Nordgreen 등(2014)은 1차 진료 시 주 진단이 불안장애인 환자들을 대상으로, 공존질환과 치료 선호도를 알아보기 위한 목적에 따라 ICBT 치료를 맞춤식으로 구성하고, 효과와 비용-효과에 대해 연구했다. 저자들은 이들 모집단을 대상으로 치료의 직간접적인 사회비용을 낮출 수 있는가에 대해 관심을 가지고 있었다. 이 연구에는 1차 진료 시 모집된 100명의 참가자를 예정된 가이드(온라인 치료자가 가이드하는 7 내지 10주의 개별 배당된 모듈)가 있는 ICBT 조건과 진행형 대기자 통제집단('주의 대조군')에 무선 할당했다. 두 집단의 참가자 중 32%의 주 진단이 사회불안장애였다. 비용은 치료 전과 치료 후 그리고 12주 후 각각 추수평가했다. 대조군은 치료 후 시점에 치료집단으로 변경되어 치료를 시작했고, 치료 후 시점의 자료에 대해서만 집단간 비교를 하였다. 비용 분석 결과, 맞춤형 ICBT 집단에서 유의미한 총 비용절감 효과가 나타났다. 이 결과는 일 년 후 추수평가 시까지 유지되었고 맞춤형 ICBT의 점증적 비교 효과 비가 대조군에 비해 좋은 것으로 나타났다. 이는 사회적 관점에서 볼 때 환자 편에서 더 좋은 효과가 있고 사회적 측면에서는 큰 비용절감을 할 수 있는, 양 측 모두에 유익한 결과라 할 수 있다. 이 연구를 통해 임상적인 효과를 담보하 지 않고도 비용절감이 가능하다는 결론을 얻게 되었다. 초기 진료에서 근거기 반 심리학적 치료가 많이 활용되지 않는 편이므로 이런 식의 개입 방식이 좋은 치료적 대안이 될 수 있을 것이다.

    요약해 보자면, 사회불안장애에 대한 비용-효과 연구는 드물지만 결과는 상 당히 고무적이라 할 수 있다. 여태까지의 자료들로 보면 ICBT는 비용-효과적이 고 사회불안장애의 전통적 CBT의 든든한 대안이 될 수 있다. 그러나 사회불안 장애 치료의 장기적 비용-효과와 관련해서는 더 많은 연구가 이루어질 필요가 있다.

🔘 임상적 보급 및 확산

    앞서 언급한 연구의 대부분은 광고를 통해 모집한 참가자들을 대상으로 대 조군이 있는 조건에서 시행된 효능성 연구였다. 그러나 정규 임상 서비스를 통 해 시행된 사회불안장애 ICBT 효과성 연구도 최소한 세 가지가 있다. 그중 하나 는 스톡홀름의 기존 클리닉에서 시행된 대규모 연구로 스톡홀름주 지역의 환자 들에게 정규 제공된 ICBT를 대상으로 하였고(Hedman et al., 2011c), 그보다 소 규모인 두 연구는 호주의 불안장애 클리닉에 의뢰된 환자들을 대상으로 하였다 (Andrews et al., 2011b; Aydos et al., 2009). 이들 연구 결과 외에, 연구로 출판된 바는 없더라도 효능성 연구 결과와 마찬가지로 앞서 언급된 클리닉들의 임상적 경험으로도 치료효과의 전망이 좋은 것으로 확인되었다.

그러나 해당 연구와 관련 클리닉이 아직까지 소수에 불과하다는 점은 사회불안장애의 ICBT가 대규모로 시행되는 임상 서비스는 아니라는 것을 말해 준다. 치료의 확산에서 중요한 사항인 환자의 선호와 비용-효과와 같은 자료가 지속적인 보급 노력에 도움이 될 것이기 때문에 차차 변화가 있으리라 기대한다. Hedman과 동료들(2011c), 그리고 Andrews와 동료들(2011b)은 정규 임상 장면에서 치료받은 환자 중 약 반수 정도가 면대면 치료보다 ICBT를 선호했다고 밝혔다. 더구나 앞서 기술하였듯이 사회불안장애의 ICBT는, 그 치료비용이 더 적게 든다는 점 때문에 인지행동 집단치료와 비교했을 때 비용-효과가 더 좋은 것으로 나타났다(Hedman et al., 2011c). 물론 대규모 보급에 있어서 가장 중요한 논점은, 그동안 축적된 여러 증거로 볼 때 사회불안을 크게 개선시키는 동시에 치료 접근성을 높이는 데 기여했다는 점이다.

다른 장애의 ICBT에서와 마찬가지로 인터넷 기반 개입에 대한 임상가의 부정적인 태도가 사회불안 ICBT의 임상적 보급에 있어서 저해 요인이 될 수 있다(Mohr et al., 2010). 사회불안 ICBT의 경우, 사회공포증 환자에게 ICBT가 반드시 시행되어야 하는지가 분명하지 않기 때문에, 임상가들에게 이 개입을 알리고 교육하는 것이 특히 중요하다. 사실 사회공포증이 있는 사람은 인터넷을 과도하게 사용하는 경향이 있고(Erwin et al., 2004), ICBT가 대인 접촉의 회피를 강화시킬 것이라는 우려도 있을 수 있다. 여기서, 인터넷 개입이 그들로 하여금 집에 갇혀 컴퓨터 앞에만 있도록 지시하는 것이 아니라, 실제 상황에서의 노출을 시행하도록 장려한다는 점을 이해하는 것이 중요하다. 우리의 경험에 따르면, 많은 환자가 자가치료 프로그램을 통해서 또는 임상가의 최소한의 지원만을 안내 삼아서 외부에서의 노출을 수행할 수 있었다.

마지막으로, 정규 임상 서비스의 일환으로 보급하는 것만이 ICBT를 확산시킬 수 있는 유일한 방도라는 점을 명심할 필요가 있다. 사회불안장애로 고통받는 사람은 치료를 받는 비율이 특히 낮고(Kessler, 2003), 그 이유 중 한 가지가 사회적 상황에 대한 두려움과 당혹감 때문이라는 점을 감안할 때, 사회불안장애를 위한 근거기반 ICBT를 중간 과정 없이 온라인으로 바로 접할 수 있는 낮은 문

mechanisms and clinical strategies. Guilford Press, New York

Heimberg RG, Salzman DG, Holt CS, Blendell KA (1993) Cognitive-behavioural group treatment for social phobia: effectiveness at five-year follow up. Cogn Ther Res 17:325-339

Hofmann SG, Sawyer AT, Korte KJ, Smits JA (2009) Is it beneficial to add pharmacotherapy to cognitive-behavioural therapy when treating anxiety disorders? A meta-analytic review. Int J Cogn Ther 2:160-175

Johansson R, Sjoberg E, Sjogren M, Johnsson E, Carlbring P, Andersson T, Rousseau A, Andersson G (2012) Tailored vs. standardized internet-based cognitive behaviour therapy for depression and comorbid symptoms: a randomized controlled trial. PLoS One [Clinical Trial Randomized Controlled Trial Research Support, Non-U.S. Gov't] 7:e36905

Johnston L, Titov N, Andrews G, Spence J, Dear BF (2011) A RCT of a transdiagnostic internet-delivered treatment for three anxiety disorders: examination of support roles and disorder-specific outcomes. PLoS One 6, e28079

Kessler RC. The impairments caused by social phobia in the general population: implications for intervention. Acta Psychiatr Scand Suppl [Research Support, Non-U.S. Gov't Review] 2003:19-27

Kessler RC, McGonagle KA, Zhao S, Nelson CB, Hughes M, Eshleman S, Wittchen HU, Kendler KS (1994) Lifetime and 12-month prevalence of dsm-iii-r psychiatric disorders in the United States. Results from the national comorbidity survey. Arch Gen Psychiatry 51:8-19

Kessler RC, Petukhova M, Sampson NA, Zaslavsky AM, Wittchen HU (2012) Twelve-month and lifetime prevalence and lifetime morbid risk of anxiety and mood disorders in the United States. Int J Methods Psychiatr Res 21:169-184

Klein B, Meyer D, Austin DW, Kyrios M (2011) Anxiety online: a virtual clinic: preliminary outcomes following completion of five fully automated treatment programs for anxiety disorders and symptoms. J Med Internet Res [Clinical Trial Research Support, Non-U.S. Gov't]. 13:e89

Kraemer HC, Wilson GT, Fairburn CG, Agras WS (2002) Mediators and moderators of treatment effects in randomized clinical trials. Arch Gen Psychiatry 59:877-883

Lampe L, Slade T, Issakidis C, Andrews G (2003) Social phobia in the Australian national survey of mental health and well-being (NSMHWB). Psychol Med 33:637-646

Lewis C, Pearce J, Bisson JI (2012) Efficacy, cost-effectiveness and acceptability of self-help interventions for anxiety disorders: systematic review. Br J Psychiatry 200:15-21

Liebowitz MR, Heimberg RG, Fresco DM, Travers J, Stein MB (2000) Social phobia or social anxiety disorder: what's in a name? Arch Gen Psychiatry 57:191-192

Lipsitz JD, Schneier FR (2000) Social phobia. Epidemiology and cost of illness. Pharmacoeconomics 18:23-32

Magee WJ, Eaton WW, Wittchen HU, McGonagle KA, Kessler RC (1996) Agoraphobia, simple phobia, and social phobia in the national comorbidity survey. Arch Gen Psychiatry 53:159-168

McEvoy PM (2007) Effectiveness of cognitive behavioural group therapy for social phobia in a community clinic: a benchmarking study. Behav Res Ther 45:3030-3040

Mohr DC, Siddique J, Ho J, Duffecy J, Jin L, Fokuo JK (2010) Interest in behavioural and psychological treatments delivered face-to-face, by telephone, and by internet. Ann Behav Med Publ Soc Behav Med [Comparative Study Research Support, N.I.H., Extramural] 40:89-98

Mörtberg E, Clark DM, Bejerot S (2011) Intensive group cognitive therapy and individual cognitive therapy for social phobia: sustained improvement at 5-year follow-up. J Anxiety Disord 25:994-1000

Nordgreen T, Havik OE, Ost LG, Furmark T, Carlbring P, Andersson G (2012) Outcome predictors in guided and unguided self-help for social anxiety disorder. Behav Res Ther 50:13-21

Nordgren LB, Hedman E, Etienne J, Bodin J, Kadowaki A, Eriksson S, Lindkvist E, Andersson G, Carlbring P (2014) Effectiveness and cost-effectiveness of individually tailored internet-delivered cognitive behaviour therapy for anxiety disorders in a primary care population: a randomized controlled trial. Behav Res Ther 59:1-11

Olatunji BO, Cisler JM, Tolin DF (2007) Quality of life in the anxiety disorders: a meta-analytic review. Clin Psychol Rev 27:572-581

Ponniah K, Hollon SD (2008) Empirically supported psychological interventions for social phobia in adults: a qualitative review of randomized controlled trials. Psychol Med 38:3-14

Richards D, Richardson T (2012) Computer-based psychological treatments for depression: a systematic review and meta-analysis. Clin Psychol Rev [Meta-Analysis] 32:329-342

Ruscio AM, Brown TA, Chiu WT, Sareen J, Stein MB, Kessler RC (2008) Social fears and social phobia in the USA: results from the national comorbidity survey replication. Psychol Med 38:15-28

Samoocha D, Bruinvels DJ, Elbers NA, Anema JR, van der Beek AJ (2010) Effectiveness of web-based interventions on patient empowerment: a systematic review and meta-analysis. J Med Internet Res [Meta-Analysis Review] 12:e23

Spek V, Cuijpers P, Nyklicek I, Riper H, Keyzer J, Pop V (2007) Internet-based cognitive behaviour therapy for symptoms of depression and anxiety: a meta-analysis. Psychol Med [Comparative Study Meta-Analysis Research Support, Non-U.S. Gov't] 37:319-328

Stein MB, Stein DJ (2008) Social anxiety disorder. Lancet 371:1115-1125

Stott R, Wild J, Grey N, Liness S, Warnock-Parkes E, Commins S, Readings J, Bremner G, Woodward E, Ehlers A, Clark DM (2013) Internet-delivered cognitive therapy for social anxiety disorder: a development pilot series. Behav Cogn Psychother 41:383-397

Stuhldreher N, Leibing E, Leichsenring F, Beutel ME, Herpertz S, Hoyer J, Konnopka A, Salzer S, Strauss B, Wiltink J, Konig HH (2014) The costs of social anxiety disorder: the role of symptom severity and comorbidities. J Affect Disord 165:87-94

Tillfors M, Carlbring P, Furmark T, Lewenhaupt S, Spak M, Eriksson A, Westling BE, Andersson G (2008) Treating university students with social phobia and public speaking fears:

internet delivered self-help with or without live group exposure sessions. Depress Anxiety 25:708-717

Titov N, Andrews G, Schwencke G, Drobny J, Einstein D (2008a) Shyness 1: distance treatment of social phobia over the internet. Aust N Z J Psychiatry 42:585-594

Titov N, Andrews G, Schwencke G (2008b) Shyness 2: treating social phobia online: replication and extension. Aust N Z J Psychiatry 42:595-605

Titov N, Andrews G, Choi I, Schwencke G, Mahoney A (2008c) Shyness 3: randomized controlled trial of guided versus unguided internet-based CBT for social phobia. Aust N Z J Psychiatry 42:1030-1040

Titov N, Andrews G, Choi I, Schwencke G, Johnston L (2009a) Randomized controlled trial of web-based treatment of social phobia without clinician guidance. Aust N Z J Psychiatry 43:913-919

Titov N, Andrews G, Schwencke G, Solley K, Johnston L, Robinson E (2009b) An RCT comparing effect of two types of support on severity of symptoms for people completing internet-based cognitive behaviour therapy for social phobia. Aust N Z J Psychiatry 43:920-926

Titov N, Andrews G, Johnston L, Schwencke G, Choi I (2009c) Shyness programme: longer term benefits, cost-effectiveness, and acceptability. Aust N Z J Psychiatry 43:36-44

Titov N, Andrews G, Schwencke G, Robinson E, Peters L, Spence J (2010a) Randomized controlled trial of internet cognitive behavioural treatment for social phobia with and without motivational enhancement strategies. Aust N Z J Psychiatry 44:938-945

Titov N, Andrews G, Johnston L, Robinson E, Spence J (2010b) Transdiagnostic internet treatment for anxiety disorders: a randomized controlled trial. Behav Res Ther [Randomized Controlled Trial Research Support, Non-U.S. Gov't] 48:890-899

Titov N, Dear BF, Schwencke G, Andrews G, Johnston L, Craske MG, McEvoy P (2011) Transdiagnostic internet treatment for anxiety and depression: a randomised controlled trial. Behav Res Ther [Randomized Controlled Trial Research Support, Non-U.S. Gov't] 49:441-452

Wittchen HU, Fehm L (2003) Epidemiology and natural course of social fears and social phobia. Acta Psychiatr Scand Suppl 4-18

Wittchen HU, Fuetsch M, Sonntag H, Müller N, Liebowitz M (2000) Disability and quality of life in pure and comorbid social phobia. Findings from a controlled study. Eur Psychiatry 15:46-58

Yonkers KA, Dyck IR, Keller MB (2001) An eight-year longitudinal comparison of clinical course and characteristics of social phobia among men and women. Psychiatr Serv 52:637-643

역자 부록

※ 본문에 소개된 ICBT 프로그램 중에 영국의 사회불안장애 ICBT 프로그램의 내용을 추가로 소개하면 다음과 같다.

영국의 사회불안장애 ICBT 프로그램 소개

1. 이름: Social Anxiety Internet Therapy(SAIT)

2. 저자: Stott et al. (2013)

3. 개요

Clark 등(1995)이 개발한 사회공포증의 개인 인지치료에 기초하여 개발된 사회불안장애 인터넷 기반 치료이며, 필수 모듈과 치료자가 필요에 의해 환자별로 추가하여 선택적으로 적용하는 모듈로 구성된다. 심리교육 영상, 웹캠을 이용한 화상대화 등이 가능하여 기술적인 면에서 앞서 있다는 평을 받는 프로그램이기도 하다. 각 모듈은 문서로 된 교육 자료, 이전 환자들의 증언, 영상 자료, 사례, 각자 생각해 볼 만한 질문들, 모니터링용 시트, 행동실험 및 기타 과제 등으로 구성된다. 다음의 주소에서 프로그램 소개 영상을 확인할 수 있다. http://youtu.be/rXXOOSkA0qg

4. 가이드 방식

지정된 치료자가 환자의 정보와 진행 과정에 접근할 수 있고, 그 내용에 따라 피드백을 주거나 모듈을 결정하기도 한다. 프로그램에 내장된 이메일이나 문자를 통해 연락하는 외에 자동 문자 알림도 활용된다.

5. 모듈별 구성

모듈	내용
공통적용 모듈	1. 치료에 대한 소개
	2. 시작하기
	3. 자의식 다루기
	4. 안전행동
	5. 나의 안전행동과 주의력 실험
	6. 내 머릿속에서 벗어나 세상으로 들어가기
	7. 내 치료의 청사진
문제별 모듈	사회적 상황이 일어난 후에 극복하기, 내게 중요한 심상이나 기억을 업데이트하기, 지루함 다루기, 대화 나누기, 자신이 바보 같다고 느낄 때, 다른 사람을 즐겁게 해 줘야 한다고 느낄 때, 미리 걱정하는 것, 얼굴 붉어지는 것, 땀나는 것, 떨리는 것
치료자 추가모듈	자존감, 자신에 대한 믿음, 탈재앙화, 기분 다루기

6. 주요 요소

- 주의력과 안전행동 실험: 영상 속의 청중을 대상으로 간단한 발언을 하면서 자기초점적 주의와 안전행동을 교정하는 실험이다. 이 실험내용은 녹화하여 부정적인 자기지각을 변화시키는 데 활용되기도 한다.
- 주의력 훈련: 자기초점적 주의의 부정적 속성에 대해 배우고, 행동실험을 통해 두려워했던 상황 속에서 주의를 외부로 돌리는 훈련을 해 본다.
- 변별훈련과 심상 재기술 훈련: 초기의 외상 경험이 문제가 되는 경우가 많으므로 과거와 현재를 구분하도록 연습한다.
- 청사진: 그동안 배우고 연습한 것들을 되짚어 보고 재발에 대비하기 위한 계획을 한다.
- 점수 그래프: 매주 사회불안이나 다른 관련 문제에 대한 설문에 답하고, 이것은 자동으로 그래프화되어 각자 발전한 부분을 확인할 수 있다.
- 도서관: 각 모듈에 사용되었던 영상 자료나 그 외 도움이 될 만한 조사 자료 등을 제공한다.

제5장

정신과 영역에서의 인터넷 기반 인지행동치료: 범불안장애

 Nickolai Titov, Gerhard Andersson, & Björn Paxling

범불안장애(generalized anxiety disorder: GAD)는 극심하고 통제 불가능한 걱정이 특징인 흔한 불안장애이다. 범불안장애는 만성적인 장애이며 상당한 기능 저하를 동반한다. 전통적으로 볼 때 범불안장애는 성공적인 치료가 어려운 불안장애로 여겨져 왔다. 최근에 10개 이상의 연구가 범불안장애에 대한 인터넷 기반 인지행동치료(ICBT)의 성과를 보고하였다. 이 중에는 연구도 있고 실제 클리닉에서 시도한 경우도 있다. 연구 결과, 치료자 가이드 ICBT의 효과크기는 만족할 만한 수준이었으며, 치료 성과는 치료 후 2년 동안 지속되었다. 클리닉에서 범불안장애에 대한 ICBT를 시행한 결과 역시 매우 긍정적이었으며, 치료를 완료한 사람들은 연구에서 보고된 것과 유사한 결과를 얻었다. 현재까지 ICBT를 범불안장애에 사용하는 클리닉의 보고서 대부분은 ICBT 개입을 모두 완료한 사람들의 결과 분석으로 제한되어 있다. 이로 인해 현 시점에서는 범불안장애에 대한 ICBT 개입이 효과적이라는 결론을 내리는 데 한계가 있다. 그러나 향후 연구들이 범불안장애 치료에 대한 ICBT 개입의 잠재력을 확인해 줄 것이라 기대한다.

🔵 장애에 대한 기술

범불안장애(GAD)는 과도하고, 빈번하고, 통제할 수 없는 걱정이 특징인 보편적인 불안장애이며(American Psychiatric Association, 2000), 지속적이고, 일반화되었으며, 자유롭게 떠다니는 불안(부동불안)이 특징이다(World Health Organization, 1992). 걱정의 초점은 흔히 사소한 매일의 귀찮은 일, 건강, 고용, 재정 및 자기와 사랑하는 이들의 미래에 대한 것이며(Breitholt et al., 1998), 심지어 이런 걱정으로 인한 두려움은 정서적 또는 신체적인 질병에 대해서까지 확장되기도 한다. 인지적 증상 외에도 범불안장애 환자들은 흔히 심리적이고 신체적인 호소를 경험하는데, 과민성, 집중력 문제, 자율신경 흥분, 수면장애, 근육긴장 및 안절부절못함, 피로 등이다.

기타 불안장애들과 마찬가지로(Kessler & Greenberg, 2002) 범불안장애는 종종 만성적이며 적절한 치료 없이는 증상이 잘 완화되지 않는다(Noyes et al., 1996; Yonkers et al., 2003). 범불안장애는 기타 불안장애들과 공병률이 높으며, 특히 주요우울증과도 공병률이 높다. 범불안장애는 개인을 매우 무능하게 만들며 그 수준은 우울증에 필적할 만하다(Hoffman et al., 2008). 범불안장애 환자들은 일반적으로 의료시설을 상당히 많이 이용하는데(Spitzer et al., 2006; Wittchen, 2002), 이는 만성질환을 앓고 있는 유사한 인구통계학적 특성을 가진 환자들보다 2배 더 높은 수치이다(Kessler & Wittchen, 2002). 범불안장애 환자들이 더 자주 의료시설을 이용하는 것은 사실이지만, 심리적인 증상보다는 신체적인 증상을 더 많이 보고하는 경향이 있기 때문에 진단과 치료가 더 어려운 것도 사실이다. 게다가 시간이 지남에 따라 걱정의 내용이 변하면서 치료가 더 복잡해지기도 한다(Constans et al., 2002).

범불안장애의 12개월 유병률은 약 1.0~4.1%(Gale & Davidson, 2007; Kessler et al., 2008)이며, 평생 유병률은 대략 4.3~5.9%(Tyrer & Baldwin, 2006)이다. 범불안장애는 여성에게서 더 많이 발병하며, 미국 및 세계보건기구 세계정신건강조사(World Health Organization World Mental Health Surveys)에 의하면 발병 연령은 대개 30세 전후이다(Kessler et al., 2007). 주의할 점은 범불안장애 초발 시기가 미묘하다는 것인데, 많은 사람이 장애의 진단기준을 충족하기 전에 이미 만성적인 증상을 겪고 있기 때문이다(Rapee & Bryant, 2009).

🔵 치료

역사적으로, 범불안장애는 불안장애 중 치료 성공률이 가장 낮은 편이었다 (Brown et al., 1994). 그러나 메타분석 결과, 이제는 약물요법과 심리치료가 모두 범불안장애 치료에 효과적이라고 알려져 있다(Cuijpers et al., 2014).

범불안장애 치료에는 광범위한 약물요법이 사용되는데, 선택적 세로토닌 재흡수 억제제(SSRIs), 세로토닌/노르에피네프린 재흡수 방지제, 삼환계 항우울제 및 모노아민 산화효소 억제제, 벤조디아제핀, 항경련제 및 항정신병약 등이다 (Ravindran & Stein, 2009). SSRI는 범불안장애 치료 권장약제이며(NICE, 2007), 부작용이 덜하고 효과가 좋기 때문에 다른 약물요법에 비해 많이 사용된다(Stein, 2006). 범불안장애에 대한 이중맹검 위약대조군 실험의 메타분석 결과(Hidalgo et al., 2007), SSRI 치료에 대한 반응으로 증상이 유의미하게 개선되었다.

범불안장애를 치료하기 위해 광범위한 심리치료도 적용되어 왔는데, 이 중에는 비지시적인 지지치료(Stanley et al., 1996)와 정신역동적 치료들(Leichsenring et al., 2009; Levy Berg et al., 2009)도 포함되어 있다. 그러나 대부분의 심리치료는 인지행동치료(CBT)의 원리에 기반을 두고 있다. CBT는 부적응행동, 역기능적인 정서와 인지의 과정 및 내용을 다루는 심리치료적 접근이다. 이는 목표지향적이고 체계적인 수많은 절차를 통해 완성된다. 초기 치료는 특히 Beck의 인지모형(Beck et al., 1985)에 기반을 두었는데, 그는 각 개인이 자신과 세상과 미래를 지각하는 방식에 영향을 끼치는, 장애에 특정한 부적응적 신념, 판단 그리고 기억이 범불안장애를 비롯한 불안 및 우울장애에서 문제가 된다고 본 학자 중 한 명이다(Beck, 1991; Beck et al., 1985). 최근의 범불안장애에 대한 CBT 모형은 인지, 회피 및 도피 행동과 신체적 각성 간의 상호관계가 중요하다고 보고 있다. 이러한 모형으로는 Borkovec 등(2004), Dugas 등(1997, 1998)의 연구가 있다(Wells, 1995; Wells & Carter, 1999). 범불안장애에 대한 최근 CBT 치료법들은 환자가 자신의 행동이 어떻게 걱정에 영향을 미치는지를 분석하고 이해하며, 다르게 행동하는 방법을 모색하도록 하는 데 중점을 둔다. 그런데 언급된 CBT 치료법들은 공통점이 있기는 하지만, 불확실성과 문제지향(Dugas et al., 1997, 1998), 인지적 회피(Borkovec et al., 2004), 불확실성에 대한 인내력 부족 및 걱정과 메타걱정에 대한 신념(Wells, 1995; Wells & Carter, 1999) 등 강조하는 바에 따라 조금씩 차이가 있다. 보다 최근의 CBT 연구들은 수용기반치료(Roemer & Orsillo, 2002; Treanor et al., 2011) 및 메타인지치료(Wells & King, 2006)로 확장되고 있다.

범불안장애에 대한 심리치료는 대부분 면대면 치료이지만, 그중 일부는 자가치료(Bowman et al., 1997)나 집단치료(Dugas et al., 2003)로 이루어지기도 한다. 최근에는 범불안장애에 대한 여러 가지 인터넷 기반 인지행동치료(ICBT)의 결과가 보고 및 평가되었다. ICBT의 장점에 대해서는 이미 1장에서 설명했기 때문에 여기서 반복하지는 않을 것이다. 현재의 ICBT 심리치료는 일반적으로 인지재구조화, 단계적 노출, 문제해결 및 이완 기술 등과 같은 여러 가지 구성 요소가 결합되어 있다. 범불안장애에 대한 ICBT 개입의 특성 및 연구 결과에 대한 좀 더 자세한 내용은 다음에 설명하겠다.

🔵 기존 ICBT 프로그램

지금까지 범불안장애의 ICBT 효과에 대해 발표한 논문은 적어도 11개에 이른다(Carlbring et al., 2011; Dear et al., 2011a; Draper et al., 2008; Johnston et al., 2011; Klein et al., 2011; Newby et al., 2013; Paxling et al., 2011; Titov et al., 2009a, 2013,

2011). 이러한 개입 중 일부는 정규 임상 진료의 일환으로 임상 장면에서 임상 피험자들을 대상으로 평가된 것이었다.

범불안장애 치료를 위한 인터넷 기반 개입의 대부분은 CBT의 원리에 기초하고 있다. 그러나 정신역동적 치료에 기반을 둔 개입도 개발되고 평가되어 왔다 (Andersson et al., 2012). 게다가 이외에도 연구 중이지만 아직 공표되지 않은 수용전념치료가 있다.

범불안장애에 대한 ICBT 치료 기간은 일반적으로 8~12주이다. 그러나 대부분의 ICBT는 공식적으로 개입하는 시간 외에도 환자가 치료 자료를 사용하고 접근할 수 있도록 허용한다. 예를 들어, Draper 등(2008)의 연구에서 한 환자는 치료를 모두 마치기까지 22주가 걸리기도 하였다. 또 어떤 환자들은 치료를 서둘러 종료하기도 하는데, 이에 대해 연구한 논문도 있다(Johansson et al., 2015).

범불안장애를 위한 ICBT 치료법들은 범불안장애에 더하여 기타 장애들을 치료하는 데 들이는 관심의 수준에서도 차이가 있다. 예를 들어, 범불안장애 증상의 치료(장애 특정적 개입)에만 주로 관심을 가지는 경우도 있고, 범불안장애에 더하여 여타 불안 그리고/또는 우울증의 증상들까지 대상으로 하는 경우도 있다(범진단적 치료 또는 맞춤형 치료). 이는 범불안장애와 우울증 그리고 범불안장애와 기타 불안장애 간의 공병률이 높을 때 특히 중요하다. 비록 장애에 국한되어 특별한 개입이 이루어지겠지만, 불안장애와 우울증 간의 증상이 겹쳐지면서 한 영역에서의 개선이 다른 장애의 개선으로 이어질 수도 있을 것이다 (Andersson & Titov, 2014; Titov et al., 2012; Titov et al., 2009a).

범불안장애에 대한 ICBT 치료법들 간의 또 다른 중요한 차이점은 그들이 치료자에 의해 관리되는지(즉, 치료자 가이드인지), 아니면 치료자 없이 진행되는지(자가가이드인지) 여부이다. 지금까지 범불안장애에 대한 인터넷 기반 치료들 대다수는 치료자 가이드 방식으로 시행되어 오긴 했지만, 자가가이드 버전 역시 연구된 바 있다(Klein et al., 2011; Titov et al., 2013, 2014). 치료자 지원을 활용하는 개입의 경우 문자기반 의사소통이나 문자 및 전화 조합을 활용한다. 이 치료법들은 흔히 치료자 접촉에 대한 스크립트나 지침서를 제공하는데, 이는 치료자 표류[1]를 줄이면서 핵심 메시지들에 주의를 기울이도록 촉진시켜 준다.

🔵 치료의 구성 요소 및 전략

범불안장애에 대한 ICBT는 범불안장애 및 기타 불안장애에서 문제가 되는 세 가지 핵심 증상들을 목표로 고도로 구조화된 자료들로 구성되어 있다. 이 핵심 증상들은 부적응적 인지, 회피행동과 같은 부적응 행동 그리고 생리적인 각성이다. 면대면 CBT와 마찬가지로 ICBT에서도 이러한 핵심 증상들은 인지적 도전 및 재구조화, 상상 및 단계적 노출, 이완요법 및 탈각성화 전략 등의 일반적인 CBT 전략들로 치료한다.

이러한 전략들을 가르칠 때는 참가자가 핵심 증상 및 증상을 유발하고 유지시키는 요인들을 인식하도록 돕는 개념 틀을 제공하는 교육 작업을 먼저 진행한다. 이러한 뼈대, 즉 개념화(formulation)는 핵심 CBT 전략들을 배우고 적용하기 위한 이론적 근거가 된다. 일반적으로 각 전략은 광범위한 상황에서 기법을 규칙적으로 적용하는 것에 중점을 두어 개별적으로 가르치고 있다. 그러나 일단 참가자가 각 전략의 주요 구성 요소들을 배운 후 치료의 후기 단계에서는 그 전략들을 동시에 사용하도록 한다는 점을 기억해야 한다. 예를 들어, 치료 후반에는 걱정과 관련된 불필요한 생각과 신념에 도전하는 인지기법과 더불어 통제된 호흡법 같은 탈각성화 전략을 사용해 보도록 참가자들을 격려한다.

그 밖에 추가적인 전략과 기법들로는 불확실성에 대한 참을성 기르기, 비생산적인 메타인지적 신념 다스리기 그리고 심리치료의 수용 및 마음챙김 모형에서 언급하는 전략들이 있다. 걱정 시간 스케줄(Borkovec & Costello, 1993; Borkovec et al., 1983)은 환자들이 걱정하기를 미루었다가 하루 중 정해진 특정

---

1) 역자 주: 치료자 표류(therapist drift)는 치료자가 치료 과정에서 이론적으로 중요한 점을 다루지 못하고 근거기반치료에서 벗어나게 되는(drift) 것을 일컫는 용어이다. 이때의 치료는 더 이상 치료적이지 않고 단지 수다를 떠는 것과 다르지 않게 된다.

한 기간에만 걱정하도록 격려하는 것인데, 이는 걱정을 유발하는 자극에 대해 차별적인 통제를 할 수 있도록 돕는다. 실용적 문제 해결하기는 자주 사용되는 또 다른 기법인데, 이것은 환자로 하여금 걱정하는 주제들을 분리시켜 자신과 관련된 실용적인 일을 할 수 있도록 돕고, 적절한 방식으로 행동하는 구체적인 틀을 제공한다. 학습 과정을 촉진하기 위해, 환자들은 과제를 하고 치료자는 이를 검토한다. 마지막으로, ICBT는 융통성을 증가시키고 재발 위험을 감소시키기 위한 정보와 권장사항들을 제공한다. 〈표 5-1〉은 여러 가지 치료 프로그램에서 사용되는 개입 목록이다.

🌑 연구 및 클리닉에서의 효과: 연구실험 및 임상 사용 결과

아래에 소개된 연구들은 범불안장애에 대한 ICBT 치료 결과들을 보여 주고 있다(〈표 5-2〉 참조). 기타 불안장애나 우울증의 증상과 함께 범불안장애를 치료하는 데 초점을 맞춘 연구도 있고, 범불안장애의 증상만을 다루기 위해 설계된 연구도 있다. 모든 연구는 스웨덴이나 호주에서 실시된 것들이다. 이 연구 결과들을 논의하기 전에 범불안장애의 진단 및 증상 측정에 대한 이슈를 고려하는 것이 도움이 될 것이다.

범불안장애의 진단 및 측정

범불안장애의 ICBT 연구에서 임상적 혹은 준임상적 수준의 범불안장애 환자들을 식별하기 위해 몇 가지 전략이 사용되었다. 여기에는 일일이 직접 시행하는 임상면접, 자동화된 구조화 진단면접 혹은 일반적으로 온라인으로 관리되는 표준화된 설문지에 대한 응답을 기반으로 한 준거점수 등이 포함된다. 이후 이 장 해당 부분에 다양한 기준들에 대해 언급할 것이다.

〈표 5-1〉 범불안장애(GAD)에 대한 인터넷 기반 인지행동치료에 포함된 치료 전략

	교육 자료	응용이완법 혹은 기타 이완/탈각성 개입	사고, 신념 및 메타인지에 대한 인지재구조화	걱정 시간 스케줄링	문제 해결	걱정 노출/행동실험	대인 문제해결 and/or 의사소통 기술 훈련	수면 관리	행동활성화/활동일정	마음 챙김	재발 방지
Carlbring et al.(2011)	○	(○)*	○	○	○	○		(○)*	(○)*		○
Dear et al.(2011a)	○	○	○	(○)*	(○)*	○	(○)*	(○)*	○		○
Draper et al.(2008)	○	○	○		○	○				○	○
Johnston et al.(2011)	○	○	○	(○)*	(○)*	○	(○)*	(○)*			○
Newby et al.(2013)	○	○	○		○	○			○		○
Paxling et al.(2011)	○	○	○	○	○	○	○	○			○
Titov et al.(2013)	○	○	○	(○)*	(○)*	○	(○)*	(○)*	○		○
Titov et al.(2011)	○	○	○	(○)*	(○)*	○	(○)*	(○)*	○		○
Titov et al.(2009a)	○	○	○	(○)*	(○)*	○	(○)*	(○)*	○		○

(○)*는 참가자에게 도움이 될 것이라 치료자가 판단한 치료전략이 적용되었음을 의미한다.

〈표 5-2〉 범불안장애에 대한 ICBT 연구

연구자(국가)	설계					표본		결과			
	설계조건 (n)	주요 결과 측정도구	개입 구성 요소	치료 기간	치료 지도	사례 수 (N)	진단도구/ 기준	분석	총 치료자 접촉	집단내 효과크기 (사전-사후 d)	집단내 효과크기 (사전-추수 d) (기간)
Draper et al. (2008) (호주)	공개연구 1. TG-ICBT	a) GADQ-IV b) PSWQ	11 CBT 기반 온라인 수업, 간헐적인 전화 통화	11주	자가 치료	3	SCID-IV	ITT 분석/완료자	참여를 촉진 시키기 위한 간헐적 전화 통화	–	–
Titov et al. (2009a) (호주)	무작위 대조연구 1. TG-ICBT 2. 대기자 통제집단	a) GAD-7 b) PSWQ	6 CBT 기반 온라인 수업, 과제 할당, 부가적 문헌 자료, 매주 보안 메시지 또는 전화 통화, 온라인 토론 포럼	8주	치료자 가이드	45	MINI	ITT 분석	130분	1. a) 1.67 b) 0.98 2. a) 0.34 b) 0.02	–
Robinson et al. (2010) (호주)	무작위 대조연구 1. TG-ICBT 2. CG-ICBT 3. 대기자 통제집단	a) GAD-7 b) PSWQ	6 CBT 기반 온라인 수업, 과제 할당, 부가적 문헌 자료, 매주 보안 메시지 또는 전화 통화, 자동 이메일, 온라인 토론 포럼	10주	치료자 가이드	145	MINI	ITT 분석	TG-ICBT는 81분, CG-ICBT는 75분	1. a) 1.55 b) 1.16 2. a) 1.73 b) 1.07 3. a) 0.38 b) 0.14	1. a) 1.48 b) 1.42 2. a) 1.61 b) 0.97 – (3개월)
Titov et al. (2010) (호주)	무작위 대조연구 1. TD TG-ICBT 2. 대기자 통제집단	a) GAD-7 b) PSWQ	6 CBT 기반 온라인 수업, 과제 할당, 부가적 문헌 자료, 매주 보안 메시지 또는 전화 통화, 온라인 토론 포럼	8주	치료자 가이드	78	MINI	ITT 분석	46분	1. a) 0.81 b) 0.60 2. a) -0.01 b) 0.21	1. a) 0.73 b) 0.79 (3개월)

연구자(국가)	설계					표본				결과	
Johnston et al.(2011) (호주)	무작위 대조연구 1. TG-ICBT 2. CG-ICBT 3. 대기자 통제집단	a) GAD-7 b) PSWQ	8 CBT 기반 온라인 수업, 과제 할당, 부가적 문헌 자료, 매주 보안 메시지 또는 전화 통화, 자동 이메일, 온라인 토론 포함	10주	치료자 가이드	131	MINI	ITT 분석	TG-ICBT는 70분, CG-ICBT는 69분	1. a) 0.71 b) 0.81 2. a) 1.06 b) 1.17 3. a) 0.15 b) 0.02	1. a) 0.57 b) 0.81 2. a) 1.18 b) 1.12 – (3개월)
Carlbring et al.(2011) (스웨덴)	무작위 대조연구 1. IT TG ICBT 2. 관심 통제집단	a) BAI b) MADRS-S	공황장애, 사회공포증, GAD와 우울증에 적용되는 기존 ICBT에 근거한 CBT 기반 온라인 모듈을 참가자에 따라 6~10개 처방함	10주	치료자 가이드	54	SCID-I	ITT 분석	85분	1. a) 1.12 b) 1.21 2. a) 0.44 b) 0.46	1. a) 1.23 b) 1.31 (전체 표본 2년)
Titov et al.(2011) (호주)	무작위 대조연구 1. TD TG ICBT 2. 대기자 통제집단	a) GAD-7 b) PSWQ	8 CBT 기반 온라인 수업, 과제 할당, 부가적 문헌 자료, 매주 보안 메시지 또는 전화 통화, 자동 이메일, 온라인 토론 포함	10주	치료자 가이드	74	MINI	ITT 분석	85분	1. a) 0.92 b) 0.68 2. a) 0.22 b) −0.08	1. a) 0.94 b) 0.63 (3개월)
Dear et al.(2011a) (호주)	공개연구 1. TD TG ICBT	a) GAD-7 b) PSWQ	5 CBT 기반 온라인 수업, 과제 할당, 매주 보안 메시지 또는 전화 통화, 자동 이메일, 온라인 토론 포함	8주	치료자 가이드	32	MINI	ITT 분석	45분	1. a) 1.06 b) 0.84	1. a) 0.95 b) 0.90 (3개월)

연구자(국가)	설계					표본			결과		
Paxling et al.(2011) (스웨덴)	무작위 대조연구 1. TG-ICBT 2. 대기자 통제집단	a) PSWQ	Paxling과 동료들(2011)의 방법에 기반을 둔 8개의 온라인 치료 모듈, 매주 과제 할당, 매주 치료자와 보안 메시지	8주	치료자 가이드	89	GADQ-IV	ITT 분석	134	1. a) 1.08 2. a) -0.01	1. a) 1.66 (12주) a) 1.40 (3년)
Klein et al.(2011) (호주)	임상 공개연구 1. SG-ICBT	a) GAD-CDSR	12 CBT 기반 온라인인 수업, 완전 자동화 시스템으로 전달되는 과제	12주	자가 치료	88	온라인 진단 시스템/GAD 군 임상 수준	완료자 (88/704)	없음	a) 1.12	–
Andersson et al. (2012) (스웨덴)	무작위 대조연구 1. TG-ICBT 2. TG-IPDT 3. 대기자 통제집단	a) PSWQ	1. Paxling과 동료들(2011)의 방법에 기반을 둔 8개의 온라인 치료 모듈, 매주 과제 모듈, 매주 과제 할당, 매주 치료자와 보안 메시지 2. Make the Leap 프로그램 기반의 8개 온라인 챕터, 자기 치료 책, 자문 과제, 매주 치료자와 보안 메시지	8주	치료자 가이드	81	SCID-I	ITT 분석	치료자 가이드 ICBT는 92분, 치료자 가이드 IPDT는 113분	1. a) 0.87 2. a) 1.16 3. a) 0.72	1. a) 1.88 2. a) 1.92 (18개월)
Mewton et al. (2012) (호주)	임상 공개연구 1. TG-ICBT	a) GAD-7	6 CBT 기반 온라인인 수업, 과제 할당, 외부 전 강점문가로부터 불특정 지원	11주	치료자 가이드	588	N/A	완료자 (324/588)	기술되지 않음	a) 0.91	–

연구자(국가)	설계					표본		결과			
Kirkpatrick et al.(2013) (호주)	임상 공개연구 1. TG-ICBT	a) GAD-7 b) PHQ-9	5 CBT 기반 온라인 수업, 과제 할당, 부가적 문헌 자료, 매주 전화 통화	8주	치료자 가이드	10	GAD-7 ≥5	ITT 분석	기술되지 않음	1. a) 1.07 b) 1.76	1. a) 1.62 b) 2.17 (2개월)
Newby et al.(2013) (호주)	무작위 대조연구 1. TD TG-ICBT 2. 대기자 통제집단	a) GAD-7 b) PSWQ	6 CBT 기반 온라인 수업, 과제 할당, 부가적 문헌 자료, 매주 보안 메시지 또는 전화 통화	8주	치료자 가이드	99	MINI	ITT 분석	24분	1. a) 0.96 b) 0.87 2. a) 0.07 b) 0.01	보고되지 않음 (3개월)
Newby et al.(2013) (호주)	임상 공개연구 1. TD TG-ICBT	a) GAD-7 b) PHQ-9	5 CBT 기반 온라인 수업, 과제 할당, 외부 전 강 전문가로부터 블로 정 지원	8주	치료자 가이드	136	N/A	ITT 분석	기술되지 않음	1. a) 1.05 b) 0.94	—
Titov et al. (2013, 2014) (호주)	무작위 대조연구 1. SGE-ICBT 2. SG-ICBT 3. 대기자 통제집단	a) GAD-7 b) PHQ-9	5 CBT 기반 온라인 수업, 과제 할당, 부가적 문헌 자료, 매주 보안 메시지 또는 전화 통화	8주	자가 치료	257	GAD-7 ≥8 또는 PHQ-9 ≥10 또는 MINI-SPIN≥5 또는 ANSQ≥1	ITT 분석	없음	1. a) 1.08 b) 0.96 2. a) 0.76 b) 0.68 3. a) 0.14 b) 0.02	1. a) 1.08 b) 1.10 2. a) 1.01 b) 0.98 (12개월)

※ ICBT=인터넷 기반 인지행동치료, IPDT=인터넷 기반 정신역동치료, TG-ICBT=치료자 가이드 ICBT, CG-ICBT=코치 가이드 ICBT, SG-ICBT=자가가이드 ICBT, TD TG-ICBT=범진단 치료자 가이드 ICBT, SGE-ICBT=자동화 알림메일을 사용한 자가가이드 ICBT, IT TG-ICBT=개인 맞춤형 치료자 가이드 ICBT, TG-IPDT=치료자 가이드 IPDT

※ GAD-7=범불안장애 7문항 척도, GAD-CDSR=GAD 임상 장애 온라인인 진단용 심각도 평정 척도, GADQ-IV=범불안장애 척도, PHQ-9=환자 건강 척도 9문항, PSWQ=펜실베이트 걱정 척도

※ SCID=DSM-IV 구조화된 임상면접 도구, MINI=MINI 국제 신경정신과 인터뷰 5.0버전, MINI-SPIN=MINI 사회공포증 목록, ITT 분석=Intention to treat(치료 의향자 대상 분석)

ICBT 임상실험에서 범불안장애의 증상 및 심각도 측정과 관련하여, 대부분의 연구는 펜실베이니아 걱정질문지(Penn State Worry Questionnaire: PSWQ; Meyer et al., 1990) 혹은 범불안장애 7문항 척도(Generalized Anxiety Disorder 7-Item Scale: GAD-7; Spitzer et al., 2006)를 사용하고 있다. PSWQ는 16개의 문항으로 구성되어 있으며, 범불안장애의 걱정 특성을 측정하는 유효한 임상 척도이다. 초기 심리측정적 평가 결과, PSWQ는 내적합치도와 시간적 안정성이 높았으며, 범불안장애 환자들과 기타 불안장애가 있는 환자들을 구별해 주었다(Brown et al., 1992). GAD-7은 범불안장애에 대한 DSM-IV의 진단기준에 근거한 7문항으로 구성되어 있으며, 범불안장애 증상을 진단하는 데 많이 사용되고 있다. GAD-7의 심리측정적 평가는 범불안장애, 공황장애, 사회공포증 및 외상후스트레스장애를 탐지하는 데 충분히 민감하다는 것을 보여 준다. PSWQ와 GAD-7의 최근 심리측정 비교는 두 척도 간 양호한 정도의 상관관계를 보이고 있으며, 두 척도 모두 변화에 민감했으나 GAD-7이 좀 더 민감한 것으로 나타났으므로 임상 작업에 사용 시 좀 더 이점이 있다고 할 수 있다(Dear et al., 2016).

장애 특정적 ICBT의 성과

범불안장애에 대한 장애 특정적 ICBT 첫 번째 보고서는 11개의 모듈 개입을 사용하여 공개실험을 한 Draper 등(2008)에 의해 발표되었다. 이 연구는 임상면담을 통해 범불안장애의 DSM-IV 기준에 해당되는 3명을 포함시킨 소규모 표본 연구였다. 이 ICBT는 자가가이드 개입으로 시행되긴 하였지만, 참가자들은 참여를 독려하는 동시에 증상 질문지를 작성하여 회신하도록 알리는 전화를 가끔 받긴 했다. 그 결과, 3명의 환자 모두 사전·사후검사 결과 임상적으로 유의미한 긍정적 변화를 보였으며, 이러한 치료효과는 5개월 후 추수검사 당시 자료를 제공한 2명의 참가자에게 여전히 유지되고 있었다.

범불안장애의 ICBT 개입을 평가한 최초의 무작위 대조연구는 Titov 등(2009a)

에 의해 보고되었다. 그들은 범불안장애에 대한 DSM-IV 기준을 충족시킨 48명의 참가자를 치료자 가이드 치료조건이나 대기자 통제조건에 무선 할당하였다. 무작위 대조연구(randomised controlled trial: RCT)에서 평가된 ICBT는 매주 치료자가 전화를 하거나 보안 이메일을 통해 도움을 주며 6개의 온라인 수업, 프린트된 요약본 및 과제, 자동 이메일, 기타 문서 자료들을 제공한다. 치료는 10주 이상 진행되며, 사전 및 사후 효과크기는 GAD-7과 PSWQ 모두에서 높게 나타났다. 치료자는 임상실험 동안 참가자와 평균 130분을 함께 보냈으며, 추수회기(follow-up)는 없었다.

동일 연구집단은 후속 무작위 대조연구에서 Titov와 동료들이 사용한 개입법을 다시 검증하였는데, 이는 기존 연구 결과를 반복 검증하고 확장하기 위한 것이었다. 이러한 확장연구(Robinson et al., 2010)는 동일한 ICBT 치료가 코치, 즉 정신건강 전문가의 지도감독을 받는 비전문가에 의해 성공적이고 안전하게 관리될 수 있는지의 여부를 검토하였다. 범불안장애에 대한 DSM-IV 기준을 충족시킨 150명의 성인이 처치조건(치료자 가이드 집단, 코치 가이드 집단) 및 대기자 통제조건에 무선 할당되었다. 처치조건에서는 PSWQ와 GAD-7 점수 모두에서 집단내 효과크기가 높게 나타났으며(≥0.80), 3개월 후 추수평가 시기에도 이는 유지되었다. 이 무작위 대조연구에서 치료자와 코치는 치료 기간에 평균 90분 정도 이내로 환자와 접촉하였다.

범불안장애에 대한 스웨덴식 ICBT의 효능성을 평가하는 무작위 대조연구가 Paxling 등(2011)에 의해 실시되었다. 이 연구자들은 범불안장애로 진단받은 89명의 참가자에게 8주간 8개의 모듈을 실시하는 치료자 가이드 ICBT 개입을 받도록 하거나 대기자 통제집단에 무선 할당하였다. 앞의 무작위 대조연구 결과와 마찬가지로, PSWQ 점수에서 사전평가와 사후평가 간 집단내 효과크기는 크게 나타났다. 중요한 점으로, 이전 연구 결과를 확장한 이 연구는 1년 및 3년 후 추수평가에서 여전히 치료효과가 유지되고 있음을 보고하였다. 선행연구와 마찬가지로, Paxling과 동료들의 연구에서 치료자는 치료 기간 동안 평균 97분 정도 환자와 접촉하였다.

다소 독특한 연구이긴 하지만, Paxling 등(2011)이 사용한 ICBT 개입과 8개의 모듈로 구성된 인터넷 기반 정신역동적 치료(IPDT)를 비교한 무작위 대조연구가 있다(Andersson et al., 2012). 이 연구에서는 범불안장애로 진단받은 총 81명의 참가자가 치료자 가이드 ICBT, 치료자 가이드 IPDT, 혹은 대기자 통제집단에 무선 할당되었다. 연구 결과, PSWQ 척도상에서 치료집단과 통제집단간 의미 있는 차이가 나타나지 않았는데, 완료자들만 대상으로 분석했을 때는 3개월 및 18개월 추수평가에서 중간 이상의 집단내 효과크기가 나타났다.

온라인 클리닉에서 범불안장애에 대한 장애 특정적 ICBT의 성과를 처음 정리한 것은 Klein 등(2011)이었다. 자료들은 호주에서 다양한 불안장애에 대한 ICBT를 제공하는 국가규모의 공공접근이 가능한 웹사이트를 통해 얻은 것들이다. 잠재적 참가자들을 모집하여 웹사이트에 가입하고 온라인 및 자동화된 진단도구를 작성하도록 했다. 최소한 준임상적인 수준으로 범불안장애 진단을 받은 사람들을 대상으로 완전 자동화된 개입으로 12주 동안 12개의 모듈을 제공하였다. 개입을 시작한 704명 중 88명(13%)이 사후평가 결과를 제출하였다. 완료자들만 분석한 결과, 임상 증상의 심각도 비율과 임상 진단자의 수가 의미 있게 감소하였음을 알 수 있었다. 이 결과가 고무적이긴 하지만, 불행하게도 범불안장애에 대한 표준화된 임상 측정도구를 사용하지 않은 관계로 다른 연구와 비교할 수 없음은 제한점이라고 할 수 있다.

또 다른 온라인 클리닉에서 범불안장애에 대한 장애 특정적 ICBT의 임상적 활용 결과를 발표한 연구는 Mewton, Wong과 Andrews(2012)에 의해 시행되었는데, 이들은 기존에 보고된 ICBT 치료법들(Robinson et al., 2010; Titov et al., 2009a)을 활용하였다. 이 연구에서는 진단 척도나 배제 기준을 사용하지 않았다. 치료자 가이드 ICBT(6개의 수업)를 시작한 588명의 환자 중에서 324명이 이를 완료하였다(324/588=55%). 완료자들만 대상으로 하여 분석했을 때 GAD-7의 경우 집단내 효과크기가 컸으나 추수평가 결과는 보고되지 않았다.

범진단 및 맞춤형 ICBT의 성과

앞에서 언급한 바와 같이, 일부 범불안장애 ICBT는 기타 불안장애 및 우울증의 증상들에도 적용할 수 있도록 고안되었는데, 소위 말해 범진단 또는 맞춤형 처치이다. 범불안장애와 기타 불안장애들의 공병률 및 범불안장애와 우울증의 공병률이 높은 점을 감안하면(Hoffman et al., 2008), 하나 이상의 장애를 치료할 수 있는 처치법은 이론적으로나 실제적으로 중요할 것이다. 범진단 및 맞춤형 접근의 결과는 연구 및 임상 결과 모두에서 고무적이며, 이 접근법들의 잠재적 성과를 증명하고 있다. 범진단 및 맞춤형 범불안장애 ICBT를 다룬 연구 결과들을 다음에 제시하였다.

세 가지 불안장애 증상(범불안장애, 공황장애, 사회불안장애)을 목표 증상으로 하는 범진단 ICBT 개입에 대해서 연구한 이들은 Titov와 동료들(2010)이다. 78명의 참가자를 범진단 치료자 가이드 ICBT와 대기자 통제집단에 무선 할당하였다. 참가자 모두는 범불안장애, 공황장애 그리고 사회불안장애가 주 진단이었다. 치료 후 GAD-7 척도에서 처치집단과 통제집단간에 임상적이고 통계적으로 의미 있는 차이가 확인되었으나 PSWQ 척도상에서는 차이가 없었다. 범진단 ICBT는 이후 개정되고 확장되어 추후 무작위 대조연구에서 다시 활용되었다(Johnston et al., 2011). 이 연구는 코치, 즉 정신건강 전문가에게 지도감독을 받는 비정신건강 전문가가 범진단 ICBT를 성공적이고 안전하게 수행할 수 있는지를 탐구한 것이었다. 1차 진단으로 범불안장애, 공황장애 그리고 사회불안장애를 진단받은 131명의 참가자를 치료자 가이드 집단, 코치 가이드 집단 그리고 대기자 통제집단에 무선 할당하였다. 연구 결과, 치료 후에 PSWQ 척도와 GAD-7 척도상에서 각 치료 조건마다 효과크기가 큰 것으로 확인되었고, 이 효과는 3개월 후에도 지속되었다. 이 무작위 대조연구에서 치료자와 코치는 치료 회기 동안 대략 평균 70분 정도 환자와 접촉하였다.

동일한 연구팀이 후속 연구로 우울 증상 및 세 가지 불안장애(범불안장애, 공황장애, 사회불안장애)의 증상들을 목표로 하는 8교시 범진단 ICBT 치료를 개발하였다(Titov et al., 2011). 이 치료의 효과를 무작위 대조연구에서 검증하였는데, 74명의 참가자를 범진단 치료자 가이드 ICBT 처치집단과 대기자 통제집단에 무선 할당하였다. 모든 참가자는 주요 진단으로 범불안장애, 공황장애 그리고 사회불안장애의 진단을 받았다. 치료는 10주 과정이었으며, 치료자들은 치료 기간에 각 환자들과 접촉하는 데 대략 85분 정도를 사용하였다. 치료가 종료된 후 치료집단 및 대기자 통제집단 사이에는 PSWQ 척도상에서 임상적·통계적으로 의미 있는 차이가 나타났으며, 치료집단에서의 효과는 3개월 후에도 지속되었다. 그리고 8주에 걸친 공개연구에서 32명의 참가자를 대상으로 이 치료의 단축형 5교시 버전을 평가한 것이 있다(Dear et al., 2011a). 치료 후 GAD-7과 PSWQ 척도상에서 집단내 사전-사후 비교 효과크기가 큰 것으로 확인되었으며, 이는 추후에도 지속되었다. 공개연구에서 치료자는 치료 기간 환자들과 접촉하는 데 대략 평균 45분 정도를 사용하였다.

또 다른 호주 연구팀은 6교시 버전의 범진단 ICBT를 개발하였는데, 이는 범불안장애와 우울 증상을 목표로 하였고, 이를 무작위 대조연구와 온라인 클리닉에서 각각 평가한 바 있다(Newby et al., 2013). 무작위 대조연구에서 99명의 참가자를 범진단 치료자 가이드 ICBT 처치 조건과 대기자 통제집단 조건에 무선 할당하였다. 모든 참가자의 주 진단은 범불안장애 또는 우울증이었다. 치료는 8주에 걸쳐 진행되었으며, 치료자는 치료 기간에 각 참가자에게 대략 24분의 시간을 사용하였다. 치료 후에 PSWQ 척도 점수상에서 치료집단과 통제집단간에 임상적이고 통계적으로 의미 있는 차이를 확인할 수 있었으며, 치료효과는 3개월 후에도 지속되었다. 그다음 온라인 클리닉에서 136명의 참가자를 대상으로 평가하였을 때, 참가자 중 41%가 치료를 완료하여 치료 후 자료를 제공하였다. 참고로 무작위 대조연구에서의 완료율은 89%였다. 치료 후 GAD-7과 PHQ-9 척도상에서 효과크기가 유의미한 것으로 확인되었는데, 그럼에도 불구하고 이 연구에서는 대규모의 자료 손실이 있었기에 결과 해석에 신중을 기해야 할 것이다.

최근 발전된 버전으로는 범불안장애, 공황장애, 사회불안장애를 목표 증상으로 하는 5교시 범진단 ICBT가 있다(Titov et al., 2013, 2014). 이 프로그램의 평가는 자가가이드와 치료자 가이드의 두 형태로 이루어졌다. 한 연구에서는 범불안장애, 공황장애, 사회불안장애 및 우울증의 증상을 보이는 257명의 참가자를 자동화된 이메일 지원이 있는 8주 자가가이드 버전과 자동화된 이메일 지원이 없는 자가가이드 버전 그리고 대기자 통제집단에 무선 할당하였다(Titov et al., 2013). 치료 후와 12개월 추수평가에서 질문지 완료율은 각각 85%와 80%였다. 치료 직후, 치료집단들은 통제집단에 비해 우월한 성과를 보였다. 치료집단들 간 비교 결과, 자동화된 이메일 지원을 받은 치료집단은 그렇지 않은 집단에 비해 불안 척도(GAD-7)와 우울 척도(PHQ-9)상에서 집단내 비교 효과크기가 좀 더 컸다. 치료집단의 효과는 12개월 추수평가에서도 유지되었다(Titov et al., 2014). 이후 한 지역사회 정신건강 서비스에서 소규모 공개연구로 추가 검증되었는데, 이때 치료자 가이드 방식을 사용하였다(Kirkpatrick et al., 2013). 이전 연구 결과와 동일하게, GAD-7과 PHQ-9 척도상에서 효과크기는 큰 편이었으며, 이는 두 달 후 추수평가에서도 유지되었다.

　Carlbring과 동료들(2011)은 우울, 범불안장애, 공황장애 그리고 사회불안장애 증상을 목표로 하는 맞춤형 ICBT의 효과를 검증하였다. 우울증, 범불안장애, 공황장애 또는 사회불안장애의 진단기준을 만족시킨 54명의 참가자를 맞춤형 치료자 가이드 ICBT와 관심 통제집단에 무선 할당하였다. 모든 참가자는 10주 동안 6~10개 모듈을 처방받았다. 이 모듈은 우울증, 범불안장애, 공황장애, 사회불안장애를 위한 기존 ICBT 프로그램에서 나온 것들이었다. 소개 모듈과 반응 억제 모듈은 모든 참가자에게 도입되었으나, 일부 모듈은 그들의 특정 증상에 따라 맞춤형으로 도입되었다. 치료 후 Beck 불안 척도(Beck Anxiety Inventory: BAI; Beck et al., 1988), MADRS-S(Montgomery-Åsberg Depression Rating Scale; Svanborg & Åsberg, 1994) 그리고 삶의질 척도(Quality of Life Inventory; Frisch et al., 1992)상에서 치료집단과 통제집단간 유의미한 차이가 나타났다. 효과는 2년 후 평가에서도 유지되었으며, 관심 통제집단 역시 이즈음에는 치료를 다 받고 마친 후였다.

　더욱 최근에 스웨덴에서 효과 연구가 수행되었는데, 이는 범불안장애를 포함한 불안장애용 맞춤형 ICBT의 효과를 1차 진료 장면에서 검증하려는 것이었다 (Nordgren et al., 2014). 1차 진료 접촉을 통해 100명의 참가자를 모집하였으며, 이들을 치료집단과 능동적 통제집단으로 무선 할당하였다. 치료는 온라인 치료자가 주도하였으며 개인적으로 7~10주 모듈을 부여받았다. 치료 후, 치료집단의 46%는 주요 성과 측정치(CORE-OM)[2]에서 의미 있는 향상을 보여 주었으며, 집단간 비교 효과크기(d)는 0.20에서 0.86 사이였고, 효과크기(d)의 평균은 0.59였다. 1년 후 추수평가에서 집단내 비교 효과크기(d)는 0.53에서 1.00 사이였다.

🔵 사례

44세의 호주 여성 캐롤은 1차 진료 의사가 의뢰하여 범불안장애와 공병 우울을 치료하는 마인드스팟 클리닉으로 오게 되었다. 마인드스팟 클리닉은 호주 국립 치료 서비스로, 불안장애와 우울증 환자들에게 전화나 인터넷을 통해 심리학적 평가와 치료 서비스를 제공한다. 평가 결과, 캐롤은 범불안장애 수준이 매우 높고 중등도의 우울을 보였다. 과거력을 살펴보니 그녀는 어렸을 때부터 걱정이 많았으며, 청소년기부터는 일시적으로 우울해지곤 하였다. 마인드스팟 클리닉 치료자는 인터넷으로 제공되는 치료의 특징과 내용에 대해 캐롤과 상의하였으며, 캐롤은 치료를 받는 것에 동의하였다.

캐롤은 범불안장애와 우울증상을 목표로 하는 10주 과정의 치료자 가이드 인터넷 치료를 받게 되었다. 캐롤의 의사는 마인드스팟 클리닉으로부터 평가 보고서를 받았는데, 여기에는 캐롤의 증상 및 치료 과정이 상세히 소개되어 있었다.

캐롤은 10주 과정 동안 매주 인터넷에 접속하여 할당된 5개의 수업을 모두 수

---

2) 역자 주: CORE-OM(Clinical Outcomes in Routine Evaluation-Outcome Measure)은 심리치료의 성과를 측정하기 위해 Barkham 등(2001)이 개발한 34문항짜리 척도이다. 주관적 웰빙, 증상(불안, 우울, 신체증상, 트라우마), 기능(일반기능, 친밀한 관계, 사회적 관계), 위험(자신 및 타인)의 4개 하위척도로 구성되어 있다.

강하였다. 매주가 시작할 즈음 자동화된 이메일이 도착하여 그 주차의 추천 읽을거리와 과제에 대해 세부사항을 안내하였다. 또 캐롤은 PDF 형식으로 된 과제를 제공받았다. 과제들은 각 수업의 요점을 요약 제시하였고, 각 수업에 소개된 기법들을 어떻게 적용하는지 예시를 제공하였다. 매주, 불안과 우울증이 있는 사람들이 자주 경험하는 증상을 다루는 새로운 자료가 제공되었는데, 이들은 수면, 관계 및 의사소통의 어려움을 어떻게 관리하느냐 하는 것들이었다.

캐롤은 매주 온라인 증상 측정척도를 작성하였는데, 마인드스팟의 온라인 치료자는 이 자료를 바탕으로 그녀의 발전과 안전에 대해 점검할 수 있었다. 또 치료자는 매주 10분에서 20분 정도 캐롤과 전화 통화를 했다. 치료자는 캐롤이 이전 주에 비해 얼마나 발전했는지를 검토해 주었고, 질문에 답해 주었으며, 향상된 것을 격려해 주고, 캐롤의 발전에 영향을 끼칠 수 있는 어려움을 해결할 수 있도록 도와주었다. 치료자는 또 캐롤이 주치의에게 처방받은 항우울제를 잘 복용할 수 있도록 격려해 주었다.

치료가 끝난 후, 캐롤의 증상은 우울이 경도 수준, 범불안은 무증상 범위 내로 감소되었다. 캐롤의 치료자는 그녀를 도와 향후 6개월간 목표를 세울 수 있도록 하였으며, 캐롤이 지속적으로 온라인 자료들에 접근할 수 있도록 조치했다. 마인드스팟 클리닉은 캐롤의 주치의에게 그녀의 활동 및 발전 사항에 대한 보고서를 제공하였다.

비용-효과

불안장애에 대한 비용-효과 및 질병 비용에 대한 개관을 살펴보면(Konnopka et al., 2009), 범불안장애와 공황장애는 확인된 사례당 비용 지출이 가장 큰 불안장애이며, 보고된 직접 초과 비용은 625달러(Smit et al., 2006)에서 2만 184달러(Olfson & Gameroff, 2007)에 이르기까지 다양하다. 앞에서 언급한 스웨덴 효과성 연구(Nordgren et al., 2014)의 비용분석 결과, ICBT 집단에서 전체 비용에 유의미한 감소가 있었으며, 점증적 비용-효과는 통제집단에 비해 ICBT가 우수하였다. 이 밖에 현재까지 ICBT의 비용-효과를 보고하였거나 범불안장애 ICBT에 대한 보건 경제 분석을 보고한 다른 연구는 없다.

논의 및 후속 과제

범불안장애 ICBT를 평가한 연구 결과들을 살펴보면 고무적이다. 연구 시행에서 그리고 임상 현장에서 모두 일관적으로 상당한 효과크기가 보고되었다. 범불안장애 증상의 개선 외에도 우울이나 다른 생활 기능의 개선에도 나타나는 점이 중요한데, 이는 치료의 효과가 개인 삶의 다른 여러 측면으로 일반화될 수 있음을 의미한다.

이 결과들은 다음과 같이 요약될 수 있다.

첫째, 범불안장애 치료를 위해 고안된 ICBT의 효과 검증 연구에서 치료자 가이드 ICBT는 범불안장애 증상 측정치상에서 일관적으로 효과크기가 크게 나타났다. 이 결과들은 몇몇 연구자 집단에서 반복 검증되었으며, 치료 후 최대 3년까지 효과가 지속되는 강력한 결과를 보여 주었다.

둘째, 범불안장애뿐만 아니라 다른 불안장애나 우울증의 증상을 목표로 고안된 범진단 치료자 가이드 ICBT 또는 맞춤형 치료자 가이드 ICBT의 효과성을 검증한 연구에서도 역시 일관되고 긍정적인 결과들이 나타났다. 하지만 호전의 정도는 범불안장애 특정적인 처치법만큼 일관되게 높게 나타나지는 않았다. 이는 표집에서의 오류를 반영하는 것일 수 있는데, 범진단 ICBT 처치의 참가자들 중에는 범불안장애의 진단기준에는 맞지 않되 다른 불안장애나 우울증의 진단기준을 충족하는 사람도 있었기 때문이다. 즉, 치료 전 기저선에서 범진단 조건 참가자들의 범불안장애 측정치 점수가 범불안장애에 특정된 치료 조건의 참가자들에 비해 더 낮은 경향이 있었다.

셋째, 범불안장애 ICBT를 임상 장면에서 시행한 연구 결과들을 살펴보면 역시 고무적인데, 치료를 완료한 참가자들에게서 효과크기는 매우 크게 나타났다. 그러나 몇몇 예외(예: Bergman Nordgren et al., 2014; Titov et al., 2015)가 있기 때문에 이 결과의 일반화에는 아직까지도 의문이 남는다. 그것은 처치를 완료한 사람들에게 한정된 결과, 즉 전체 참가자 분석이 아닌 완료자 분석의 결과이기 때문이다. 추후 연구에서 전체 자료의 분석을 통해 이러한 긍정적인 예비 결과들을 확증할 수 있을 것이다.

넷째, 자가가이드 방식의 범불안장애 ICBT 기초평가 결과 역시 고무적이다. 물론 한 연구는 완료자 자료들만을 분석하긴 하였지만(Klein et al., 2011), 치료를 완료한 사람들은 상당한 성과를 거두는 것으로 보인다. 치료 후 시점 그리고 1년 후 시점에서 참가자들의 80% 정도를 조사한 Titov와 동료들(2013, 2014)의 자료 분석을 보면, 자가가이드 모델 역시 의미 있는 임상적 변화를 가져오는 것으로 보인다. 추후 자가가이드 방식의 ICBT에 대한 연구가 더 필요하겠지만, 이러한 기초 자료를 통해 공중 보건의 도구로서 자가치료 모델 개입이 잠재력이 있음을 알 수 있다.

이러한 전망에도 불구하고, 후속 연구들이 고려해야 할 몇 가지 한계점이 있다. 먼저, 좀 더 많은 나라에서 반복검증이 실시될 필요가 있다. 그리고 사회불안장애나 우울증과 같은 다른 장애와 달리, 범불안장애 ICBT와 면대면 치료 방식을 직접 비교한 연구가 아직 없다. 마지막으로, 범불안장애 특정 ICBT, 범진단 ICBT 및 맞춤형 ICBT 각각의 장기적인 효과에 대한 정보가 더 필요하며 이를 통해 치료자는 환자에게 최적화된 치료 모델을 제공할 수 있을 것이다.

결론적으로, 범불안장애 가이드 ICBT는 매우 전망 있는 새로운 치료법이라 할 수 있다. 부족한 부분을 채우기 위해 더 많은 연구가 필요하겠지만, 현재까지의 연구 결과들만으로도 상당히 긍정적이고 고무적이다. 범불안장애 ICBT는 조만간 널리 보급될 것이라는 의견이 우리의 결론이다.

🎱 참고문헌

American Psychiatric Association (2000) Diagnostic criteria from DSM-IV-TR. American Psychiatric Association, Washington, D.C

Andersson G, Titov N (2014) Advantages and limitations of Internet-based interventions for common mental disorders. World Psychiatry 13:4-11

Andersson G, Paxling B, Roch-Norlund P, Ostman G, Norgren A, Almlov J, Georen L, Breitholtz E, Dahlin M, Cuijpers P, Carlbring P, Silverberg F (2012) Internet-based psychodynamic versus cognitive behavioural guided self-help for generalized anxiety disorder: a randomized controlled trial. Psychother Psychosom 81:344-355

Beck AT (1991) Cognitive therapy. A 30-year retrospective. Am Psychol 46:368-375

Beck A, Emery G, Greenberg R (1985) Anxiety disorders and phobias: a cognitive approach. Basic, New York

Beck AT, Epstein N, Brown G, Steer RA (1988) An inventory for measuring clinical anxiety: psychometric properties. J Consult Clin Psychol 56:893

Borkovec T, Costello E (1993) Efficacy of applied relaxation and cognitive-behavioural therapy in the treatment of generalized anxiety disorder. J Consult Clin Psychol 61:611

Borkovec TD, Wilkinson L, Folensbee R, Lerman C (1983) Stimulus control applications to the treatment of worry. Behav Res Ther 21:247-251

Borkovec TD, Alcaine O, Behar E (2004) Avoidance theory of worry and generalized anxiety disorder. In: Heimberg RG, Turk CL, Mennin DS (Eds) Generalized anxiety disorder: advances in research and practice. The Guildford Press, New York.

Bowman D, Scogin F, Floyd M, Patton E, Gist L (1997) Efficacy of self-examination therapy in the treatment of generalized anxiety disorder. J Couns Psychol 44:267

Breitholtz E, Westling BE, Ost LG (1998) Cognitions in generalized anxiety disorder and panic disorder patients. J Anxiety Disord 12:567-577

Brown TA, Antony MM, Barlow DH (1992) Psychometric properties of the Penn State Worry Questionnaire in a clinical anxiety disorders sample. Behav Res Ther 30:33-47

Brown TA, Barlow DH, Liebowitz MR (1994) The empirical basis of generalized anxiety disorder. Am J Psychiatry 151(9):1272-1280

Carlbring P, Maurin L, Torngren C, Linna E, Eriksson T, Sparthan E, Straat M, Marquez Von Hage C, Bergman-Nordgren L, Andersson G (2011) Individually-tailored, internet-based treatment for anxiety disorders: a randomized controlled trial. Behav Res Ther 49:18-24

Constans JI, Barbee JG, Townsend MH, Leffler H (2002) Stability of worry content in GAD patients: a descriptive study. J Anxiety Disord 16:311-319

Cuijpers P, Sijbrandij M, Koole S, Huibers M, Berking M, Andersson G (2014) Psychological treatment of generalized anxiety disorder: a meta-analysis. Clin Psychol Rev 34:130-140

Dear BF, Titov N, Schwencke G, Andrews G, Johnston L, Craske MG, Mcevoy P (2011a) An open trial of a brief transdiagnostic internet treatment for anxiety and depression. Behav Res Ther 49:830-837

Dear BF, Titov N, Sunderland M, Mcmillan D, Anderson T, Lorian C, Robinson E (2011b) Psychometric comparison of the generalized anxiety disorder scale-7 and the Penn State Worry Questionnaire for measuring response during treatment of generalised anxiety disorder. Cogn Behav Ther 40:216-227

Draper M, Rees CS, Nathan PR (2008) Internet-based self-management of generalised anxiety disorder: a preliminary study. Behav Chang 25:229-244

Dugas MJ, Freeston MH, Ladouceur R (1997) Intolerance of uncertainty and problem orientation in worry. Cogn Ther Res 21:593-606

Dugas MJ, Gagnon F, Ladouceur R, Freeston MH (1998) Generalized anxiety disorder: a preliminary test of a conceptual model. Behav Res Ther 36:215-226

Dugas MJ, Ladouceur R, Leger E, Freeston MH, Langlois F, Provencher MD, BOISVERT JM (2003) Group cognitive-behavioural therapy for generalized anxiety disorder: treatment outcome and long-term follow-up. J Consult Clin Psychol 71:821-825

Frisch MB, Cornell J, Villanueva M, Retzlaff PJ (1992) Clinical validation of the Quality of Life Inventory. A measure of life satisfaction for use in treatment planning and outcome assessment. Psychol Assess 4:92

Gale C, Davidson O (2007) Generalised anxiety disorder. BMJ 334:579-581

Hidalgo RB, Tupler LA, Davidson JR (2007) An effect-size analysis of pharmacologic treatments for generalized anxiety disorder. J Psychopharmacol 21:864-872

Hoffman DL, Dukes EM, Wittchen HU (2008) Human and economic burden of generalized anxiety disorder. Depress Anxiety 25:72-80

Johansson O, Michel T, Andersson G, Paxling B (2015) Experiences of non-adherence to internet-delivered cognitive behaviour therapy: a qualitative study. Internet Interventions 2:137-142

Johnston L, Titov N, Andrews G, Spence J, Dear BF (2011) A RCT of a transdiagnostic internet-delivered treatment for three anxiety disorders: examination of support roles and disorder-specific outcomes. PLoS One 6:e28079

Kessler RC, Greenberg PE (2002) The economic burden of anxiety and stress disorders. Neuropsychopharmacology 67:982-992

Kessler RC, Wittchen H-U (2002) Patterns and correlates of generalized anxiety disorder in community samples. J Clin Psychiatry 63:4-10

Kessler RC, Angermeyer M, Anthony JC, De Graaf R, Demyttenaere K, Gasquet I, De Girolamo G, Gluzman S, Gureje O, Haro JM (2007) Lifetime prevalence and age-of-onset distributions of mental disorders in the World Health Organization's World Mental Health Survey Initiative. World Psychiatry 6:168

Kessler RC, Berglund PA, Chiu WaiTat, Demler O, Glantz M, Lane MA, Jin R, Merikangas KR, Nock M, Olfson M, Pincus HA, Walters EE, Wang PS, Wells KB (2008) The National Comorbidity Survey Replication (NCS-R): cornerstone in improving mental health and Mental Health Care in the United States. The WHO world mental health surveys: global perspectives on the epidemiology of mental disorders 165-210

Kirkpatrick T, Manoukian L, Dear BF, Johnston L, Titov N (2013) A feasibility open trial of internet-delivered cognitive-behavioural therapy (ICBT) among consumers of a non-governmental mental health organisation with anxiety. PeerJ 1:e210

Klein B, Meyer D, Austin DW, Kyrios M (2011) Anxiety online—virtual clinic: preliminary outcomes following completion of five fully automated treatment programs for anxiety disorders and symptoms. J Med Internet Res 13:e89

Konnopka A, Leichsenring F, Leibing E, König H-H (2009) Cost-of-illness studies and cost-effectiveness analyses in anxiety disorders: a systematic review. J Affect Disord 114:14-31

Leichsenring F, Salzer S, Jaeger U, Kächele H, Kreische R, Leweke F, Rüger U, Winkelbach C, Leibing E (2009) Short-term psychodynamic psychotherapy and cognitive-behavioural therapy in generalized anxiety disorder: a randomized, controlled trial. Am J Psychiatry 166:875-881

Levy Berg A, Sandell R, Sandahl C (2009) Affect-focused body psychotherapy in patients with generalized anxiety disorder: Evaluation of an integrative method. J Psychother Integr 19:67

Meyer TJ, Miller ML, Metzger RL, Borkovec TD (1990) Development and validation of the penn state worry questionnaire. Behav Res Ther 28:487-495

Mewton L, Wong N, Andrews G (2012) The effectiveness of internet cognitive behavioural therapy for generalized anxiety disorder in clinical practice. Depression and Anxiety 29(10):843-849

Newby JM, Mackenzie A, Williams AD, Mcintyre K, Watts S, Wong N, ANDREWS G (2013) Internet cognitive behavioural therapy for mixed anxiety and depression: a randomized controlled trial and evidence of effectiveness in primary care. Psychol Med 43:2635-2648

Nice 2007 Management of anxiety (panic disorder, with or without agoraphobia, and generalized anxiety disorder) in adults in primary, secondary, and community care. In: Health (ed) Clinical Guideline 22 (amended)

Nice 2011 Generalised Anxiety Disorder and Panic Disorder (With Or Without Agoraphobia) in Adults: Management in Primary, Secondary and Community Care. NICE clinical guideline 113. Available at www.nice.org.uk/CG113 [NICE guideline].

Nordgren LB, Hedman E, Etienne J, Bodin J, Kadowaki Å, Eriksson S, Lindkvist E, Andersson G, Carlbring P (2014) Effectiveness and cost-effectiveness of individually tailored internet-delivered cognitive behaviour therapy for anxiety disorders in a primary care population: a randomized controlled trial. Behav Res Therapy 59:1-11

Noyes R, Holt CS, Woodman CL (1996) Natural course of anxiety disorders. In: Mavissakalian

M, Prien R (eds) Long-term treatments of anxiety disorders. American Psychiatric Press, Washington, DC

Olfson M, Gameroff MJ (2007) Generalized anxiety disorder, somatic pain and health care costs. Gen Hosp Psychiatry 29:310-316

Paxling B, Almlov J, Dahlin M, Carlbring P, Breitholtz E, Eriksson T, Andersson G (2011) Guided internet-delivered cognitive behaviour therapy for generalized anxiety disorder: a randomized controlled trial. Cogn Behav Ther 40:159-173

Rapee RM, Bryant RA (2009) Stress and psychosocial factors in onset of fear circuitry disorders. In: Andrews G, Charney D, Sirovatka P, Regier D (eds) Stress-induced and fear circuitry disor-ders: advancing the research agenda for DSM-V. American Psychiatric Publishing, In, Arlington

Ravindran LN, Stein MB (2009) Anxiety disorders: somatic treatment. In: Sadock BJ, Sadock VA (eds) Kaplan and Sadock comprehensive textbook of psychiatry.

Lippincott Williams & Wilkins, Philadelphia Robinson E, Titov N, Andrews G, Mcintyre K, Schwencke G, Solley K (2010) Internet treatment for generalized anxiety disorder: a randomized controlled trial comparing clinician vs technician assistance. PLoS One 5:e10942

Roemer L, Orsillo SM (2002) Expanding our conceptualization of and treatment for generalized anxiety disorder: Integrating mindfulness/acceptance-based approaches with existing cognitive-behavioural models. Clin Psychol 9:54-68

Smit F, Cuijpers P, Oostenbrink J, Batelaan N, De Graaf R, Beekman A (2006) Costs of nine common mental disorders: implications for curative and preventive psychiatry. J Ment Health Policy Econ 9:193-200

Spitzer RL, Kroenke K, Williams JB, Löwe B (2006) A brief measure for assessing generalized anxiety disorder: the GAD-7. Arch Intern Med 166:1092-1097

Stanley MA, Beck JG, Glassco JD (1996) Treatment of generalized anxiety in older adults: a preliminary comparison of cognitive-behavioural and supportive approaches. Behav Ther 27:565-581

Stein DJ (2006) Evidence-based treatment of anxiety disorders. Int J Psychiatry Clin Pract 10:16-21

Svanborg P, Åsberg M (1994) A new self-rating scale for depression and anxiety states based on the Comprehensive Psychopathological Rating Scale. Acta Psychiatr Scand 89:21-28

Titov N, Andrews G, Robinson E, Schwencke G, Johnston L, Solley K, Choi I (2009a) Clinician-assisted Internet-based treatment is effective for generalized anxiety disorder: randomized controlled trial. Aust N Z J Psychiatry 43:905-912

Titov N, Gibson M, Andrews G, Mcevoy P (2009b) Internet treatment for social phobia reduces comorbidity. Aust N Z J Psychiatry 43:754-759

Titov N, Andrews G, Johnston L, Robinson E, Spence J (2010) Transdiagnostic Internet treatment for anxiety disorders: A randomized controlled trial. Behaviour Research and Therapy

48:890-899. doi:10.1016/j.brat.2010.05.014

Titov N, Dear BF, Schwencke G, Andrews G, Johnston L, Craske MG, Mcevoy P (2011) Transdiagnostic internet treatment for anxiety and depression: a randomised controlled trial. Behav Res Ther 49:441-452

Titov N, Dear B, Johnston L, Terides M (2012) Transdiagnostic internet treatment for anxiety and depression. Revista de Psicopatologia y Psicologia Clinica (RPPC) 17:237-260

Titov N, Dear BF, Johnston L, Lorian C, Zou J, Wootton B, Spence J, Mcevoy PM, Rapee RM (2013) Improving adherence and clinical outcomes in self-guided internet treatment for anxiety and depression: randomised controlled trial. PLoS One 8:e62873

Titov N, Dear BF, Johnston L, Mcevoy PM, Wootton B, Terides MD, Gandy M, Fogliati V, Kayrouz R, Rapee RM (2014) Improving adherence and clinical outcomes in self-guided internet treatment for anxiety and depression: a 12-month follow-up of a randomised controlled trial. PLoS One 9:e89591

Titov N, Dear BF, Staples LG, Bennett-Levy J, Klein B, Rapee RM, Shann C, Richards D, Andersson G, Ritterband L, Purtell C, Bezuidenhout G, Johnston L, Nielssen O (2015) MindSpot Clinic: an accessible, efficient and effective online treatment service for anxiety and depression. Psychiatr Serv 66(10):1043-1050

Treanor M, Erisman SM, Salters-Pedneault K, Roemer L, Orsillo SM (2011) Acceptance-based behavioural therapy for GAD: effects on outcomes from three theoretical models. Depress Anxiety 28:127-136

Tyrer P, Baldwin D (2006) Generalised anxiety disorder. Lancet 368:2156-2166

Wells A (1995) Meta-cognition and worry: a cognitive model of generalized anxiety disorder. Behav Cogn Psychother 23:301-320

Wells A, Carter K (1999) Preliminary tests of a cognitive model of generalized anxiety disorder. Behav Res Ther 37:585-594

Wells A, King P (2006) Metacognitive therapy for generalized anxiety disorder: an open trial. J Behav Ther Exp Psychiatry 37:206-212

Wittchen HU (2002) Generalized anxiety disorder: prevalence, burden, and cost to society. Depress Anxiety 16:162-171

World Health Organization. The ICD-10 classification of mental and behavioural disorders: clinical descriptions and diagnostic guidelines. Geneva: World Health Organization; 1992

Yonkers KA, Bruce SE, Dyck IR, Keller MB (2003) Chronicity, relapse, and illness—course of panic disorder, social phobia, and generalized anxiety disorder: findings in men and women from 8 years of follow-up. Depress Anxiety 17:173-179

제6장

강박장애의 인터넷 기반 인지행동치료

Bethany M. Wootton, Erik Andersson, & Christian Rück

  강박장애(obsessive-compulsive disorder: OCD)는 흔하면서도 심한 어려움을 초래하는 문제이다. 효과적인 치료법이 개발되었지만 대부분의 환자는 그러한 치료를 받기 어렵기 때문에 강박장애는 치료를 받지 않는 환자의 비율이 높은 편이다. 지난 5년간 근거기반 연구를 통해 강박장애에 대한 ICBT의 효과가 검증되어 왔다. 지금까지의 결과로는 가이드 치료와 가이드 없는 치료 모두가 유망하며, ICBT는 전도유망한 치료법이긴 하지만 앞으로 더 연구해야 할 부분도 많다. 이처럼 답변되지 않은 질문에 대해 연구하는 것이 중요한 다음 단계이긴 하지만, 지금까지 수행된 연구가 적용되고 그동안 잘 다루어지지 않았던 신체변형장애, 저장장애, 모발뽑기장애, 피부벗기기장애와 같은 강박장애 관련 장애에 대한 연구까지 이어질 수 있을 것으로 기대해 본다.

장애에 대한 기술

강박장애는 무엇인가

강박장애(obsessive compulsive disorder: OCD)는 수백 년 동안 문헌에 기술되어 왔으며(Burton, 1989), 강박사고가 떠오르면 불안해지고, 불안을 가라앉히기 위해 강박행동을 하는 것으로 특징지어진다(American Psychiatric Association, 2013). 강박장애는 이형적인(heterogeneous) 장애이며, 강박장애의 현대적 개념은 일반적으로 다음의 네 가지 주요 증상 영역을 포함한다. (1) 오염에 대한 강박사고 및 씻기/닦기에 대한 강박행동, (2) 폭력적 사고와 점검하거나 반복하는 행동, (3) 원치 않는 성적, 공격적 혹은 종교적인 의식/생각들, (4) 순서를 맞추고 배열하는 강박사고와 강박행동(Williams et al., 2011). 강박장애의 12개월 유병률은 약 2%이고(Australian Bureau of Statistics, 2007; Kessler et al., 2012), 최근 연구에서 강박장애 초발연령은 이원화되어 있는 것으로 나타났으며(평균 발병연령은 13세와 25세), 나이가 어릴수록 더 심각한 증상을 보이는 것으로 나타났다(Anholt et al., 2014). 강박장애의 성별 연구에서는 해당 장애가 여성에게 더 많이 나타난다고 보고한다(Kessler et al., 2012; Ruscio et al., 2010). 이 장애에는 강력한 유전적 요소가 있다고 알려져 있으나(Mataix-Cols et al., 2013; Monzani et al., 2014), 정확한 병인론은 파악되어 있지 않다.

강박장애 증상은 대부분 삶의질에 상당히 영향을 미치고, 많은 사회적 비용을 초래한다. 예를 들어, 강박장애 환자들은 사회, 직장, 가정생활에서의 책임을 다하지 못할 수 있으며(Ruscio et al., 2010), 강박사고보다는 강박행동이 삶의질에 더 영향을 미친다는 연구 결과도 있다(Stengler-Wenzke et al., 2007). 기능에 미치는 영향은 증상의 심각도와 직접적으로 관련이 있는 것으로 보이며(Ruscio et al., 2010), 가장 심각한 증상을 가진 사람들은 조현병과 같이 중증의 정신질환을 앓고 있는 환자에게서 볼 수 있는 것과 유사한 증상을 보인다(Calvocoressi et al., 1998). 강박장애는 가족 구성원에게 경제적인 부담을 주게 되고(Grover & Dutt, 2011), 사회적 비용은 연간 총 84억 달러에 이를 정도로 상당하다(DuPont et al., 1995).

전통적으로 강박장애는 불안장애로 분류되었으나, DSM-5에서는 불안장애에서 '강박장애 및 관련장애(OCRD)'로 새롭게 분류되었다(American Psychiatric Association, 2013). 강박장애는 신체변형장애(BDD), 모발뽑기장애(TTM), 저장장애(HD), 피부벗기기장애(SPD)와 함께 OCRD 범주에 속한다(American Psychiatric Association, 2013). 반복적인 행동을 하는 공통점에도 불구하고 이 분야의 많은 전문가는 새로운 분류 방식을 지지하지 않으며(Mataix-Cols et al., 2007), 강박장애는 임상 특징 및 근거기반 치료에 대한 반응 측면에서 여타 OCRD와 다르다(Abramowitz et al., 2009). 최근 연구에 의하면 강박장애, 신체변형장애 및 저장장애는 OCRD 범주에 속하는 유전적 변량을 상당 부분 공유하는 것처럼 보이지만, 피부벗기기장애 및 모발뽑기장애는 여타 장애들과 유전적으로 유사하지 않은 듯하다(Monzani et al., 2014).

강박장애가 있는 사람들은 흔히 다양한 공존 질환이 있으며, 가장 흔한 공존 증상으로는 불안, 기분, 충동조절 및 약물사용장애 등이 있다(Ruscio et al., 2010). 그러나 강박장애 환자의 진정한 공병률 수준을 확인하기는 어려운데, 왜냐하면 기존에 수행된 모든 연구에는 지금이라면 저장장애로 진단될 환자들이 다수 포함되어 있고, 이들 정신병리는 동시발생하는 것이 특징이기 때문이다(Frost et al., 2011). 이러한 이유로 강박장애에 대한 공존 질환 통계치는 새로운 DSM-5 구조 내에서 재평가되어야 한다.

강박장애에 대한 노출 및 반응방지

가장 효과적인 것으로 알려진 심리치료는 1960년대 이후 강박장애 치료에 성공적으로 사용되는 노출 및 반응방지(exposure and response prevention: ERP)라는 CBT 기법이다(Meyer, 1966). 노출 및 반응방지(ERP)는 강박장애 지속 요인을 다스리는 것을 목표로 하며, 다음의 네 가지 구성 요소를 포함한다. (1) 직접노출, (2) 상상노출, (3) 반응방지(강박행동 제거), (4) 환자가 노출 결과와 이로부터 배운 점(보통 그들이 두려워하는 사건은 일어나지 않을 것이라는 점)에 대해 대화를 나누는 과정(Foa, 2010). 노출 및 반응방지를 완수하려면, 환자는 두려운 상황에 대한 위계를 설정하고 자신의 강박사고에 빠지지 않으면서 그러한 상황에 스스로를 점진적으로 노출시켜야 한다.

근거기반 치료 접근의 장애물

강박장애 치료에서 CBT가 효과적임에도 불구하고 치료받지 않는 경우가 있는데(Blanco et al., 2006; Kohn et al., 2004; Torres et al., 2007), 역학연구에서 치료받지 않은 환자의 평균 비율은 60% 이상으로 추정된다(Kohn et al., 2004). 치료 장벽으로는 치료에 소요되는 직접 및 간접 비용, 강박장애의 CBT에 숙련된 치료자 수가 부족하여 숙련된 치료자 접근이 어려운 점, 지리적인 격리나 낙인효과와 관련된 문제 등이 있다(Baer & Minichiello, 2008; Belloch et al., 2009; Goodwin et al., 2002; Marques et al., 2010). 이러한 한계는 이 장애를 가지고 있으나 치료를 받지 않는 환자의 비율을 높이고 있으며, 이 한계를 다루는 것이 지난 10년간 연구에서의 주요 쟁점이 되어 온 것도 사실이다. ICBT와 같은 원격치료는 치료자의 시간이 절약되고(치료 제공자에게 절감효과 초래), 공간적 제약을 극복하고 전문 치료자를 배치함으로써 치료 정보가 원거리에서도 접근 가능하기 때문에 치료 장벽을 제거하는 데 도움이 될 수 있다.

🔵 강박장애 ICBT 프로그램 개관

지난 5년간, 많은 연구집단이 성인 대상 강박장애 치료에 ICBT를 적용한 효과를 조사해 왔다. 아래에 제공된 자료는 임상연구의 일환으로서 표준화된 강박장애 결과 측정치를 사용한 결과 데이터 프로그램에 국한된다. 물론 이것이 현재 강박장애에 적용되는 ICBT 프로그램들을 모두 다 설명하고 있는 것은 아니다.

카롤린스카 대학교, 스웨덴

카롤린스카 대학교(Karolinska Institutet: KI)는 최초로 강박장애를 위한 ICBT 임상연구 결과를 문헌으로 발표하였다(E. Andersson et al., 2011). 카롤린스카 대학교 ICBT는 '스웨덴 모형'을 따르는데, 스웨덴 모형은 면대면 치료의 내용을 그대로 따르고 있으며, 시간이 제한되어 있고, 각 치료 모듈(챕터)에 순차적으로 접근할 수 있고, 치료자가 가이드하는 모형이다. 이 프로그램은 온라인 자가치료 문서(A4용지로 100페이지 정도)를 제공하며, 이후 환자가 온라인으로 숙제를 하고, 치료자가 이를 검토한다. 이 프로그램은 환자의 주요 증상 하위 유형(즉, 씻기, 확인하기, 대칭, 폭력적인 생각)에 따라 치료에 포함되는 읽을거리를 다르게 제공하는 쌍방향적인 특징을 지니고 있다. 환자는 순차적으로 치료에 임하며, 각 모듈에 대한 지식은 모듈에 대한 질문에 응답함으로써 검토된다. 치료자와 환자는 이메일을 교환하며, 강박장애 심리모형을 강박장애 증상에 적용하는 데 초점을 맞춘다. 환자는 온라인 노출 위계를 작성하고 모듈 4를 마친 후 노출 및 반응방지(ERP)를 시작한다. 치료 내용은 〈표 6-1〉에 요약되어 있다. 카롤린스카 대학교 ICBT는 또한 능동적 치료자 지지를 매우 자주 제공하는 특징이 있다(즉, 환자가 3일간 로그인을 하지 않으면 치료자가 치료 플랫폼에서 이메일을 보내며, 치료자는 주중에는 항상 24시간 이내에 환자에게 답변을 한다). 치료자가 이메일을 보낼 때마다 문자메시지가 환자의 휴대전화로도 보내진다. 연구에서 참가자에게 쓰이는 총 시간은 대략 92~129분이며, 각 접촉은 주당 여러 차례로 자주 이루어지는데 기간은 짧은 편이다(즉, 환자에게 보내는 메시지는 짧음).

〈표 6-1〉 카롤린스카 대학교 강박장애 치료 매뉴얼 내용의 요약

모듈 1. CBT와 OCD에 대한 심리교육	치료 원리가 제시되어 있으며, OCD 증상(강박사고와 강박행동), 유병률 및 온라인 CBT 치료 시의 주요 원칙에 대해 설명한다. 가상의 환자 캐릭터가 여러 명 소개된다(각각의 예시는 특별한 OCD 증상 영역들을 나타낸다). 참가자는 한 개 혹은 네 개 모두의 캐릭터를 따라할 수 있는 기회가 있다(씻기, 확인하기, 대칭 혹은 폭력적인 생각하기). **과제: 인터넷 플랫폼 일지에 OCD 증상 등록하기**
모듈 2. CBT 모형으로 OCD 증상 평가하기	자율신경계와 OCD 증상과의 상호작용을 설명한다. 참가자들은 강박사고와 강박행동을 OCD 주기에 적용하고, OCD 문제에 대한 기능적 분석법을 배운다. 각각의 OCD 주기에는 각 예시 캐릭터가 시각적으로 제시된다. **과제: OCD 일지 등록을 계속하며, 이를 OCD 주기에 적용하기**
모듈 3. 인지 재구조화	OCD에 흔한 메타인지(예: 부풀려진 책임감, 확실성에 대한 절대적인 요구, 사고-행위 융합 및 생각을 통제하려는 요구가 지나침 등)가 설명된다. 기능적 관점에서 심리학자와 메타인지에 대해 이야기하는 것에 중점을 둔다. **과제: OCD 일지 등록을 계속하고, 이러한 등록을 강박사고와 관련 있는 메타인지 분석에 사용하기**
모듈 4. 치료목표 및 노출위계 정하기	노출 및 반응방지법(ERP) 소개. ERP를 수행하는 다양한 전략에 대해 설명하며 치료목표 및 각 예시 캐릭터에 대한 노출위계를 구성하는 다양한 방법을 설명한다. **과제: 치료목표를 등록한 후, 이러한 목표로부터 정보의 노출위계를 세우기**
모듈 5. 노출 및 반응 방지법(ERP)	ERP와 관련 있는 일반장애 및 이를 극복하는 방법과 함께 ERP의 다양한 측면이 강조된다. 그런 다음 참가자는 노출위계의 맨 아래에서 ERP 연습을 한다. **과제: ERP를 시작하고 이틀 후 심리학자에게 보고하기**
모듈 6~9. ERP 연습	각 모듈은 치료 캐릭터 예시를 사용하는 ERP 연습에 중점을 둔다. 각 모듈당 문자는 짧으며(1~2페이지), 그 내용은 매주 노출에 대해 보고하고 계획하는 것이다. **과제: 매일 ERP를 하고, 심리학자에게 적어도 일주일에 1회 보고하기**
모듈 10. ERP 연습. 추가 향상 (개선)을 위한 가치 있는 지침 세우기	이 모듈에서는 매일매일의 ERP에 초점을 두면서도 수용전념치료에서 채택된 추가 연습을 시도하도록 한다. 즉, 가치 기반 목표 세우기 그리고 매일의 노출 과제에서 가치 기반 목표를 응용하기 등이다. 그리고 그간 치료를 요약하고, 참가자는 재발(relapse)과 퇴보(setback) 간의 차이 및 추가 치료 전략에 대해 배운다. 참가자는 자신의 가치 기반 목표에 따라 재발방지 프로그램을 수립한다. **과제: ERP 계속하기. 가치 있는 목표를 수립하고 매일 노출연습에 적용하기. 치료를 요약하고 재발방지 계획을 수립하기**

이센터클리닉, 호주

이센터클리닉(eCentreClinic)은 맥쿼리 대학교에 위치한 연구 클리닉으로서 다양한 정신건강 문제를 위한 ICBT 프로그램을 개발하고 평가하는 것을 목표로 하고 있다. 이센터클리닉 강박장애 과정은 강박장애 면대면 치료를 기반으로 하는 인지적·행동적 치료 기법(노출 및 반응방지 포함)을 사용한다. 치료 기법은 임상가와 가상 캐릭터의 관점에서 설명된다. 이 과정은 보안 웹사이트에서 진행되며, 일정표에 따라 수업이 진행되기 때문에 참가자가 프로그램 구조를 따라야 하고 앞서 나갈 수는 없게 되어 있다. 자동 이메일이 시스템에 프로그램화되어 있으며, 참가자에게는 (1) 수업이 준비되었을 때, (2) 참가자에게 수업 완료에 대해 상기시키고자 할 때, (3) 참가자가 수업을 완료했을 때 발송된다. 참가자가 수업을 마치면 수업 개요를 다운로드받을 수 있고, 여기에 해당 과제가 포함되어 있다. 하지만 치료자에게 과제를 제출할 필요는 없다. 참가자는 치료자로부터 보통 짧게(대략 5~10분), 정기적으로(대략 일주일에 2회) 전화 격려를 받지만, 자가치료 개입 역시 연구되고 있다. 기분 및 기타 불안장애와의 합병증 비율이 높기 때문에 이센터클리닉 강박장애 과정 역시 이러한 합병증을 다루기 위해 부가적인 자가치료 교재를 활용한다. 이센터클리닉 강박장애 과정 인터페이스의

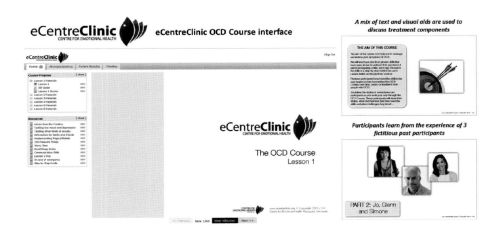

[그림 6-1] 이센터클리닉 강박장애 과정 내용의 개요

개요와 치료 정보의 예는 [그림 6-1]에 제시되어 있다.

인터넷 기반 치료자 가이드 글쓰기치료, 독일

이 치료는 Herbst와 동료들에 의해 개발되었으며, "인터넷 기반 치료자 가이드 글쓰기치료"라고 불린다(Herbst et al., 2014). 이 치료에서 환자와 치료자는 주 2회 세션을 가지며, 이때 문자를 통해 치료 플랫폼에서 동시적으로 의사소통한다. 스웨덴이나 호주의 ICBT 프로토콜처럼 표준화된 자가치료 문서는 없으며, 치료는 면대면 CBT와 마찬가지로 치료자가 제공한다. 내용 면에서 이 치료법은 다른 ICBT 및 면대면 프로토콜과 마찬가지로 노출 및 반응방지(ERP)가 주요 치료법이다.

OC파이터™, 미국

강박장애 치료와 관련된 정보를 전달하기 위해 터치식 전화기를 사용하는 9단계의 전산화된 치료인 BT스텝스(BTSteps) 프로그램이 있는데, 이를 인터넷 상에 적용한 것이 OC파이터(OCFighter)이다. OC파이터는 보안 웹사이트에서 진행되며, 치료자가 말하는 것을 담은 다수의 인터랙티브 영상으로 구성되어 있다. 치료자는 프로그램 사용법에 대해 설명하며, 강박장애와 노출 및 반응방지(ERP)에 대한 심리교육을 제공한다. 이 프로그램은 참가자가 스스로의 노출위계를 작성하도록 돕고, 참가자로 하여금 노출과제와 주관적인 고통 점수 기록을 살피며 본인의 진행 상황을 추적하도록 한다. 특별한 시간표에 따라 9단계가 진행되는 것은 아니지만, 참가자들은 프로그램의 다음 단계로 넘어가기 전에 24시간은 기다려야 한다. OC파이터 프로그램의 개요와 인터페이스의 예는 [그림 6-2]에 제시되어 있다. BT스텝스는 여러 무작위 대조연구에서 효과적임이 입증되었지만(Greist et al., 2002; Kenwright et al., 2005), 인터넷 버전(OC파이터)의 효과는 지금까지 단 한 개의 공개연구에서만 입증되었다.

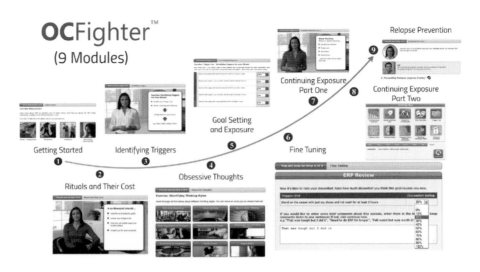

[그림 6-2] OC파이터 프로그램 내용의 개요

🔵 연구 및 임상효과

카롤린스카 대학교 프로그램

예비연구

카롤린스카 대학교(KI)에서의 ICBT 치료는 23명의 성인 강박장애 환자가 15주간의 치료를 받은 공개 예비연구에서 처음 시행되었다(Andersson et al., 2011). 강박장애 증상의 평균 유지 기간은 13년이었으며, 대부분 과거에 강박장애 치료를 받은 적이 있고, 참가자 대부분은 고등학교 이상의 학력을 가지고 있었다. 치료 전과 후에 각각 정신과 의사가 Y-BOCS[1]를 시행한 결과(데이터 손실은 없었음), 치료 후 측정 시 61%는 반응자로, 41%는 증상완화자로 분류되어 집단내 효과크기가 큰 것으로 나타났다(*d*=1.56).

---

1) 역자 주: Y-BOCS(Yale-Brown Obsessive Compulsive Scale)는 Goodman 등(1989)이 개발한 강박증 측정 척도로, 자기보고 형식도 있고 임상가가 평정하는 형식도 있다.

무작위 대조연구

이후 101명의 참가자가 10주간의 ICBT 혹은 온라인 지지치료를 받는 통제 조건(기본적인 주의 통제)에 무작위로 할당된 무작위 대조연구(RCT)에서 예비연구의 결과를 반복 검증하고 확장하였다(Andersson et al., 2012). 대부분의 피험자는 자발적으로 참여하였으며, 맹검(blind)의 평가자가 치료 후 및 4개월 추수관찰에서 Y-BOCS를 실시하였다. 모든 피험자는 같은 날 치료를 시작하여 동시에 치료를 받았다. 이 연구에서 치료 이탈률은 낮았으며(1%), 통계적으로 유의한 상호작용 효과와 함께 집단간 효과크기가 큰 것으로 나타나($d=1.12$) ICBT 조건이 우수한 것으로 확인되었다. 이러한 결과는 추수관찰에서도 유지되었다. ICBT 집단의 집단내 효과크기(사전-사후: $d=1.55$)는 예비연구에서와 유사한 수준이었다. 이 연구의 치료자는 수련 마지막 연차의 심리학 전공 대학원생들이 맡았다. 장기간 지속된 증상과 이전 치료의 실패에도 불구하고 약간의 치료자 접촉(환자당 일주일에 13분 정도)만이 필요했으며, 우리는 이 치료가 유망하다는 결론을 내렸다.

부스터 프로그램 추가에 의한 장기효과 및 재발방지

예비연구와 무작위 대조연구 모두 전도유망한 결과를 보여 주었음에도 불구하고, ICBT의 장기적인 효과는 더 연구해 보아야 한다. 후속 연구에서, (1) ICBT의 장기효과를 탐색하고, (2) 인터넷 기반 부스터 프로그램이 치료효과를 강화할 수 있는지 실험하였다(Andersson et al., 2014). 표본의 절반을 ICBT를 받은 6개월 후 3주간의 인터넷 기반 부스터 프로그램에 무선 할당시켰으며 7, 12, 24개월에 추수관찰 데이터를 얻었다. 이 연구에서 부스터 치료는 앞 번 무작위 대조연구와 동일한 절차를 취했으나(예: 자가치료 자료 읽을거리 제공, 순차적인 자료 접근, 통합된 치료자 접촉 등), 치료 내용은 상당히 달랐다. 이전 연구에서 우리는 치료자를 외부 자극으로 간주하였고, 그의 주 기능은 노출 및 반응방지 행동을 강화시키는 것으로 보았다. 한편, 부스터 치료에서는 환자가 자신의 환경 내에서 계속 노출 및 반응방지를 할 수 있도록 강화시키는 외부 자극(즉, 파트너,

친구 또는 가족 구성원)을 스스로 개발하도록 하는 것이 주요 목표였다. 따라서 노출 및 반응방지를 위해 일주일에 수차례 환자를 코치하는 대신, 치료자들은 환자들로 하여금 지지자를 찾아 그와 함께 매주 확인을 하거나 노출연습을 계획하도록 코치하였다.

완료자 자료를 분석했을 때, Y-BOCS 점수를 보면 ICBT의 효과는 여러 추수 평가 시점에서 잘 유지되고 있음을 알 수 있었다(d=1.58~2.09; Andersson et al., 2014). 부스터 치료집단의 경우에는 7개월 추수평가 시점에서 유의미한 향상이 관찰되었는데 12개월 또는 24개월 시점에서는 별 차이가 없었다. 부스터 집단 은 7, 12, 24개월 시점에서 전반적인 기능이 더 좋았고, 재발은 적었으며, 재발 률이 느리게 진행되는 것 같았다. 연구 결과, ICBT 효과는 치료 종결 후 2년이 지났을 때까지도 유지됨을 알 수 있으며, 인터넷 기반 부스터 프로그램을 추가 하면 재발을 예방할 수 있다고 결론지었다.

이센터클리닉 프로그램

예비연구

이센터클리닉(eCentreClinic) 강박장애 과정은 우선 공개연구 형식을 통해 22명 을 대상으로 예비타당성 조사를 하였다[2](Wootton et al., 2011a). 이 연구에서 참 가자들은 8주 동안 8개의 모듈을 완료했으며, 임상심리사로부터 매주 두 번 전 화를 받았다. 전반적으로 참가자의 81%가 8주 내에 프로그램을 완료하였으며, 참가자는 사전치료에서 3개월 추수검사까지 Y-BOCS 측정치상에서 의미 있는 향상을 보였다. 집단내 효과크기는 사전치료에서 사후치료까지(d=1.52) 그리고 사전치료에서 3개월 추수검사까지(d=1.28) 모두 크게 나타났다. 8주에 걸쳐 참 가자당 평균 86분(대략 주당 10분)의 임상가 개입이 있었다. 카롤린스카 대학교 프로그램과 마찬가지로 대부분의 참가자(96%)는 과거 강박장애에 대한 치료를

---

2) 초기 타당성 연구는 뉴사우스웨일즈 대학교의 연구팀에서 실시하였다. 그 팀은 이후에 맥쿼리 대학교로 옮 겼으며, 모든 후속 연구를 진행하였다

받은 경험이 있었다. 이 연구는 이센터클리닉 강박장애 과정의 효능에 대한 기초적인 증거를 제공하였다.

무작위 대조연구

초기 타당성 연구는 이후 ICBT, 독서치료 기반 CBT(bCBT) 및 대기자 통제집단을 비교한 세 집단 무작위 대조연구에서 반복 검증되고 확장되었다(Wootton et al., 2013). 이 연구에서 56명의 참가자는 8주 동안 5개의 모듈을 완료했으며, 임상심리사로부터 일주일에 2번 전화를 받았다. 8주 내에 완성한 평균 모듈의 수는 ICBT 집단에서 4.30, 독서치료 기반 CBT 집단에서는 4.33이었다. 두 치료집단의 참가자들은 사후평가 및 3개월 후 추수검사에서 Y-BOCS 점수가 유의미하게 낮아졌으며, 집단간 유의미한 차이는 없었다. ICBT 및 독서치료 기반 CBT 집단 모두 사전평가부터 사후평가까지의 집단내 효과크기가 큰 것으로 나타났고 각각 사후평가(ICBT, d=2.16; bCBT, d=1.65)와 3개월 추수검사(ICBT, d=1.28; bCBT, d=1.29)의 결과를 나타냈다. 사후평가에서 두 치료집단과 통제집단간 효과크기는 큰 편이었으며(ICBT, d=1.57; bCBT, d=1.40), ICBT와 독서치료 기반 CBT 집단간 효과크기(d=0.17)는 유의미하지 않았다. ICBT 집단 중 47%와 독서치료 기반 CBT 집단 중 40%의 참가자들은 사후평가에서 임상적으로 유의미한 변화를 보여 보수적인 기준을 충족시켰는데, 3개월 추수검사에서 ICBT 집단에서는 27%, 독서치료 기반 CBT 집단에서는 20%로 감소하였다. ICBT는 89분, 독서치료 기반 CBT 프로그램은 평균 102분의 임상가 개입이 있었다(의미 있는 차이 없음; Wootton et al., 2013). 이 연구는 강박장애에 대한 ICBT의 효능성에 대한 증거를 제공하며, 인터넷이나 독서치료와 같은 치료자 가이드 원격치료가 모두 효과적임을 보여 주었다.

임상가 접촉 감소

앞서 소개한 무작위 대조연구의 치료 종료 시점이 되어서야 대기자 통제집단의 치료가 시작되었다. 이 집단의 참가자들은 동일한 ICBT 프로그램(8주간

5개의 수업)을 마쳤다. 그러나 임상가와의 접촉은 (임상가와의 접촉을 감소시키는 것의 효과를 검증하기 위해) 주당 1회로 줄였다. 이 연구에서 17명의 참가자 중 59%가 8주 내에 프로그램을 완료하였으며, 효과크기는 치료 전에서 치료 후까지(d=1.11) 그리고 치료 전에서 3개월 추수관찰까지(d=1.50) 크게 나타났다. 33%는 사후 평가와 3개월 추수관찰 시점 모두에서 임상적으로 유의미한 변화를 나타내어 보수적인 기준을 충족시켰다. 접촉이 감소했다는 것은 치료자가 8주의 기간 동안 단지 57분(대략 내담자당 일주일에 7분)만 개입했음을 의미한다 (Wootton et al., 2013). 그러나 결과는 앞서 더 집중적으로 접촉했을 경우와 유사하게 나타났다. 연구 결과는 매주 1회 접촉으로도 의미가 있으며, 임상적으로 의미 있는 결과를 가져온다는 것을 보여 주었다.

자가가이드[3] 치료

ICBT가 치료에 접근을 막는 장벽을 낮추는 것으로 생각되기는 하나 강박장애 환자들에게는 낙인찍기가 더 결정적인 장애물이기 때문에 치료자 가이드 치료는 받기 꺼릴 수도 있다(Belloch et al., 2009; Marques et al., 2010). 이러한 이유로 이센터클리닉 팀은 강박장애에 대한 자가가이드 ICBT의 효능성을 탐색하기 시작했으며, 우리는 지금까지 이센터클리닉 강박장애 프로그램의 자가치료 효과를 검증하는 2개의 공개연구를 실행하였다(Wootton et al., 2014). 첫 번째 자가치료 연구에서 우리는 기존의 무작위 대조연구와 동일한 프로토콜을 사용하였다(8주 동안 5개의 수업). 치료 전 임상가 접촉은 없었으며, 참가자들은 자기보고식 Y-BOCS 점수에 따라 연구에 참여하였다(연구에 참여하기 위해서는 16점 이상의 점수가 요구됨). 16명 중 44%의 참가자가 프로그램을 마쳤으며, 치료 전부터 치료 후까지(효과크기, d=1.05) 그리고 치료 전부터 3개월 추수관찰까지(효과크기, d=1.34) 증상은 의미 있게 감소하였다. 게다가 참가자의 19%는 치료 후에 그리고 29%는 3개월 추수관찰 시에 임상적으로 유의미한 변화를 보여 주었다. 이러

---

3) 역자 주: 자가가이드(Self-Guided) 방식은 가이드를 제공하는 정해진 치료자가 없는 방식이며, 앞에서 가이드 없는 치료로 번역되기도 하였다.

한 결과는 상당히 고무적인 것이지만, 완료자 비율은 기존 연구에 비해 낮았다 (즉, 첫 번째 공개연구에서는 81%; Wootton et al., 2011a). 또한 임상적으로 유의미한 변화 기준을 총족시킨 참가자의 수 또한 가이드 연구(33~47%)보다는 다소 낮게 나타났다(Wootton et al., 2014; Wootton et al., 2013; Wootton et al., 2011).

우리는 프로그램을 완수하고 노출 및 반응방지 과제를 연습하는 데 시간을 더 들이면 참가자들에게 더 도움이 될 것이라는 가정을 세웠다. 이러한 이유로 두 번째 자가가이드 연구에서 우리는 10주 동안 6개의 수업을 하는 치료를 계획하였다. 역시 사전 임상가 접촉은 없었으며, 참가자들은 자기보고식 Y-BOCS (16점 이상) 점수에 따라 연구에 참여하였다. 연구 기간 내에 프로그램을 완료한 33명의 참가자 중 64%가 첫 공개연구 기간에 향상되었으며, 치료 전에서 치료 후까지 집단내 효과크기는 d=1.37, 치료 전부터 3개월 추수관찰까지의 효과크기는 d=1.17로 나타났다. 게다가 36%는 치료 후에서, 32%는 3개월 추수관찰에서 임상적으로 유의미한 변화라는 기준도 총족시켰다(Wootton et al., 2014). 무작위 대조연구에서 반복검증 및 확장이 필요하고 현재 진행되고 있는 가운데, 일부 강박장애 환자, 특히 치료를 받는 데 있어 낙인을 주요 장벽으로 여기는 사람들에게는 자가가이드 치료가 받아들이기 편하면서 효과적인 치료 방식이라 생각된다.

자가가이드 치료의 장기적인 결과

마지막으로, 이센터클리닉 팀은 최근 두 번째 자가가이드 공개연구에서 12개월 추수 기초 자료를 얻었다. 이 연구 결과, 질문지를 작성한 사람들은 치료 전에서부터 12개월 추수관찰까지 Y-BOCS에서 효과크기가 크게 나타났으며 (d=1.08), 질문지를 작성하지 않은 사람들에 대해서는 최종 관찰값을 이월하여 계산한 결과 중간 정도의 효과크기가 나타났다(d=0.65). 그러나 원래 참가자의 43%만이 설문지를 작성하였으며, 따라서 강박장애에 대한 자가가이드 ICBT의 장기적인 효과를 이해하려면 후속 연구가 필요하다(Wootton et al., 2015).

인터넷 기반 치료자 가이드 글쓰기치료, 독일

예비 무작위 대조연구

인터넷 기반 치료자 가이드 글쓰기치료 프로그램은 치료집단과 대기자 통제 집단을 비교한 한 연구에서 처음 다루어졌다(Herbst et al., 2014). 34명의 참가자가 무작위로 할당되었으며, 치료 후에 집단간 효과크기($d=0.82$)가 크게 나타났다(Herbst et al., 2014). 모든 결과가 취합되었을 때(대기자 집단이 치료를 시작한 이후), 사후평가($d=0.83$) 및 추수평가($d=0.89$)에서 큰 집단내 효과크기가 나타났다(Herbst et al., 2014).

OC파이터 프로그램

예비연구

26명의 참가자가 공개연구에서 OC파이터(OCFighter) 프로그램을 완료한 것이 현재까지 시행된 유일한 연구인데, 참가자는 17주 동안 9회에 걸쳐 치료자와 접촉했다. 이 연구에서 임상가와의 접촉은 이전의 Kenwright 등(2005)의 BT스텝스(BTSteps) 연구에서 보고된 것과 동일하다. 2명의 참가자가 치료를 개시하지 않았으며 24명 중 17명(71%)이 17주간의 프로그램을 마쳤다. 사전평가부터 사후평가까지 Y-BOCS 척도상에서 증상이 임상적으로 유의미하게 감소했으며, 임상가가 평정한 Y-BOCS에서도 큰 효과크기가 나타났다($d=1.15$; Diefenbach et al., 2015). 이 연구는 OC파이터 프로그램의 예비효과를 검증하였으나 보다 심층적인 대조연구가 필요하다.

🍡 사례

　　J는 스웨덴 카롤린스카 대학교 프로그램에 참여한 45세 남성이었다. J는 중증 강박장애(Y-BOCS에서 40점 중 31점)를 보였으며, 세균에 감염될 것 같은 강박사고로 불안해했고, 씻기/청소하기 강박행동을 나타냈다(그는 하루에 100번 이상 손을 씻었다). J는 지난 10년간 강박장애, 우울증 및 심각한 알코올 남용으로 장해연금을 받아 왔다고 말했다. 그러나 치료를 시작할 당시에 그는 우울증의 진단 규준에는 미치지 못했고, 지난 2년간 술에 취하지도 않았다. J는 현재 관련 인력으로부터 일상적인 지원(예: 산책 나가기, 하루 일과 계획하기)을 받는 그룹홈에서 살고 있다. J는 신문 광고를 보고 연구에 자원했으며, 알코올 남용, 우울증, 일반적인 사회 상황 등의 히스토리를 고려했을 때 우리는 과연 그를 ICBT 연구에 참여시켜도 되는지 망설이게 되었다. 그러나 그가 예외 기준에 포함되는 것도 아니었기 때문에 연구에 참여시키기로 하였다. J는 읽고 쓰는 데 지장이 없었으며, 인터넷도 잘 사용하였다. 그는 2주 내에 모듈 1~4를 완료하였으며, '단박에 끊어 내기', 즉 모든 강박의식을 삼가는 것을 실천하기로 마음먹었다. 그는 이것을 일주일간 잘 지켜 나갔으며, 이 기간에는 치료자에게 매일 이메일을 썼다. 치료자 역시 1주일에 3~4번 이메일을 보내며 집중적으로 연락을 취했다. 2주차에 J는 자신의 아파트에서 노출 계획을 실행했으며, 다른 장소에서도 완벽하게 이를 지켰다. 치료 중반기에 J는 자신이 다소 나아지고 있다고 느꼈으며, 치료의 마지막 기간에 그가 과거에는 오염에 대한 걱정이나 저조한 기분 때문에 회피해 왔던 데이트하기나 친구 만나기와 같은 상위 레벨의 노출과제를 하기도 했다. J는 사후평가 때 Y-BOCS에서 3점, 3개월 추수관찰 때 1점 그리고 12개월 추수관찰 때 0점을 받았다. ICBT의 전형적인 환자의 사례는 아닐지라도, 처음에는 원격치료에 적절치 않아 보였던 환자에게도 ICBT가 효과적일 수 있음을 보여 준 사례라 할 수 있다.

🔵 ICBT의 비용 – 효과

ICBT의 비용–효과는 스웨덴의 대기자 통제집단 대조연구에서 실시된 비용 평가 질문지 데이터를 사용하여 분석하였다(Andersson et al., 2012). 연구 결과, 모든 사회적 비용(예: 병원 방문, 근무시간 초과, 약물 처방 등)을 포함하면 지지치료(예: 온라인 지지치료)와 비교했을 때, ICBT에서 추가 관해(remission) 1 사례당 소요되는 비용은 1,300달러 미만이었다. 직접적인 치료비용만 포함하도록 관점을 좁혔을 때, 추가 관해 사례에 따른 비용은 심지어 더 낮았다(예비조사 결과). 따라서 ICBT는 효과가 있을 뿐만 아니라 비용–효과가 좋은 치료이기도 하다. 강박장애에 대한 ICBT의 비용–효과를 이해하는 데 있어 중요한 다음 단계는 면대면 CBT와 비교했을 때 ICBT의 비용을 비교해 보는 것이다.

🔵 임상적 보급 및 확산

ICBT의 효능이 입증되었지만, 효과에 대한 연구는 여전히 부족하고 강박장애에 대한 ICBT는 정규 보건체계 내에서 아직 보급과 검증이 되지 않았다. 이 치료 형식의 여러 유망하고 실제적인 장점을 감안한다면 이는 안타까운 일이다. 예를 들어, 앞서 언급했듯이 ICBT는 지리적 한계를 극복하는데 도움이 되고, 도움받기를 꺼리는 환자들이나 증상으로 인해 수치심을 느끼는 환자들도 인터넷을 통해 도움을 받도록 할 수 있다. 즉, ICBT는 근거기반 치료에 대한 접근성을 향상시킬 것이다. 둘째, ICBT는 치료 기능을 향상시키며, 전통적인 개인치료에서 요구하는 치료자 시간의 25%만을 필요로 한다. 이는 치료비용을 의미 있게 감소시키며, 개인과 사회 모두가 상당한 비용을 절약할 수 있도록 해 준다. 셋째, ICBT 치료는 치료자 표류(waller, 2009)의 위험을 최소화할 수 있는 고도로 통제된 형식으로서 환자가 최적의 치료를 받고 근거기반 개입에 언제든 접근할 수 있도록 해 준다. 마지막으로, 자기보고 측정치들은 치료 플랫폼에서 자동으로 관리되고 활성화될 수 있다. 따라서 데이터 손실은 거의 없고 완벽한 추적이 가능한 형태로 증상의 심각성과 안정성에 대해 체계적인 정보를 얻을 수 있다. 이로써 만일 내담자가 응답하지 않거나 또는 위험에 처한 것처럼 보일 때 임상가가 개입할 수도 있다. 따라서 연구의 다음 단계는 정규 보건체계 내에서 강박장애에 대한 ICBT의 실행가능성을 검증하는 것이다.

보건체계 시스템 내에서 ICBT가 보급되는 것에 더하여, ICBT는 또한 접근성이 좋고 참가자 선발이 상대적으로 쉽기 때문에 강박장애에 대한 향후 연구에 도움이 될 수 있다. ICBT를 사용하면 연구자들은 매개분석 및 비열등성 연구[4]와 같은 중요한 연구에서 필요로 하는 표본 크기를 모집할 수 있다. 연구자가 ICBT 형식을 사용하여 큰 표본 크기를 얻은 한 가지 예가 바로 Ljotsson 등(2011)의 연구이다. 그는 과민성대장증후군 환자 195명을 모집 및 무선 할당하여 두 가지 능동 치료법(노출치료 vs. 스트레스 관리)을 실시하였으며, 후속 연구에서 311명의 환자를 단기간 동안 체계적 노출과 명상훈련을 같이 실시하는 집단과 명상훈련만 실시하는 집단에 무선 할당하였다(Ljotsson et al., 2014). 따라서 ICBT를 활용하면 참가자 모집이 확대되는 것으로 보이며, 큰 표본 크기를 요구하는 가설들을 검증할 수 있게 되므로 좀 더 신뢰할 만한 연구 결과를 산출할 수 있게 된다.

🌑 논의 및 후속 과제

전 세계적으로 다양한 연구팀의 연구 결과, 강박장애에 대한 치료자 가이드 및 자가가이드 ICBT의 효과가 입증되고 있다. 또한 이러한 치료 형식은 비용-

---

4) 역자 주: 원문에서는 inferiority trial이나 문맥상 비열등성 연구(non-inferiority trial)로 번역하였다. 새로운 치료법이나 약물의 개발이 기존 치료법이나 약물에 비해 비해 우월한지를 알아보고자 하는 임상시험을 우월성 연구(superiority trial)라 하고, 새로운 치료법 및 약물이 기존 치료법 및 약물에 비해 떨어지지 않는 것을 보여 주는 임상시험을 비열등성 연구(non-inferiority trial)라고 한다.

효과적이며, 면대면 연구에 비해 더 많은 표본들을 선발할 수 있기 때문에 연구자들이 강박장애를 좀 더 폭넓게 탐색할 수 있도록 한다. 그러나 지금까지의 희망적인 결과에도 불구하고 현존하는 연구문헌에는 한계가 있으며, 향후 연구에서 고려해야 할 중요한 시사점이 있다.

연구문헌의 한계점

ICBT가 강박장애 치료에 있어 효율적이고 비용-효과가 좋은 것처럼 보이지만, 이 분야가 발전함에 따라 기존 ICBT 문헌에서의 몇 가지 중요한 제한점이 있음을 언급해야 한다.

첫째, ICBT 연구에서 종속변인으로 사용되는 자기보고식 성과측정치들(Y-BOCS, OCI-R 및 DOCS 포함)은 원래 지필검사로 개발되었기 때문에 인터넷으로 시행될 때의 심리측정적 속성에 대해서는 추가 조사가 필요하다. 현 단계에서는, 인터넷으로 시행될 때 평가 질문지의 심리측정적 속성에 대한 충분한 데이터가 부족하다. 일부 연구는 이러한 질문지에 대한 응답 결과가 지필검사나 온라인 형식으로 시행되었을 때와 동일하다고 보고하고 있으나(Coles et al., 2007; Enander et al., 2012), 후속 연구에서 좀 더 살펴보아야 할 것이다.

둘째, 지금까지 실시된 ICBT 연구에서 참가자 대부분은 자발적으로 참여하였으며 일반적으로 고학력이었다. 이러한 표집편향은 연구 결과의 일반화에 영향을 미칠 수 있으며, 후속 연구에서는 좀 더 대표성을 띠는 표본을 구하려는 노력이 필요할 것이다. 또한 지금까지 수행된 수많은 ICBT 연구에서는 Y-BOCS를 실시할 때 맹검법[5]을 사용하지 않았으며 이로 인해 편향(bias)이 나타났을 수 있다. 여기에는 예외가 있는데, 카롤린스카 대학교 연구 중 2개(Andersson et al., 2012, 2014)에서는 맹검된 면접자를 사용했다. 치료 전 임상평가를 실시하고자 하는 향후 연구들은 결과에 평가자 편향이 반영될 가능성을 줄이기 위해 맹검된

---

5) 역자 주: 맹검(blinding)은 실험을 수행할 때 선입견이나 편향의 작용을 막기 위해 실험이 끝날 때까지 실험자 또는 피험자의 특정 정보를 공개하지 않는 것이다.

면접자들을 사용하는 것이 좋을 것이다.

후속 연구방향

강박장애의 ICBT 분야에서는 몇 가지 중요한 연구방향이 있다. 이는 ICBT를 전통적인 면대면 치료와 비교하기, 치료 전달의 대안 플랫폼 탐색하기, 적정한 수준의 치료자 접촉을 알아보기, 치료 선호사항을 이해하기 그리고 결과에 영향을 미치는 중재변인과 조절변인 탐색하기 등을 포함한다.

ICBT와 전통적인 면대면 CBT 비교

많은 연구에서 우울증, 사회불안장애 및 만성통증 등의 진단을 받은 집단을 대상으로 ICBT와 전통적인 면대면 치료를 비교해 왔으며, 이러한 연구들은 ICBT 프로그램이 면대면 치료와 동일한 효과가 있음을 보여 주었다(Andrews et al., 2011; De Boer et al., 2014; Wagner et al., 2014). 그러나 아직까지 이와 같은 비교연구가 강박장애에 적용되지는 못했으며, 향후 연구를 통해 ICBT 연구에서 도달한 결론이 강박장애에 대한 면대면 치료에서도 동일하게 나타날지의 여부를 확인할 필요가 있다. 이는 ICBT가 면대면 치료의 대안으로 제공될 수 있을지 또는 단계적 치료 모형에서의 초반 단계 치료로만 적용되어야 할지 여부를 치료 현장에서 이해하는 데 도움이 되기 때문에 중요한 질문이다.

대안 플랫폼

지금까지 ICBT 프로그램은 데스크톱 컴퓨터에서 실행할 수 있었다. 미래에는 이러한 치료를 스마트폰과 같은 이동식 플랫폼으로 확장함으로써 환자들이 노출 및 반응방지(ERP) 행동을 시작하고 유지할 수 있는 가능성을 더욱 높일 수 있을 것이다. 스마트폰의 활용은 최근 우울증 연구에서 고무적인 결과를 보여 주었으며(Ly et al., 2014), 이러한 방식은 또한 인지기반 및 ERP 기반 개입들(즉, 강박사고 일일 기록, ERP 빈도, 기간, 회기 내/간 습관화에 대한 일일 기록 등)과 관련하여 정확도가 높은 다량의 데이터를 수집할 수 있도록 해 준다. ICBT를 스마트폰으로 확장하면서 치료효과를 강화하는 것은 물론이고 정서처리 및 습관화와 같은 과정 성과에 대한 연구도 수행할 수 있을 것이다.

치료자 접촉의 역할 조사하기

일반적으로 강박장애에 대한 ICBT는 얼마간의 치료자 접촉이 필요하다. 그러나 앞서 언급한 자가가이드 치료도 연구되어 왔다. 치료자 가이드 연구들 간의 접촉 강도 또한 상당히 유의미한 차이가 있다. 일부 연구에서는 일주일에 여러 번 참가자들과 접촉하였으며(Andersson et al., 2011, 2012; Wootton et al., 2013), 다른 연구에서는 일주일에 한 번(Wootton et al., 2013), 또 다른 연구에서는 일주일에 1회 미만으로 접촉하였다(Diefenbach et al., 2015). 따라서 향후 연구에서는 적절한 접촉 수준을 알아보기 위해 단일 연구 내에서 치료자 접촉의 빈도를 비교하는 것이 중요할 것이다.

치료 선호도 이해하기

현재까지는 강박장애 환자들의 치료 선호도를 파악하지 못하고 있다. 선행연구에서는 강박장애 및 기타 장애 환자들에게 ICBT가 효과적일 것이라고 이야기하지만(Ferwerda et al., 2013; Wootton et al., 2011a, 2011b), 아직까지는 강박장애로 치료받고자 하는 환자들 중 어느 정도가 면대면 치료 방식에 비해 ICBT를 선호하는지(혹은 그 반대인지)에 대해 알지 못한다. 이는 치료를 어떻게 전달하느냐의 관점에서 중요한 질문이기 때문에, 향후 연구에서는 강박장애 환자들이 어떤 치료를 선호하는지 파악해야 할 것이다.

중재변인과 조절변인

앞서 언급했듯이 ICBT 연구는 충분한 표본 크기를 모집하는 데 드는 시간과 비용의 절약으로 인해 면대면 치료에서 검증하기 어려운 가설들을 검증할 수 있는 잠재적 수단이다. 이러한 연구의 한 가지 중요한 영역은 다양한 강박장애 증상군에 CBT를 실시했을 때 어떤 차별적인 결과가 나타나는지 조사하고, 예측변인, 중재변인 및 조절변인을 탐색하는 것이다. 따라서 향후 ICBT 연구는 검정력이 높은 연구를 설계하여 치료 기제를 탐구하고 이 분야를 발전시켜 나갈 수 있도록 해야 할 것이다.

치료자 훈련

ICBT는 프로토콜 기반 치료에서 치료자를 훈련시키는 도구로 사용될 수 있으며, 이에 대해서는 추가 연구가 필요하다. 대부분의 스웨덴 ICBT 연구에서 수련 마지막 연차의 심리학 전공 대학원생들이 치료자로 활동했으며, ICBT는 초심 치료자가 강박장애 및 기타 장애에 대한 CBT 치료 구성 요소를 배우는 기반으로 활용되었다. 치료자는 환자와 효율적이고 정확한 의사소통을 위해 컴퓨터 앞에서 연습을 할 수 있으며, 이는 전반적인 치료자 기법을 향상시키는 데 도움이 된다. 또한 슈퍼바이저가 치료자의 피드백을 모니터하는 것이 용이하며, 이는 치료자 표류의 위험도 줄여 준다. 이제 카롤린스카 대학교 임상심리 프로그램에는 학생들이 인터넷을 통해 실제 환자를 다루고 슈퍼비전도 받는 ICBT에 대한 의무과정이 포함되어 있다. 따라서 미래에는 ICBT가 초심 치료자들에게 유익한 교육도구가 될 수 있을 것이다. 이는 석사 과정에 있는 경험이 부족한 치료자가 적절한 슈퍼비전을 받음으로써 경험 있는 치료자처럼 유능해질 수 있다는 증거도 제공한다(Van Oppen et al., 2010). 즉, ICBT는 이미 안전하고 접근 가능한 교육도구의 잠재력을 갖추고 있는데, 그럼에도 불구하고 이의 실효성에 대해서는 좀 더 연구를 해야 할 것이다.

혼합치료

ICBT와 치료자가 제공하는 CBT를 함께 적용하는 혼합치료는 ICBT 프로그램의 또 다른 길이 될 것이다. 전통적인 치료자들은 원격치료가 그 자체의 치료라기보다는 치료 보조물로 가장 적합하다고 생각하기 때문에 앞으로 더 많은 연구가 필요하다(Sinclair et al., 2013). 예를 들어, ICBT는 실제 회기들 사이에서 노출 빈도를 증가시키도록 활용될 수도 있고 심리교육 도구로 사용될 수도 있는데, 이를 통해 임상가를 환자에게 직접 노출과제를 시행해야 하는 시간에서 해방시켜 주거나, 더 많은 시간을 확보하여 더 여러 내담자를 만날 수 있게 한다. 요약하면, 강박장애에 대한 ICBT는 지난 5년 동안 상당히 성장했으며, 연구 결과는 ICBT가 수용 가능하고, 효과적이며, 비용-효과적인 치료임을 입증한다. 최근 몇 년간 이루어진 성과에도 불구하고 향후 연구가 필요한 몇 가지 중요한 분야가 있으며, 이는 강박장애를 위한 최적의 서비스 제공에서 ICBT의 역할이 무엇인지 임상가와 정책 입안자가 이해하는 데 도움이 될 것이다.

🟤 참고문헌

Abramowitz JS, Taylor S, McKay D (2009) Obsessive-compulsive disorder. Lancet 374(9688):491–499. doi:10.1016/S0140-6736(09)60240-3

American Psychiatric Association (2013) Diagnostic and statistical manual of mental disorders, 5th edn. American Psychiatric Association, Washington, DC

Andersson E, Enander J, Andrén P, Hedman E, Ljótsson B, Hursti T, Rück C (2012) Internet-based cognitive behaviour therapy for obsessive-compulsive disorder: a randomized controlled trial. Psychol Med 42(10):2193–2203. doi:10.1017/S0033291712000244

Andersson E, Hedman E, Ljótsson B, Wikström M, Elveling E, Lindefors N, Rück C (2015) Cost-effectiveness of internet-based cognitive behaviour therapy for obsessive-compulsive disorder: results from a randomized controlled trial. J Obsessive-Compulsive Relat Disord 4:47–53

Andersson E, Ljótsson B, Hedman E, Kaldo V, Paxling B, Andersson G, Rück C (2011) Internet-based cognitive behaviour therapy for obsessive compulsive disorder: a pilot study. BMC Psychiatry 11:125. doi:10.1186/1471-244X-11-125

Andersson E, Steneby S, Karlsson K, Ljótsson B, Hedman E, Enander J, Rück C (2014) Long-term efficacy of Internet-based cognitive behaviour therapy for obsessive-compulsive disorder with or without booster: a randomized controlled trial. Psychol Med 44:2877–2887

Andersson G (2009) Using the Internet to provide cognitive behaviour therapy. Behav Res Ther 47(3):175–80. doi:10.1016/j.brat.2009.01.010

Andrews G, Davies M, Titov N (2011) Effectiveness randomized controlled trial of face to face versus Internet cognitive behaviour therapy for social phobia. Aust N Z J Psychiatry 45(4):337-340. doi:10.3109/00048674.2010.538840

Anholt GE, Aderka IM, Van Balkom AJLM, Smit JH, Schruers K, Van Der Wee NJA, Van Oppen P (2014) Age of onset in obsessive-compulsive disorder: admixture analysis with a large sample. Psychol Med 44(1):185-194. doi:10.1017/S0033291713000470

Australian Bureau of Statistics (2007) National survey of mental health and wellbeing: summary of results (Cat. no. 4326.0). Canberra

Baer L, Minichiello WE (2008) Reasons for inadequate utilization of cognitive-behavioural therapy for obsessive-compulsive disorder. J Clin Psychiatry 69(4):676

Belloch A, Valle G, Morillo C, Carrió C, Cabedo E (2009) To seek advice or not to seek advice about the problem: the help-seeking dilemma for obsessive-compulsive disorder. Soc Psychiatry Psychiatr Epidemiol 44(4):257-264. doi:10.1007/s00127-008-0423-0

Blanco C, Olfson M, Stein DJ, Simpson HB, Gameroff MJ, Narrow WH (2006) Treatment of obsessive-compulsive disorder by U.S. psychiatrists. J Clin Psychiatry 67(6):946-951

Burton R (1989) The anatomy of melancholy. Clarendon, Oxford

Calvocoressi L, Libman D, Vegso SJ, McDougle CJ, Price LH (1998) Global functioning of inpatients with obsessive-compulsive disorder, schizophrenia, and major depression. Psychiatr Serv 49(3):379-381

Coles ME, Cook LM, Blake TR (2007) Assessing obsessive compulsive symptoms and cognitions on the internet: evidence for the comparability of paper and internet administration. Behav Res Ther 45(9):2232-2240. doi:10.1016/j.brat.2006.12.009

De Boer MJ, Versteegen GJ, Vermeulen KM, Sanderman R, Struys MMRF (2014) A randomized controlled trial of an Internet-based cognitive-behavioural intervention for non-specific chronic pain: an effectiveness and cost-effectiveness study. Eur J Pain. doi:10.1002/ejp.509

Diefenbach GJ, Wootton BM, Bragdon LB, Moshier, SJ, Tolin DF (2015) Treatment outcome and predictors of internet guided self help for obsessive compulsive disorder. behaviour therapy. doi:10.1016/j.beth.2015.06.001

DuPont RL, Rice DP, Shiraki S, Rowland CR (1995) Economic costs of obsessive-compulsive disorder. Med Interface 8(4):102-109

Enander J, Andersson E, Kaldo V, Lindefors N, Andersson G, Rück C (2012) Internet administration of the Dimensional Obsessive-Compulsive Scale: a psychometric evaluation. J Obsessive-Compulsive Relat Disord 1(4):325-330, http://dx.doi.org/10.1016/j.jocrd.2012.07.008

Ferwerda M, Van Beugen S, Van Burik A, Van Middendorp H, De Jong EMGJ, Van De Kerkhof PCM, Evers AWM (2013) What patients think about E-health: patients' perspective on internet-based cognitive behavioural treatment for patients with rheumatoid arthritis and psoriasis. Clin Rheumatol 32(6):869-873. doi:10.1007/s10067-013-2175-9

Foa EB (2010) Cognitive behavioural therapy of obsessive-compulsive disorder. Dialogues Clin Neurosci 12(2):199-207

Frost RO, Steketee G, Tolin DF (2011) Comorbidity in hoarding disorder. Depress Anxiety 28(10):876–884. doi:10.1002/da.20861

Goodwin R, Koenen KC, Hellman F, Guardino M, Struening E (2002) Helpseeking and access to mental health treatment for obsessive-compulsive disorder. Acta Psychiatr Scand 106(2):143–149. doi:10.1034/j.1600–0447.2002.01221.x

Greist JH, Marks IM, Baer L, Kobak KA, Wenzel KW, Hirsch MJ, Clary CM (2002) behaviour therapy for obsessive-compulsive disorder guided by a computer or by a clinician compared with relaxation as a control. J Clin Psychiatry 63(2):138–145

Grover S, Dutt A (2011) Perceived burden and quality of life of caregivers in obsessive-compulsive disorder. Psychiatry Clin Neurosci 65(5):416–422. doi:10.1111/j.1440–1819.2011.02240.x

Herbst N, Voderholzer U, Thiel N, Schaub R, Knaevelsrud C, Stracke S, Kulz AK (2014) No talking, just writing! Efficacy of an Internet-based cognitive behavioural therapy with exposure and response prevention in obsessive compulsive disorder. Psychother Psychosom 83(3):165–175. doi:10.1159/000357570

Kenwright M, Marks I, Graham C, Franses A, Mataix-Cols D (2005) Brief scheduled phone support from a clinician to enhance computer-aided self-help for obsessive-compulsive disorder: randomized controlled trial. J Clin Psychol 61(12):1499–1508. doi:10.1002/jclp.20204

Kessler RC, Petukhova M, Sampson NA, Zaslavsky AM, Wittchen HU (2012) Twelve-month and lifetime prevalence and lifetime morbid risk of anxiety and mood disorders in the United States. Int J Methods Psychiatr Res 21(3):169–184. doi:10.1002/mpr.1359

Kohn R, Saxena S, Levav I, Saraceno B (2004) The treatment gap in mental health care. Bull World Health Organ 82(11):858–866

Ljotsson B, Hedman E, Andersson E, Hesser H, Lindfors P, Hursti T, Andersson G (2011) Internet-delivered exposure-based treatment vs. stress management for irritable bowel syndrome: a randomized trial. Am J Gastroenterol 106(8):1481–1491. doi:10.1038/ajg.2011.139

Ljotsson B, Hesser H, Andersson E, Lackner JM, El Alaoui S, Falk L, Hedman E (2014) Provoking symptoms to relieve symptoms: a randomized controlled dismantling study of exposure therapy in irritable bowel syndrome. Behav Res Ther 55:27–39. doi:10.1016/j.brat.2014.01.007

Ly KH, Truschel A, Jarl L, Magnusson S, Windahl T, Johansson R, Andersson G (2014) Behavioural activation versus mindfulness-based guided self-help treatment administered through a smartphone application: a randomised controlled trial. BMJ Open 4(1):e003440. doi:10.1136/bmjopen-2013-003440

Marques L, LeBlanc NJ, Wegarden HM, Timpano KR, Jenike M, Wilhelm S (2010) Barriers to treatment and service utilization in an internet sample of individuals with obsessive-compulsive symptoms. Depress Anxiety 27(5):470–475. doi:10.1002/da.20694

제7장

외상후스트레스장애와 복합비애의 구조화된 온라인 글쓰기치료

Jeroen Ruwaard & Alfred Lange

외상후스트레스장애(post-traumatic stress disorder: PTSD)와 복합비애(complicated grief)는 서로 관련된 장애이며, 이에 대한 인지행동치료 절차는 이론에 확고한 뿌리를 둔 채 효과적으로 잘 기술되어 있다. 그 결과, 일부 연구자는 치료 절차를 변환하여 외상후스트레스장애와 복합비애의 예방, 탐지 및 치료에 기여하는 온라인 정신건강 프로그램을 만들 수 있었다. 이 장에서는 구조화된 온라인 글쓰기치료(oSWT)[1]에 대해 살펴볼 것인데, 이는 외상후스트레스장애와 복합비애에 대한 표준화된 치료자 가이드 ICBT이며, 환자와 치료자 간 대면접촉 없이 온라인상에서 완벽하게

---

1) 역자 주: 구조화된 온라인 글쓰기치료(online structured writing therapy)의 경우 편의를 위해 본문에선 oSWT로 약식 표기할 것이다.

시행될 수 있다. 이 프로토콜은 외상 중심 치료에서 중요한 다음의 세 가지 요소를 통합하고 있다. (1) 자기 직면을 통한 노출, (2) 인지적 재평가, (3) 사회적 지지의 강화. oSWT의 독특한 특징은 글쓰기 과제를 통해 이 세 요소를 작동시킨다는 것이다. 과거 20여 년 동안 oSWT는 잘 통제된 연구 및 임상 실제에서 그 효과가 타당화되었으며, 긍정적인 효과가 있는 것으로 나타났다. 이 장은 이러한 효과 및 효과성을 검토하고, 치료 프로토콜의 치료 절차를 자세히 밝히며, 향후 연구 주제에 대해 알아보고자 한다.

도입

외상후스트레스장애(PTSD)와 복합비애는 서로 관련된 장애이며, 아마도 외상 관련 스트레스장애의 차원적 스펙트럼상에 가장 잘 개념화시켜 볼 수 있을 것이다(Moreau & Zisook, 2002). 두 장애 모두에서, 중요한 인생사건들이 다음과 같은 증상들의 원인이 될 수 있다. 지속적이고 생생하며 불안을 야기하는 침투적 기억, 내/외적 사건 관련 자극에 대한 적극적이면서도 효과 없는 회피, 부정적인 인지 및 기분 그리고 증가된 각성 및 반응성. 그러므로 이 장애들은 유사한 치료 기법을 통해 치료가 가능하다. 이론적인 기초가 단단한, 설명이 잘 되어 있고 효과적인 인지행동치료 절차가 있다(예: Brewin & Holmes, 2003 참조). 주요 치료 요소는 실제/상상 노출(Foa & Kozak, 1986; Thompson, 2009), 사건 및 후유증에 대한 부정적인 평가를 수정하는 인지 기법들(Ehlers & Clark, 2000) 그리고 긍정적 사회 지원의 활성화(Brewin et al., 2000) 등이다. 이 장에서 볼 수 있듯이, 환자와 치료자의 대면접촉 없이 구조화된 온라인 글쓰기 치료(oSWT)의 형태로 인터넷을 통해 이러한 요소가 효과적으로 전달될 수 있음을 여러 연구에서 강조하고 있다.

지난 20년 동안, 외상 관련 증상을 치료하는 데 있어서 oSWT의 효과에 대한 광범위한 연구가 있어 왔으며, 이러한 연구들은 실질적인 증거를 제공해 왔다. 그러나 oSWT는 외상 관련 증상이 있는 환자들에게 인터넷 기반 CBT(ICBT)를 제공할 수 있는 전략 중 하나일 뿐임을 명심해야 한다. 몇몇 연구집단은 치료뿐만 아니라 외상후스트레스장애 및 관련 장애의 예방과 탐지를 위해서도 인터넷을 성공적으로 사용해 왔다(예: Hirai & Clum, 2005; Ivarsson et al., 2014; Klein et al., 2010; Litz et al., 2007; Mouthaan et al., 2013; Ruggiero et al., 2006; Spence et al., 2013; Steinmetz et al., 2012; Van Voorhees et al., 2012; Wang et al., 2013). 우리는 이러한 기존 활동들을 oSWT의 맥락에서만 논의할 것이다. 이 다양한 접근법에 대한 광범위한 논의는 최근에 출간된 여러 논문을 참고하기 바란다

(Amstadter et al., 2009; Andersson, 2010; Benight et al., 2008; Brunet et al., 2010; Cuijpers et al., 2009). 마찬가지로, 기술이 진보됨으로써 곧 온라인 영역에 진입할 것으로 예상되는 가상현실 노출치료(VRET, 예: Motraghi et al., 2014; Nelson, 2013 참조)의 개발에 대해서도 논의하지 않을 것이다.

여기에서는 oSWT의 치료 절차('oSWT의 3단계' 절), 프로토콜이 검증된 효능 및 효과 연구의 개요('oSWT의 효능 및 효과' 절) 그리고 성과예측 연구의 요약('oSWT의 성과 예측요인' 절) 등에 대해 자세하게 다룰 것이다. 이 장의 마지막은 관련 연구('관련된 경험연구' 절) 및 종합 논의('논의' 절)로 마칠 것이다. 다음 내용은 면대면 상황에서 구조화된 글쓰기의 치료적 적용에 대한 간략한 역사적인 설명으로 시작하려 한다.

🔵 oSWT의 기원

1980년경 네덜란드의 정신과 의사와 심리학자 집단은 CBT와 Erickson식 치료를 혼합하여 '지시적 치료'를 개발하였는데, 이 치료의 특징은 실용주의, 문제해결, 긍정적으로 명명하기, 과제의 적용 그리고 자존감 및 동기유발의 강화에 초점을 두었다는 것이다(Haley, 1973; Lange & Van der Hart, 1983; Van der Velden, 1977, 1980, 1989). 연구팀은 외상 환자의 치료에 구조화된 글쓰기를 전략적으로 적용한 사례연구를 최초로 보고하였다(Lange, 1994). 환자들은 외상에 대한 에세이를 쓰거나 외상/비애의 근원에게 보내는 편지를 쓰도록 지시받았다. 환자들은 집에서 이러한 에세이를 썼다. 에세이의 내용과 글쓰기의 영향력에 대한 심리교육, 자세한 지침 및 토론 등을 위해 면대면 회기가 마련되었다. 당시에는 글쓰기 회기의 빈도나 횟수에 대해 알려 주는 엄격한 프로토콜은 아직 없었다.

1980년대 후반과 1990년대 초반에 James Pennebaker와 동료들은 구조화된 글쓰기의 긍정적인 효과에 대해 실험적 근거를 제공하기 시작하였다(Pennebaker, 1993; Pennebaker & Susman, 1988). 소위 말하는 '표현적' 글쓰기 패러다임에서 그들은 참가자들에게 외상사건에 대해서 또는 중립적 주제에 대해서 글을 써 달라고 요청하였다. 글쓰는 시간은 대략 15~30분이었으며, 반복되었고(3~5일 연속으로), 피드백을 주지 않았다. 중립적인 글쓰기와 비교했을 때 표현적인 글쓰기가 건강 문제를 (장기적으로) 감소시키는 것으로 나타났다. Pennebaker는 처음에 이러한 효과를 심신억제이론으로 설명하였는데, 이 이론에서는 개방을 통해 환자로 하여금 에너지가 소모되고 스트레스가 유발되는 외상 관련 감정 및 기억의 억제로부터 자유로워지도록 하는 것이라 보았다. 이후 연구에서는 인지 변화와 지속 노출 역시 기여 요인으로 간주되었다(Lepore & Smyth, 2002; Sloan & Marx, 2004).

한편, 지시적 치료집단의 창립 멤버인 Alfred Lange는 암스테르담 대학교에서 구조화된 글쓰기 실험연구를 시작하였다. 그의 연구팀은 여러 개의 실험연구를 통해 외상후스트레스장애와 복합비애를 치료할 때 사용할 수 있는 구조화된 글쓰기 과제의 표준화된 프로토콜을 개발하였다(Lange et al., 2002; Schoutrop et al., 2002). Pennebaker와는 달리, Lange와 동료들이 제공하는 프로토콜은 글쓰기 시간이 더 길고(45분), 다양한 치료 과정, 면대면 지도 및 피드백 회기에 시행할 만한 안내 등이 포함되어 있다. 1995년경 World Wide Web이 소비자에게 공개되었을 때, 이 프로토콜은 온라인 치료를 위한 자연스러운 패러다임을 제공하였다. 연구자들은 안내사항 및 피드백이 대면접촉 없이 온라인상에서 효과적으로 전달될 수 있을 것이라고 가정하였다. 이를 연구하기 위해 환자와 치료자가 인터넷 문서를 통해서 상호작용할 수 있도록 웹사이트에 프로토콜을 구현하였다. 다음으로, 그들은 외상 징후에 대한 자체 보고에서 높은 점수를 보인 심리학과 학생들에게 이 웹사이트의 온라인 치료를 받으라고 요청하였다(Lange et al., 2000a). 이 첫 번째 예비연구의 결과는 놀라울 정도로 긍정적이었다. 치료 후 20명 중 19명이 사건충격척도(Impact of Event Scale: IES; Joseph, 2000; Sundin & Horowitz, 2003)의 회피 및 침투 하위척도에서 외상후스트레스의 핵심 증상이 강력하고 안정적이며 임상적으로 유의미하게 감소했다고 보고하였다. 이는 oSWT의 탄생을 예고하였다.

🔵 oSWT의 3단계

oSWT는 5주간의 치료자 가이드 인터넷 기반 CBT이다. 이 치료에는 3단계가 있는데, 각 단계에서 상상 노출, 인지적 재평가 및 종결/공유 등에 대한 쓰기 지침이 다르게 주어진다. 환자들은 매주 2개의 에세이를 쓰는데, 보안 웹사이트 내에서 이를 치료자와 공유한다(이메일은 개인 정보문제로 사용되지 않음). 치료자들은 1일 이내에 이 웹사이트에 서면 피드백과 안내를 제공한다.

1단계: 상상 노출

첫 번째 모듈에서는 외상사건을 떠올리게 하여 상상적 노출을 구현한다. 이 모듈은 외상의 증상 및 자기노출과 구조화된 글쓰기의 원리에 대한 심리교육적 내용으로 시작한다. 다음으로, 환자들은 다음 2주 동안 네 차례에 걸쳐 45분짜리 글을 쓰라는 쓰기 지침을 받는다. 환자는 가장 고통스러운 생각, 두려움 및 감각 경험을 불러일으키는 외상사건에 대해 일인칭의 현재 시점으로 상세한 이야기를 작성해야 한다. 그들은 사건 순서, 스타일, 문법, 철자법, 반복이나 적절한 언어 사용 등에 구애받지 말고 자유롭게 글을 쓰도록 지시받는다.

2단계: 인지적 재평가

두 번째 모듈은 인지재구조화의 원리에 대한 심리교육적인 내용으로 시작한다. 다음으로, 환자들은 그들의 외상사건과 유사한 경험을 한 가상적인 친구에게 편지를 쓰도록 요청받는다. 이러한 관점의 변화는 해석을 덜 부정적으로 만들어 주고, 자존감을 강화하며, 죄책감을 감소시킨다. 환자들은 가상의 친구가 가지고 있는 죄책감과 수치심을 알아주고 반영하도록 격려되는데, 이를 통해 역기능적인 자동적 사고 및 행동 패턴에 도전하고, 비현실적인 가정을 바로잡게 된다.

3단계: 종결/공유

세 번째 모듈에서 환자들은 외상사건에 대해 일관성 있고 당당하게 설명해 나가는 2회의 글쓰기 세션을 가지며, 이 과정에서 그들은 외상사건과 후유증, 치료적 학습 과정 그리고 미래의 재발방지에 대해 성찰한다. 1단계와는 달리 이 제는 적절한 시간순서, 스타일, 문법, 철자법, 양식이나 언어 등이 중요하다. 환자는 외상사건에 관련된 사람들(예: 가해자, 사망한 아동)이나 중요한 타인(예: 파트너, 친구) 또는 자기 자신에게 편지를 쓴다. 최종 결과물을 의식을 치르듯이 공개하는 것(예: 편지 게시하기)은 자존감과 정서적인 힘을 강화할 수 있도록 도우며, 외상으로 인해 생긴 과거 에피소드를 떠나보낼 수 있도록 한다.

🍡 사례

47세의 기관사인 H 여사는 연속된 병가, 결혼 갈등 및 최근 정지 신호를 무시하여 발생한 안전사고 등과 관련하여 회사 주치의가 치료를 의뢰한 환자이다.

접수면접에서 H 여사는 현재 증상이 2년 전 한 청년이 자신이 운전하는 기차 아래로 뛰어들어 자살한 충격적인 사건과 관련되어 있다고 전했다. 이 사건에 대해서 반복적으로 악몽을 꾸고 만성적으로 과각성되는 것이 외상후스트레스장애임을 나타낸다. H 여사와 진단의는 글쓰기치료를 통해 자살을 목격한 경험에 집중할 것에 동의한다.

치료의 1단계에서 H여사의 글쓰기는 자살을 목격한 경험의 고통스러운 측면에 대해 적절한 자기직면을 보여 준다. 외상사건에 대해 단편적으로만 설명하는 다른 환자들과는 달리, H 여사는 첫 번째 글쓰기 연습에서 자신의 경험에 대해 명확히 묘사한다. 이후 3번의 연습에서 H 여사는 특정의 생생한 이미지와 감정을 반복적으로 자세히 들여다본다.

2단계에서 H 여사는 상상의 친구에게 지지적인 조언을 하는 것이 어렵다고 느낀다. 그녀는 친구에게 이야기할 뿐만 아니라 피해자에게, 남편에게 그리고 그녀 자신에게도 이야기한다. 두 가지의 주제가 나타난다. 첫째, 그녀는 피해자 그리고 현장에 너무 늦게 도착한 사건지원팀에게 분노를 표현한다. 둘째, 자살 사고가 발생하기 몇 달 전에 사망한 친척의 죽음에 대해 이야기한다. 그 죽음이 남편에게 영향을 많이 미쳤기에, H 여사는 자살 목격 경험에 대해 자세하게 설명함으로써 남편을 더 괴롭히고 싶지 않았다. 그러다 보니 그녀는 자신의 경험에 대해 남편과 이야기를 나눌 수 없었다. 그 결과, 그녀는 남편이 자신의 성질 부리기와 감정 기복을 이해하지 못하게 되었고, 이것이 현재 부부갈등의 주요한 원인이 되었다고 썼다.

2단계의 결과에 따라 H 여사는 치료의 마지막 단계(3단계)에 남편에게 편지를 쓴다. 이 편지에서 그녀는 왜 그녀가 자살사건에 대해 한 번도 말을 하지 않았는지 그리고 이제 그녀가 이 결정에 대해 얼마나 후회하고 있는지를 그에게 설명한다. 그녀는 지난 일 년간 자신을 괴롭혀 왔던 이미지에 대해 설명하고, 그것이 어떻게 성질 부리기와 감정 기복으로 이어졌는지를 설명한다. 그녀는 자신이 도움을 받도록 권유한 남편에게 감사하고, 두 사람의 관계에 대한 굳은 확신으로 편지를 끝맺는다.

H 여사의 사례는 외상사건이 연속될 때 외상후스트레스장애에 대한 취약성이 증가할 수 있다는 사실을 보여 준다. 이 사례는 또한 외상후스트레스장애에서는 사회적 지지가 중요하다는 사실을 알려 준다. 자살을 금기 주제로 규정함으로써, H 여사는 충격적인 경험에 대한 인지적 및 정서적 처리를 하지 못했으며, 남편의 긍정적인 지원도 받지 못했다. 온라인 가이드 글쓰기치료의 3단계는 마지막 편지가 중요한 타인에게 전달되고 공유되었을 때 사회적인 지지를 강화하는 기회를 제공할 것이다. 즉, H 여사를 격려하여 남편에게 실제로 편지를 보여 주면서 치료를 끝맺도록 하는 것도 좋을 것이다.

🌑 oSWT의 효능 및 효과

외상후스트레스장애와 복합비애에 대한 oSWT 프로토콜의 효능 및 효과를
검증한 11개의 연구가 있다(⟨표 7-1⟩ 참조). 이 장에서는 Van Emmerik 등(2013)
의 메타분석을 보완하면서 이 연구들을 요약하고자 한다.

⟨표 7-1⟩ oSWT 임상연구의 특징

연구 ID	국가	참가자	유형	N	실험집단	추수관찰
Lange(2000)	네덜란드	외상을 당한 학생들	예비연구	20	oSWT	6주
Lange(2001)	네덜란드	외상을 당한 학생들	무작위 대조연구	30	oSWT vs. WLC	18개월
Lange(2003)	네덜란드	외상을 당한 성인들, 지역사회 표본	무작위 대조연구	101	oSWT vs. WLC	18개월
Wagner (2006)	독일	복합비애를 느끼는 유족, 지역사회 표본	무작위 대조연구	56	oSWT vs. WLC	18개월
Knaevelsrud (2007)	독일	외상을 당한 성인들, 지역사회 표본	무작위 대조연구	96	oSWT vs. WLC	18개월
De Haas(2010)	네덜란드	성적 학대를 당한 청년기 피해자(14~18세), 지역사회 표본	예비연구	8	oSWT	사후검사
Lange(2010)	네덜란드	성적 학대를 당한 청년기 피해자(14~24세), 지역사회 표본	기저선 통제연구	24	oSWT vs. 주의 플래시보	1년
Ruwaard(2012)	네덜란드	외상을 당한 성인들, 의뢰된 환자들	정규치료 과정	478	oSWT	6주
Wagner(2012)	독일	아랍 지역사회 표본	예비연구	15	oSWT	사후검사
Kersting(2013)	독일	분만기 상실을 경험한 여성; 지역사회 표본	무작위 대조연구	228	oSWT vs. WLC	1년
Knaevelsrud (2015)	독일	아랍 지역사회 표본	무작위 대조연구	159	oSWT vs. WLC	3개월

약어: oSWT=구조화된 온라인 글쓰기치료, WLC=대기/지연치료 통제 조건

예비 타당성 연구

'oSWT의 기원'에서 언급했듯이, oSWT에 대한 최초의 연구는 통제되지 않은 예비 타당성 연구였다(Lange et al., 2000a, 2000b). 이 연구에는 중도의 외상후스트레스장애 증상을 가진 24명의 학생이 포함되어 있었으며, 그중 20명이 온라인 평가를 작성하였다. 외상 관련 증상의 사전-사후 감소는 치료 후 6주까지 의미 있는 수준에서 안정적이었다(IES[2] 회피, d=0.81; 침투, d=1.0; p<.001). 일반 정신병리[증상체크리스트(SCL; Arrindell & Ettema, 2003)로 측정한 불안, 우울, 신체화 및 수면 장해 등]에서도 유사한 효과가 나타났다.

학생 표본 무작위 대조연구

온라인 치료의 통제효과를 평가하면서 Lange 등(2001)은 학생을 대상으로 소규모(N=30)의 무작위 대조연구를 진행하였다. 온라인으로 선발한 후, 참가자들은 oSWT(n=15) 혹은 대기/지연치료 통제 조건(WLC; n=15)에 무작위로 할당되었다. 사전, 사후 및 6개월 추수검사에서 사건충격척도(IES)와 일반 정신병리를 자가측정하였다. 13%(2/15)가 중도에 그만두었고, 사후검사에서 연구이탈률은 17%(5/30)였다. 완료자 자료를 분석한 결과, oSWT는 외상 관련 증상(침투, p<.01, d=1.1; 회피, p<.03, d=0.7) 및 전반적인 정신병리, 특히 우울증(d=1.0) 및 신체화(d=1.1)에 있어 효과적이었다. 사후검사에서 치료 환자의 86%와 82%는 회피 및 침투에서 임상적으로 유의미한 향상을 보여 주었는데, 반면 대조집단의 향상은 각각 23%와 56%였다. 추수측정에서도 이러한 향상은 지속되었다. 이 무작위 대조연구는 예비연구의 결과를 재확인해 주었으며(Lange et al., 2000a), 면대면으로 구조화된 글쓰기 과제를 실시하는 무작위 대조연구(예: Schoutrop et al., 2002)와 비교했을 때 훨씬 더 강력한 효과크기를 나타냈다. 연

2) 역자 주: IES는 사건충격척도(Impact of Events Scale)의 약자이다. Horowitz 등(1979)이 개발하였으며, 외상사건을 경험한 후 나타나는 두 가지 주요 증상인 회피 증상과 침투 증상을 측정한다.

구자들은 이를 흥미로운 치료 형식, 더 많은 글쓰기 과제의 수, 치료의 투명성, 지침의 정확성 및 치료자가 피드백에 대해 토론하거나 반영할 수 있는 기회 덕분으로 보았다.

지역사회 표본 무작위 대조연구

이 두 번째 무작위 대조연구는 대규모 성인(184명)—네덜란드 내 지역사회 비학생 표본—대상으로 시행되었던 기존의 대조연구(Lange et al., 2003a, 2003b)를 반복 검증하는 것이 목표였다. 참가자들은 온라인 치료(n=122) 혹은 대기자 통제집단(n=62)에 각각 할당되었다. 결과는 사건충격척도(IES)와 일반 정신병리 측정(불안, 우울, 신체화 및 수면 장해)으로 산출하였다. 중도탈락률은 36%(44/122)였다. 완료자 자료(N=101; 통제조건 32명; 치료조건 69명)를 분석한 결과, 온라인 CBT의 효능을 확인할 수 있었다. 사후검사에서 통제집단은 모든 결과치에서 의미 있는 변화를 보이지 않았다. 반대로 치료받은 참가자들은 사건충격척도(IES) 및 일반 정신병리의 심각도가 많이 감소했다고 보고하였다. 집단간 차이는 의미 있었으며(p<.002), 효과크기는 컸다(IES: 침투, d=1.3; 회피, d=1.4). 신뢰할 수 있고 임상적으로 연관된 변화의 측면(즉, 회복; Jacobson & Truax, 1991)에서 보면, 치료받은 참가자와 치료를 받지 않은 참가자 간에 차이가 컸다(통제집단, 8%; oSWT, 50%; p<.007). 치료를 종료하고 18개월 후 진행된 추수측정에서도 치료의 성과는 장기적으로 유지되었다.

성적 학대를 당한 청소년 피해자 대조연구

성적 학대를 당한 청소년들이 대개는 도움을 받으려 하지 않는다는 사실에 경각심을 갖게 된 네덜란드 성전문센터는 이들에게 도움을 주기 위해 2007년부터 온라인 글쓰기 프로토콜을 사용하기 시작했다. 치료자 피드백과 심리교육이 확대되었으며 신체 기능, 신체 이미지 및 친밀한 관계에서 성적 학대가 미치는 영향을 다루기 위해 특별 글쓰기 과제 모듈이 추가되었다. 이 프로토콜의 통제되지 않은 예비연구 결과는 혼합된 결과를 보여 주었다(De Haas et al., 2009). 치료 전 많은 포기자로 인해 연구에 어려움이 있었고 사전검사에서 많은 수가 연구를 포기하는 어려움을 겪었으며, 90명의 해당자들 중 8명(10%)만이 치료를 시작했다. 그러나 참가자들의 결과는 고무적이었다(집단내 효과 IES: $d=1.0$). 이후 두 번째 연구에서 연구자들은 치료 전 포기 비율을 감소시키기 위해 노력했다. 두 번째 연구는 기저선 대조 반복측정 연구였는데, 먼저 치료 전 위약 관찰 기간에 외상 증상(IES), 우울증, 감정의 비타당화 및 강점에 대해 측정하고, 치료를 시작한 후 다시 반복 측정하여 변화를 관찰하였다(Lange & Ruwaard, 2010).

이 연구에서 치료 전 포기자는 다소 줄었으나, 여전히 높았다(82/106; 77%). 그러나 앞의 시범연구에서와 같이, 일단 치료를 시작한 사람들($n=24$)의 탈락률은 낮았으며($n=4$), 비교 효과크기는 중도 수준에서 큰 수준으로 나타났다($0.5<d<1.5$; ※ IES 점수는 변화 나타나지 않음/기능무효화의 경우 유의 수준 $p<.01$). 이 중 17명(71%)은 치료 후 신뢰롭고 임상적으로 의미 있게 향상되었다고 보고했다. 연구자들은 참가자가 익명으로 치료받을 수 있게 한다면 치료 전 포기자 수를 줄일 수 있지만, 치료자의 전문적인 책임과 엄격한 네덜란드 의료법을 고려할 때 가능한 일은 아니라고 덧붙였다.

독일의 무작위 대조연구

Knaevelsrud와 Maercker(2007, 2010)는 96명의 독일 외상 환자를 oSWT($n=49$) 혹은 대기자 통제조건($n=47$)에 무작위로 할당했다. 연구 성과는 개정판 사건충격척도(IES-R; Joseph, 2000), 간이증상검사(Brief Symptom

---

3) 역자 주: SF-12는 본래 환자들의 건강 상태를 간략히 조사하는 SF-36의 단축형 버전이다. SF-36은 170개 이상의 언어로 번역되는 등 전 세계적으로 널리 쓰이며, 신체기능, 신체역할, 신체통증, 전반적 건강, 활력, 사회기능, 정서역할, 정신건강의 8개 요인으로 구성되어 있다. SF-12는 이 중 신체건강 요인과 정신건강 요인만을 다루고 있다.

Inventory: BSI; Derogatis & Melisaratos, 1983) 중 우울증과 불안감 하위척도, 일반적인 기능을 측정하는 SF-12[3](Ware et al., 1996) 등으로 측정했다. 사전검사, 사후검사 및 3개월/18개월 추수검사에서 이들을 측정하였다. 연구 결과는 네덜란드의 연구 결과를 확증하였다. 사후검사의 집단내 효과크기는 각각의 결과 측정마다 중간 수준에서 큰 수준으로 유의미하게 나타났다(침습, d=0.9; 회피, d=0.5). 대기자 집단과 비교했을 때 oSWT를 통해 21%에서 74%로 회복률이 높아졌다. 네덜란드 연구에서와 마찬가지로, 추수평가에서도 치료효과가 유지되는 것으로 나타났다.

복합비애 무작위 대조연구(RTC)

Wagner 등(2006, 2007)은 무작위 대조연구를 시행하여 독일어를 사용하는 복합비애 환자 표본을 대상으로 oSWT-PTSD 프로토콜의 효과를 평가했다. 이 연구에서는 55명의 독일어 사용 참가자들이 무작위로 즉각적인 치료(n=29)를 받거나 대기자 통제집단(n=26)에 할당되었다. 결과 측정에는 간이증상검사(BSI)의 우울증 및 불안감 척도, 적응실패척도(Langner & Maercker, 2005) 및 건강조사 단축형 SF-12가 포함되었다. 치료 및 연구 이행도는 높게 나타났는데, 22명(85%)은 치료를 완료하였고, 25명(96%)은 3개월 추수관찰까지 완료했으며, 22명(85%)은 18개월 추수관찰까지 완료하였다. 사후검사에서 나타난 치료집단에서의 증상 감소의 정도($1.0<d<1.7$)는 통제집단에서 관찰된 것보다 의미 있게 높게 나타났다. 집단내 효과크기(d)는 0.6에서 1.3 사이로 나타났으며, 통제집단의 33%와 비교했을 때 치료집단 참가자 중 81%(21/26)는 임상적으로 유의미한 변화를 보여 주었다. 결과는 완료자 자료만을 반영하였지만, 추가로 치료의향자분석(ITT)을 해 보았을 때도 결과의 통계적인 중요성은 달라지지 않았다.

출산전후기 상실 무작위 대조연구

복합비애의 치료에서 oSWT 프로토콜의 적합성을 검토한 두 번째 무작위 대조연구는 Kersting 등(2013)의 연구로, 이 연구에서는 유산이나 신생아 사망($n=115$; 통제집단 $n=113$)으로 영아상실을 경험한 228명의 참가자를 포함시켰다. 탈락률은 두 집단 모두에서 비슷했고, 누락된 자료는 마지막 관측값을 이월하여 사용하는 방식으로 치료의향자(ITT)분석을 실시하였다. 사건충격척도(IES)와 복합비애, 불안 및 우울을 자기보고식으로 측정한 결과, 대기자 통제집단과 비교하였을 때 oSWT 집단에서 증상 감소가 유의미하게 높게 나타났다(집단간 효과, $d=0.48\sim0.88$). 치료 12개월 후의 추수평가에서도 장기적인 효과가 있음을 보여 주었다.

Ilajnafsy 무작위 대조연구

Ilajnafsy[4] 프로젝트에서 Knaevelsrud와 Wagner는 분쟁 지역에 살고 있는 외상을 입은 아랍 환자들에게 인도주의적인 원조를 제공하는 데 있어서 oSWT의 활용을 모색하였다(Knaevelsrud et al., 2007). 이 프로젝트에서는 원조 치료 프로토콜의 내용을 상당 부분 변용하였다. 지침과 피드백 템플릿은 재작성되어 좀 더 확고한 지시적 치료의 입장을 취하였고, 코란의 인용문과 은유가 소개되었으며, 참가자들은 (잠재적으로 부정적인 결과를 예방하기 위해) 스스로만 볼 수 있는 3단계의 최종 작문을 쓰도록 하였다. 비대조 예비연구($N=15$)에서 고무적인 결과가 나왔으므로, 이라크 출신의 159명의 아랍어 사용자를 대상으로 무작위 대기자 통제연구가 실시되었다(Knaevelsrud et al., 2015). 이 연구 결과는 서구 표본에서 관찰된 것과 유사하였다. 대기자 통제집단($n=80$)에 비해 oSWT($n=79$)는 침투, 회피, 우울, 불안 및 신체화에서 중간부터 큰 정도의 집단간 효과크기를

---

4) 역자 주: ilajnafsy는 아랍어로 심리치료 또는 마음의 치료라는 뜻이다. 전쟁으로 인해 외상후스트레스를 겪는 사람들을 위해 네덜란드의 인터라피(Interapy) 프로그램을 바탕으로 만들어진 프로그램이다.

나타냈고(0.6<*d*<1.0) 회복률에서 큰 차이를 보였다(oSWT, 62%; 대기자 통제집단, 2%). 이 연구에는 교육 수준이 높은 사람들이 참가하여 최종 대상집단을 대표하지 못했을 수도 있다. 그럼에도 불구하고 이 결과는 문화적 차이를 신중하게 고려할 때 분쟁 지역의 비서구 환자들에게 oSWT가 도움이 될 수 있음을 보여 주고 있다.

정규 치료의 성과

통제된 효능 연구들은 이상적인 조건에서의 치료 효과를 보여줄 뿐, 이를 통해 정규 임상 현장에서의 적용 가능성에 대해 판단하기는 어렵다. oSWT의 효능 연구가 일반화될 수 있을지 알아보기 위해 Ruwaard 등(2012)은 네덜란드의 한 온라인 정신건강의학 클리닉에서 지역보건의가 의뢰한 환자 1,500명의 온라인 건강기록을 분석하였다. 그중 478명의 외상 환자가 oSWT를 시작했으며, 361명(76%)이 모든 치료를 마쳤다. 놀랍게도 치료효과는 통제연구들에 비해 더 효과적인 것으로 나타났는데, 이는 아마도 정규 치료에 의뢰된 환자들은 더 심각한 증상의 소유자였기 때문일 수도 있다(Ruwaard, 2012). 증상 심각도 평정치에 대해 혼합모형 선형회귀분석을 실시했을 때, 외상후스트레스장애 주요 증상(침투, $d=1.6$; 회피, $d=1.3$) 및 부정적인 영향[$d=0.7$, 우울불안스트레스 척도(DASS)로 측정]과 관련하여 단기적으로(치료 후 6주까지) 큰 감소효과가 있었다. 치료자에 대한 환자 평가는 매우 높았다(10점 척도에서 평균 8.6점). 환자 중 28%($n=110$)가 치료를 받는 동안 대면접촉이 그리웠다고 이야기했지만, 78%는 ICBT가 효과적이었다고 평가하였으며, 89%는 다른 사람에게 온라인 치료를 추천하고 싶다고 말했다. 데이터는 일상적인 상황에서 회고적으로 수집되었다. 환자와 치료자는 치료 회기 동안 연구에 의해 영향을 받지 않았으며, 치료자가 프로토콜에 충실히 따르는지의 여부는 기존 효능 연구들과 비교하면 덜 엄격하게 감독되었다. 따라서 이 결과들은 정규 임상 현장에서 oSWT의 수용가능성, 적용가능성 및 효과성이 있음을 뒷받침하는 것이라 할 수 있다.

🔵 oSWT의 성과 예측요인

환자 특징

많은 oSWT 연구들이 나이, 성별, 교육 수준 또는 문화적 배경과 같은 변인이 치료 성과를 조절하는지의 여부를 조사했다. 온라인 치료가 특정 인구집단에 효과적인지의 여부에 대한 증거는 발견되지 않았다. 확인된 예측변인은 2가지 뿐이었다(Lange et al., 2003a). 치료 이전에 자신의 외상사건에 대해 한 번도 이야기한 적이 없는 환자들은 다른 치료보다 oSWT가 더 효과적이었다고 밝혔다. 이러한 결과는 외상사건에 대해 공유하지 않는 것이 부정적임을 밝힌 초기의 연구를 뒷받침한다(Lange et al., 1999). 두 번째로 구조화된 글쓰기는 비고의적 외상사건(예: 사고나 천재지변)과 비교하여 고의적 외상사건(예: 방치나 의도에 의해 피해를 입은 사건)에 더욱 효과적인 것으로 나타났다.

치료동맹

면대면 CBT에서 치료자와 환자 간 작업동맹의 질에 대한 환자의 평가는 치료 결과와 상관이 있는 것으로 나타났다(Martin et al., 2000; Norcross & Wampold, 2011 참조). Knaevelsrud와 Maercker(2006)는 온라인 글쓰기치료에서 치료동맹과 결과의 연관성을 조사하는 데 있어 작업동맹척도(Working Alliance Inventory: WAI; Horvath & Greenberg, 1989, 치료과제와 목표, 상호 신뢰 및 수용 등을 측정하는 자기보고식 척도)를 사용하였다. 환자와 치료자는 1단계에서 그리고 치료 후에 작업동맹척도를 작성하였다. 치료자의 작업동맹 평가는 치료 도중 달라지지 않았다. 그러나 환자의 평가는 상승하였다. 초기 동맹 점수는 치료 결과를 예측하지 못했지만, 치료 후 동맹 점수와 정신병리 측정치(즉, IES-R, BSI; Knaevelsrud & Maercker, 2007) 간에는 작거나 중간 정도의 부적 상관이 나타났다. 이와는 대

조적으로, Wagner 등(2012a)이 oSWT를 적용한 Ilajnafsy 무작위 대조연구에서
는 치료 중간 작업동맹 점수와 외상후스트레스장애의 주요 증상 감소 간에 중등
도에서 큰 정도의 정적 상관이 나타났다[$0.28(ns) < r < 0.49(p < .01)$]. 요약하면, 기
초연구 결과들을 통해 온라인 치료가 효과적인 치료동맹의 발전을 가로막지 않
는다는 점을 알 수 있다. 그러나 치료동맹과 치료 성과의 관련성에 대한 의견은
아직 분분하다.

과제 지시사항의 이행

Ruwaard(2009)는 치료 성과와 글쓰기 과제 지침 이행 간의 관계에 대해 연구
하였다. 그는 정규 임상연구에 포함된 478명의 외상 환자가 작성한 4,255개의
에세이를 담은 문서 자료를 분석하였다(Ruwaard et al., 2012). 그는 Pennebaker
의 언어분석 프로그램(Linguistic Inquiry and Word Count: LIWC; Pennebaker et al.,
2007)을 사용하였는데, 이것은 이질적 범주에 포함되는 단어의 출현을 계산하는
자동화된 내용분석 프로그램이다. LIWC 점수는 과제 지시사항을 명확하게 반
영하였다. 예를 들어, LIWC의 'I(나)' 단어 카테고리의 빈도는 2단계에서 관점을
바꾸는 치료 지시사항으로 인해 1단계에서부터 2단계까지 크게 감소하였지만,
'You(너)'라는 단어는 반대로 증가하였다. 그러나 이러한 LIWC 점수는 자기보
고식 질문지로 측정한 치료 결과를 설득력 있게 예측하지는 못하였다. 본페로
니 교정 후 다중 통계검정을 했을 때, LIWC 점수와 치료 성과 간에는 통계적으
로 유의미한 관계가 유지되지 않았다.

인지적 대처

Lemmen과 Maas(Lange et al., 2003 참조)는 치료 중 인지적 대처의 발달과 치
료 성과 간의 관계를 연구하기 위해 전통적 내용분석을 시도하였다. 연구자들
은 외상후스트레스장애 글쓰기치료를 마친 101명의 환자 중 가장 성과가 좋았

던 10명과 가장 성과가 낮았던 10명을 비교하였다. 피험자 집단에 맹검된 별도의 평가자들이 에세이를 읽고, 외상사건의 극복 과정에 대한 통찰(예: 역기능적 자동적 사고에 대해 숙고하기), 행동적응을 보이며 기능적으로 대처함(예: 회피 행동을 줄이고 자기주장적으로 행동하기; Donnelly & Murray, 1991), 미래에 대한 태도(예: '나는 ~할 것이다'와 같은 언어를 사용하여 긍정적인 계획 세우기) 등 인지적 대처의 여러 측면에 1, 3, 8, 10점(무작위 순서로 제시)을 주어 평정하였다. 두 집단 모두에서 대처는 유의미하고 크게 향상되었다($F_{3,54}$=40.1, p<.001). 예상한 바와 같이, 1단계 동안 쓰인 에세이에서는 대처 능력의 증가가 보이지 않았다. 그러나 2단계(인지적 재평가)와 3단계(종결/사회적 공유)에 작성된 에세이는 대처 능력이 크게 향상된 것으로 나타났다. 기능적 대처 능력의 향상은 가장 성과가 낮았던 집단과 비교했을 때 가장 성과가 좋았던 집단에서 더 많이 나타났으나, 이러한 차이는 통계적으로 의미 있는 것은 아니었다($F_{1,19}$=2.2, p<.15). 가장 성과가 낮았던 집단 또한 대처 능력에서 크게 향상을 보였기에 결과 편차는 매우 작았다. 이것이 두 집단간 차이가 유의미하지 않은 점을 설명할 수 있을 것이다.

🔵 관련된 경험연구

몇몇 경험연구들은 외상에 초점을 둔 치료에서 구조화된 글쓰기 과제를 적용하는 것이 중요함을 간접적으로 증명해 주었다.

구조화된 면대면 글쓰기치료 vs. 정규 인지행동치료 vs. 대기자 통제집단

Van Emmerik 등(2008)은 급성 스트레스장애나 외상후스트레스장애 진단이 확정된 125명의 성인을 대상으로 구조화된 면대면 글쓰기치료(SWT; n=44)와 정규적인 면대면 CBT(n=41) 그리고 대기자 통제집단(n=40)을 비교하였다. 구조화된 글쓰기 치료는 원래의 온라인 글쓰기 프로토콜의 구조와 매우 유사하였다. 글쓰기는 과제로 제시되었으며, 5~10회의 면대면 피드백 회기가 마련되었다. 결과 측정에서 두 능동 치료 조건 간에는 통계적으로 유의미한 차이가 없었다(CBT vs. SWT, $0.03 < d < 0.4$). 그러나 두 치료 모두 대기자 통제조건보다는 우수하였다($0.03 < d < 0.7$).

롸잇주니어

Van der Oord 등(2010)은 oSWT를 외상 아동 및 청소년을 위한 표준화된 컴퓨터보조 치료['롸잇주니어(Write Junior)']에 적용하였다. 이 '혼합' 치료에서 어린 환자는 면대면 회기에서 치료자의 도움을 받아 컴퓨터 글쓰기 과제를 하여 외상 사건에 대해 일관성 있는 이야기를 구성하게 되는데, 여기에는 자기직면, 재평가, 사회적 공유의 요소들이 통합되어 있다. 아주 어린 환자들에게는 컴퓨터 기반 글쓰기 대신 그림 그리기가 실시된다. 이 프로토콜을 변형하여 사용한 소규모 비대조 예비연구($n=23$; 참가자 연령 평균 12세)에서, 외상후스트레스장애 증상이 강력하고 안정적이며 의미 있게 감소되었다.

온코스텝

Seitz 등(2014)은 온코스텝(Onco-STEP)이라고 불리는 소규모의 비대조연구($N=28$)에서, 증가된 외상후스트레스 증상과 불안 증상 모두 또는 둘 중 한 가지 증상을 보이는 초기 성인기 소아암 생존자들(20~26세)을 치료하는 데 oSWT의 변형을 적용하였다. 원조 oSWT 프로토콜인 온코스텝은 10명의 치료자가 지원하는 구조화된 온라인 글쓰기 연습으로 구성된다. 그러나 치료의 단계는 조금 다르게 구성되었다. 첫 번째 단계인 '뒤돌아보기'(5개의 과제)에서 환자들은 상상 노출과 인지 재평가를 통해 충격적이었던 암 관련 경험들을 표현하였다. 두 번째 단계인 '앞날을 생각하기'(5개의 과제)에서 환자들은 질병의 진행에 따른 역기능적인 두려움을 표현하였다. 완료자 분석(n=20)에서 참가자들은 외상후스트레스장애, 불안, 질병의 진행으로 인한 두려움, 우울 증상이 유의미하게 감소되었다고 보고하였다($0.5<d<1.0$). 이 결과는 구조화된 온라인 글쓰기가 암 생존자의 온라인 심리 지원에도 적합할 수 있음을 시사한다.

기타 ICBT에서 글쓰기 과제

구조화된 글쓰기 연습은 여러 변형된 형태의 외상후스트레스장애 ICBT 프로그램에 적용되어 왔다. Hirai와 동료들은 가이드 없는 온라인 글쓰기를 검증하였다. 첫 번째 무작위 대조연구(N=27; Hirai & Clum, 2005)에서 연구자들은 이완훈련, 인지재구조화, 글쓰기를 통한 노출 등을 결합한 자가치료 ICBT 프로그램의 효과를 평가했다. 대기자 통제집단과 비교하여 집단간 효과크기는 ICBT에서 중간 이상으로 크게 나타났는데($0.8<d<1.3$), 다만 집단간 효과는 우울증, 상태불안, 회피증상 및 침투 빈도와 관련하여서만 유의미하였다. 후속 무작위 대조연구에서 환자들에게 외상사건에 대한 사실에 더하여 관련 감정에 대해서도 (oSWT와 같이) 글을 쓰도록 지시했을 때 온라인 글쓰기가 더 효과가 있다는 것을 발견하였다. Litz 등(2007)은 무작위 대조연구에서 치료자 가이드 온라인 CBT를 온라인 지지치료(N=45)와 비교하였다. 두 치료 프로그램 모두에 반복적 글쓰기가 포함되어 있었다. ICBT 집단에서 글쓰기는 확인된 외상사건에 중점을 두었다. 지지적인 상담집단에서 글쓰기는 일상의 골칫거리에 중점을 두었다. 연구자들은 ICBT 조건에서 시간이 지남에 따라 외상후스트레스장애 증상이 급격하게 감소하였으며, 6개월 추수검사에서는 지지치료 조건에 비해 최고 상태 기능에 도달한 비율이 더 높았다. 이와는 대조적으로, Possmato 등(2011)은 소규모 무작위 대조연구(N=31)에서 외상 중심 대 비외상 중심 온라인 글쓰기 간 효과 차이를 살펴보았으나 의미 있는 차이가 나타나지 않았는데, 이것은 아마도 환자들이 글쓰기 회기를 3회만 실시했기 때문일 수도 있다. Klein 등(2010)은 외상후스트레스장애로 1차 임상진단을 받은 환자들로 구성된 소규모 비대조연구

($N=22$)에서 10주간 치료자 가이드 ICBT 프로그램(온라인 글쓰기 포함)을 실시하여 이의 효과를 다시 한 번 입증하였다. 사전-사후-추수 평가 결과, 외상후스트레스장애의 심각도 및 외상후스트레스장애 관련 증상들이 의미 있게 감소하였다(그러나 일반 정신병리 측정치들의 변화는 통계적으로 유의미하지 않았음). 이 연구자들은 또한 치료 시 치료자의 평균 가이드 시간이 194분에 지나지 않았기 때문에(외상후스트레스장애의 면대면 CBT에서는 평균 12시간; Harvey et al., 2003), ICBT에서 치료자의 개입이 경제적일 수 있다고 주장했다. 보다 최근에는 이러한 연구 결과가 Spence 등(2011)과 Ivarsson 등(2014)의 대기자 통제연구를 통해 반복되고 확장되었다. 외상후스트레스장애로 확진된 환자를 표본으로 한 두 연구 모두에서 외상후스트레스장애의 핵심 증상 및 정신병리 증상에 있어서 치료자 가이드 ICBT의 효과가 크고 유의미한 것으로 나타났다.

🔵 논의

20년간의 연구 결과는 oSWT가 외상후스트레스장애와 복합비애를 치료하는 데 있어 가능한 치료 대안임을 제안한다. 예비연구 결과는 oSWT가 생명에 위협이 되는 의학적 질환으로 인해 겪는 충격을 다룰 때도 유용한 심리적 개입이 될 수 있음을 시사한다. 이 치료법은 환자에게 잘 수용되며, 다양한 문화적 맥락에서도 효과적이고, 연구 결과는 정규 임상 현장에도 적용될 수 있는 것으로 나타났다.

후속 연구 주제

oSWT의 효과는 면대면 CBT와 동등한 것으로 보이는데, 치료받은 집단들 내 효과크기를 보면 알 수 있다. 또한 Van Emmerik 등(2008)의 연구에서 글쓰기치료 프로토콜을 오프라인 방식으로 변형한 경우와 일반 CBT를 비교하였는데 이를 통해서도 검증이 되었다. 그러나 모든 무작위 대조연구의 비교집단은 대기자 집단이었으므로, 이러한 동등성에 대한 직접적인 증거는 아직 부족하다 할 것이다. 동등성에 대한 명확한 근거는 임상적 비유의성(insignificance)의 한계가 선험적으로 정의된 검정력 높은 동등성 연구에서 찾아야 할 것이다. 그리고 이 연구는 oSWT의 비용-효과에 대한 적절한 평가도 포함해야 할 것이다. 이상적으로라면, 이런 연구는 치료자 피드백 회기의 수를 체계적으로 변화시켜 치료자 가이드가 많고 적음에 따라 비용편익이 어떻게 달라지는지 평가할 수 있도록 해야 할 것이다.

효과가 있는 이유(1): 특정 요인

oSWT의 효과는 부분적으로 치료 프로토콜이 외상 중심 치료의 세 가지 중요한 요소인 노출, 인지적 재평가 및 사회적 지지를 절묘하게 통합하고 있기에 나타나는 것 같다. oSWT에는 강력한 노출 요소가 포함되어 있는 것이다. 전체 치료는 일련의 외상사건에 대해 7시간 이상의 적극적인 자기직면이 포함된다. 치료의 단계적 진행은 노출이 외상사건 자체뿐만 아니라 외상과 그 후유증의 의미에 중점을 두도록 한다. 이는 Foa 등이 기억에서 '공포 네트워크'라고 부른 것을 활성화시킨다(Foa & Kozak, 1986). 이 공포 네트워크를 반복적으로 그리고 잘 조절하여 신중하게 활성화시키면, 습관화 기제를 통해 공포의 소거가 진행될 것으로 생각된다. 한편, oSWT는 제2단계에서 인지적 재평가에 초점을 맞추면서 공포 네트워크의 '내용'도 다룬다(Boelen & van den Hout, 2008; Ehlers & Clark, 2000; Lange et al., 2003b). 자서전적 기억에 이러한 변화를 통합시키는 것은, 제3단계에서 환자에게 새로운 관점에 의한 논리적이고 당당한 작문을 마치 제례의식처럼 사람들과 공유하도록 함으로써 더 촉진된다.

효과가 있는 이유(2): 공통 요인

치료의 특정 요인들은 '필요하긴 하지만 보다 큰 치료 맥락의 구성 요소가 될 때 활성화되는' 것이라고 여겨져 왔다(Messer & Wampold, 2002). 이러한 맥락은 생산적인 작업동맹, 치료과업의 명확성과 수용성, 변화에 대한 기대(즉, 희망), 숙달과 자기존중감 증대에 초점을 둔 수많은 심리치료에 공통적인 요인들로 정의된다(예: Frank, 1973; Laska et al., 2013; Wampold et al., 2010 참조). 이러한 공통 요인들을 치료 매뉴얼에 포함시키는 것이 가능하고 그래야만 한다. oSWT 프로토콜은 (치료 내내 제시되고 자동으로 시행되는) 명백한 구조 내에서, 신뢰할 만한 이론을 제공하는 심리교육을 사용함으로써 그리고 (목표 합의를 도출해 내는) 매우 구체적인 글쓰기 지침을 통해서 이런 요인들을 반영하고 있다. 치료자가 지침으로 사용할 수 있는 표준화된 피드백 템플릿 내에 치료동맹과 내담자 동기유발을 증진시키는 장치가 탑재되어 있는데, 예를 들어 치료 내에서 칭찬을 하거나 환자가 말한 것을 '메아리'처럼 되돌려 주는 기법들이다. 우리의 경험상, 표준화된 '공통 요인 구현'은 oSWT의 효과에 중요한 영향을 미친다. 지금까지 대부분의 온라인 정신건강 연구에서는 무시되어 왔던 것들이다. 특히 치료 이행도와 관련하여, 공통 요인들에 대한 더 많은 관심과 명확한 표적연구가 필요할 것이다.

치료자 가이드

치료자 가이드 ICBT의 효과는 가이드 없는 ICBT보다 일반적으로 우월하다(Cuijpers et al., 2009). 이 결과에 대한 한 가지 설명은 치료자의 지도가 중요한 치료 요인을 실행하는 데 필요하다는 것이다. 지침이 아무리 명백하다고 해도 환자가 글쓰기 과제에서 가장 고통스러운 외상사건에 자신을 직면시킨다는 보장은 없다. 치료자는 너무 두려운 외상사건을 회피하고자 하는 양상을 감지하고, 환자가 집중할 수 있도록 격려할 수 있다. 마찬가지로 치료자는, 환자가 외상에 연루된 사람들과 치료 결과를 공유할까 고민할 때 중요한 조언자가 된다. Brewin과 Holmes(2003)에 의하면, '부정적인 사회적 지지'는 사회적 지지의 결여보다도 더 강한 만성 외상후스트레스장애의 예측 변인이다. 그러므로 만일 편지를 공유하는 것이 부작용으로 이어진다면, 차라리 환자들에게 위험을 감수하지 않도록 충고할 수 있다. 치료자의 지도는 또한 공통 요인들의 영향력을 증진시킨다. 희망, 자존감, 작업동맹은 환자가 탄력성을 보이거나 어려움을 견디는 것을 보여 줄 때 그에 대한 특별하고 신뢰할 만한 존경을 전달함으로써 (또는 반대로 실패를 보고할 때는 이를 수용하는 자세를 보여 줌으로써) 가장 잘 증진될 수 있다(Lange, 1985). 또한 치료자는 환자의 특성에 맞춰 표준화된 지침 및 심리교육용 텍스트를 적용하여 내담자의 동기를 강화할 수 있다(예: 청각장애 환자들에게 외상사건 동안 자신이 들은 것에 대해서 집중해 보도록 지시하지 않는다). 환자의 개인적인 상황을 치료 요소들과 매치시켜 효과를 증진시키기 위해서는 충분한 고려가 필요한데, oSWT는 이를 위한 시간을 제공해 준다. 환자의 작문을 보고 나서 피드백과 지침을 주는 순간까지 하루의 간격이 있는데, 이 시간이 치료자로 하여금 심사숙고하고 및 올바른 결정을 내릴 수 있도록 도와준다.

🟤 참고문헌

Amstadter AB, Broman-Fulks J, Zinzow H, Ruggiero KJ, Cercone J (2009) Internet-based interventions for traumatic stress-related mental health problems: a review and suggestion for future research. Clin Psychol Rev 29(5):410–420. doi:10.1016/j.cpr.2009.04.001

Andersson G (2010) Guided, internet-delivered cognitive behavioural therapy for posttraumatic stress disorder and other comorbid anxiety disorders. In: Brunet A, Ashbaugh AR, Herbert CF (eds) NATO science for peace and security series—E: human and societal dynamics, vol 72, Internet use in the aftermath of trauma. IOS Press, Amsterdam, pp 243–254, Retrieved from http://ebooks.iospress.nl/publication/25291

Arrindell WA, Ettema JHM (2003) Symptom checklist SCL-90: Handleiding bij een multidimensionele psychopathologie-indicator. Swets Test Publishers; Harcourt Test Publishers, Lisse/Amsterdam

Benight CC, Ruzek JI, Waldrep E (2008) Internet interventions for traumatic stress: a review and theoretically based example. J Trauma Stress 21(6):513–520. doi:10.1002/jts.20371

Boelen PA, van den Hout MA (2008) The role of threatening misinterpretations and avoidance in emotional problems after loss. Behav Cogn Psychother 36(01):71–8. doi:10.1017/S1352465807004079

Brewin CR, Holmes EA (2003) Psychological theories of posttraumatic stress disorder. Clin Psychol Rev 23(3):339–376. doi:10.1016/S0272-7358(03)00033-3

Brewin CR, Andrews B, Valentine JD (2000) Meta-analysis of risk factors for posttraumatic stress disorder in trauma-exposed adults. J Consult Clin Psychol 68(5):748–766. doi:10.1037//0022-006X.68.5.748

Brunet A, Ashbaugh AR, Herbert CF (eds) (2010) NATO science for peace and security series —E:human and societal dynamics, vol 72, Internet use in the aftermath of trauma. IOS Press, Amsterdam

Cuijpers P, Marks IM, Van Straten A, Cavanagh K, Gega L, Andersson G (2009) Computer-aided psychotherapy for anxiety disorders: a meta-analytic review. Cogn Behav Ther 38(2):66–82. doi:10.1080/16506070802694776

De Haas S, Höing M, Schrieken B, Tsagana A, Wijnker C, Michels C, Lange A (2009) Behandeling via het Internet voor jeugdige slachtoffers van seksueel geweld: een pilotstudie [Online treatment of young victims of sexual violence: a pilot study]. Maandblad Geestelijke Volksgezondheid 64(11):981–997

Derogatis LR, Melisaratos N (1983) The Brief Symptom Inventory: an introductory report. Psychol Med 13(3):595–605

Donnelly DA, Murray EJ (1991) Cognitive and emotional changes in written essays and therapy interviews. J Soc Clin Psychol 10(3):334–350. doi:10.1521/jscp.1991.10.3.334

Ehlers A, Clark DM (2000) A cognitive model of posttraumatic stress disorder. Behav Res Ther 38(4):319–345. doi:10.1016/S0005-7967(99)00123-0

Foa EB, Kozak MJ (1986) Emotional processing of fear: exposure to corrective information. Psychol Bull 99(1):20–35. doi:10.1037/0033-2909.99.1.20

Frank JD (1973) Persuasion and healing. John Hopkins University Press, Baltimore

Haley J (1973) Uncommon therapy: the psychiatric techniques of Milton H. Erickson. MD. Norton, New York

Harvey AG, Bryant RA, Tarrier N (2003) Cognitive behaviour therapy for posttraumatic stress disorder. Clin Psychol Rev 23(3):501–522

Hirai M, Clum GA (2005) An Internet-based self-change program for traumatic event related fear, distress, and maladaptive coping. J Trauma Stress 18(6):631–636. doi:10.1002/jts.20071

Hirai M, Skidmore ST, Clum GA, Dolma S (2012) An investigation of the efficacy of online expressive writing for trauma-related psychological distress in Hispanic individuals. Behav Ther 43(4):812–824. doi:10.1016/j.beth.2012.04.006

Horvath AO, Greenberg LS (1989) Development and validation of the Working Alliance Inventory. J Couns Psychol 36(2):223-233. doi:10.1037/0022-0167.36.2.223

Ivarsson D, Blom M, Hesser H, Carlbring P, Enderby P, Nordberg R, Andersson G (2014) Guided internet-delivered cognitive behaviour therapy for post-traumatic stress disorder: a randomized controlled trial. Internet Interv 1(1):33-40. doi:10.1016/j.invent.2014.03.002

Jacobson NS, Truax P (1991) Clinical significance: a statistical approach to defining meaningful change in psychotherapy research. J Consult Clin Psychol 59(1):12-19. doi:10.1037/0022-006X.59.1.12

Joseph S (2000) Psychometric evaluation of Horowitz's Impact of Event Scale: a review. J Trauma Stress 13(1):101-113. doi:10.1023/A:1007777032063

Kersting A, Dölemeyer R, Steinig J, Walter F, Kroker K, Baust K, Wagner B (2013) Brief Internet-based intervention reduces posttraumatic stress and prolonged grief in parents after the loss of a child during pregnancy: a randomized controlled trial. Psychother Psychosom 82(6):372-381. doi:10.1159/000348713

Klein B, Mitchell J, Abbott J, Shandley K, Austin D, Gilson K, Kiropoulos L, Cannard G, Redman T (2010) A therapist-assisted cognitive behaviour therapy internet intervention for posttraumatic stress disorder: pre-, post- and 3-month follow-up results from an open trial. J Anxiety Disord 24(6):635-644. doi:10.1016/j.janxdis.2010.04.005

Knaevelsrud C, Maercker A (2006) Does the quality of the working alliance predict treatment outcome in online psychotherapy for traumatized patients? J Med Internet Res 8(4):e31. doi:10.2196/jmir.8.4.e31

Knaevelsrud C, Maercker A (2007) Internet-based treatment for PTSD reduces distress and facilitates the development of a strong therapeutic alliance: a randomized controlled clinical trial. BMC Psychiatry 7:13. doi:10.1186/1471-244X-7-13

Knaevelsrud C, Maercker A (2010) Long-term effects of an internet-based treatment for posttraumatic stress. Cogn Behav Ther 39(1):72-77. doi:10.1080/16506070902999935

Knaevelsrud C, Wagner B, Karl A, Mueller J (2007) New treatment approaches: integrating new media in the treatment of war and torture victims. Torture (Quarterly Journal on Rehabilitation of Torture Victims and Prevention of Torture) 17(2):67-78

Knaevelsrud C, Brand J, Schulz W, Lange A, Ruwaard J, Wagner B (2015) Internet-based psychotherapy for posttraumatic stress disorder in war-traumatized Arab patients: a parallel group randomized controlled trial. J Med Internet Res 17(3):e71. doi:10.2196/jmir.3582

Lange A (1985) Motivating clients in directive family therapy. In: Zeig JK (ed) Ericksonian psychotherapy, vol 2, Clinical applications. Brunner Mazel, New York

Lange A (1994) Writing assignment in the treatment of grief and trauma's from the past. In: Zeig JK (ed) Ericksonian methods. The essence of the story, 1st edn. Brunner/Mazel, Levittown.

Lange A, Ruwaard J (2010) Ethical dilemmas in online research and treatment of sexually abused adolescents. J Med Internet Res 12(5):e58. doi:10.2196/jmir.1455

Lange A, Van der Hart O (1983) Directive family therapy. Brunner/Mazel, New York

Lange A, De Beurs E, Dolan C, Lachnit T, Sjollema S, Hanewald G (1999) Long-term effects of childhood sexual abuse: objective and subjective characteristics of the abuse and psychopathology in later life. J Nerv Ment Dis 187(3):150-158

Lange A, Van de Ven J, Schrieken B, Bredeweg B, Emmelkamp PM (2000a) Internet-mediated, protocol-driven treatment of psychological dysfunction. J Telemed Telecare 6(1):15-21. doi:10.1258/1357633001933880

Lange A, Van de Ven J, Schrieken B, Emmelkamp P, Bredeweg B, Van der Kolk J, Lydsdottir L, Massaro M, Reuvers A (2000b) 'INTERAPY': the effects of a short protocolled treatment of post-traumatic stress and pathological grief through the Internet. Behav Cogn Psychother 28(2):103-120

Lange A, Van de Ven J, Schrieken B, Emmelkamp PM (2001) Interapy, treatment of posttraumatic stress through the Internet: a controlled trial. J Behav Ther Exp Psychiatry 32(2):73-90

Lange A, Schoutrop MJA, Schrieken B, Van de Ven J (2002) Interapy: a model for therapeutic writing through the internet. In: Lepore SJ, Smyth JM (eds) The writing cure. How expressive writing promotes health and emotional well-being, 1st edn. American Psychological Association, Washington, DC, pp 215-238

Lange A, Rietdijk D, Hudcovicova M, Van de Ven J, Schrieken B, Emmelkamp PM (2003a) Interapy: a controlled randomized trial of the standardized treatment of posttraumatic stress through the internet. J Consult Clin Psychol 71(5):901-909. doi:10.1037/0022-006X.71.5.901

Lange A, Van de Ven J, Schrieken B (2003b) Interapy: treatment of post-traumatic stress via the internet. Cogn Behav Ther 32(3):110-124. doi:10.1080/16506070302317

Langner R, Maercker A (2005) Complicated grief as a stress response disorder: evaluating diagnostic criteria in a German sample. J Psychosom Res 58(3):235-242. doi:10.1016/j.jpsychores.2004.09.012

Laska KM, Gurman AS, Wampold BE (2013) Expanding the lens of evidence-based practice in psychotherapy: a common factors perspective. Psychotherapy (Chicago, IL). doi:10.1037/a0034332

Lemmen A, Maas M (2001) Inhoudsanalyse van cognitieve categorieen in gestructureerde schrijfopdrachten via Interapy [Content analysis of structured writing.]. Department of Clinical Psychology

Lepore SJ, Smyth JM (eds) (2002) The writing cure: how expressive writing promotes health and emotional well-being, 1st edn. American Psychological Association, Washington, DC

Litz BT, Engel CC, Bryant RA, Papa A (2007) A randomized, controlled proof-of-concept trial of an Internet-based, therapist-assisted self-management treatment for posttraumatic stress disorder. Am J Psychiatry 164(11):1676-1683. doi:10.1176/appi.ajp.2007.06122057

Martin DJ, Garske JP, Davis MK (2000) Relation of the therapeutic alliance with outcome and other variables: a meta-analytic review. J Consult Clin Psychol 68(3):438-450. doi:10.1037/0022-006X.68.3.438

Messer SB, Wampold BE (2002) Let's face facts: common factors are more potent than specific therapy ingredients. Clin Psychol Sci Pract 9(1):21-25. doi:10.1093/clipsy.9.1.21

Moreau C, Zisook S (2002) Rationale for a posttraumatic stress spectrum disorder. Psychiatr Clin North Am 25(4):775-790

Motraghi TE, Seim RW, Meyer EC, Morissette SB (2014) Virtual reality exposure therapy for the treatment of posttraumatic stress disorder: a methodological review using CONSORT guidelines. J Clin Psychol 70(3):197-208. doi:10.1002/jclp.22051

Mouthaan J, Sijbrandij M, de Vries G-J, Reitsma JB, van de Schoot R, Goslings JC, Luitse JS, Bakker FC, Gersons BP, Olff M (2013) Internet-based early intervention to prevent posttraumatic stress disorder in injury patients: randomized controlled trial. J Med Internet Res 15(8):e165. doi:10.2196/jmir.2460

Nelson RJ (2013) Is virtual reality exposure therapy effective for service members and veterans experiencing combat-related PTSD? Traumatology 19(3):171-178. doi:10.1177/1534765612459891

Norcross JC, Wampold BE (2011) Evidence-based therapy relationships: research conclusions and clinical practices. Psychotherapy (Chicago, IL) 48(1):98-102. doi:10.1037/a0022161

Pennebaker JW (1993) Putting stress into words: health, linguistic, and therapeutic implications. Behav Res Ther 31(6):539-548. doi:10.1016/0005-7967(93)90105-4

Pennebaker JW, Susman JR (1988) Disclosure of traumas and psychosomatic processes. Soc Sci Med 26(3):327-332. doi:10.1016/0277-9536(88)90397-8

Pennebaker JW, Booth RJ, Francis ME (2007) Operator's manual Linguistic Inquiry and Word Count: LIWC2007. LIWC.net, Austin

Possemato K, Ouimette P, Knowlton P (2011) A brief self-guided telehealth intervention for post-traumatic stress disorder in combat veterans: a pilot study. J Telemed Telecare 17(5):245-250. doi:10.1258/jtt.2011.100909

Ruggiero KJ, Resnick HS, Acierno R, Carpenter MJ, Kilpatrick DG, Coffey SF, Carpenter MJ, Ruscio AM, Stephens RS, Kilpatrick DG, Stasiewicz PR, Roffman RA, Bucuvalas M, Galea S (2006) Internet-based intervention for mental health and substance use problems in disaster-affected populations: a pilot feasibility study. Behav Ther 37(2):190-205. doi:10.1016/j.beth.2005.12.001

Ruwaard J (2009) Computerized text analysis in computer-mediated therapy: the Interapy post-traumatic stress corpus (presentation slides): Presented at the Fourth Meeting of the International Society for Research on Internet Interventions; 14-6 October [presentation slides]. Amsterdam. Retrieved from http://www.slideshare.net/jruwaard/text-analysis-of-the-interapypts-corpus

Ruwaard J (2012) The efficacy and effectiveness of online CBT. Department of Clinical Psychology, the University of Amsterdam, Amsterdam

Ruwaard J, Lange A, Schrieken B, Dolan CV, Emmelkamp P (2012) The effectiveness of online cognitive behavioural treatment in routine clinical practice. PLoS One 7(7):e40089. doi:10.1371/journal.pone.0040089

Schoutrop MJA, Lange A, Hanewald G, Davidovich U, Salomon H (2002) Structured writing and processing major stressful events: a controlled trial. Psychother Psychosom 71(3):151–157. doi:10.1159/000056282

Seitz DCM, Knaevelsrud C, Duran G, Waadt S, Loos S, Goldbeck L (2014) Efficacy of an internet-based cognitive-behavioural intervention for long-term survivors of pediatric cancer: a pilot study. Supportive Care Cancer (Official Journal of the Multinational Association of Supportive Care in Cancer) 22(8):2075–2083. doi:10.1007/s00520-014-2193-4

Sloan DM, Marx BP (2004) Taking pen to hand: evaluating theories underlying the written disclosure paradigm. Clin Psychol Sci Pract 11(2):121–137. doi:10.1093/clipsy.bph062

Spence J, Titov N, Dear BF, Johnston L, Solley K, Lorian C, Wootton B, Zou J, Schwenke G (2011) Randomized controlled trial of Internet-delivered cognitive behavioural therapy for posttraumatic stress disorder. Depress Anxiety 28(7):541–550. doi:10.1002/da.20835

Spence J, Titov N, Johnston L, Dear BF, Wootton B, Terides M, Zou J (2013) Internet-delivered eye movement desensitization and reprocessing (iEMDR): an open trial. F1000Research 2:79. doi:10.12688/f1000research.2-79.v2

Steinmetz SE, Benight CC, Bishop SL, James LE (2012) My Disaster Recovery: a pilot randomized controlled trial of an Internet intervention. Anxiety Stress Coping 25(5):593–600. doi:10.1080/10615806.2011.604869

Sundin EC, Horowitz MJ (2003) Horowitz's Impact of Event Scale evaluation of 20 years of use. Psychosom Med 65(5):870–876

Thompson RF (2009) Habituation: a history. Neurobiol Learn Mem 92(2):127–134. doi:10.1016/j.nlm.2008.07.011

Van der Oord S, Lucassen S, Van Emmerik AAP, Emmelkamp PMG (2010) Treatment of post-traumatic stress disorder in children using cognitive behavioural writing therapy. Clin Psychol Psychother 17(3):240–249. doi:10.1002/cpp.670

Van der Velden K (ed) (1977, 1980, 1989) Directieve therapie/1,2,3 [Directive Therapy]. Van Loghum Slaterus, Deventer

Van Emmerik AAP, Kamphuis JH, Emmelkamp PMG (2008) Treating acute stress disorder and posttraumatic stress disorder with cognitive behavioural therapy or structured writing therapy: a randomized controlled trial. Psychother Psychosom 77(2):93–100. doi:10.1159/000112886

Van Emmerik AAP, Reijntjes A, Kamphuis JH (2013) Writing therapy for posttraumatic stress: a meta-analysis. Psychother Psychosom 82(2):82–88. doi:10.1159/000343131

Van Voorhees BW, Gollan J, Fogel J (2012) Pilot study of Internet-based early intervention for combat-related mental distress. J Rehabil Res Dev 49(8):1175–1190. doi:10.1682/JRRD.2011.05.0095

Wagner B, Maercker A (2007) A 1.5-year follow-up of an Internet-based intervention for complicated grief. J Trauma Stress 20(4):625-629. doi:10.1002/jts.20230

Wagner B, Knaevelsrud C, Maercker A (2006) Internet-based cognitive-behavioural therapy for complicated grief: a randomized controlled trial. Death Stud 30(5):429-453. doi:10.1080/07481180600614385

Wagner B, Brand J, Schulz W, Knaevelsrud C (2012a) Online working alliance predicts treatment outcome for posttraumatic stress symptoms in Arab war-traumatized patients. Depress Anxiety 29(7):646-651. doi:10.1002/da.21962

Wagner B, Schulz W, Knaevelsrud C (2012b) Efficacy of an Internet-based intervention for posttraumatic stress disorder in Iraq: a pilot study. Psychiatry Res 195(1-):85-88. doi:10.1016/j.psychres.2011.07.026

Wampold BE, Imel ZE, Laska KM, Benish S, Miller SD, Fluckiger C, Del Re AC, Baardseth TP, Budge S (2010) Determining what works in the treatment of PTSD. Clin Psychol Rev 30(8):923-933. doi:10.1016/j.cpr.2010.06.005

Wang Z, Wang J, Maercker A (2013) Chinese My Trauma Recovery, a Web-based intervention for traumatized persons in two parallel samples: randomized controlled trial. J Med Internet Res 15(9):e213. doi:10.2196/jmir.2690

Ware J, Kosinski M, Keller SD (1996) A 12-Item Short-Form Health Survey: construction of scales and preliminary tests of reliability and validity. Med Care 34(3):220-233

제8장

불면증의 인터넷 기반 인지행동치료

Annemieke van Straten, Kerstin Blom, Jaap Lancee, & Viktor Kaldo

불면증은 공중보건에서 중요한 주제이다. 이는 인구의 약 10%에 영향을 미치며, 기타 (정신)장애와의 공존질환을 유발할 뿐만 아니라, 정서 및 일상 기능 등에도 손상을 일으킨다. 불면증은 굉장히 일반적이며, 이와 관련하여 양질의 효과적인 치료가 필요하다. 불면증에 대한 지침에 따르면 인지행동치료(CBT)는 수면제에 비해 더 권장되는 치료이다. 그러나 불행하게도 불면증으로 면대면 CBT를 받기란 거의 불가능하다. 따라서 인터넷으로 CBT를 제공하는 것이 해결책이 될 수 있을 것이다.

지금까지 우리는 불면증에 대한 10개의 ICBT 프로그램을 확인했는데, 성인 환자용 9개와 청소년 환자용 1개가 그것이다. 환자들의 치료 이행도는 높았는데(54~91% 범위), 이는 많은 환자가 인터넷 형식을 잘 받아들인다는 것을 보여 준다. 불면증 증상에 대한 임상실험의 결과 또한 매우 고무적이다. 일반적으로 환자는 더 빨리 잠에 빠지며,

밤에는 덜 깨게 되었다. 불면증에 대한 전통 CBT의 결과와 마찬가지로 총 수면 시간은 다소 완만하게 증가하기는 하지만, 잠을 자다가 중간에 깨는 일이 줄어들기 때문에 환자는 더 상쾌함을 느끼고 수면에 대해 덜 걱정하게 되는 것으로 보인다. 이 밖에도 불면증에 대한 온라인 CBT가 우울을 감소시키는 데 효과적이라는 증거도 있다.

몇 가지 의문점이 남아 있다. 인적 지원이 필요한가, 아니면 자동화된 지원으로 충분한가? 도움을 요청하는 환자가 임상 표본에서도 동일한 결과를 얻을 수 있는가, 아니면 모집단 표본에서만 유효한가? 불면증 치료가 다른 심리적 장애를 예방할 수 있는가? 일상적인 기능에서 장기적인 효과는 무엇인가? 인터넷 CBT는 비용-효과가 큰가?

이러한 의문에도 불구하고 우리는 불면증을 인터넷 기반 치료로 다루어야 한다고 결론을 내린다. 건강관리 종사자들은 약물보다는 다른 치료 옵션을 필요로 하며, 환자는 인터넷 기반 치료에 기꺼이 따르는 듯하다. 지금까지의 연구들을 바탕으로 우리는 불면증을 위한 인터넷 기반 CBT가 불면증을 치료한다고 확신할 수 있다.

🔵 불면증

진단

대부분의 성인은 살아가면서 이따금씩 잠이 부족한 시기를 경험하게 된다. 특히 스트레스를 받을 때 더 그렇다. 우리는 스트레스 상황이 더 이상 존재하지 않는데도 수면 부족이 계속될 때 불면증이라고 이야기한다. 불면증은 일반적으로 잠들기가 어렵거나, 자주 깨거나 혹은 잠을 푹 잔 것 같지 않은 경우(비회복성 수면)를 말한다. 때로 사람들은 이러한 어려움을 다발적으로 경험한다. 불면증 진단을 받기 위해서는 잠을 제대로 자지 못하는 것이 낮 시간 동안의 활동에 부정적인 영향을 미쳐야 한다.

DSM-IV(APA, 1994)는 불면증을 유발하는 다른 확인된 원인이 없는 1차성 불면증과 불면증이 다른 정신적이거나 의학적인 장애로 인해 나타난다고 여겨지는 2차성 불면증을 구분한다. 1차성 불면증과 2차성 불면증을 확실하게 구분하는 것은 사실상 불가능하기 때문에, DSM 최신판(DSM-5; APA, 2013)에서는 이러한 구분을 하지 않는다. DSM-5는 이를 '불면장애'로 분류한다. 이 기준은 〈표 8-1〉에 제시되어 있다.

〈표 8-1〉 불면장애에 대한 DSM-5 진단기준 요약

1. 증상
수면의 양이나 질과 관련된 불만족 그리고 다음 증상 중 하나 (이상):
(a) 잠을 이루지 못함
(b) 계속 잠을 자지 못함(자주 깨고 깬 후에 다시 잠들기 어려움)
(c) 새벽에 잠에서 깨면 다시 잠들지 못함
2. 강도
(a) 수면 문제가 적어도 일주일에 3번 발생함

(b) 수면 문제가 적어도 3개월 동안 지속됨
(c) 수면 문제가 임상적으로 심각한 기능장해를 일으킴
3. 수면 문제는 다음의 (단독) 원인에 의한 것이 아니다.
(a) 부족한 수면 기회
(b) 기타 수면-각성 장애
(c) 약물(의약품이나 약)로 인한 생리적인 영향
(d) 공존하는 정신장애 혹은 의학적 상태

DSM-5가 불면증이 포함되어 있는 유일한 진단분류체계는 아니다. 불면증은 국제질병분류(International Classification of Disease: ICD-10; WHO, 1992) 및 수면장애의 국제분류(International Classification of Sleep Disorders: ICSD-2; AASM, 2005)에도 포함되어 있다. 세 가지 진단분류체계는 불면증의 일반적인 기준(수면을 취하거나 유지하기 어려움 혹은 비회복성 수면으로 낮 시간 동안 기능의 손상을 유발함)을 공유하지만, 증상의 심각성과 추가 요구 조건 등은 상당히 다양하다. DSM이 가장 민감하며 널리 알려진 기준으로 보인다(Roth et al., 2011).

유병률 및 영향

불면증은 매우 흔하다. 일반 인구의 1/3 정도가 불면증 증상을 하나 이상은 경험하고 있다. 약 10%는 주간에도 영향을 미치는 완전 불면장애를 보고하고 있다(Ohayon, 2002). 주간 영향이라 함은 보통 주관적으로 보고되는 인지 및 정서 기능 손상을 말하는데, 예를 들면 피로, 기분 기복 및 집중력 문제와 같은 것들이다(Kyle et al., 2010). 무엇보다 이러한 장애는 의료 서비스의 사용 증가와 노동생산성의 저하로 인한 사회비용 상승으로 이어진다(Daley et al., 2009a). 잠을 제대로 못 자는 사람들은 잠을 잘 자는 사람들에 비해 10배가량 많은 사회비용을 지출하는 것으로 추정된다(Daley et al., 2009b). 게다가 불면증은 장기간 유지되는데, 모든 환자 중 절반 정도가 적어도 3년은 불면증으로 고통을 받는다

(Morin et al., 2009).

　불면증은 또한 다른 정신적이거나 의학적인 문제와 함께 발생한다. 불면증의 가장 흔한 공존질환은 우울이나 불안이지만(Staner, 2010; Baglioni et al., 2011), 불면증은 암, 고혈압 및 심혈관계 질병과도 관련이 있다(Meng et al., 2012; Redline & Foody, 2011; Savard & Morin, 2011).

최신 치료

　불면증의 높은 유병률과 관련된 부담으로 볼 때 널리 이용 가능하고, 고품질이며, 효과적인 치료가 필요하다. 현재 불면증은 벤조디아제핀이나 벤조디아제핀 수용기관 작용제(Z-drugs: zolpidem, zopiclone, zaleplon)로 약물치료를 하는 것이 일반적이다. 몇몇 메타분석 결과, 단기간의 수면 개선에는 효과가 있다고 알려져 있다. 그러나 약물요법은 부작용이 있을 수 있는데, 특히 노인들에게 부작용 위험이 높고 장기적 위험 및 이익에 대한 내용은 아직 알려져 있지 않다(Buscemi et al., 2007; Glass et al., 2005).

　다양한 비약물적 치료가 대안으로 개발되기도 했다. 이러한 비약물적 치료는 교육적(심리교육, 수면위생), 행동적(이완, 수면제한, 자극통제, 역설적 의도) 또는 인지적(수면에 대한 역기능적 사고를 인식하고 도전하기) 치료로 분류할 수 있다(Edinger & Means, 2005; Espie, 2006; Morin & Espie, 2003). 1990년대부터 (여러 방식의) 조합으로 이러한 치료들을 제공하는 것이 일반적이었다. 이러한 조합은 불면증의 인지행동치료(Cognitive Behavioural Therapy for Insomnia: CBTI)라고 불린다. 〈표 8-2〉는 핵심 구성 요소들을 보여 주고 있다. 그리고 핵심적인 구성 요소 외에 이완훈련, 역설적 의도(환자들이 저녁 늦게까지 깨어 있도록 지도하는 것), 명상훈련, 문제해결 전략 등의 치료법이 있다.

　불행하게도, 많은 환자가 불면증 CBT를 받는 것은 아니다. 그중 첫 번째 이유는 불면증 환자 중 절반 미만만이 도움을 요청하기 때문이다(Morin et al., 2006a). 불면증 환자들은 대개 약물치료가 유일한 치료법인 것으로 알고 있다. 따라서

〈표 8-2〉 불면증 인지행동치료의 핵심 구성 요소

구성 요소	설명
수면교육	수면을 유도하는 것에 대한 정보, 수면의 기능, 연령별 정상적인 수면 시간, 수면장애 및 불면증에 대한 정보
수면위생	양질의 수면을 유도하거나 방해할 수 있는 일상적인 행동 및 습관에 대한 정보. 이는 일반적으로 생활양식(예: 음식, 카페인, 알코올, 스트레스) 및 침대(예: 온도, 조명, 매트리스) 등에 대한 정보를 포함한다.
자극통제	환자들은 (잠에서 깬 채 누워 있지 말고) 침대는 이제 잠자는 것과 연결 짓도록 배운다. 즉, 매일 같은 시간에 잠자리에 들고 잠에서 깨어나며, 독서나 TV 시청과 같은 다른 활동이 아닌 수면과 성관계를 위해서만 침대를 사용하고, 15분이나 30분 이상 깬 채 누워 있는 경우에는 침상을 벗어나도록 하고 있다. 정해진 시간에 잠자리에 들고 아침에 일어나는 것은 일주기 리듬을 안정화시키고 수면과 각성의 차이점을 더 분명하게 만들어 준다.
수면제한	환자는 침대에 있는 시간을 제한한다. 이는 환자의 수면 시간을 줄여서 평소보다 더 피곤해지도록 한다. 결과적으로 그들은 잠드는 데 어려움이 줄어들고, 수면을 유지하게 된다. 수면제한법은 노출치료(낮 시간 매우 피로해질 것 같은 두려움에 노출)로 간주되고 설명될 수 있다.
	보통 침대에 머무는 시간은 수면제한을 시작하기 전 일주일 동안 환자가 실제로 잤던 평균 시간으로 제한된다. 환자가 미리 지정된 기간에 제한된 시간 중 80~90%를 수면에 쓰는 경우, 수면 구간은 15 내지 30분 연장된다. 이것을 바람직한 시간에 도달할 때까지 늘려 나간다.
인지적 재평가	환자들은 수면에 대한 오해를 인지하고 이에 도전하도록 배운다(예: "난 내일 잘 지내기 위해 8시간 자야 한다."). 또한 밤늦도록 환자를 깨어 있게 만드는 여타의 생각들을 확인하고 이에 도전하여 좀 더 일반적인 형태의 인지치료를 제공하는 것을 목표로 할 수도 있다.

수면제 복용에 대해 꺼림칙한 마음을 가지고 있기 때문에 도움을 요청하지 않는다. 두 번째 이유는 불면증을 CBT로 치료하는 방법은 아직 널리 알려지지 않았다. 게다가 불면증을 심리적으로 치료하는 것이 가능하다고 해도 지역보건의들은 이에 대해 거의 언급을 하지 않는다(Everitt et al., 2014). 따라서 인터넷으로 CBT를 제공하는 것은 이러한 문제들을 극복하는 데 도움이 될 것이다.

🌑 불면증에 대한 ICBT 프로그램

1979년에 일찍이 불면증 치료가 자가치료의 형태로도 제공될 수 있음이 입증되었다(Alperson & Biglan, 1979). 이후 30년 동안 몇몇 자가치료 프로그램은 책, 비디오, 오디오테이프와 같이 다양한 형태로 개발되어 왔다(예: Morin et al., 2005; Riedel et al., 1995). 이는 환자가 CBT의 다양한 구성 요소가 설명된 자료들을 제공받는다는 의미이다. 환자들은 스스로 또는 간단한 치료자 지원을 받으면서 불면증 CBT 기법들을 연마하도록 격려받는다.

불면증에 대한 인터넷 기반 자가치료를 처음 연구한 것은 2004년이었다(Ström et al., 2004). 지금까지 10개의 다양한 프로그램들에서 프로그램의 효과성을 입증한 자료가 출간되었다. 9개는 불면증에 대한 성인연구(Blom et al., 2015a; Espie et al., 2012; Kaldo et al., 2015a; Lancee et al., 2012; Ritterband et al., 2009; Ström et al., 2004; Suzuki et al., 2008; Van Straten et al., 2014; Vincent & Lewycky, 2009)이며 1개는 청소년 환자들을 대상으로 한 연구(De Bruin et al., 2014)이다.

10개의 프로그램은 모두 〈표 8-2〉에서 설명한 바와 같이 핵심적인 불면증 CBT 구성 요소들을 포함하며, 이 중 일부는 부가적인 구성 요소들(예: 이완 및 스트레스 관리 기법을 위한 오디오 파일)을 포함한다. 프로그램의 내용 면에 있어서는 그렇게 다르지 않다고 하더라도, 제공되는 치료의 형태는 꽤 다양하다. Suzuki 등(2008)의 치료에서는 CBT 구성 요소들을 모두 제공하지만, 환자들은 그중에서 해 보고 싶은 것들을 (적어도 3개) 선택할 수 있다. De Bruin의 치료는 매주 온라인으로 자문을 해 준다. Blom과 Kaldo의 치료는 유연하고 활동적으로 치료자 지원을 온라인으로 제공하며, 꼭 해야 하는 것과 선택할 수 있는 활동들이 포함되어 있다. 이 외의 치료들은 구조화된 고정 프로그램들로, 환자들은 자신의 진도에 맞추어서 하면 된다. 대부분은 문자기반으로 이루어지는 반면(예: Blom, De Bruin, Lancee, Ström, Kaldo, Van Straten), 일부는 시청각 클립들을 더 사용하거나(예: Vincent), 좀 더 매력적인 치료를 위해 다양한 구성 요소를 활용한다. 이러한 구성 요소들로는 퀴즈, 게임, 애니메이션, 가상 치료자(예: Espie, Ritterband) 등이 있다. 환자에게 더 즐거운 경험을 제공하는 것에 더하여 보다 상호작용적인 설계를 하는 이유는 정보를 더 잘 이해할 수 있게 돕기 위해서이다. 이는 또한 환자들이 치료를 계속 받도록 하는 데도 도움이 될 것이다.

환자 지원 방식에도 차이가 있다. 전혀 지원이 없는 경우(Lancee, Vincent)부터 자동화된 지원(Espie, Ritterband, Ström, Suzuki), 코치나 치료자로부터 매주 개인적인 피드백을 받는 방법(Blom, De Bruin, Van Straten, Kaldo) 등이 있다. 지원은 프로그램과 훈련을 통해 환자들을 돕거나(예: 최적의 수면 기간 제공), 환자들이 지속적으로 치료를 받도록 격려하는 데 목표를 둔다. 자동화된 지원은 환자의 수면일지에 나타난 침대에 머무르는 시간과 잠자는 시간 추정치에 기초하여 차별화되어 제공된다.

🔵 사례

파라는 불면장애를 호소하는 34세 여성이다. 그녀의 수면 문제는 지금은 3세인 자녀가 아기였을 때 밤에 여러 번 수유를 하면서 시작되었다. 아기가 좀 더 자라서 밤에 더 잠을 자기 시작했을 때에도 파라는 밤에 3~4번 잠에서 깨어났으며, 다시 잠들지 못했다. 파라는 육아 휴직 후에 건설회사의 매니저 일에 복직하였다. 이는 근무시간이 길고 스트레스를 많이 받는 일이다. 파라는 악몽으로 자주 잠에서 깨어나는 것뿐 아니라, 다시 잠드는 것도 어려워지기 시작했다. 그녀는 저녁에 긴장을 푸는 것이 어렵다고 느꼈다. 그녀는 다음 날의 업무를 원활하게 진행시키기 위해 자주 이메일을 확인하였다. 그녀의 마음은 끊임없이 문제를 해결하고, 일에 대해 생각하고, 일상생활을 계획하며, 잠들려고 할 때 정신적으로 각성되었다. 그녀는 잠을 자지 못하는 것에 대해 걱정하기 시작하였고, 그로 인해 직장에서 그리고 부모로서 건강과 수행에까지 영향을 미칠까 염려하였다. 진퇴양난으로 이러한 걱정 때문에 결국 더 잠들지 못하게 되었다! 그녀는

〈표 8-3〉 10개의 불면증에 대한 온라인 CBT 프로그램 효과 요약

대기자 혹은 일반치료 vs. 인터넷치료의 비교 연구

연구자/국가	불면증 정의	치료	통제집단	지지	기간	사례 수 (N)	치료 이행도	집단간 사후검증 효과크기 (Cohen's d[d])				
								SOL	TST	SE	WASO	NWAK
Ström et al. (2004)/스웨덴	≥30분 깨어 있음, ≥주 3일 밤, ≥3개월+일과 시간 문제 발생	기본 CBT	대기 집단	자동화+2회 이메일	5주	109	80%	0.34	0.01	0.20	-0.04	0.24
Suzuki et al. (2008)/일본	수면 개선 욕구	수면교육+수면위생. 이후 CBT의 다른 요소들은 선택 가능함	대기 집단	자동화된 개인 메시지	2주	43	–	0.33	0.09	0.23	–	–
Ritterband et al. (2009)/미국	≥주 3일밤 수면곤란 ≥6개월+일과 시간 문제 발생	기본 CBT	대기 집단	자동화	6주	45	91%[c]	0.99	0.41	1.23	0.94	0.71
Vincent & Lewycky (2009)/캐나다	≥30분 깨어 있음, ≥주 4일 밤, ≥6개월+일과 시간 문제 발생	기본 CBT+이완	대기 집단	없음	5주	118	68%	0.50	0.24	0.23	0.13	0.68
Espie et al. (2012)/스코틀랜드	≥주 3일 밤 수면 곤란, ≥3개월+일과 시간 문제 발생	기본 CBT+심상+조음 억제+사용자 커뮤니티+마음챙김	기존 치료 집단[a]	가상 치료자, 증상의 심각도 및 개선 정도에 따른 맞춤형 자동화 지점축 지정축	6주	109	78%	0.45	0.00	0.95	1.03	–

연구/국가	포함 기준	대조 집단	지지/접촉	기간	N	완료율	SOL	TST	SE	WASO	NWAX
Lancee et al. (2012)/네덜란드	수면효율 <85%+SLEEP50>19점	대기집단[b]	없음	4주	418	54%	0.38	0.34	0.60	0.54	0.08
van Straten et al.(2014)/네덜란드	≥30분 깨어 있음, ≥주 3일 밤, ≥3개월	대기집단	개인 코칭이 매주 밤, 온라인 접촉	6주	118	73%	0.04	0.57	0.95	–	0.54
다른 형식의 치료 또는 위약집단과 비교한 연구들											
de Bruin et al. (2014)/네덜란드	≥주 3일 밤 수면곤란, ≥1개월	집단치료	기본 CBT + 부스터 세션(2개월). 정해진 일자/시간에 수업	6주	26	85%	0.64^e	0.08	0.67	0.03	–
Bloom et al. (2015a)/스웨덴	1개월 수면곤란+일과 시간 문제 발생+ISI>10점	집단치료	개인 치료자에 의해 매주 온라인 접촉	8주	48	71%	-0.20^f	-0.21	-0.07	–	–
Kaldo et al. (2015a)/스웨덴	불면증 진단[g]+ISI>10점	위약집단	개인 치료자에 의해 매주 온라인 접촉	8주	148	$82\%^h$	0.35	0.03	0.59	–	–

기본 CBT+역설적 의도+이완
기본 CBT+이완
기본 CBT+스트레스와 피로 관리

[a] 이 연구의 경우 세 번째 집단으로 위약 집단이 있음
[b] 이 연구의 경우 세 번째 집단으로 능동기치료 집단이 있음
[c] 이 연구의 경우 수업을 시작한 %이며, 실제로 연습을 수행했느냐는 명확하지 않음
[d] 효과크기는 보고된 사후검증 평균 및 표준편차(일부 연구에서는 표준오차)에 근거하여 계산됨
[e] 신체활동측정시스템 자료가 아니라 수면일지에 근거한 것임. 휴일(nonschool days) 기준 전날의 치료 사용을 의미함
[f] 음수 값은 집단치료/개인 대면 치료의 효과가 더 좋음을 의미함
[g] 진단은 미국수면의학회(American Academy of Sleep Medicine)를 따름
[h] 82%가 자극통제의 기본 요소+수면제한을 완료하였음
※ 용어-SOL=수면개시시간, TST=총 수면시간, SE=수면효율, WASO=입면 후 각성시간, NWAX=밤에 깬 횟수

모든 연구는 일반인 모집단에서 피험자를 모집하였다. 연구진은 관련 있는 웹사이트, 신문 등에 연구를 위한 홍보를 하였다. 9개 연구 중 4개는 소규모였으며(50명 미만), 5개는 중간 규모였고(100명 정도), 1개는 대규모였다(400명 이상). 모든 연구는 불면증을 목표로 하였으나, 이를 확인하기 위한 기준은 연구마다 달랐다. Suzuki는 따로 제한을 두지 않고 연구에 참여하고자 하는 사람들을 모두 포함시켰다. Lancee는 설문지에서 준거점수뿐만 아니라 특별한 수면 추정치(수면효율<85%)를 사용하였다. 나머지 연구는 수면곤란(한밤중에 30분 이상 깨어 있기), 이러한 곤란의 빈도(일주일에 3 내지 4회 이상) 그리고 이러한 곤란의 기간(1, 3 혹은 6개월 이상)을 기준으로 선발했으며, 낮 시간 동안 영향받음을 선발기준으로 삼은 연구도 많았다. 5개의 연구에서는 (주요)우울증 환자를 배제하였다. 1개를 제외한 모든 연구는 주요 성과를 보고하기 위해 수면일지 자료를 사용하였다.

불면증의 인터넷 치료에 대한 이러한 연구들에서 밝혀진 한 가지 매우 긍정적인 결과는 인터넷으로 치료받은 많은 사람이 실제로 모든 수업을 완료하였거나, 최소한 모든 수업을 펼쳐 보았거나 핵심 구성 요소(수면제한 및 자극통제)를 실행하였다는 것이다. 대부분의 연구가 피드백을 제대로 주지 않거나 자동화된 피드백만을 간신히 주기 때문에 이것은 대단한 결과라 할 수 있고, 흔히 불안이나 우울을 인터넷으로 치료할 때는 환자들을 치료에 참여하도록 지지해 줄 필요가 있다는 점을 잘 알고 있기 때문에 더욱 그러하다. 우리는 불면증에 대한 (인터넷) 자가치료에서 지지의 추가적인 치료효과를 구체적으로 조사한 두 연구에 대해 알고 있다. 이 두 개의 연구는 환자당 일주일에 5분 이하로 짧게 지지하더라도 치료 이행도와 수면 성과 모두를 향상시킨다고 보고하였다(Lancee et al., 2013; Jernelöv et al., 2012). 전문가 지지를 받은 사람들은 핵심 치료 기법에 더 많이 참여하였다(Kaldo et al., 2015b). 일단은, 불면증에서 자동화된 피드백이 다른 장애에서보다 더 효과적이긴 하지만, 적당한 지지의 양과 형태에 대해서는 좀 더 연구가 필요하다고 결론 내렸다.

또 다른 중요한 결과로서 효과크기는 수면 추정치에 따라 다르다는 것이다.

즉, 불면증에서 입면 후 각성시간(WASO)이 호전되지 않아도 수면개시시간(예: SOL)이 호전될 수 있다는 것이다. 어떤 증상은 향상되고 어떤 증상은 그대로인지는 연구에 따라 그 결과가 달라진다. 일반적으로 수면일지 데이터에 기반을 둔 연구는 수면효율에서 가장 큰 효과크기가 나타나는 듯하다. 이는 수면의 효율성(침대에서 자고 있는 시간의 %)을 증가시키기 위해 잠을 자지 않을 때 침대에서 일어나는 것을 목표로 하는 개입이기 때문에 가능한 것이다. 변화가 가장 작은 변인은 총 수면시간이다. 이는 불면증에 대한 면대면 치료 결과와 일치한다. 총 수면시간이 반드시 증가하는 것은 아니지만, 수면은 덜 파편화되어 더 많은 휴식과 회복을 경험하게 되는 것이다.

우월성 연구에서 수면효율에 대한 효과크기는 다양했다. 3개는 약 0.20의 작은 효과크기를 보고했고(Ström, Suzuki, Vincent), 2개는 .60의 중간 효과크기를 보고했으며(Lancee, Kaldo), 나머지 3개는 (매우) 큰 효과크기를 보고하였다(Espie, Ritterband, Van Straten). 그러나 우월성 연구로부터 얻은 데이터에 기초하여 인터넷 치료 중 어떤 방법이 최선인지를 결정하는 것은 불가능하다. 결국 연구들은 치료법 자체가 다양할 뿐만 아니라 연구 특징(예: 다양한 포함 기준에 의한 다양한 연구 피험자, 다양한 처치에 의한 통제집단의 차이, 다양한 연구의 질 등)에 있어서도 다르다. 그러나 전체적으로, 인터넷 치료는 수면을 향상시킨다는 결과가 나타나고 있다. 수면효율(SE)의 효과가 가장 크지만, 수면개시시간(SOL)과 입면 후 각성시간(WASO)에서도 상당한 효과크기가 나타났다.

2개의 연구는 인터넷 치료를 면대면 집단치료와 비교하였다. 그중 한 개는 청소년을 대상으로 하였다(De Bruin). 이 연구에서 인터넷 치료는 집단치료에 비해 다소 높은 효과크기를 나타냈다. 그러나 청소년들의 수가 적었기 때문에(2집단, 각 13명), 이러한 결과는 통계적으로 의미 있는 것은 아니었다. 또 다른 연구는 성인 환자들을 대상으로 하였다(Blom). 집단치료에 대한 집단내 효과크기가 인터넷 치료보다 약간 높기는 했지만, 인터넷 치료의 결과가 집단치료에 못 미치는 것은 아니었다. Lancee와 동료들이 첫 번째 대기자 효과성 연구를 마친 후에 수행한 두 번째 연구를 언급할 필요가 있겠다. 이 두 번째 연구에서, 그들은 가이드 인터넷 치료(n=30)와 면대면 개인치료(n=30)를 비교하였다(Lancee et al., 2015). 양 집단 모두 대기자 통제집단과 비교하여 큰 효과크기를 보였다. 면대면 집단은 온라인 집단에 비해 수면효율에서 더 큰 향상을 보였으나(d=0.72), 총 수면시간 향상은 유사하였다.

불면증의 ICBT와 우울증

불면증과 우울증의 공병은 매우 일반적이다(Taylor et al., 2005). 과거에 불면증은 우울증의 한 증상으로 간주되었으나, 보다 최근에는 불면증이 우울증보다 앞서 발병하는 경우도 종종 있다고 알려지고 있다(Riemann & Voderholzer, 2003). 메타분석은 불면증 환자가 우울해질 위험성이 두 배라는 사실을 보여 주었다(Baglioni & Riemann, 2012). 불면증이 우울증의 발병을 예측하는 것이라면, 불면증 치료가 우울증을 지연시키거나 예방할 수 있다는 의미도 될 수 있는가? 이 질문에 대한 답은 여전히 확실하지 않지만, 긍정적인 측면에서 현재 진행 중인 2개의 연구가 있다고 말하고 싶다(Gosling et al., 2014). 사람들이 두 개의 증상을 모두 갖게 되면, 치료는 우울증만을 다루는 것이 고작이다. 수면 문제는 다른 우울 증상과 함께 사라질 것으로 기대한다. 그러나 우울증을 성공적으로 치료받은 후에도 잔여 수면 문제를 겪는 경우가 있으며, 이는 우울 삽화의 재발을 예측하는 지표이다(Carney et al., 2007). 따라서 두 증상 모두를 치료하는 데 목표를 두는 것이 더 나은 방법일 것이다. 최근 한 연구에서는 우울증과 불면증을 동시에 경험하는 환자들을 우울증에 대한 온라인 치료나 불면증에 대한 온라인 치료 중 한 가지를 받도록 무선 할당하였다(Blom et al., 2015b). 예상할 수 있듯이, 이 연구는 불면증 치료가 불면증의 심각도를 감소시키는 데 더욱 효과적이라고 보고하였다. 그러나 더욱 놀라운 것은 우울증 관련 성과도 두 치료 모두에서 유사하게 나타났다는 점이다. 우울증 관련 성과를 포함시킨 불면증 연구에서도 불면증 치료를 받은 후 우울 증상이 감소한다는 일관된 결과가 나오고 있다. 이러한 결과들은 불면증의 ICBT가 잠을 더 잘 자도록 하는 데 유용할 뿐만 아니라 우울증도 치료한다는 것을 입증한다. 이러한 흥미로운 결과들은 앞으로 좀 더 연구되어야 할 것이다. 또 다른 질문은 불면증의 온라인 치료가 우울증상이 있거나 없는 환자들의 수면에도 똑같이 효과적일까 하는 것이다. 온라인 CBT에 대한 최근의 한 연구에 따르면 우울감을 느끼는 사람들은 지원이 있을 때 치료가 더 효과적인 데 반해, 우울감을 느끼지 않는 사람들의 수면을 개선시키는 데는 지원이 필수적이지 않았다(Lancee et al., 2014).

불면증 ICBT: 비용을 줄여 주는가

흔히 불면증이 있는 사람들은 치료를 전혀 받지 않거나 또는 수면제 처방만 받는다. 즉, 약값만 생각했을 때 기존 치료는 비교적 저렴하다는 것이다. 그러나 의사의 수면제 처방 비용이 발생하는 것 외에도 환자의 수면 문제가 해결되지 않으면서, 작업 및 총생산량 감소와 건강보험 지출의 증가로 인해 거시적인 비용은 오히려 높아진다는 것이 문제이다. 인터넷 치료법의 비용은 주로 안전하고 안정된 치료 플랫폼의 개발, 지원 및 시행 그리고 제공되는 인적 지원의 양에 의해 좌우된다. 앞서 살펴본 바와 같이, 현재는 인적 지원을 제공하지 않으면서도 좋은 효과를 내는 몇몇 치료법이 있다. 인적 지원이 없는 프로그램들은 더 많은 환자집단에 적용 가능할 것이고, 이는 공중보건의 측면에서 볼 때 이익이라 할 수 있다. 그리고 이러한 자동화된 치료법들은 비싼 것이 아니므로, 이들은 비용-효과가 높다고 가정할 수 있다. 여타 장애들에 대해서는 인터넷 치료법의 비용-효과가 확인되고 있다(예: Hedman et al., 2011). 그러나 우리가 아는 한, 불면증 인터넷 치료법이 수면이나 직업수행에 미치는 장기적 결과 및 관련 비용에 대해 조사한 연구는 아직 없다. 즉, 지원이 있는 형태나 없는 형태 모두에 대해, 불면증용 온라인 치료법의 비용-효과는 아직 분명히 확인되지 않은 것이다.

🐾 논의 및 후속 과제

대체로, CBT에 근거한 인터넷 치료법들의 효과는 매우 희망적이다. 대기자 통제집단에 비해, 환자들은 불면 증상을 덜 보고하게 되었으며, 수면효율이 증가하여 수면은 덜 파편화된 것으로 나타난다. 그리하여 환자들은 아침에 더 상쾌하고, 질 높은 수면을 경험한 것으로 느낀다. 불면증에 대한 온라인 치료법의 효과는 우울이나 불안과 같은 다른 정신장애에 대한 온라인 치료법의 효과와 맥락을 같이한다(예: Arnberg et al., 2014; Richard & Richardson, 2012). 따라서 불면증 치료법 목록에 온라인 CBT를 추가하는 데에 공을 들일 가치가 있다고 본다.

후속 과제로는, 온라인 치료법이 면대면 치료법과 마찬가지의 효과를 내는지 살펴보는 것이 필요할 것이다. 다른 장애들에서는, 여러 연구를 통해 이 두 가지 치료 전달 양식 간에 차이가 있는지 살펴보았다. 우울에 대해서는, 온라인 치료가 면대면 치료만큼이나 효과적임이 확인되었다(Andersson et al., 2014; Cuijpers et al., 2010). 그러나 불면증의 경우 이러한 연구는 많이 발표되지 않았다. 이 장에서 소개된 2개의 연구(Blom et al., 2015a; De Bruin et al., 2014)는 온라인 치료법과 집단치료를 비교하였는데, 집단치료가 온라인 치료법에 비해 월등히 낫지는 않았다. 그러나 세 번째 연구(Lancee et al., 2015)의 경우 온라인 치료법과 면대면 치료법을 비교하였는데, 면대면 치료의 효과성이 유의미하게 크게 나타났다. 물론 이 세 연구에서의 표본 크기가 모두 작은 편임을 염두에 두어야 한다. 따라서 더 많은 연구가 이루어진 후에, 온라인 치료법과 면대면 치료법을 비교하여 확실한 결론을 내릴 수 있을 것이다. 그러나 결과가 어떻게 나오든간에, 온라인 치료법은 전통적인 면대면 치료와 비교할 때 여전히 효과가 있고 치료자 노력의 투입이 덜 필요하므로 여전히 유용한 선택지가 될 수 있을 것이다.

지금까지 불면증 인터넷 치료에 대해 이루어진 모든 연구는 일반 모집단에서 환자를 포함시켰다. 정규 보건 장면, 즉 지역보건의를 찾아온 집단에서 표본을 추출한 연구는 아직 없다. 정규 보건 장면에서 도움을 구하는 환자집단은 미디어로 모집한 환자들과 다른 특징이 있을 수 있으므로, 이들에게도 같은 효과가 나타나는지 확인하려면 더 많은 연구를 해야 할 것이다. 그리고 지역보건의 장면에서 불면증의 치료를 위해 독서요법을 도입한 연구가 하나 있었는데, 연구 결과 독서요법의 긍정적 효과가 확인되었다(Katofsky et al., 2012). 그리고 Everitt 등(2014)은 지역보건 장면에서의 불면증에 적용할 수 있는, 접근이 용이한 CBT 치료법의 필요성에 대해 설명한 바 있다.

불면증이 문제가 되는 점 중 하나는 낮 시간 동안의 기능에 영향을 미친다는 것이다. 사람들은 낮 동안에 피곤하게 느끼고, 더 쉽게 짜증을 내며, 집중하기가 어렵고, 건망증이 생기는 등의 증상을 보인다. 따라서 사람들은 가정이나 직장에서 역할을 해내는 데 종종 어려움을 겪게 된다. 그런데 안타깝게도 인터넷 치료법에 대한 연구들은 성과 지표로 낮 시간 기능을 포함시키지 않는다. 그러다 보니 치료 후에 자기 역할을 제대로 수행하게 되는 정도에 대해 알 수 없었다. 후속 연구에서는 주간 기능 측정치를 포함시킬 것을 강력하게 주장하는 바이다.

불면증에서 또 다른 중요한 특징은 다른 정신장애, 특히 주로 우울증과 공병률이 높다는 점이다. 불면증을 치료함으로써 우울증의 발병을 예방할 수 있을지 아직은 알 수 없지만, 이 질문에 대답하기 위한 경험적 자료들이 쌓여 가는 중이다. 불면증 치료는 우울 증상을 감소시킬 수 있는 것으로 알려지고 있다. 뿐만 아니라 불면증과 우울증을 동시에 진단받은 환자의 경우, 불면증 치료는 우울증 감소에 있어 우울증 치료와 동등한 수준의 효과를 내고 있다(Blom et al., 2015b). 우울은 전 세계적으로 장애를 초래하는 가장 주된 원인 중 하나이므로, 불면증 치료와 우울증의 관계에 대한 후속 연구가 이루어져야 할 것인데, 이것은 특히 (온라인) 불면증 치료가 환자들에게 매우 수용적이어서 높은 치료 이행도로 이어지기 때문이다.

불면증은 다른 (만성) 신체 질병의 경과 중에도 발생한다. 암, 특히 유방암은 불면증이 일반적으로 나타나는 질병의 한 예이다(Garland et al., 2014). 이와 관련하여, 비디오와 책을 활용하여 불면증을 지닌 유방암 환자를 위한 자가치료

CBT의 효과를 검증한 연구가 있었고(Savard et al., 2011), 또 일반적인 유방암 환자를 위한 ICBT의 효과 검증 연구도 하나 있었다(Ritterband et al., 2012). 두 연구 모두 희망적인 결과를 보여 주었다. 이는 불면증 CBT가 신체건강 문제의 유무와 관계없이 효과적인 치료법이 될 수 있음을 시사한다. 이는 심리치료가 다른 신체건강 문제 여부와 관계없이 효과적일 수 있다는 우울 연구의 맥락과도 일치한다(Van Straten et al., 2010).

이제 불면증에 대한 인터넷 기반 치료법을 정규 진료 장면에 보급할 때가 왔다고 생각한다. 보건 임상가들에게는 투약 외에도 다른 형태의 치료법이 필요하며, 환자들은 인터넷 기반 치료에 기꺼이 참여하고자 하는 것으로 보인다. 지금까지 이루어진 연구들에 근거할 때, 불면증에 대한 ICBT는 수면의 질을 분명 향상시키는 것 같다. 치료가 장기적으로 일상생활 기능 및 기타 (정신)건강 문제들까지도 향상시키는가에 대해서도 후속 연구를 통해 조만간 확인해야 할 것이다.

참고문헌

Alperson J, Biglan A (1979) Self-administered treatment of sleep onset insomnia and the importance of age. Behav Ther 10:347e56

American Academy of Sleep Medicine (2005) The International classification of sleep disorders, 2nd edn (ICSD-2). American Academy of Sleep Medicine, Westchester

American Psychiatric Association (1994) Diagnostic and statistical manual of mental disorders(4th ed.) Washington

American Psychiatric Association (2013) Diagnostic and statistical manual of mental disorders, 5th edn. American Psychiatric Publishing, Arlington

Andersson G, Cuijpers P, Carlbring P, Riper H, Hedman E (2014) Guided Internet-based vs. face-to-face cognitive behaviour therapy for psychiatric and somatic disorders: a systematic review and meta-analysis. World Psychiatry 13(3):288-295

Arnberg FK, Linton SJ, Hultcrantz M, Heintz E, Jonsson U (2014) Internet-delivered psychological treatments for mood and anxiety disorders: a systematic review of their efficacy, safety, and cost-effectiveness. PlosOne 9(5):e98118

Baglioni C, Riemann D (2012) Is chronic insomnia a precursor to major depression? Epidemiological and biological findings. Curr Psychiatry Rep 14:511-518

Baglioni C, Feige B, Spielhalder K, Nissen C, Voderholzer U, Lombardo C, Riemann D (2011) Insomnia as a predictor of depression: a meta-analytic evaluation of longitudinal epidemiological studies. J Affect Disord 135(1–3):10–19

Blom K, Tarkian Tillgren H, Wiklund T, Danlycke E, Forssén M, Soderström A, Johansson R, Hesser H, Jernelöv S, Lindefors N, Andersson G, Kaldo V (2015a) Internet-vs. group-delivered cognitive behaviour therapy for insomnia: a randomized controlled non-inferiority trial. Behav Res Ther 70:47–55

Blom K, Jernelöv S, Kraepelien M, Bergdahl MO, Jungmarker K, Ankartjärn L, Kindefors N, Kaldo V (2015b) Internet treatment addressing either insomnia or depression, for patients with both diagnoses: a randomized trial. SLEEP 38(2):267–277

Buscemi N, Vandermeer B, Friesen C, Bialy L, Tubman M, Ospina M, Klassen TP, Witmans M (2007) The efficacy and safety of drug treatments for chronic insomnia in adults: a meta-analysis of RCTs. J Gen Intern Med 22:1335e50

Buysse DJ, Reynolds CF, Monk TH, Berman SR, Kupfer DJ (1989) The Pittsburgh sleep quality index: a new instrument for psychiatric practice and research. Psychiatry Res 28:193–213

Carney CE, Segal ZV, Edinger JD, Krystal AD (2007) A comparison of rates of residual insomnia symptoms following pharmacotherapy or cognitive-behavioural therapy for major depressive disorder. J Clin Psychiatry 68(2):254–260

Cheng SK, Dizon J (2012) Computerised cognitive behavioural therapy for insomnia: a systematic review and meta-analysis. Psychother Psychosom 81:206–216

Cuijpers P, Donker T, van Straten A, Li J, Andersson G (2010) Is guided self-help as effective as face-to-face psychotherapy for depression and anxiety disorders? A systematic review and meta-analysis of comparative outcome studies. Psychol Med 40(12):1943–1957

Daley M, Morin CM, Le Blanc M, Grégoir JP, Savard J (2009a) The economic burden of insomnia: direct and indirect costs for individuals with insomnia syndrome, insomnia symptoms, and good sleepers. SLEEP 32:55–64

Daley M, Morin CM, Leblanc M, Grégoir JP, Savard J, Baillargeon L (2009b) Insomnia and its relationship to health-care utilization, work absenteeism, productivity and accidents. Sleep Med 10:427–438

de Bruin EJ, Oort FJ, Bögels SM, Meijer AM (2014) Efficacy of internet and group-administered cognitive behavioural therapy for insomnia in adolescents: a pilot study. Behav Sleep Med 12(3):235–254

Edinger JD, Means MK (2005) Cognitive-behavioural therapy for primary insomnia. Clin Psychol Rev 25:539–558

Espie C (2006) Overcoming insomnia and sleep problems: a self-help guide using cognitive behavioural techniques. Robinson, London

Espie CA, Kyle SD, Williams C, Ong JC, Douglas NJ, Hames P, Brown JSL (2012) A randomized, placebo-controlled trial of online cognitive behavioural therapy for chronic insomnia disorder delivered via an automated media-rich web application. SLEEP 35(6):769–781

Everitt H, McDermott L, Leydon G, Yules H, Baldwin D, Little P (2014) GPs' management strategies for patients with insomnia: a survey and qualitative interview study. Br J Gen Pract. doi:10.3399/bjgp14X677176

Garland SN, Johnson JA, Savard J, Gehrman P, Perlis M, Carlson L, Campbell T (2014) Sleeping well with cancer: a systematic review of cognitive behavioural therapy for insomnia in cancer patients. Neuropsychiatr Dis Treat 10:1113–1124

Glass J, Lanctôt K, Herrmann N, Sproule BA, Busto UE (2005) Sedative hypnotics in older people with insomnia: meta-analysis of risks and benefits. Br Med J 331:1169

Gosling JA, Glozier N, Griffiths K, Ritterband L, Thorndike F, Mackinnon A, Bennet A, Bennet K, Christensen H (2014) The GoodNight study—online CBT for insomnia for the indicated prevention of depression: study protocol for a randomised controlled trial. Trials 15:56

Hedman E, Andersson E, Ljótsson B, Andersson G, Ruck C, Lindefors N (2011) Cost-effectiveness of Internet-based cognitive behaviour therapy vs. cognitive behavioural group therapy for social anxiety disorder: results from a randomized controlled trial. Behav Res Ther 49(11):729–736

Jernelöv S, Lekander M, Blom K, Rydh S, Ljótsson B, Axelsson J, Kaldo V (2012) Efficacy of a behavioural self-help treatment with or without therapist guidance for co-morbid and primary insomnia—a randomized controlled trial. BMC Psychiatry 12:5

Kaldo V, Jernelöv S, Blom K, Ljótsson B, Brodin M, Jörgensen M, Kraepelin M, Rück C, Lindefors N (2015a) Guided internet cognitive behavioural therapy for insomnia compared to a control treatment—a randomized trial. Behav Res Ther 71:90–100

Kaldo V, Ramnerö J, Jernelöv S (2015b) Involving clients in treatment methods—a neglected interaction in the therapeutic relationship. J Consult Clin Psychol 7. doi:10.1037/ccp0000039

Katofsky I, Backhaus J, Junghanss K, Rumpf HJ, Hüppe M, von Eitzen U, Hohagen F (2012) Effectiveness of a cognitive behavioural self-help program for patients with primary insomnia in general practice—a pilot study. Sleep Med 13(5):463–468

Kyle SD, Espie CA, Morgan K (2010) Quality of life and daytime functioning in insomnia. Behav Sleep Med 8:123–140

Lancee J, van den Bout J, van Straten A, Spoormaker VI (2012) Internet-delivered or mailed self-help treatment for insomnia? A randomized waiting-list controlled trial. Behav Res Ther 50:22–29

Lancee J, van den Bout J, Sorbi MJ, van Straten A (2013) Motivational support provided via email improves the effectiveness of internet-delivered self-help treatment for insomnia: a randomized trial. Behav Res Ther 51(12):797–805

Lancee J, Sorbi MJ, Eisma MC, van Straten A, van den Bout J (2014) The effect of support on internet-delivered treatment for insomnia: does baseline depression severity matter? Behav Ther 45(4):507–516

Lancee J, Van Straten A, Morina N, Kaldo V, Kamphuis JH (2015) Guided online or face-to-face cognitive behavioural treatment for insomnia? A randomized wait-list controlled trial. Sleep[Epub ahead of print]

Meng L, Zheng Y, Hui R (2012) The relationship of sleep duration and insomnia to risk of hypertension incidence: a meta-analysis of prospective cohort studies. Hypertens Res 36:985-995

Montgomery P, Dennis J (2004) A systematic review of non-pharmacological therapies for sleep problems in later life. Sleep Med Rev 8(1):47-62

Morin CM, Espie C (2003) Insomnia: a clinical guide to assessment and treatment. Kluwer Academic/Plenum Publishers, New York

Morin CM, Beaulieu-Bonneau S, Leblanc M, Savard J (2005) Self-help treatment for insomnia: a randomized controlled trial. SLEEP 28:1319-1327

Morin CM, Leblanc M, Daley M, Gregoire JP, Merette C (2006a) Epidemiology of insomnia: prevalence, self-help treatments, consultations, and determinants of help-seeking behaviors. Sleep Med 7:123e30

Morin CM, Bootzin RR, Buysse DJ, Edinger JD, Espie CA, Lichstein KL (2006b) Psychological and behavioural treatment of insomnia: update of the recent evidence (1998-004). SLEEP 29(11):1398-1414

Morin CM, Bélanger L, Leblanc M, Ivers H, Savard J, Espie CA, Mérette C, Baillargeon L, Grégoire JP (2009) The natural history of insomnia. A population-based 3-year longitudinal study. Arch Intern Med 169:447-453

Morin CM, Belleville G, Bélanger L, Ivers H (2011) The insomnia severity index: psychometric indicators to detect insomnia cases and evaluate treatment response. SLEEP 34(5):601-608

Murtagh DRR, Greenwood KM (1995) Identifying effective psychological treatments for insomnia: a meta-analysis. J Consult Clin Psychol 63(1):79-89

Ohayon MM (2002) Epidemiology of insomnia: what we know and what we still need to learn. Sleep Med Rev 6:97-111

Redline S, Foody JA (2011) Sleep disturbances. Time to join the top 10 potentially modifiable cardiovascular risk factors? Circulation 124:2049-2051

Richards D, Richardson T (2012) Computer-based psychological treatments for depression: a systematic review and meta-analysis. Clin Psychol Rev 32:329-342

Riedel BW, Lichstein KL, Dwyer WO (1995) Sleep compression and sleep education for older insomniacs: self-help versus therapist guidance. Psychol Aging 10:54-63

Riemann D, Voderholzer U (2003) Primary insomnia: a risk factor to develop depression? J Affect Disord 76(1-3):255-259

Ritterband LM, Thorndike FP, Gonder-Frederick LA, Magee JC, Bailey ET, Saylor DK, Morin CM (2009) Efficacy of an internet-based behavioural intervention for adults with insomnia. Arch Gen Psychiatry 66(7):692-698

Ritterband LM, Bailey ET, Thorndike FP, Lord HR, Farrel-Carnahan L, Baum LD (2012) Initial evaluation of an internet intervention to improve the sleep of cancer survivors with insomnia. Psychooncology 21(7):695–705

Roth T, Coulouvrat C, Hajak G, Lakoma MD, Sampson NA, Shahly V, Shillington AC, Stephenson JJ, Walsh JJ, Kessler RC (2011) Prevalence and perceived health associated with insomnia based on DSM–IV–TR; international statistical classification of diseases and related health problems, tenth revision; and research diagnostic criteria/international classification of sleep disorders, second edition criteria: results from the America Insomnia Survey. Biol Psychiatry 69:592–600

Savard J, Morin CM (2011) Insomnia in the context of cancer: a review of a neglected problem. J Clin Oncol 19:895–908

Savard J, Villa J, Simard S, Ivers H, Morin CM (2011) Feasibility of a self–help treatment for insomnia comorbid with cancer. Psychooncology 20(9):1013–1019

Staner L (2010) Comorbidity of insomnia and depression. Sleep Med Rev 14:35–36

Strom L, Pettersson R, Andersson G (2004) Internet–based treatment for insomnia: a controlled evaluation. J Consult Clin Psychol 72(1):113–120

Suzuki E, Tsuchiya M, Hirokawa K, Taniguchi T, Mitsuhashi T, Kawamai N (2008) Evaluation of an Internet–based self–help program for better quality of sleep among Japanese workers: a randomized controlled trial. J Occup Health 50:387–399

Taylor DJ, Lichstein KL, Durrence HH, Reidel BW, Bush AJ (2005) Epidemiology of insomnia, depression, and anxiety. SLEEP 28(11):1457–1464

Thorndike FP, Ritterband LM, Saylor DK, Magee JC, Gonder–Frederick LA, Morin CM (2011) Validation of the insomnia severity index as a web–based measure. Behav Sleep Med 9(4):216–223

van Straten A, Cuijpers P (2009) Self–help therapy for insomnia: a meta–analysis. Sleep Med Rev 13:61e71

van Straten A, Geraedts A, Verdonck–De Leeuw I, Andersson G, Cuijpers P (2010) Psychological treatment of depressive symptoms in patients with medical disorders: a meta–analysis. J Psychosom Res 69(1):23–32

van Straten A, Emmelkamp J, de Wit J, Lancee J, Andersson G, van Someren EJ, Cuijpers P (2014) Guided Internet–delivered cognitive behavioural treatment for insomnia: a randomized trial. Psychol Med 44(7):1521–1532

Vincent N, Lewycky S (2009) Logging on for better sleep: RCT of the effectiveness of online treatment for insomnia. SLEEP 32(6):807–815

World Health Organization (1992) The ICD–10 classification of mental and behavioural disorders: clinical descriptions and diagnostic guidelines. World Health Organization, Geneva

Yan–Yee Ho F, Chung K, Yeung W, Ng TH, Kwan K, Yung K, Cheng SK (2015) Self–help cognitive–behavioural therapy for insomnia: a meta–analysis of randomized controlled trials. Sleep Med Rev 19:17–28

제9장

중도 건강불안의
인터넷 기반 인지행동치료

✒ Erik Hedman, Brjánn Ljótsson, & Nils Lindefors

중도 건강불안(severe health anxiety)은 중증 질병에 대한 지속적이고 과장된 공포가 특징이며, 이는 흔히 잘못된 신체증상 해석에 근거한다. 이는 의료 환경에서는 흔한 문제이며, 기능 저하를 초래하게 된다. 이 장애는 강박장애, 공황장애 및 범불안장애와 유사한 특징을 나타내며, 일종의 불안장애로 개념화될 수 있다.

중도 건강불안에 대한 인터넷 기반 인지행동치료(ICBT)는 체계적 노출 및 반응억제에 근거한 치료법이며, 사고와 느낌에 대해 받아들이는 것을 촉진시키기 위해 마음챙김의 요소를 도입하였다. 두 개의 대규모 무작위 대조연구에서 이 치료법이 매우 효과적임이 판명되었고, 능동적이고 신뢰할 수 있는 심리치료 이상의 개선을 가져오는 것으로 나타났다. 이 치료는 대부분의 내담자에게 효과적인 것으로 나타났으며, 특히 건강불안 수준이 높은 내담자에게 적합한 것으로 나타났다. 이 개입은 비용-효과적이며,

치료비용은 단기간 내에 순 사회경제적 이익에 의해 상쇄될 수 있다. 그러나 이 치료법에 대한 연구는 아직 새로운 영역이며, 차후 답변해야 할 중요한 연구 질문들이 많이 남아 있다.

🍂 정의와 역학

DSM-IV에서 건강염려증(hypochondriasis 또는 심기증)은 지속적이고 과장된 공포가 특징적이며, 이는 신체증상에 대한 오해석에서 출발한다(American Psychological Association, 2000). 건강염려증이라는 용어에 경멸적인 의미가 담겨 있고, 그 장애가 불안장애로 가장 잘 개념화된다는 증거도 점차 많아지고 있기 때문에(Olatunji et al., 2009), 중도 건강불안이라는 용어를 사용하자는 제안이 있었고, 이 장 전체에 걸쳐 이 용어를 건강염려증과 동일한 의미로 사용할 것이다. 중도 건강불안은 강박장애(특히 반복적 확인 및 회피), 공황장애(특히 신체증상에 대한 오해석, 안전행동) 및 범불안장애(특히 과도한 불안, 불확실에 대한 인내심 부족)와 행동적·인지적 특징을 공유하며, 건강 관련 공포가 주 초점이라는 것을 제외하면 어느 정도는 이 장애들과 같은 부류로 볼 수 있다. DSM-5에서 건강염려증은 신체증상장애(somatic symptom disorder: SSD)와 질병불안장애(illness anxiety disorder: IAD)로 대체되었다(American Psychological Association, 2013). 이 두 장애는 조금씩 서로 다른데, 신체증상장애는 신체증상이 존재해야 하며 그것이 염려의 주요 이유여야 한다. 그러나 질병불안장애는 공포의 원천이 되는 신체증상을 반드시 필요로 하지 않는다. 예를 들어, 어떤 사람이 암에 걸렸을지 모른다며 심각하게 염려하고 있으나 암의 증거로 여겨질 만한 분명한 신체감각이 없다면 그는 질병불안장애로 진단할 수 있을 것이다. DSM-5에 의하면, 신체증상장애(SSD)가 건강염려증과 가장 유사할 것이지만, 신체증상장애(SSD)와 질병불안장애(IAD) 둘 모두가 새로운 진단이며, 따라서 이들 장애에 대해서는 역학적 추정치나 질병의 부담 등에 대한 연구가 제한되어 있고―적어도 저자가 아는 한―신체증상장애나 질병불안장애의 치료에 대한 연구도 출간된 적이 없다. 따라서 여기서 언급하는 장애 관련 자료들은 일반적으로 중도 건강불안증에 대한 문헌 자료를 참고하고 있다.

중도 건강불안은 일반인 모집단에서 매우 흔하여, 유병률 추정치는 대략 1%

에서 4% 정도에 이른다(Faravelli et al., 1997; Sunderland et al., 2013). 의료 장면에서 추정된 유병률은 훨씬 높은 수준이어서, 자료에 의하면 환자들 중 25%는 유의미한 수준의 건강불안을 보인다(Tyrer et al., 2011). 이 장애는 기능 저하를 유발하고, 의료지원 비용을 증가시키며 만일 적절히 치료받지 않는 경우 대부분이 5년 이상 기간의 만성화 단계로 진행된다(Barsky et al., 1998, 2001). 이는 중도 건강불안이 개인들에게 고통을 초래할 뿐만 아니라, 건강보험 공급자나 사회적 측면에서도 고비용을 초래하는 심각한 장애임을 의미한다. 대부분의 불안장애와 마찬가지로 장애의 원인은 대체로 불투명하며, 최근에 스트레스 사건이나 신체적 질병을 경험한 것이 위험요인이라고 알려져 있다(Craig et al., 1993; Barsky et al., 1994). 중도 건강불안에서 성차는 크게 중요한 것 같지 않으며 남성과 여성에게서 고르게 나타난다(Bleichhardt & Hiller, 2007). 장애를 유지시키는 요인들은 인지행동 모델이 잘 설명하고 있다. Salkovskis와 Warwick의 연구에서는 지역보건의에게 증상에 대해 질문하는 등의 확인행동이 건강불안을 유지하는 데 기여하는 요인으로 나타났다(Salkovskis & Warwick, 1986). 노출기법을 사용한 치료연구들에서는 회피행동이 중도 건강불안의 만성화에서 핵심 역할을 한다고 제안하였다(Furer & Walker, 2005).

🔵 중도 건강불안의 치료

1990년대까지 중도 건강불안은 치료가 어려운 것으로 여겨졌으나, 현재는 인지행동치료(CBT)를 통해 효과적으로 다루어질 수 있음을 보여 주는 증거들이 쌓이고 있다(Olatunji et al., 2014). CBT는 노출기반 치료, 인지치료, 응용이완법 등 몇 가지 다양한 치료법으로 구성되어 있다. 노출기반 치료는 증상을 촉발시키는 자극에 반복적으로 접촉함으로써 건강불안증상을 소거시키는 방식인데(Furer & Walker, 2005; Craske et al., 2008), 예를 들어, 의학적 확인 구하기를 삼가면서 신체감각을 충분히 느끼는 방식이다(Visser & Bouman, 2001; Seivewright et al., 2008). 한편, 인지치료는 체계적 노출 과정은 없지만 노출과 유사한 면이 있는 행동실험을 포함하는데, 이는 자신의 질병에 대한 신념을 검증하는 것이 목적이다(Clark et al., 1998; Sorensen et al., 2011). 한 무작위 대조연구(RCT)에서는 노출기반 치료가 능동적 심리치료보다 효과가 좋은 것으로 나타났으며, 인지치료가 능동적 심리치료에 비해 더 효과적이라는 증거를 보여 준, 적어도 2개 이상의 무작위 대조연구가 있다(Clark et al., 1998; Sorensen et al., 2011; Hedman et al., 2014).

인터넷 기반 치료

독자들이 아는 바와 같이, 현재까지 중도 건강불안에 대한 ICBT의 효과성을 검증하고 발전시킨 연구집단은 이 글의 저자가 포함된 한 집단뿐이다(Hedman et al., 2011). 이 치료가 기반을 둔 모델은 건강불안의 유지요인으로 부적 강화된 회피와 안전행동을 강조한다(Furer & Walker, 2005; Furer et al., 2007). 치료는 12개 모듈로 구성되어 있는데, 그 요소들은 〈표 9-1〉에 제시되어 있다. 주 치료 개입법은 건강불안과 관련된 상황이나 사건에 대한 체계적 노출 및 반응억제이다. 한 예를 들어 보면, 신체적 연습을 통해 두려워하는 신체감각을 유도하는데(노출), 이때 맥박이 정상인지 확인하지 못하게 하는 것이다(반응억제). 또 다른 예를 들어 보면, 내담자가 두려워하는 질병을 주제로 한 TV 쇼(예: 〈ER〉이나 〈House M.D〉) 에피소드를 보게 하는 것이다. 이때 내담자는 TV 쇼를 보고 신체감각에 대한 불안이 촉발되었다 하더라도 지역보건이나 다른 사람에게 확인하는 행동을 하지 않도록 안내받는다. Furer, Walker와 Stein(2007)이 제안한 바와 같이, 치료에서는 환자를 질병에 대한 생각에 노출시키는 특별한 기법을 포함시켰는데, 이는 환자들에게 병에 의한 모든 두려운 결과들, 예를 들어 루게릭병(amyotrophic lateral sclerosis: ALS)에 걸려 근육이 퇴화된다든지 또는 고통스러운 항암치료를 받는다든지 등을 포함하여 질병 이야기를 써 보도록 하는 것이다. 치료의 주요 기제는 체계적 노출이므로, 노출과 관련된 모든 연습 시행은 수차

〈표 9-1〉 심각한 질병불안에 대한 ICBT의 구성 요소 개관

모듈	노출 기반 CBT	주요 과제 할당
1	CBT 소개 마음챙김 훈련 소개	마음챙김 훈련 건강불안 행동일지 작성하기
2	CBT 모델 제시 마음챙김 훈련	마음챙김 훈련 개별 건강불안 모델 완성하기 건강불안 행동일지 작성하기
3	인지 과정 마음챙김 훈련	인지 과정에 대한 작업 마음챙김 훈련 건강불안 행동일지 작성하기
4	내부감각 노출 마음챙김 훈련	노출연습
5	반응억제 마음챙김 훈련	노출연습
6	건강불안을 유발하는 자극에 노출	노출연습
7	질병 관련 생각들에 노출	노출연습
8	노출과 반응억제 지속하기	노출연습
9	노출과 반응억제 지속하기	노출연습
10	노출과 반응억제 지속하기	노출연습
11	치료 요약	노출연습 치료 요약(가장 효과적인 처치에 초점)
12	성과 유지 및 재발방지	노출연습 성과를 지속, 발전시키는 계획 작성하기 재발을 예방하고 대처하는 계획 작성하기

례 다양한 맥락에서 반복되며, 내담자는 연습 시행 동안 자신의 생각과 감정을 모니터링해야 한다.

치료 초기 국면에는 마음챙김 훈련이 노출을 증진시키는 수단으로 활용된다. 이때 마음챙김은 독자적인 처치로 활용되는 것이 아니며, 상당한 불안을 유발시키는 노출연습을 시행하도록 돕고, 내담자가 걱정하는 감각들로부터 주의

를 돌려 버리는 식으로 대처하지 않도록 하는 가능성을 높여 주는 방편으로 활용하는 것이다. 따라서 이 치료는 마음챙김이 치료의 주요 처치법으로 활용된 McManus와 동료들(2012)의 마음챙김 기반 인지치료와는 차이가 있다. 우리의 치료법에서 마음챙김 훈련은 사고나 감정을 변화시키려 하기보다는 있는 그대로 관찰하며, 동시에 신체를 포함한 다양한 자극에 주의를 기울이는 연습을 매일 하는 것이다. 치료의 중반부에는 노출 절차를 도입하며, 내담자에게 혐오적인 내적 반응을 인내하도록 마음챙김의 기술을 사용하도록 격려한다. 비록 마음챙김 훈련이 어떻게 효과를 만드는지 명확하지는 않지만, 대체로 마음챙김을 통해 다중 조건화된 불안 유발자극들에 대해 더 많이 인식하면서 노출 시행 동안 소거 학습이 이루어지도록 촉진시키는 것 같다(Treanor, 2011). 마음챙김과 함께 노출 절차를 수행할 때 해로운 생각이나 느낌들을 받아들이도록 격려하는 입장은 이 치료 절차가 노출-소거의 패러다임 내에 있지만 제3세대 CBT의 요소를 어느 정도 활용함을 의미한다. 〈표 9-1〉에 나타난 바와 같이, 치료는 노출과 마음챙김 훈련 외에도 CBT 및 중도 건강불안 그리고 반응억제에 대한 심리교육 요소도 포함하고 있다.

치료 구조에 대해 언급하자면, 이 치료 절차는 다른 장애들에 대한 스웨덴식 치료 절차들과 유사하다. 즉, 다방면의 자가치료 텍스트를 기반으로 하고 있고 새롭게 진보된 기술적 측면은 많지 않다. 내담자가 치료에 접근하는 플랫폼에는 작업지(worksheet), 증상평가 시스템 그리고 보안 메시지 기능도 포함되어 있다. 치료자와 내담자 간 접촉은 거의 문자 메시지로 이루어지며, 치료자는 보통 최소 주당 10분 정도로 한 내담자와 치료 접촉을 갖게 된다.

🔵 중도 건강불안에 대한 ICBT 연구

효능 및 장기 성과

　중도 건강불안에 대해 현재 유일하다고 소개한 ICBT 치료 절차의 기반이 되는 프로토콜은 처음에는 전통적인 면대면 접촉 형식을 통해 검증된 것이었으며, 이는 건강불안뿐만 아니라 범불안 및 우울 증상을 감소시키는 데 효과적인 것으로 밝혀졌다(Hedman et al., 2010). 이후 이 치료 절차는 인터넷 기반 형식으로 제공되도록 변경되었으며, 지금까지 2개의 무작위 대조연구에서 검증된 바 있다. 첫 번째 연구(참가자 81명)는 다른 능동적 치료를 받지 않는 대기자 관심 집단(통제집단)과 치료집단을 비교하였다. 그 결과, ICBT는 건강불안에 대한 주요 성과 지표(Health Anxiety Inventory: HAI 척도를 사용하였음)에서 효과가 있는 것으로 나타났고, 치료 후 집단간 비교 효과크기(d)는 1.62로 우수한 편이었다. 치료 후 집단내 HAI 점수 향상도 큰 편으로 나타났으며(사전-사후 비교 효과크기(d)=1.94; 6개월 후 비교 효과크기(d)=2.09), 범불안, 우울 증상 및 불안민감성 측정치에서도 향상이 나타났다(사전-사후 비교 효과크기(d) 범위=0.90~1.19). 6개월 추수 비교에서, ICBT 참가자들의 80%는 중도 건강불안의 진단기준을 더 이상 충족하지 않게 되었다(Hedman et al., 2011).

　이 연구의 제한점이라면 비교집단이 아무런 능동적 치료를 받지 않았다는 점이다. 따라서 이후 연구(참가자 158명)에서 우리는 치료집단에 대응하는 비교집단에 행동적 스트레스 관리 절차를 시행하였는데, 이 절차는 주로 응용이완 및 스트레스 감소를 위해 고안된 개입법들로 구성되어 있었다(Hedman et al., 2014). 이 비교는 매우 강력한 검증인데, 응용이완이 공황장애와 범불안장애에서 이미 효과적이라고 판명되었기 때문이다. 치료의 신뢰성 및 작업동맹을 평가하게 했을 때 두 치료법 간에 동일한 효과가 확인되었다. 그리고 예측했던 바와 일치하게 노출기반 ICBT는 주요 성과 지표(건강불안척도, HAI)에서 행동적 스트레스 관리와 비교했을 때 유의미하게 더 큰 향상을 이끌어 냈다. 건강불안척도(HAI) 점수의 사전-사후 비교 효과(d) 역시 큰 편이었는데(d=1.78), 다만 행동적 스트레스 관리 처치를 받은 참가자들 역시 유의미한 향상을 보여 주었기에 치료 후 집단간 효과크기 차이는 이전 연구에서만큼 크지 않고 작은 편이었다(d=0.26). 이 결과는 매우 의미가 큰데, 체계적 노출 기법을 사용하는 것이 행동 변화를 일으키는 신뢰할 수 있고 능동적인 심리치료법에 참여할 때의 효과를 뛰어넘는 향상을 불러일으킨다는 것이다(Hedman et al., 2014).

　장기효과 측면에서, 최근에 출간된 한 연구는 중도 건강불안에 대한 ICBT의 효과가 치료 후 최소 1년까지도 지속되는 것을 보여 주었다(Hedman et al., 2013a). 건강불안척도상에서의 사전-치료 1년 후 비교 효과크기는 d=1.95로, 사전-치료 직후 비교 효과크기 d=1.94와 비교할 때 비슷한 수준이었다. 범불안, 우울 증상 및 불안민감성 척도에서의 향상도 비교적 안정적이었다(Hedman et al., 2013a). 따라서 중도 건강불안에 대한 ICBT는 증상을 개선시키고, 이 효과는 장기간 지속되는 것으로 볼 수 있다.

예측요인과 중재요인

　ICBT가 효과적이기는 하지만 모든 내담자가 치료에 반응하는 것은 아니며, 따라서 치료적 향상의 예측요인을 탐구하는 것이 중요한데, 이런 요인들은 임상가가 치료적 결정을 내리는 것을 도와줄 수 있다. 앞에서 언급한 첫 번째 무작위 대조연구를 기반으로 하여 실시한 한 예측요인 연구에서, 우리는 기저선에서의 높은 건강불안 점수가 치료 6개월 후 높은 불안 점수를 예측하고, 뿐만 아니라 향상도 크다는 것을 발견했는데, 이는 ICBT가 더욱 심각한 증상을 가진 내담자에게 알맞은 치료법임을 시사한다(Hedman et al., 2013b). 반면, 우울 증상은 부정적 예측요인으로 밝혀졌는데, 기저선 시점에서 우울 증상이 심각할수록 건강불안에서의 개선은 크지 않았다. 이는 치료 시기 동안 공병 우울을 가진 내담자를 주의 깊게 관찰하는 것이 중요함을 의미하며, 치료에 반응하지 않는 징후를 초기에 다루고 부가적인 치료 옵션(예: 전화를 통한 구조화된 치료자 지원)을 제공할 수 있어야 한다. 연구에서 흥미로운 발견 중 하나는 인구학적 변인이나 컴퓨터 활용 기술이 별로 성과에 영향을 미치지 않았다는 것인데, 즉 ICBT는 젊은 사람이나 나이 든 사람, 남성이나 여성 그리고 컴퓨터를 잘 다루는 사람이나 그렇지 않은 사람 모두에게 동일하게 효과적이었다는 것이다. 치료 과정 관련 변인들 중에서 치료 성과에 영향을 미친 유일한 변인은 치료 이행도였는데, 이는 참가하여 완료한 모듈의 수로 측정하였다(Hedman et al., 2013b). 다른 영역에서 수행한 예측요인 연구와 마찬가지로, 이런 발견은 내담자가 치료 전 과정 동안 노출연습에 실제로 열심히 참여했는지가 중요하다는 점을 의미한다.

중재요인과 관련하여, 중도 건강불안의 ICBT에 대해서 출간된 연구는 아직까지 한 개만 있다(Hedman et al., 2013c). 이 연구에서는 불확실성에 대한 인내, 신체증상에 대한 관심 감소, 질병에 대한 지각된 위험 감소의 변인들이 건강불안의 개선을 중재하는 것으로 나타났다. 이러한 발견은 중도 건강불안에 대한 인지행동 모델을 지지하며, 노출과 반응억제 기반 치료법이 이러한 인지적 중재요인에 의미 있는 영향을 미치고, 그 결과 치료 성과로 이어진다는 것이 흥미롭다. 이 영역에서 후속 연구 주제로 회피 감소의 잠재적 역할에 대해 탐색해 보는 것이 흥미로울 것이다.

🔵 사례

39세 여성인 캐시는 원래 다른 사람들보다 불안이 좀 더 높은 편이었는데, 삼촌이 암으로 돌아가신 후 최근 몇 년 동안에는 건강에 대한 걱정이 어찌할 수 없을 정도로 심해졌다. 그녀는 다른 무엇보다 암과 루게릭병, 이 두 가지를 두려워했다. 적어도 1년 전부터 캐시는 이 두 질병의 징후가 될지도 모르는 다양한 신체감각들에 집착하기 시작했다. 최근 그녀의 걱정은 거의 매 순간 마음을 떠나지 않을 정도로 심각한 문제가 되었다. 걱정하고 있을 때 그녀는 일에 집중하는 것이 어려웠으며, 남편인 스티브와의 관계에서도 문제가 생기기 시작했다. 왜냐하면 그녀가 잠재적 징후들에 대해 남편과 계속 얘기하고 안심을 얻고자 했기 때문이었다. 그녀는 사무실에서 일하고 있는 스티브에게 하루에도 몇 차례 전화해서 자신이 병에 걸린 것이 아니라는 안심을 얻어내야만 했다. 인터넷상의 여러 건강 사이트에서 알아낸 바로는 어지러운 느낌과 힘이 빠지는 느낌이 루게릭병의 초기 증상이라는 것이었는데, 이로 인해 두 가지 일이 생겨났다.

첫째, 그녀는 잠재적인 질병의 징후가 있는지 확인하기 위해 자기 몸 상태를 끊임없이 점검하였으며, 이것이 너무 빈번해져서 의도하지 않아도 자동으로 점검하는 지경에 이르렀다.

둘째, 그녀가 일단 근심스러운 신체감각, 예를 들어 약간 휘청거리는 감각을 발견하면 그녀는 곧바로 구글에서 그 증상에 대해 찾아보았다. 이 단계까지는 그렇게 심각하게 걱정하는 것은 아니었지만, 대개 다음과 같은 일이 벌어지면서 그녀는 극단적으로 두려움에 휩싸이게 되었다. 그녀는 현재 증상과 두려워하는 질병에 대해 연관 검색, 예를 들어 '어지러움과 루게릭병' 검색을 수행한다. 비교적 신뢰할 만한 건강관리 사이트에서부터 시작해서, 그녀는 실제로 어지러움이 루게릭병의 증상이 될 수 있다는 것을 알게 된다. 사실 어지러움은 다른 이유들로 인해 발생할 수 있는 흔한 증상이다. 캐시는 좀 더 걱정에 빠지게 되고, 루게릭병에서 나타나는 모든 증상에 대해 검토하며, 결국 두통과 건망증 역시 루게릭병의 초기 증상이 될 수 있음을 알게 된다. 이제 캐시는 정말로 심각하게 걱정하기 시작하는데, 그녀는 지난 몇 주간 매일 두통을 겪었고 일하면서 너무 자주 깜박깜박한다는 생각이 간혹 들었기 때문이다. 이제 그녀는 적어도 잠재 증상이 3개나 있음을 알게 되었으며, 루게릭병에 대해 계속 검색을 하던 중 루게릭병 환자가 자신의 생활에 대해 작성한 블로그를 보고 공포에 빠지게 된다. 신체가 퇴화되고 통제력을 잃게 되는 과정에 대해 읽으면서는 큰 충격을 받았다. 캐시는 이 시점에서 자신이 실제로 루게릭병에 걸렸다고 확신하게 되고, 눈물을 흘리기 시작하며 지역보건의와 약속을 잡기 위해 전화기를 잡는다. 운좋게도 지역보건의와 바로 통화가 되었는데, 의사는 그녀의 신체감각들이 정상이며 루게릭병의 징후는 없다고 확인시켜 주었다. 캐시는 매우 안심이 되었고, 잠시 동안이나마 자신이 너무 성급하게 결론을 내린 것에 대해 부끄러운 마음이 들었다. 그러나 몇 시간이 지나자 그녀는 의사가 아무 문제가 없다고 했음에도 불구하고 추후에 심각한 암으로 판명받았던 환자도 있었다는 것을 생각해 낸다. 그녀는 '지역보건의가 아무런 검사도 실시하지 않고 단지 전화통화만 했을 뿐인데, 내가 루게릭병에 걸리지 않았는지를 어떻게 알 수 있지?'라고 생각하며 다시 걱정을 하기 시작한다.

다행히도 캐시는 건강불안에 도움이 되는 ICBT 프로그램이 있음을 알게 되어 도움을 청하였다. 치료에서는 그녀에게 마음챙김법을 훈련하도록 하였는데, 그녀는 확인을 구하는 행동를 하는 대신 자신의 생각과 느낌을 있는 그대로 관찰하면서 적극적으로 자신의 신체감각에 주의를 기울이는 훈련을 하였다. 이것은 결코 쉽지 않았는데, 노출과 반응억제 단계는 더 어려웠다. 이 단계에서는 신문 부고기사 읽기나 체육관에서 힘든 운동하기와 같이 불안을 자극할 수 있는 상황들에 적극적으로 직면하는 것이 중요했다. 그러는 동시에 불안을 낮추려고 어떤 행동을 즉각 하는 대신 불안 증상들을 충분히 경험하는 마음챙김법을 시도해야 했다. 캐시가 가장 두려워했지만 또한 가장 많은 것을 얻었던 부분은 질병일지를 쓸 때였는데, 이것은 캐시가 만약 정말로 루게릭병에 걸렸을 때 생길 수 있는 나쁜 일들 모두를 쓰게 하는 것이다. 캐시는 신체가 약해지는 것, 스스로를 돌볼 수 없게 되는 것, 남편이 자신을 요양병원으로 보내는 것 그리고 결국 자신이 말도 할 수 없게 되고, 사랑하는 사람들이 자기 앞에서 울고 있어도 그들에게 아무런 말도 못하게 되는 것 등에 대해 썼다. 캐시는 이런 일들이 얼마나 고통스러울지 상상해 보았다. 그러나 잠시 후에 그녀는 이런 일이 실제로 벌어지고 자신이 루게릭병에 걸린다 하더라도 그것에 대한 '생각'에 대해서까지 두려워할 필요는 없음을 깨달았다. 12주 코스를 마쳤을 때 캐시는 여전히 보통 사람들보다는 건강에 대해서 걱정을 하는 편이었지만, 이제는 더 이상 신체감각에 대해 전처럼 두려워하지는 않게 되었다. 특히 중요한 것은, 건강불안이 자신의 인생에 덜 영향을 끼치도록 조절할 수 있음을 그녀가 알게 된 것이다.

🔵 비용-효과

어떠한 적극적 처치도 받지 않은 통제집단과 ICBT를 비교한 첫 번째 무작위 대조연구에서 보조연구 방식으로 ICBT의 비용-효과에 대해 조사한 바가 있다 (Hedman et al., 2013a). 사회적 비용 측면에 대해 살펴보았는데, 즉 의료 이용 비용과 같은 직접비용 및 실업과 같은 간접비용을 모두 고려하였다. 연구 결과, 증가된 비용-효과 비율은 ICBT에서 1,244파운드로 나타났는데, 이는 ICBT의 도움으로 중도 건강불안에서 한 사례가 회복될 때마다 1,244파운드의 사회적 비용이 절감됨을 의미한다(Hedman et al., 2013a). 이 결과는 치료 자원과 치료로 인한 성과가 상충되지 않는다는 점에서 매우 고무적인데, 치료가 성공적인 사례마다 사회는 순이익을 얻게 된다. 다수 환자의 중증 건강불안이 완화되었으므로, 만약 완화 사례에 대한 비용을 사회가 전혀 부담하지 않을지라도 심한 건강불안이 있는 내담자에게 ICBT를 제공하는 것이 여전히 비용-효과적이라 할 수 있다. ICBT가 비용-효과 분석에서 유리한 한 가지 이유는 필요한 치료 시간이 환자당 매주 10분 정도로 적어서 치료자가 최대 80명의 내담자를 동시에 치료할 수 있기 때문이다.

🔵 임상적 보급 및 확산

이 부분은 우리가 아는 바가 부족하여 짧게 기술한다. 중도 건강불안에 대한 ICBT는 임상연구를 제외하고는 제공되지 않고 있다. 조만간 스웨덴 스톡홀름에 있는 인터넷 정신건강의학 클리닉에서 치료를 제공할 수 있을 것인데, 정규 정신과 치료의 일환으로 스톡홀름주의 모든 시민에게 제공될 수 있다.

🫧 논의 및 후속 과제

중도 건강불안에 대한 ICBT가 다소 새로운 연구 영역이기 때문에 아직 탐구되어야 할 부분이 많이 있다.

첫째, 중도 건강불안 ICBT에 대한 무작위 대조연구는 단 2개이며, 이 역시 동일한 연구집단에 의해 수행되었다. 따라서 치료의 효능을 확인하기 위해서는 별도의 연구집단을 대상으로 한 더 많은 연구가 필요할 것이다. 그리고 무작위 대조연구를 통해 중도 건강불안 ICBT와 면대면 치료를 직접 비교하는 것도 필요하다. 사회공포증이나 공황장애와 같은 다른 임상장애의 경우를 보면, 치료자 가이드 ICBT가 면대면 치료와 적어도 동등한 효과를 내고 있음을 확인할 수 있다(Andersson et al., 2014). 이런 비교가 중요한 또 다른 이유는 치료 성과를 중재하는 잠재적 중재변인을 탐구할 수 있기 때문인데, 즉 어떤 치료 특정적인 요인이 있냐는 것이다. 이런 정보는 치료 권고를 할 때 매우 중요하게 활용될 수 있으며, 각 내담자에게 적합한 치료법을 추천해 줌으로써 치료에 반응하는 내담자의 전체 비율이 증가하게 되는 결과로 이어질 수 있을 것이다. 다른 불안장애에 적용한 연구들을 살펴보면 대부분의 예측요인이 두 가지 치료 전달 양식 모두에서 공통적으로 작용하지만, 정신과 공병 증상의 경우에는 면대면 CBT에 비해 ICBT에서 더 중요한 역할을 한다는 증거들이 있다(Hedman et al., 2012). 또 다른 후속 연구 주제는, 중도 건강불안에 대한 ICBT가 다른 맥락이나 다른 모집단에서 실시되었을 때도 효과크기를 유지할 수 있느냐 하는 것이다. 아직까지는 스웨덴에서만 내담자들이 프로그램에 참가하고 치료받았으므로, 스웨덴이 아닌 다른 나라의 내담자들이나 다른 보건체계에서도 동일한 정도의 효과가 나타나는지를 확인해 보는 것이 중요할 것이다. 그리고 앞에서 언급한 바와 같이, 건강불안에 대한 ICBT의 보급 및 효과성에 대한 연구는 전혀 없는 실정이다. 이 치료가 정규 정신과 치료 또는 1차 진료의 맥락에서 시행될 때도 효과적인지 살펴보는 것이 중요한데, 공식적인 보건 맥락에서 제공될 때도 효과가 동일할 것이라고 섣불리 가정할 수는 없기 때문이다. 그러나 다른 일반적 정신장애의 효과성 연구들을 살펴볼 때, 효과크기가 정규 보건 장면에서도 그대로 유지될 가능성은 상당히 높다(Andersson & Hedman, 2013).

🌑 참고문헌

American Psychiatric Association (2000) Diagnostic criteria from dsm-iv-tr. American Psychiatric Association, Washington, DC

American Psychiatric Association (2013) Diagnostic and statistical manual of mental disorders, 5th edn. American Psychiatric Publishing, Arlington

Andersson G, Hedman E (2013) Effectiveness of guided internet-delivered cognitive behaviour therapy in regular clinical settings. Verhaltenstherapie 23:140–148

Andersson G, Cuijpers P, Carlbring P, Riper H, Hedman E (2014) Internet-based vs. Face-to-face cognitive behaviour therapy for psychiatric and somatic disorders: a systematic review and meta-analysis. World Psychiatry 13:288–295

Barsky AJ, Wool C, Barnett MC, Cleary PD (1994) Histories of childhood trauma in adult hypochondriacal patients. Am J Psychiatry 151:397–401

Barsky AJ, Fama JM, Bailey ED, Ahern DK (1998) A prospective 4- to 5-year study of dsm-iii-rhypochondriasis. Arch Gen Psychiatry 55:737–744

Barsky AJ, Ettner SL, Horsky J, Bates DW (2001) Resource utilization of patients with hypochondriacal health anxiety and somatization. Med Care 39:705–715

Bleichhardt G, Hiller W (2007) Hypochondriasis and health anxiety in the German population. Br J Health Psychol 12:511–523

Clark DM, Salkovskis PM, Hackmann A, Wells A, Fennell M, Ludgate J, Ahmad S, Richards HC, Gelder M (1998) Two psychological treatments for hypochondriasis. A randomised controlled trial. Br J Psychiatry 173:218–225

Craig TK, Boardman AP, Mills K, Daly-Jones O, Drake H (1993) The south London somatisation study. I: longitudinal course and the influence of early life experiences. Br J Psychiatry 163:579–588

Craske MG, Kircanski K, Zelikowsky M, Mystkowski J, Chowdhury N, Baker A (2008) Optimizing inhibitory learning during exposure therapy. Behav Res Ther 46:5–27

Faravelli C, Salvatori S, Galassi F, Aiazzi L, Drei C, Cabras P (1997) Epidemiology of somatoform disorders: a community survey in florence. Soc Psychiatry Psychiatr Epidemiol 32:24–29

Furer P, Walker JR (2005) Treatment of hypochondriasis with exposure. J Contemp Psychother 35:251–267

Furer P, Walker JR, Stein MB (2007) Treating health anxiety and fear of death: a practitioner's guide. Springer, New York

Hedman E, Ljótsson B, Andersson E, Rück C, Andersson G, Lindefors N (2010) Effectiveness and cost offset analysis of group CBT for hypochondriasis delivered in a psychiatric setting—an open trial. Cogn Behav Ther 39(4):239–250

Hedman E, Andersson G, Andersson E, Ljotsson B, Ruck C, Asmundson GJ, Lindefors N (2011) Internet-based cognitive-behavioural therapy for severe health anxiety: randomised controlled trial. Br J Psychiatry 198:230–236

Hedman E, Andersson E, Ljótsson B, Andersson G, Andersson E, Schalling M, Lindefors N, Ruck C (2012) Clinical and genetic outcome determinants of internet- and group-based cognitive behaviour therapy for social anxiety disorder. Acta Psychiatr Scand 126:126–136

Hedman E, Andersson E, Lindefors N, Andersson G, Ruck C, Ljotsson B (2013a) Cost-effectiveness and long-term effectiveness of internet-based cognitive behaviour therapy for severe health anxiety. Psychol Med 43:363–374

Hedman E, Lindefors N, Andersson G, Andersson E, Lekander M, Ruck C, Ljotsson B (2013b) Predictors of outcome in internet-based cognitive behaviour therapy for severe health anxiety. Behav Res Ther 51:711–717

Hedman E, Andersson E, Andersson G, Lindefors N, Lekander M, Ruck C, Ljotsson B (2013c) Mediators in internet-based cognitive behaviour therapy for severe health anxiety. PLoS One 8:e77752

Hedman E, Axelsson E, Gorling A, Ritzman C, Ronnheden M, El Alaoui S, Andersson E, Lekander M, Ljótsson B (2014) Internet-delivered exposure-based cognitive-behavioural therapy and behavioural stress management for severe health anxiety: randomised controlled trial. Br J Psychiatry 205(4):307–314

McManus F, Surawy C, Muse K, Vazquez-Montes M, Williams JM (2012) A randomized clinical trial of mindfulness-based cognitive therapy versus unrestricted services for health anxiety(hypochondriasis). J Consult Clin Psychol 80:817–828

Olatunji BO, Deacon BJ, Abramowitz JS (2009) Is hypochondriasis an anxiety disorder? Br J Psychiatry 194:481–482

Olatunji BO, Kauffman BY, Meltzer S, Davis ML, Smits JA, Powers MB (2014) Cognitive-behavioural therapy for hypochondriasis/health anxiety: a meta-analysis of treatment outcome and moderators. Behav Res Ther 58:65–74

Salkovskis PM, Warwick HM (1986) Morbid preoccupations, health anxiety and reassurance: a cognitive-behavioural approach to hypochondriasis. Behav Res Ther 24:597–602

Seivewright H, Green J, Salkovskis P, Barrett B, Nur U, Tyrer P (2008) Cognitive-behavioural therapy for health anxiety in a genitourinary medicine clinic: randomised controlled trial. Br J Psychiatry 193:332–337

Sorensen P, Birket-Smith M, Wattar U, Buemann I, Salkovskis P (2011) A randomized clinical trial of cognitive behavioural therapy versus short-term psychodynamic psychotherapy versus no intervention for patients with hypochondriasis. Psychol Med 41:431-441

Sunderland M, Newby JM, Andrews G (2013) Health anxiety in australia: prevalence, comorbidity, disability and service use. Br J Psychiatry 202:56-61

Treanor M (2011) The potential impact of mindfulness on exposure and extinction learning in anxiety disorders. Clin Psychol Rev 31:617-625

Tyrer P, Cooper S, Crawford M, Dupont S, Green J, Murphy D, Salkovskis P, Smith G, Wang D, Bhogal S, Keeling M, Loebenberg G, Seivewright R, Walker G, Cooper F, Evered R, Kings S, Kramo K, McNulty A, Nagar J, Reid S, Sanatinia R, Sinclair J, Trevor D, Watson C, Tyrer H (2011) Prevalence of health anxiety problems in medical clinics. J Psychosom Res 71:392-394

Visser S, Bouman TK (2001) The treatment of hypochondriasis: exposure plus response prevention vs cognitive therapy. Behav Res Ther 39:423-442

제10장

섭식장애의
인터넷 기반 인지행동치료

Alexandra Keyes & Ulrike Schmidt

    섭식장애(Eating Disorders: EDs)는 기능 장해를 초래하며 치료가 쉽지 않다. 섭식장애에 초점을 맞춘 인지행동치료(CBT)는 신경성폭식증(BN)과 폭식장애(BED)에서 대표적인 치료로 인식된다. 그러나 이 치료는 일부 나라에서만 접근이 용이하다. 따라서 온라인 자가치료 방식의 인터넷 기반 인지행동치료(ICBT)가 이 간극을 메울 수 있으며, 섭식장애에 대한 단계적 치료 접근법의 일환이 될 수 있다. 연구에 의하면 ICBT 프로그램은 다른 형태의 자가치료법들(쓰기치료/CD-ROM)이나 대기자 통제집단에 비해 섭식장애 병리와 폭식 증상을 줄이는 데 효과적이며, 삶의질을 향상시킨다. 그리고 ICBT 프로그램은 전문적 치료자가 안내할 때 가장 효과적이라고 한다. 이처럼 섭식장애에 ICBT 프로그램이 효과적임에도 불구하고 치료 탈락률이 상당히 높기 때문에 치료 이행도(adherence)는 여전히 문제점으로 남아 있다. 연구에 의하면, 신경성폭식증(BN) 환자의 치료 이행도는 연령이 어릴수록 식이요법에 집착할수록 그리고 기저선 시점에서 BMI(체질량) 지수가 더 낮을수록 저하된다. 그리고 ICBT 프로그램의 비용-효과에 대한 증거도 아직은 제한적이다. 향후 이러한 주제들을 더 연구하여 섭식장애에 대한 ICBT의 효과성, 치료 이행도 및 확장 가능성을 더 키워야 할 것이다.

임상적 특징, 역학, 치료법 및 성과

섭식장애는 심각한 기능 장해를 초래하며, 신경성식욕부진증(Anorexia Nervosa: AN), 신경성폭식증(Bulimia Nervosa: BN), 폭식장애(Binge Eating Disorder: BED) 의 세 가지 주요 진단으로 범주화된다(Smink et al., 2013).

신경성식욕부진증(AN)은 왜곡된 신체 이미지와 극단적 다이어트가 특징으로, 심각한 체중 감소를 초래하고 환자들은 살이 찌는 것에 대해 병리적인 공포를 갖고 있다(Smink et al., 2013). 신경성식욕부진증은 평균 유병률이 0.3%(Kessler et al., 2013)이며, 평생유병률은 20대에서 0.8%에 이르고(Stice et al., 2013), 성인 여성에게서는 0.6~0.9% 정도로 나타나며, 남성은 0.3% 정도이다(Hoek & Van Hoeken, 2003; Hudson et al., 2007). 전형적인 초발연령은 19~20세이며(Stice et al., 2013), 질병의 평균 지속 기간은 대략 6년 정도이다(Simon et al., 2005). 신경성식욕부진증은 생명을 위협하는 질병으로, 다른 정신장애에 비해 사망 률이 2배에 이르며, 일반인 모집단에 비해서 자살률은 200배나 된다고 한다 (Yanovski, 2003). 신경성식욕부진증 환자는 기능 수준이 상당히 저하되며, 신 체적·심리적 공병이 심각하다(Palmer et al., 2002).

치료 성과에 대한 독일과 영국의 연구들을 살펴볼 때, 5,590명의 신경성식욕 부진증 환자들 중 평균적으로 절반 이하만 회복되는데, 1/3 정도에서 향상이 나 타나지만 20% 정도는 만성적으로 진행된다(Castellini et al., 2001). 신경성식욕 부진증은 조기에(발병 3년 이내) 발견하여 치료를 시작하면 치료 성과가 더 좋다 (Treasure & Russell, 2011). 비교적 최근 발병한 신경성식욕부진증 청소년들에게 서는 가족 기반의 치료법을 활용할 때 효과가 있다는 분명한 증거가 있지만, 신 경성식욕부진증 성인의 경우 선도적인 치료법은 없다고 한다(NICE, 2009). 최 근의 임상연구에서는 다양한 유형의 전문적 치료법들이 사용되고 있는데, 유망 한 것들로는 섭식장애를 위해 특별히 고안된 인지행동치료(CBT-E; Fairburn et al., 2013), 전문가 지원 임상 관리, 초점역동치료 및 MANTRA(Maudsley Model of

Anorexia Nervosa for Adults)와 같은 것들이 있으며(Group TCfEPsMHP, 2012; Hay et al., 2009; Keski-Rahkonen et al., 2009; Sánchez-Ortiz et al., 2011b), 이들 간 치료효과에는 별 차이가 없다. 신경성식욕부진증 치료법들을 체계적으로 개관한 연구에 의하면 전문가 심리치료가 일반 치료에 비해 더 효과적이며, 반응억제를 활용하는 CBT(CBT-신경성식욕부진증)도 전망이 있다(Wilson & Azndberg, 2012). 추후 더 많은 증거, 특히 무작위 대조연구를 통해 신경성식욕부진증 대상 특정 심리치료의 효과성을 평가해 볼 필요는 있다(Bailer et al., 2004).

신경성폭식증(BN)과 폭식장애(BED)는 유사한 점이 많으며, 따라서 '폭식성 섭식장애'로 함께 구분된다. 신경성폭식증은 반복적인 폭식과 함께 살이 찌는 것을 막기 위한 보상 전략들, 예를 들어 구토나 하제 남용(laxative abuse) 등이 따라오는 것이 특징이다(Smink et al., 2013). 성인의 경우 신경성폭식증의 평생 유병률은 대략 1%이며(Hoek & Van Hoeken, 2003), 남성은 0.5%, 여성은 1.5% 이다(Hudson et al., 2007). 폭식장애(BED)는 최신판 DSM에 섭식장애의 개별 진단으로 새로이 등재되었다(Smink et al., 2013). 폭식장애는 반복적인 폭식과 함께 통제불능감, 죄책감, 당혹감 또는 혐오감 등이 동반되는 것이 특징이다. 폭식장애에서는 폭식 에피소드 후에 체중 증가를 피하기 위한 보상 전략을 사용하지는 않는다. 성인의 폭식장애 평생유병률은 3%이며(Hoek & Van Hoeken, 2003), 남성은 2%, 여성은 3.5%이다(Hudson et al., 2007). 폭식행동의 전체인구 유병률은 1995년 이래로 최근에 2배가 되었는데, 2005년에 폭식은 7.2%, 제거행동(purging)은 1.5%에 이르렀다(Loeb et al., 2000). 신경성폭식증과 폭식장애 모두 초발은 발달적으로 예민한 시기인 청소년기나 초기 성인기이다(Palmer et al., 2002). 제대로 치료하지 않는 경우 신경성폭식증과 폭식장애는 만성적인 경과로 진행되며, 부분적인 증후군만으로도 건강에 악영향을 끼친다(Thiels et al., 2003). 신경성폭식증과 폭식장애는 종종 비만과 동반되거나 비만으로 이어지고(Loeb et al., 2000; Traviss et al., 2011; Waller et al., 2012), 폭식과 비만의 조합은 점점 증가하고 있으며 앞으로도 더 증가할 것으로 예상된다(Fernández-Aranda et al., 2009; Traviss et al., 2011; Waller et al., 2012). 폭식장애는 의학적 합병증,

심각한 정신장애 공병률 그리고 대인관계 문제들과 연관이 있다(Carrard et al.,
2011b; de Zwaan et al., 2002; Delinsky et al., 2006; Hudson et al., 2007). 공병률이
높을수록 폭식 증상, 비만 및 비만 관련 합병증이 심각하고, 치료 성과는 좋지
않다(Vocks et al., 2010).

국립정신보건기구(National Institute for Health and Care Excellence: NICE) 가이
드라인에서는 신경성폭식증과 폭식장애에 대해서 특별히 적용된 인지행동치료
(CBT)를 추천하고 있다(Stefano et al., 2006). 몇몇 연구에 의하면, 개인 CBT 또는
집단 CBT가 대기자 통제집단에 비해 우수한 효과를 보이며, 적어도 다른 심리
치료법들과 비슷한 정도이거나 더 나은 성과를 보인다(Shapiro et al., 2007; Sysko
& Walsh, 2008; Wilson et al., 2010; Wilson & Zandberg, 2012). 가장 알맞은 형태의
CBT를 통해 30~50%의 폭식장애 환자는 치료가 끝날 시점에 증상이 더 이상
나타나지 않았으며, 추수평가에서 몸무게는 그대로 유지되었다.

모든 섭식장애에서 삶의 질은 저하되며(Braun & Clarke, 2006; Murray et al.,
2003; Skevington et al., 2004), 특히 개인뿐만 아니라 그의 가족에게도 무거운 짐
이 된다(Morris, 1979; Robins et al., 2001; Trottier et al., 2013a, b). 신경성식욕부진
증 환자의 보호자들은 우울과 불안 등 극심한 고통을 겪는다(Sherer et al., 1982;
Woodruff & Cashman, 1993). 신경성식욕부진증 보호자의 어려움과 고통 수준은
정신증 환자 보호자의 경우보다 심각하다고 알려져 있다(Clark et al., 1991). 신
경성식욕부진증 보호자들의 경우 지각된 간병 부담뿐 아니라, 환자의 질병 특성
및 요구 조건들로 인해 실제적인 장해가 초래된다(King et al., 1996). 최근 한 연
구에 의하면, 신경성식욕부진증 환자 보호자의 30% 정도가 임상적으로 유의미
한 수준의 스트레스를 겪고 있는데, 이것은 높은 수준의 간병 부담과 관련이 있
었다(Sánchez-Ortiz et al., 2011a).

섭식장애로 인한 비용은 어마어마하다. 최근 한 보고서에 의하면, 호주 보건
복지부가 섭식장애에 대한 비용 추정치를 제시했다. 연간 총 비용은 8억 400만
달러에 이르는데, 이 중 대부분(5억 7,800만 달러)은 신경성식욕부진증 환자의 입
원비용이었다. 전체적으로 볼 때, 섭식장애 환자 1명당 입원비용은 1만 3,123달

러 정도로 추산된다. 신경성식욕부진증 환자의 병원 입원비용은 신경성폭식증이나 다른 섭식장애 비용 추정치의 2배 이상이다(McClay et al., 2013). 신경성폭식증이나 폭식장애 환자들 역시 의료보험이나 사회보험 비용을 많이 소비하며 이는 장애와 관련된 심리적 · 의료적 문제 및 장애의 만성적 특징 때문이다(Grover et al., 2011; Pretorius et al., 2009, 2010). 예를 들어, 신경성폭식증/폭식장애 환자의 의료보험 사용(전체 사용 일수, 외래 심리치료 및 응급부서 방문)은 다른 정신과 장애들과 필적할 만한 수준으로 증가했다(BEAT, 2013). 따라서 폭식성 섭식장애에 대한 경제적 부담(건강 서비스 사용 비용 및 생산성 저하를 포함한 사회적 비용을 포함하여)은 영국에서 매년 대략 1억 2,600만 파운드 정도로 추산될만큼 상당히 크다(Dickerson et al., 2011; Vaz et al., 2014).

🔵 섭식장애에 대한 현행 ICBT 프로그램

섭식장애에 활용할 수 있는 인지행동적 자가치료 프로그램은 지침서, 책, CD-ROM, 온라인 프로그램 등 다양한 형태로 존재한다(Treasure & Russell, 2011). 인터넷 기반 자가치료 프로그램들은 다른 형태의 치료에 비해 이메일을 통한 피드백, 부가적 지지 등 상호작용 수준이 높은 점에서 장점이 있다(Treasure & Russell, 2011). 신경성식욕부진증에 비해 폭식성 장애에서의 CBT에 대한 근거기반 자료들이 상대적으로 많은 관계로, 현존하는 ICBT 프로그램들은 대부분 신경성폭식증 또는 폭식장애 환자들을 위해 만들어진 것이다. 뿐만 아니라 신경성식욕부진증에 대한 임상적 요구 및 의료적 위험성은 원거리 치료 접근의 사용을 더욱 어렵게 만들며, 어떤 전문가들은 그런 접근법을 신경성식욕부진증 환자에게는 금기사항으로 언급한다(Treasure et al., 2010). 이런 염려에도 불구하고 신경성식욕부진증 환자 및 가족들을 위한 소수의 인터넷 기반 프로그램들이 제작되기도 하였다. 현존하는 프로그램들은 다음과 같다.

신경성식욕부진증 ICBT

이 프로그램은 신경성식욕부진증 환자들을 위해 9개월 과정으로 구성된 웹 기반 재발방지 프로그램이며, 입원 치료 후 활용하도록 고안되었다(Patton et al., 2008). 프로그램 내용은 신경성식욕부진증 및 관련 장애에 대한 승인된 지침서, 자가치료 지침서 그리고 사후관리 지침서로 구성되어 있다. 이 프로그램의 핵심은 자기관찰, 자극통제, 강화방법, 대리학습, 노출치료 및 역기능적 신념과 핵심신념을 인지적으로 재구성하는 것 등의 CBT 전략에 기반을 두고 있다. 이런 전략들이 사용자에게 정보를 제공하거나 과제 및 행동 연습을 하는 방식으로 시행되는 것이다. 사용자들은 전자 메시지 게시판을 통해 그리고 매주 치료자의 이메일을 받는 방식으로 지원받는다(Patton et al., 2008).

식욕부진증 극복하기 온라인

OAO(Overcoming Anorexia Online)는 신경성식욕부진증 환자들의 보호자를 위한 멀티미디어 온라인 상호작용 치료법이다(Darby et al., 2009). 이 치료법은 CBT 및 관련 틀을 활용하고 있는데, 왜 사람들이 신경성식욕부진증 증상을 발전시키고 중요시하는지, 이와 관련하여 치료에 참여시키는 데 있어서의 시사점은 무엇인지, 어떻게 해서 사랑하는 이들에게 신경성식욕부진증이 생겨난 것인지, 효과적인 의사소통 방식과 식사 지원 방법은 무엇인지 등에 대해 다루는 총 8개 모듈로 구성되어 있다. 온라인 게시판을 통해 워크북 및 기타 자료들을 내려받을 수 있고 사용자들은 게시판을 통해 지원을 받는다. 이 치료법은 많은 가이드 없이 사용할 수 있도록 제작되었다(Hay et al., 2008).

폭식증 극복하기 온라인

OBO(Overcoming Bulimia Online)는 구조화된 멀티미디어 상호작용 프로그램으로, 인지행동적 접근과 동기적 전략 및 심리교육을 통합한 8개 모듈로 구성되어 있다. 사용자들은 1~2주일에 한 번씩 치료자의 이메일 지원을 받으며, 프로그램은 사용자들의 속도에 맞춰 3개월이면 완성할 수 있도록 구성되어 있다(Musiat & Schmidt, 2010).

폭식증을 위한 인지행동집단치료

이 프로그램(CBT4BN)은 CBT의 인터넷 기반 지침서 버전이며, 프로그램 내에서 치료적 채팅 집단을 활용하여 집단치료를 수행할 수 있다. 이 치료의 경우 주당 1.5시간이 소요되는 세션이 16개로 구성되어 있다. 각 세션에서 다루는 항목은 CBT 소개, 영양, 자동적 사고에 도전하기, 폭식 및 제거행동에 대한 대안 찾기, 문제해결 및 재발방지 등이다. 웹사이트 내에서 작업지를 사용하여 자기관찰 연습을 할 수 있다. 또 사용자들은 치료자들로부터 이메일 지원을 받는다(Haby et al., 2012).

폭식장애에 대한 CD-ROM 인지행동치료

이것(CD-ROM CBT for BED)은 비만 및 건강하지 못한 섭식행동의 치료를 위해 고안된 CD-ROM 기반 CBT 프로그램이며, 영양, 신체활동, 건강한 음식섭취에 대한 심리교육, CBT의 기본 개념 및 재발방지와 같은 주제로 구성되어 있다(Hay, 2013). 이 치료법은 이와 유사한 지침서 기반의 치료법인 '건강한 체중 조절을 위한 CBT 매뉴얼'에 기반을 둔 것이다(Polnay et al., 2013). 이 치료법은 10주로 구성되었으며, 사용자들은 매주 전화접촉을 통해 기술 지원을 받는다.

설룻 BN

이것(Salut BN)은 구조화된 ICBT 프로그램으로, 7개의 수업, 연습 및 예제 모듈로 구성되어 있으며, 동기 진작, 자기관찰, 행동수정, 문제해결, 인지재구조화, 자기주장 및 재발방지 등의 내용을 담고 있다. 치료자가 매주 이메일을 통해 사용자를 지원하며, 프로그램은 대략 4~7개월 정도 기간이 소요된다(Mehler, 2011).

설룻 BED

이것(Salut BED)은 폭식장애(BED)에 대한 구조화된 ICBT 프로그램으로, 수업과 연습을 통합한 11개 모듈로 구성되어 있으며, 동기화, 자기관찰, 폭식 촉진자, 영양 계획, 폭식 방지 전략, 신체활동, 문제해결, 자기주장, 자동적 사고, 인지재구조화 및 재발방지 등의 내용을 담고 있다(Spindler & Milos, 2007). 사용자들은 매주 적어도 1회 이상 배정된 치료자와 접촉하여 지원을 받는다. 프로그램 진행에는 6개월 정도가 소요된다.

스튜던트 보디 플러스

이것(Student Bodies+)은 잠재적 섭식장애자들(폭식, 제거행동 및 음식 제한)을 위해 고안된 구조화된 ICBT 프로그램이다. 총 8개의 모듈로 구성되어 있는데, 인지 및 정서적 요인(지식과 태도), 사회문화적 규범 및 또래 규범(이상적인 몸매, 식이요법 및 운동) 그리고 행동적 요인들(대처, 목표설정, 음식 준비 및 운동 패턴) 등의 내용을 통합하여 제시한다. 프로그램의 상호작용적 요소들은 개별화된 피드백이 제공되는 증상 체크리스트, 자기감찰 기록 및 토론 집단이다. 프로그램 진행에는 8주 기간이 필요하다(Steiger & Bruce, 2007).

스튜던트 보디-폭식장애

이것(Student Bodies 2-BED)은 인지행동 치료 원리에 기초한 폭식장애(BED)에 대한 반구조화된 ICBT 프로그램으로, 자기감찰, 목표설정, 자극통제 및 식욕인식하기 등의 행동개입과 심리교육적 내용을 통합하여 제시한다(Sanderson et al., 2011). 이 프로그램은 또한 정서조절 기법들을 소개한다. 사용자들은 비동시적 토론 집단에 참여하며, 할당된 멘토와 함께 면대면 만남을 가질 수 있는 선택권이 있다. 이 프로그램의 진행에는 16주 기간이 필요하다.

폭식증 가이드 자가치료

이것(Guided Self-Help for BN)은 구조화된 ICBT 프로그램으로 10개의 모듈로 구성되어 있으며, 심리교육, 인식 훈련, 동기화, 자기조절, 자기감찰, 인지재구조화, 행동실험, 신체활동, 자존감 및 재발방지 등의 내용을 통합하여 제시한다(Hudson et al., 2010). 사용자들은 대략 13시간 동안 계획된 치료자 피드백을 25회 정도 받게 되며, 프로그램의 진행에는 20주가 소요된다.

인터넷 지원 인지행동치료

IBT(Internet-Assisted CBT) 프로그램은 『폭식 극복하기』라는 자가치료 책을 기반으로 하고 있다(Mond et al., 2009). 이 책은 심리교육 및 6개의 모듈로 구성된 구조화된 자가치료 프로그램을 담고 있는데, 이 모듈들은 자기감찰, 규칙적인 섭취 패턴의 중요성, 대안적 활동, 문제해결, 다이어트와 관련된 회피 그리고 재발방지이다. 사용자들은 온라인 치료기간에 이메일 지원을 받는다. 프로그램의 진행에는 3개월 정도가 소요된다(Hay et al., 2010).

🫧 기타 온라인 개입

iMANTRA

이것(Internet-Based Guided Selp-Help for AN: iMANTRA)은 신경성식욕부진증 환자를 위한 인터넷 기반 치료 패키지로 재발방지를 위한 것이다. 이 치료는 매뉴얼화된 기존의 외래환자 인지-대인관계 치료인 신경성식욕부진증 성인을 위한 모슬리 모델(Maudsley Model of Treatment for Adults with Anorexia Nervosa: MANTRA; Pasold et al., 2013)에 기반을 두고 있다. 이 온라인 치료법에서 사용자들은 워크북을 다운받을 수 있는데, 워크북은 신경성식욕부진증을 지속시키는 네 가지 핵심 요인, 즉 고지식한 사고방식, 사회적-정서적 손상, 식욕부진증 옹호 신념들 및 친한 타인들과의 대인관계에 대해 다룬다. 치료 도중 사용자들은 훈련된 치료자로부터 개별적인 이메일 지원을 받게 된다.

섭식장애를 위한 스마트 이팅

이것(Smart Eating for EDs)은 인터넷 기반 순수 자가치료(IB-SH) 프로그램으로, 건강한 음식섭취, 가족교육, 건강 평가 및 감찰, 동기 증진, 자가치료 전략 및 심리적 건강 증진의 주제를 다루는 모듈들로 구성되어 있다(Pohjolainen et al., 2010). 사용자들은 이메일 지원을 받으며, 온라인 평가를 완성하면 이에 대해 피드백을 받게 된다. 프로그램의 진행에는 1개월이 소요된다.

섭식장애용 자기주도적 이메일 치료

이 치료법(E-Mail Therapy Unguided Self-Directed Writing for BN: USW)은 사용자로 하여금 치료적 글쓰기에 참여하도록 하며(Aardoom et al., 2013), 치료자 개

입은 최소화한다. 사용자들은 이메일을 받게 되는데, 일주일에 적어도 두 차례 정도 자신의 어려움에 대해 글을 쓰고, 이 글을 훈련된 전문가에게 보내도록 요청받는다(Winn et al., 2007).

섭식장애에 대한 ICBT 프로그램의 효과

앞에서 언급했듯이 대부분의 ICBT 치료법은 폭식성 장애를 위해 고안된 것이지만, 점차 신경성식욕부진증 환자 및 그들의 보호자를 위한 치료법들도 등장하고 있다. 아직까지는 섭식장애 ICBT 치료법의 근거기반은 주로 신경성폭식증이나 폭식장애 및 달리 명시되지 않은 섭식장애에 대한 온라인 치료에 해당되는 것이다. 몇몇 체계적인 개관연구에서 섭식장애에 대한 자가치료 CBT의 증거들을 요약하고 있는데, 여기에는 ICBT 개입도 포함되어 있다(Perkins et al., 2004; Treasure & Russell, 2011; Winn et al., 2004). 섭식장애에 대한 ICBT 개입에만 초점을 맞춘 개관 논문은 단 하나가 있다(Campbell et al., 2011; 〈표 10-1〉 참조).

개관된 연구들은 연구대상 집단에서(성인, 청소년, 신경성폭식증 또는 폭식장애, 부분 또는 전체 증후군), 해당된 관리 세팅에서(1차, 2차, 3차), 가이드의 활용가능성, 강도, 지속 기간에서, 제공되는 가이드 유형에서(면대면, 전화 또는 이메일) 그리고 자가치료 가이드의 숙련도와 훈련 수준에서 차이가 있었다. 그럼에도 불구하고, 연구 결과를 통해 볼 때 자가치료 ICBT는 섭식장애 병리 및 폭식과 제거행동의 빈도를 줄이고, 섭식장애 관련 삶의질을 향상시키는 데 있어 대기자 통제집단보다 분명한 효과가 있는 것으로 나타났다(Campbell et al., 2011). 또 자가치료 ICBT는 공존정신병리가 적을수록, 식이제한 문제보다는 폭식문제에서, 또한 신경성폭식증보다 폭식장애 환자들에게서 효과가 좋은 것으로 나타났다(Campbell et al., 2011). 또 다른 증거로는 폭식장애 환자들이 신경성폭식증 환자들에 비해 자가치료 프로그램을 더 잘 완수하는 것으로 나타났으며, 결과적으로 더 많은 이득을 얻었다(Winn et al., 2004). 게다가 온라인 치료법은 글로 쓰인 온라인 자료에 근거하기 때문에 치료자 표류의 위험을 줄일 수 있다.

섭식장애에 대한 ICBT 프로그램은 사용자에게 제공되는 가이드 수준에서도 차이가 있다. 어떤 프로그램은 정기적인 이메일 또는 전화 가이드를 제공하는 데 반해, 다른 것은 사용자가 자기 속도에 맞춰 회기를 완료하면서 특별한 가이드 없이 진행되는 방식도 있다. 연구에 의하면, 가이드와 함께 제공되는 인터넷 기반 자가치료 프로그램들은 치료자와 만나서 진행하는 개인 CBT만큼이나 폭식 증상을 감소 및 중단시키는 데 효과적이며, 이 효과는 추수평가에도 유지되었다(Winn et al., 2004). 특히 폭식을 절제하는 것은 가이드 없는 프로그램보다 가이드가 있는 형태의 ICBT를 받은 환자들에게서 더 성공적으로 나타났다. 또 가이드 프로그램들은 체중 감소, 체형에 대한 염려, 음식섭취 제한 및 폭식 에피소드 빈도 등에서 더 좋은 성과와 관련 있는 것으로 나타났다(Winn et al., 2004). 그리고 면대면 평가 및 치료자의 지원이 있을 경우 연구 순응도가 높아졌고, 치료 이행도가 높을수록 성과가 더 좋았다(Campbell et al., 2011). 연구들에 걸쳐, 탈락률은 인터넷 치료의 경우 16% 정도로, CD-ROM 형식(30%)이나 독서치료(29%) 형식보다 낮은 수준이었다(Winn et al., 2004). 자가치료 ICBT에 대한 또다른 개관연구에서는 탈락률 범위가 5.3%에서 76.8%에까지 이르렀다(Campbell et al., 2011).

🫘 사례

주 호소

홀리는 21세의 대학생이며, 지난 9개월 동안 폭식 증상을 보이고 있다. 그녀는 낮 동안에는 거의 먹지 않는데(아침은 거르고, 점심이나 저녁에 샐러드를 먹음), 밤에 폭식을 하고 토하며, 주말에는 하루 종일 그렇게 한다.

〈표 10-1〉 섭식장애에 대한 ICBT 무작위 대조연구 결과

연구	모집단	조건	기간	집단내 효과크기 (d)	집단간 효과크기 (d)
Grover et al. (2011)	AN 환자 보호자 ($n=64$)	• OAO w/ 치료자 지원(이메일 또는 전화) • 기존치료 조건	4개월 (6개월 추후평가)	• 보고되지 않음	• 보고되지 않음
Fichter et al. (2012)	AN 환자 ($n=258$ 여성)	• ICBT/재발방지 • 기존치료 조건	9개월 (추후평가 없음)	• 보고되지 않음	• 보고되지 않음
Hoyle et al. (2013)	AN 환자 보호자 ($n=37$) AN 환자 ($n=17$)	• OAO-guidance (OAO-G) • OAO-No guidance (OAO-NonG)	7주 (3개월 추후평가)	〈OAO-G〉 • 정서표현 수준(사전-사후 $d=0.50$, 사전-추후평가 $d=0.60$). • ED impact scale(사전-사후 $d=0.13$, 사전-추후평가 $d=0.11$) • 절식(사전-사후 $d=0.37$, 사전-추후평가 $d=0.57$) • 폭식행동(사전-사후 $d=0.07$, 사전-추후평가 $d=0.39$) 〈OAO-NonG〉 • 정서표현 수준(사전-사후 $d=0.07$, 사전-추후평가 $d=0.11$) • ED impact scale(사전-사후 $d=0.34$, 사전-추후평가 $d=0.49$) • 절식(사전-사후 $d=0.61$, 사전-추후평가 $d=0.79$) • 폭식행동(사전-사후 $d=0.20$, 사전-추후평가 $d=0.05$)	• 보고되지 않음
Shapiro et al. (2007)	BED 환자 ($n=66$)	• CBT (CD-ROM) • CBT (group) • 대기자 통제집단	10주 (18주 추수평가)	• 보고되지 않음	• 보고되지 않음

연구	표본	처치/통제	기간	결과	
Ljotson et al. (2007)	BN 또는 BED 환자이거나 경향성 집단 (n=65 여성, n=4 남성)	• 인터넷 기반 자가치료(IB-GSH) • 대기자 통제집단	3개월 (6개월 추수평가)	• 보고되지 않음	• EDE-Q global(사후 d=1.15) • 객관적인 폭식 에피소드 (사후 d=0.68)
Jones et al. (2008)	BED 환자이거나 경향성 집단 (n=73 여성, n=32 남성)	• ICBT • 대기자 통제집단	16주 (9개월 추수평가)	• 폭식 에피소드(사전-사후 d=-0.93, 사전-추수평가 d=-0.80)	• BMI, 모든 폭식 에피소드 (추수평가 d=0.06)
Robinson & Serfaty (2008)	BN, BED 또는 EDNOS 환자 집단(n=93 여성, n=4 남성)	• 이메일 행동치료(ET) • 가이드 없는 자가 글쓰기(USW) • 대기자 통제집단	3개월 (추수평가 없음)	• 보고되지 않음	• ET vs USW: 없음 • USW vs WLC: 없음
Carrard et al. (2011a)	BED 환자이거나 경향성 집단 (n=74 여성)	• ICBT • 대기자 통제집단	6개월 (6개월 추수평가)	• EDE-Q global(사전-사후 d=-1.19) • 객관적인 폭식 에피소드(사전-사후 d=-0.95)	• EDE-Q global(사후 d=0.3) • 객관적 폭식 에피소드(사후 d=0.45)
Sánchez-Ortiz et al. (2011a, b)	BN 또는 EDNOS 환자 (n=76 여성)	• ICBT • 대기자 통제집단	3개월 (3개월 추수평가)	• EDE global(사전-사후 d=-1.29, 사전-추수평가 d=-1.75) • 객관적 폭식 에피소드(사전-사후 d=-0.80, 사전-추수평가 d=-1.07) • 억지로 토하기(사전-사후 d=-0.49, 사전-추수평가 d=-0.76) • 제거행동(사전-사후 d=-0.60, 사전-추수평가 d=-0.87)	• EDE global (사후 d=1.2, 추수평가 d=0.99) • 객관적 폭식 에피소드(사후 d=0.40)

저자	집단	중재	기간		효과크기
Jacobi et al. (2012)	ED 경향성 집단(n=126 여성)	• ICBT • 대기자 통제집단	8개월 (6개월 주수평가)	• 보고되지 않음	• EDE-Q global(주수평가) d=0.50 • 폭식 에피소드(주수평가) d=0.43 • 제거행동(주수평가) d=0.33
Ruwaard et al. (2012)	ED 환자 또는 경향성 집단(n=104 여성, n=1 남성)	• ICBT • 가이드 없는 자가치료(USH, 웹 기반) • 대기자 통제집단	20주 (1년 주수평가)	• EDE-Q global(사전-사후 d=-1.22, 사전-주수평가 d=-1.17) • 폭식(사전-사후 d=-1.04, 사전-주수평가 d=-0.96) • 제거행동(사전-사후 d=-0.75, 사전-주수평가 d=-0.66)	〈ICBT vs WLC〉 • EDE-Q global(사후평가) d=0.51 • 폭식(사후평가) d=0.44 • 제거행동(사후평가) d=0.45 〈ICBT vs USH〉 • EDE-Q global(사후평가) d=0.37 • 폭식(사후평가) d=0.72 • 제거행동(사후평가) d=0.53 〈USH vs WLC〉 • 없음
Wagner et al. (2013)	BN 하제사용 유형 또는 폭식 및 하제 사용을 동반한 EDNOS 집단(n=155 여성)	• ICBT • 가이드 독서치료	4~7개월 (7~18개월 주수평가)	• 객관적 폭식(사전-사후 7 d=-0.32, 사전-주수평가 18 d=-0.49) • 제거행동 에피소드 평가(사전-사후 d=-0.33, 사전-주수평가 7 d=-0.36, 사전-주수평가 18 d=-0.53) • 하제 남용(사전-주수평가 18 d=-0.18) • 과도한 운동(사전-사후 d=-0.38) • 단식(사전-사후 d=-0.40, 사전-주수평가 7 d=-0.41, 사전-주수평가 18 d=-0.61)	• 없음

※ OAO=Overcoming Anorexia Online, AN=신경성식욕부진증, BN=신경성폭식증, BED=폭식장애, ED=섭식장애, EDNOS=달리 명세되지 않은 섭식장애에

※ EDE-Q=섭식장애에 검사 질문지(Eating Disorder Examination questionnaire)

과거력

홀리의 외조부모는 둘 다 비만이며, 홀리가 기억하는 한 어머니 역시 체중조절에 신경 쓰며 다이어트를 하셨다. 홀리가 어렸을 때는 통통한 편이었는데, 사춘기가 되었을 때 어머니가 가족 내 비만 유전자를 물려받았을 수 있으니 먹는 것에 조심하라고 강조하셨다. 홀리의 남동생은 가끔 홀리를 '뚱보 다리'라고 불렀다. 10대를 지나면서 홀리는 체중과 외모에 매우 예민해졌고, 자신의 다리와 배를 싫어하게 되었다.

홀리가 대학에 갔을 때 그녀를 있는 그대로 받아 주는 친구들을 만났으며, 얼마 동안 몸무게나 외모는 중요하지 않게 여겨졌다. 그리고 두세 살 연상의 남자친구를 사귀어 잘 지내기도 하였다. 그러나 남자친구는 그녀보다 2학년 위여서 먼저 졸업하게 되었고, 뉴질랜드의 일자리 제의를 받아들이기로 결심했기에, 홀리에게 이제는 관계를 끝낼 때가 되었다고 말하였다. 홀리는 매우 상처받았고 버림받았다고 느꼈으며, 자신에게 무엇이 문제였는지 고민하기 시작하다가 너무 뚱뚱하기 때문에 그가 자신을 버린 것이라고 결론지었다. 그녀는 혹독한 다이어트를 시작했고, 매일의 운동수업에 등록하였다. 6개월 후 그녀는 몸무게가 너무 빠져 생리주기가 불규칙해졌고, 친구들은 그녀가 뼈만 앙상한 것처럼 보인다고 말해 주었다. 이제 홀리는 샐러드와 물만 먹고 지내며 그 밖에는 별로 먹지 않았다. 항상 성실한 학생이었음에도 불구하고 그녀는 이제 집중력이 떨어지는 것을 느꼈고, 음식과 체중에 대한 생각에 늘 잠겨 있었다. 그녀는 자신의 다리와 배를 그 어느 때보다 싫어했다. 2학년 시험을 기대에 훨씬 미치지 못하게 보았기 때문에, 그녀는 매우 실망했다. 어느 날 밤 홀리는 술에 잔뜩 취해서 엄청난 양의 음식을 먹고는, "내겐 자신을 조절할 의지력이 더 이상 없구나."라고 스스에게 말했다. 이후 규칙적으로 폭식을 하였으며, 폭식 후에 이를 보상하기 위해 구토도 시작하였다. 폭식은 점점 더 자주 그리고 오래 하게 되었다. 얼마 지나지 않아 몸무게는 그녀의 이전 최고 몸무게를 넘어 급격히 증가하였다. 홀리는 통제할 수 없음을 절망스럽게 느끼며 지역보건의를 찾아왔다.

평가와 치료

홀리는 섭식장애 전문가(전문의)에게 의뢰되었고, 초기평가를 받았으며 신경성폭식증(BN)으로 진단받았다. 그녀는 빈혈이 있었고 혈중 칼륨 농도도 낮아진 상태였는데, 이는 음식제한, 폭식, 제거행동을 번갈아 반복하다 보니 생긴 결과였다. 섭식장애 전문가는 폴리에게 신경성폭식증에 대해서 CBT 치료가 적합하고, CBT 집단에 참여하는 방법이나 이곳의 한 치료자가 이메일을 통해 지원하는 온라인 프로그램(Overcoming Bulimia Online)에 참여하는 방법 중 한 가지를 선택할 수 있다고 설명하였다. 학교의 일정과 CBT 집단의 일정이 잘 맞지 않아서, 그녀는 일단 온라인 치료를 시도해 보기로 결정했다. 그녀는 기다릴 필요 없이 치료를 즉각 시작할 수 있다는 점이 좋았다. 그리고 자신이 뭔가를 함으로써 문제를 스스로 극복할 수 있다는 점이 좋아 보였다. 그녀는 온라인 프로그램에 접속하는 방법 및 활용 방법에 대한 세부사항을 안내받았다. 예를 들어, 매주 특정 시간을 정해서 온라인 모듈을 공부하고 이메일 치료자에게 알리는 것이 가장 좋은 방법이라는 것이다. 평가가 끝나고 며칠 후 그녀에게 배정된 이메일 지원 치료자가 인사 메일을 보내왔고, 매주 한두 차례 홀리와 접촉하여 진행 상황에 대해 점검하고 질문에 답변하거나 프로그램 사용의 어려움을 지원할 것이라고 알려 주었다. 홀리는 신경성폭식증에 대한 기본 정보를 제공하는 첫 번째 온라인 모듈을 즉각 시작하였다. 그녀는 자신이 많이 알고 있다고 여겼었지만, 거기에는 신경성폭식증에 대해 생각해 볼 만한 다른 내용들이 많이 있었다. 예를 들어, 폭식이 신체에 미치는 다양한 부정적 영향이나, 다이어트와 제거행동이 어떻게 폭식에 기여하는지 등에 대한 내용들이었다. 홀리는 이 프로그램의 형식이 매우 간결하고 명료한 점이 좋았고, 다양한 상호작용 연습들을 즐겼다. 그녀는 폭식의 악순환에 대한 사례개념화가 특히 유익하다고 여겼다. 그녀는 폭식이 두 가지 요인에 의해 촉발됨을 알았는데, 매일 낮 동안의 극단적인 식사량 제한/다이어트와 스트레스/지루함에 의해서라는 것이다. 즉, 주말에 그녀는 정해진 일정이 없었고 평소보다 폭식 욕구가 커지곤 했다. 홀리는 스스로 자신에 대한 사례개념화를 온라인으로 작성한 후 매일매일의 음식섭취에서 변화를 시도하였으며, 이런 노력을 이메일 치료자는 지지하고 격려해 주었다. 홀리는 프로 그램의 8회기를 모두 마쳤다. 그녀는 음식섭취에 대해 스스로 점검하는 법을 배웠고 자신의 성취를 되돌아보았다. 그녀는 점차 영양 3요소가 균형을 이루는 식단으로 복귀하였고, 너무 배고파지면 폭식이 생길 수 있기 때문에 간식도 조금 추가하였다. 놀랍게도, 식사를 규칙적으로 하게 되면 몸무게가 치솟을 거라는 예상과 달리, 홀리의 몸무게는 안정적이 되었고 시간이 지나자 오히려 약간 감소하였다. 음식에 대한 갈망과 폭식은 점점 줄어들었다. 나머지 모듈을 공부하면서 홀리는 문제를 해결하는 법을 배웠고, 특히 폭식하고 싶은 취약한 시점에 어떻게 대처해야 하는지 생각해 보게 되었다. 그래서 주말이나 휴일을 좀 더 규칙적으로 보내는 것 그리고 자신을 불안하게 하고 처지게 하고 스트레스를 주어 폭식으로 위로받고 싶은 유혹이 들게 하는 사건들에 대해서도 생각해 보게 되었다. 홀리는 또 자신의 발목을 잡는 부정적 인지(예: 파국적이거나 왜곡된 인지)를 확인하는 법을 배웠고, 이를 좀 덜 부정적인 방식으로 재구성할 수 있게 되었다. 8주 프로그램이 끝날 즈음, 홀리의 폭식 에피소드는 상당히 줄어들어 일주일에 한두 번 정도만 나타났다. 그녀는 인생에 대한 통제감이 강해졌고 폭식 에피소드가 사라진 후의 미래와 자신에 대해 생각해 볼 수 있게 되었다. 이후 그녀는 몇 달 동안 치료자와 이메일 접촉을 유지하면서 프로그램에서 배웠던 기법들을 사용하였고, 자신이 특히 잘 대처했거나 대처가 특히 어려웠던 상황들에 대해 점검하였다. 치료자는 일주일에 한두 시간만 접촉하는 편이었지만 홀리는 이메일을 통해 상당한 지지와 격려의 느낌을 받았고, 추수 기간이 다 끝날 즈음에는 증상이 완전히 사라지게 되었다.

🔘 비용-효과

　근거기반의 심리적 개입법들은 정신건강 치료분야에서는 우수한 성과를 달성하는 열쇠가 된다(Poulsen et al., 2013). 그러나 개인치료를 제공하는 비용은 환자와 건강관리 서비스 체제 모두에게 높은 수준이다. 따라서 면대면 심리치료에 대한 비용-효과적인 대안 치료를 개발할 필요가 있다(Stuhldreher et al., 2012). 최근의 기술 진보를 바탕으로, CBT와 같은 심리치료를 온라인 자가치료 프로그램으로 변환하는 것이 상대적으로 저렴하고 쉽게 보급할 수 있는 해결책이 될 수 있다.

ICBT 프로그램들은 비교적 짧고 집중적인 치료법이며, 따라서 근거기반 치료를 측정가능한 방식으로 시행할 수 있다는 측면에서 비용-효과적이라 할 수 있다(Perkins et al., 2004). 섭식장애에 대한 자가치료 CBT(guided self-help CBT의 비용-효과에 대한 연구 결과는 고무적이다. 예를 들어, 한 연구에서는 신경성폭식증에 대한 단계적 관리 접근에서 자가치료 CBT를 첫 단계로 활용한 후 다음 단계에서 필요한 경우에 한해 플록세틴 처방 및 치료자 CBT를 직접 시행하였을 때가, 처음부터 약물 및 치료자 CBT를 시행했을 때보다 환자 1인당 비용 수준이 훨씬 낮게 나타났다(Crow et al., 2013). 뿐만 아니라 자가치료 CBT를 지도감독과 함께 실시한 평균 비용은 신경성폭식증 청소년의 가족치료에 비해 훨씬 낮은 수준이었다(Darby et al., 2009). 또 기존 치료법에 자가치료 CBT를 추가하여 실시하면 폭식이 없는 기간이 길어지고, 12개월 추수평가에서 기존 치료 서비스를 덜 이용한다는 점에서 사회적 비용이 줄어드는 것으로 추정된다(Crow et al., 2013).

섭식장애에 대한 온라인 CBT 프로그램의 비용-효과 측정 증거가 아직은 부족하다. 표면적으로 ICBT 프로그램은 면대면 치료에 비해 상대적으로 저비용의 대안이 될 수 있을 것으로 보인다. 치료자 가이드가 있다 해도, 이 프로그램들은 개인 CBT 치료에 비해 가이드/지원 회기가 더 적으며, 이메일을 활용하면 매 접촉에 필요한 치료자 시간을 덜 사용하므로 이 치료법의 직접비용은 더 낮다고 볼 수 있다. 게다가 온라인 치료는 환자 입장에서는 이동에 필요한 비용이나 시간의 측면에서 더 저렴하다고 할 수 있다. 그러나 온라인 치료 프로그램을 개발하고 유지하는 비용 역시 고려되어야 한다. 통합적 건강 경제성 분석이 포함된 대규모의 무작위 대조연구를 실시하여 ICBT와 면대면 CBT 및 기타 자가치료법들을 비용-효과 측면에서 상호 비교할 필요가 있다.

🫧 임상적 시행 및 보급

　폭식성 섭식장애에 대한 자가치료 개입을 조사한 최근의 체계적 연구에 의하면, 연령대가 더 높고 BMI 지수가 더 높으며 음식억제를 덜 하는 폭식장애 환자들이 신경성폭식증 환자들에 비해 자가치료 개입에서 탈락률이 낮고 이득을 더 많이 얻는 것으로 나타났다(Winn et al., 2004). 섭식장애를 치료할 때, 첫 단계는 흔히 음식섭취의 패턴을 규칙적으로 재설정하는 것이다. 치료를 받는 환자들에겐 이것이 어려울 수 있는데, 동기가 다양하고 음식섭취 행동을 변화시키는 것이 체중에 어떤 영향을 미칠지 두려워하거나 염려하기 때문이다. 예를 들어, 폭식장애 환자들은 치료 중에 체중이 줄어드는 것을 기대하는데, 사실 체중감소는 폭식장애에 대한 CBT의 일차 초점은 아니다. 전형적으로 환자들은 폭식 에피소드 외의 경우에도 무절제한 섭식행동을 보이며, 따라서 음식섭취를 정상화시키고 절제시킬 때 폭식 에피소드 이외의 식사에서 섭취하는 칼로리를 늘릴 필요는 없다(Winn et al., 2004). 반면, 신경성폭식증은 체중 증가에 대한 극도의 공포가 있으며(Striegel-Moore et al., 2005), 이것은 음식섭취, 폭식 및 보상행동의 패턴을 바꾸려 할 때 더 심해진다. 폭식 에피소드가 없을 때는 음식섭취를 제한하는 것이 일반적이며, 섭식행동은 죄책감을 유발한다(Striegel-Moore et al., 2005). 신경성폭식증 환자들은 음식섭취 행동을 정상화시키기 위해 폭식 에피소드 이외의 식사에서 섭취 칼로리 양을 늘려 줄 필요가 있는데, 이렇게 하려는 동기는 매우 낮다(Economics, Deloitte Access, 2012). 따라서 자가치료 개입은 치료의 초기 단계에서 이런 두려움에 대해 다루어 치료 순응도를 높이고 성과를 향상시킬 수 있도록 해야 한다.

　자가치료에 더해서 치료자 가이드를 제공하면 신경성폭식증 환자들의 치료 완료율이 높아지고, 폭식을 더 절제하게 되며, 음식 제한이 더 줄어드는 것으로 알려져 있다(Winn et al., 2004). 따라서 신경성폭식증 환자들은 자가치료 프로그램을 수행할 때 더 많은 지지와 격려가 필요할 것이다. 정신건강의학 전문의(기타 보건 직종에 비해)가 가이드를 제공하는 것이 더 양호한 치료 완료율 및 핵심 성과 달성과 관련되어 있다(Winn et al., 2004). 따라서 치료 서비스를 제공할 때 비용 및 자원의 관점에서 이런 결과의 시사점을 고려할 필요가 있다. 치료 성공 가능성을 극대화시키려면 치료가 잘 진행되는지를 면밀히 감독하는 동시에 환자들이 자가치료를 잘 수행해 낼 수 있도록 가이드해 줄 수 있는 가이드 인력을 적절히 훈련시킬 필요가 있다(Winn et al., 2004).

🔵 논의 및 후속 과제

요약

연구에 의하면 온라인 자가치료 CBT는 신경성폭식증과 폭식장애에 대한 근거기반 치료에 접근성을 높여 주는 효과적인 방식으로 확인되고 있다(Perkins et al., 2004). 온라인 CBT 프로그램은 섭식장애 병리와 폭식 증상의 빈도를 감소시키는 데 있어 다른 형태의 자가치료보다 더 효과적인 것으로 보인다(Campbell et al., 2011; Perkins et al., 2004; Winn et al., 2004). 그리고 전문의의 가이드는 신경성폭식증 환자들의 치료 이행도 및 성과와 관련되어 있다. 더 나이가 들고, 음식을 제한하지 않으며, 기저선에서 체질량(BMI) 지수가 높은 폭식장애 환자 집단에서는 탈락률이 낮게 나타난다(Winn et al., 2004). ICBT 프로그램은 신경성폭식증이나 폭식장애의 효과적인 치료에 더 접근할 수 있도록 기여할 것이며, 특히 치료 전달 방식을 신중하게 고려한다면 더욱 그럴 것이다(Winn et al., 2004).

제한점

온라인 가이드 자가치료를 지지하는 증거들은 상대적으로 적은 수(대략 35개)의 연구에 기반을 두고 있다. 기존의 많은 무작위 대조연구는 규모가 작고 검증력이 부족하다(McElroy et al., 2012). 게다가 이 치료 접근법에 대한 이행도는 현재로는 다소 떨어진다(Winn et al., 2004). 연구 및 치료 탈락률은 독서치료나 CD-ROM 방식에 비해 온라인 치료법에서 가장 낮은 수준이었으며(Winn et al., 2004), 빈약한 사용자 이행도는 치료 완수 및 성과에 장애물이 될 수 있다. 그리고 온라인 치료들은 치료 내용을 다양하고 매력적인 형식으로 제공할 수 있는데, 상호작용을 가능하게 하고 사용자의 주의와 흥미를 끌 수 있을 것이다(Vocks et al., 2010). 그러나 현존하는 많은 온라인 자가치료 패키지는 대략 10~15년 전에 만들어진 것이어서 내용 면에서 다소 시대에 뒤처졌을 수 있으며, 최첨단 CBT 기법들을 포함하지 않을 수 있다(Stefano et al., 2006). 이러한 프로그램들은 기술 응용이나 그래픽 측면에서 최신 소프트웨어와 비교할 때 다소 뒤처진 것으로 보인다. 게다가 치료자 가이드가 치료 이행도 및 성과에 중요한 영향을 미치는 것으로 보이는데, 규칙적인 지원을 하려면 비용이나 실제적인 측면에서 서비스 유지가 어려울 수 있으며, 결과적으로 치료의 보급을 더 어렵게 만들 수 있다. 마지막으로, 섭식장애에 대한 ICBT 프로그램들의 비용-효과에 대한 근거 자료는 부족한 편이다.

후속 연구 제안

향후 연구 방향은 다양한 인터넷 기반 치료법들을 직접 비교하거나, 인터넷 기반 치료법들과 면대면 치료법을 비교하는 것이 될 수 있다(Campbell et al., 2011). 신경성폭식증(Haby et al., 2012)과 폭식장애 집단(de Zwaan et al., 2012)을 대상으로 ICBT와 전통적인 면대면 CBT의 효과를 비교하는 무작위 대조연구가 2개 진행되고 있으나(〈표 10-2〉 참조), 향후 연구에서 이 연구 결과들을 반복 검증하고 지지해야 할 것이다.

향후 연구는 현재의 ICBT 프로그램과 관련된 치료 이행도의 주제도 다루어야 할 것이며, 치료가 누구에게 적합한지 그리고 어떻게 해야 치료 이행도를 극대화하도록 프로그램을 발전시킬 수 있는지 등을 확립해야 할 것이다. 연구 결과

〈표 10-2〉 섭식장애 ICBT 평가 연구 진행

연구	표본	조건	기간	성과 측정
Bulik et al. (2012)	BN 환자 180명	ICBT4BN(온라인 치료) CBTF2F(면대면)	20주 (3개월, 6개월, 12개월 추수평가)	섭식장애 병리, 일반 정신병리, 몸무게, 자기효능감, 삶의질
De Zwaan et al. (2012)	BED 환자 175명	ICBT(가이드 자가치료) Individual CBT	4개월 (6개월, 18개월 추수평가)	폭식 에피소드 빈도, 섭식장애 병리, 일반 정신병리, 몸무게, 삶의질, 자존감
Aardoom et al. (2013)	경도-중도 섭식장애 증상을 보이는 참가자 (사례 수 보고 안됨)	Featback[1]: 인터넷 기반 심리교육, 관찰 및 피드백 Featback+매주 1회 지원 Featback+매주 3회 지원 WLC	8주 (3개월, 6개월 추수평가)	섭식장애 병리, 삶의질, 자존감, 변화에 대한 동기
Jenkins et al. (2014)	폭식 에피소드를 보고한 참가자 (각 집단별로 17명, 최소 51명 이상)	이메일 지원 GSH 면대면 GSH WLC	12주 (6개월 추수평가)	객관적 폭식 에피소드 빈도, 섭식 정신병리, 자존감, 기능손상, 건강보험 사용 정도

약어: WLC=대기자 통제집단, GSH=가이드 자가치료
1) 역자 주: Featback=온라인 코치가 지원하는 네델란드의 e-health program

들을 직접 비교하고 싶지만, 치료 이행도나 참여에 대한 기준이 없다는 점을 고려해야 한다(Winn et al., 2004). 향후 연구에서는 치료나 환자 특성에 따라 참여의 수준이 어느 정도가 되는지, 일정한 수준의 성과를 달성하기 위해서는 어느 수준으로 참여해야 되는지 등에 대해 다룰 수 있을 것이다. 이를 위해 연구자들은 연구 탈락률과 치료 탈락률을 구별할 필요가 있다. 치료를 마친 참가자들은 치료 후 평가에서 배제되지 말아야 할 것이며, 프로그램을 얼마나 사용했는가 하는 '사용량'에 대한 자세한 정보가 제공되어야 할 것이다(Winn et al., 2004).

기존 연구에서 또 하나 언급할 것은 온라인 자가치료 프로그램의 비용-효과를 탐구한 연구가 부족한 실정에 대한 부분이다. 향후 연구는 이 주제에 대해 다

루어야 할 것이며, 또한 각 회기들 및 치료자 가이드의 최적량을 탐구하여 최적의 가이드가 무엇인지, 좋은 가이드를 위해 무엇을 해야 하는지에 대해 알려 주어야 할 것이다(Winn et al., 2004).

결론

ICBT 프로그램들은 섭식장애 병리를 개선시키고 섭식장애 환자들에게서 폭식 증상의 빈도를 감소시키는 데 효과적인 것으로 보인다. 향후 연구는 기존 연구들의 방법론적 주제들—비용-효과, 최적의 사용량 및 가이드, 치료 이행도에 대한 주제들—에 대해 더 다룰 필요가 있다. 요약하면, 온라인 자가치료 프로그램들은 근거기반 치료에 대한 접근성을 향상시켰다는 점에서 섭식장애 치료의 빈틈을 메우는 주요한 진보라 할 수 있다.

📚 참고문헌

BEAT (2013) Waiting times equality: survey of 500 eating disorder patients. Available online at http://www.b-eat.co.uk/support-us/campaigning/waiting-times-for-treatment

Aardoom JJ, Dingemans AE, Spinhoven P, Furth EF (2013) Treating eating disorders over the internet: a systematic review and future research directions. Int J Eat Disord 46(6):539-552

Bailer U, de Zwaan M, Leisch F, Strnad A, Lennkh-Wolfsberg C, El-Giamal N, Hornik K, Kasper S (2004) Guided self-help versus cognitive-behavioural group therapy in the treatment of bulimia nervosa. Int J Eat Disord 35:522-537

Braun V, Clarke V (2006) Using thematic analysis in psychology. Qual Res Psychol 3:77-101

Bulik CM, Marcus MD, Zerwas S, Levine MD, Hofmeier S, Trace SE Kordy H (2012) CBT4BN versus CBTF2F: Comparison of online versus face-to-face treatment for bulimia nervosa. Contemporary clinical trials, 33(5):1056-1064

Campbell IC, Mill J, Uher R, Schmidt U (2011) Eating disorders, gene-environment interactions and epigenetics. Neurosci Biobehav Rev 35:784-793

Carrard I, Crépin C, Rouget P, Lam T, Golay A, Van der Linden M (2011a) Randomised controlled trial of a guided self-help treatment on the Internet for binge eating disorder. Behav Res Ther 49:482-491

Carrard I, Fernandez-Aranda F, Lam T, Nevonen L, Liwowsky I, Volkart A, Rouget P, Golay A, Van der Linden M, Norring C (2011b) Evaluation of a guided internet self-treatment programme for bulimia nervosa in several European countries. Eur Eat Disord Rev 19:138-149

Castellini G, Sauro CL, Mannucci E, Ravaldi C, Rotella CM, Faravelli C, Ricca V (2011) Diagnostic crossover and outcome predictors in eating disorders according to DSM-IV and DSM-V proposed criteria: a 6-year follow-up study. Psychosom Med 73:270-279

Clark MM, Abrams DB, Niaura RS, Eaton CA, Rossi JS (1991) Self-efficacy in weight management. J Consult Clin Psychol 59:739

Crow SJ, Agras WS, Fairburn CG, Mitchell JE, Nyman JA (2013) A cost effectiveness analysis of stepped care treatment for bulimia nervosa. Int J Eat Disord 46(4):302-307

Darby A, Hay P, Mond J, Quirk F, Buttner P, Kennedy L (2009) The rising prevalence of comorbid obesity and eating disorder behaviors from 1995 to 2005. Int J Eat Disord 42:104-108

de Zwaan M, Mitchell JE, Howell LM, Monson N, Swan-Kremeier L, Roerig JL, Kolotkin RL, Crosby RD (2002) Two measures of health-related quality of life in morbid obesity. Obes Res 10:1143-1151

de Zwaan M, Herpertz S, Zipfel S, Tuschen-Caffier B, Friederich H-C, Schmidt F, Gefeller O, Mayr A, Lam T, Schade-Brittinger C (2012) INTERBED: internet-based guided self-help for overweight and obese patients with full or subsyndromal binge eating disorder. A multicenter randomized controlled trial. Trials 13:220

Delinsky SS, Latner JD, Wilson GT (2006) Binge eating and weight loss in a self-help behavior modification program. Obesity 14:1244-1249

Dickerson JF, DeBar L, Perrin NA, Lynch F, Wilson GT, Rosselli F, Kraemer HC, Striegel-Moore RH (2011) Health-service use in women with binge eating disorders. Int J Eat Disord 44:524-530

Economics, Deloitte Access (2012) Paying the price: the economic and social impact of eating disorders in Australia. NSW, Australia: The Butterfly Foundation

Fairburn CG, Cooper Z, Doll HA, O'Connor ME, Palmer RL, Dalle Grave R (2013) Enhanced cognitive behaviour therapy for adults with anorexia nervosa: a UK-taly study. Behav Res Ther 51:R2-R8

Fernández-Aranda F, Núñez A, Martínez C, Krug I, Cappozzo M, Carrard I, Rouget P, Jiménez-Murcia S, Granero R, Penelo E (2009) Internet-based cognitive-behavioural therapy for bulimia nervosa: a controlled study. Cyber Psychol Behav 12:37-41

Fichter, M, Quadflieg N, Nisslmuller K, Lindner S, Osen B, Huber T Wunsch-Leiteritz W (2012) Does internet-based prevention reduce the risk of relapse for anorexia nervosa? Behaviour research and therapy 50(3):180-190

Group TCfEPsMHP (2012) How mental illness loses out in the NHS

Grover M, Naumann U, Mohammad-Dar L, Glennon D, Ringwood S, Eisler I, Williams C,

Treasure J, Schmidt U (2011) A randomized controlled trial of an Internet-based cognitive-behavioural skills package for carers of people with anorexia nervosa. Psychol Med 20:1-11

Haby MM, Markwick A, Peeters A, Shaw J, Vos T (2012) Future predictions of body mass index and overweight prevalence in Australia, 2005-2025. Health Promot Int 27:250-260

Hay P (2013) A systematic review of evidence for psychological treatments in eating disorders:2005-2012. Int J Eat Disord 46:462-469

Hay PJ, Mond J, Buttner P, Darby A (2008) Eating disorder behaviors are increasing: findings from two sequential community surveys in South Australia. PLoS One 3:e1541

Hay P, Bacaltchuk J, Stefano S, Kashyap P (2009) Psychological treatments for bulimia nervosa and binging. Cochrane Database Syst Rev 4:CD000562

Hay P, Buttner P, Mond J, Paxton SJ, Rodgers B, Quirk F, Darby A (2010) Quality of life, course and predictors of outcomes in community women with EDNOS and common eating disorders. Eur Eat Disord Rev 18:281-295

Hoek HW, Van Hoeken D (2003) Review of the prevalence and incidence of eating disorders. Int J Eat Disord 34:383-396

Hoyle D, Slater J, Williams C, Schmidt U, Wade TD (2013) Evaluation of a web-based skills intervention for carers of people with anorexia nervosa: A randomized controlled trial. International Journal of Eating Disorders 46(6):634-638

Hudson JI, Hiripi E, Pope HG Jr, Kessler RC (2007) The prevalence and correlates of eating disorders in the National Comorbidity Survey Replication. Biol Psychiatry 61:348-358

Hudson JI, Lalonde JK, Coit CE, Tsuang MT, McElroy SL, Crow SJ, Bulik CM, Hudson MS, Yanovski JA, Rosenthal NR (2010) Longitudinal study of the diagnosis of components of the metabolic syndrome in individuals with binge-eating disorder. Am J Clin Nutr 91:1568-1573

Jenkins PE, Luck A, Burrows A, Boughton N (2014) Comparison of face-to-face versus email guided self-help for binge eating: study protocol for a randomised controlled trial. Trials, 15(1):181

Jones M, Luce KH, Osborne MI, Taylor K, Cunning D, Doyle AC, Taylor CB (2008) Randomized, controlled trial of an internet-facilitated intervention for reducing binge eating and overweight in adolescents. Pediatrics,121(3):453-462

Keski-Rahkonen A, Hoek H, Linna M, Raevuori A, Sihvola E, Bulik C, Rissanen A, Kaprio J (2009) Incidence and outcomes of bulimia nervosa: a nationwide population-based study. Psychol Med 39:823-831

Kessler RC, Berglund PA, Chiu WT, Deitz AC, Hudson JI, Shahly V, Aguilar-Gaxiola S, Alonso J, Angermeyer MC, Benjet C, Bruffaerts R, de Girolamo G, de Graaf R, Maria Haro J, Kovess-Masfety V, O'Neill S, Posada-Villa J, Sasu C, Scott K, Viana MC, Xavier M (2013) The prevalence and correlates of binge eating disorder in the World Health Organization World Mental Health Surveys. Biol Psychiatry 73:904-914, http://dx.doi.org/10.1016/

j.biopsych.2012.11.020

King TK, Clark MM, Pera V (1996) History of sexual abuse and obesity treatment outcome. Addict Behav 21:283-290

Ljotsson B, Lundin C, Mitsell K, Carlbring P, Ramklint M, Ghaderi A (2007) Remote treatment of bulimia nervosa and binge eating disorder: A randomized trial of Internet-assisted cognitive behavioural therapy. Behaviour Research and Therapy, 45(4):649-661

Loeb KL, Wilson GT, Gilbert JS, Labouvie E (2000) Guided and unguided self-help for binge eating. Behav Res Ther 38:259-272

McClay C-A, Waters L, McHale C, Schmidt U, Williams C (2013) Online cognitive behavioural therapy for bulimic type disorders, delivered in the community by a nonclinician: qualitative study. J Med Internet Res 15(3). p. e46

McElroy SL, Guerdjikova AI, Mori N, O'Melia AM (2012) Current pharmacotherapy options for bulimia nervosa and binge eating disorder. Expert Opin Pharmacother 13:2015-2026

Mehler PS (2011) Medical complications of bulimia nervosa and their treatments. Int J Eat Disord 44:95-104

Mond JM, Hay PJ, Rodgers B, Owen C (2009) Comparing the health burden of eating-disordered behavior and overweight in women. J Womens Health 18:1081-1089

Morris R (1979) Conceiving the self. Basic Books, New York

Murray K, Pombo-Carril MG, Bara-Carril N, Grover M, Reid Y, Langham C, Birchall H, Williams C, Treasure J, Schmidt U (2003) Factors determining uptake of a CD-ROM-based CBT self-help treatment for bulimia: patient characteristics and subjective appraisals of self-help treatment. Eur Eat Disord Rev 11:243-260. doi:10.1002/erv.519

Musiat P, Schmidt U (2010) Self-help and stepped care in eating disorders. In: W.S. Agras (Ed.), The Oxford handbook of eaing disorders, Oxford University Press, New York, pp. 386-401

National Institute for Health and Care Excellence (NICE) (2009) Eating disorders: core interventions in the treatment and management of anorexia nervosa, bulimia nervosa and related eating disorders. [CG9] Available online: https://www.nice.org.uk/guidance/cg009

Palmer RL, Birchall H, McGrain L, Sullivan V (2002) Self-help for bulimic disorders: a randomised controlled trial comparing minimal guidance with face-to-face or telephone guidance. Br J Psychiatry 181:230-235

Pasold TL, McCracken A, Ward-Begnoche WL (2013) Binge eating in obese adolescents: emotional and behavioural characteristics and impact on health-related quality of life. Clin Child Psychol Psychiatry 19(2):299-312

Patton GC, Coffey C, Carlin JB, Sanci L, Sawyer S (2008) Prognosis of adolescent partial syndromes of eating disorder. Br J Psychiatry 192:294-299

Perkins S, Winn S, Murray J, Murphy R, Schmidt U (2004) A qualitative study of the experience of caring for a person with bulimia nervosa. Part 1: the emotional impact of caring. Int J

Eat Disord 36:256-268

Pohjolainen V, Räsänen P, Roine RP, Sintonen H, Wahlbeck K, Karlsson H (2010) Costutility of treatment of bulimia nervosa. Int J Eat Disord 43:596-602

Polnay A, James V, Hodges L, Murray G, Munro C, Lawrie S (2013) Group therapy for people with bulimia nervosa: systematic review and meta-analysis. Psychol Med 44(11):2241-2254

Poulsen S, Lunn S, Daniel SI, Folke S, Mathiesen BB, Katznelson H, Fairburn CG (2013) A randomized controlled trial of psychoanalytic psychotherapy or cognitive-behavioural therapy for bulimia nervosa. Am J Psychiatry 171:109-116

Pretorius N, Arcelus J, Beecham J, Dawson H, Doherty F, Eisler I, Gallagher C, Gowers S, Isaacs G, Johnson-Sabine E (2009) Cognitive-behavioural therapy for adolescents with bulimic symptomatology: the acceptability and effectiveness of internet-based delivery. Behav Res Ther 47:729-736

Pretorius N, Rowlands L, Ringwood S, Schmidt U (2010) Young people's perceptions of and reasons for accessing a web-based cognitive behavioural intervention for bulimia nervosa. Eur Eat Disord Rev 18:197-206

Robins RW, Hendin HM, Trzesniewski KH (2001) Measuring global self-esteem: construct validation of a single-item measure and the Rosenberg self-esteem scale. Pers Soc Psychol Bull 27:151-161

Robinson P, Serfaty M (2008) Getting better byte by byte: a pilot randomised controlled trial of email therapy for bulimia nervosa and binge eating disorder. European Eating Disorders Review, 16(2):84-93

Sánchez-Ortiz V, House J, Munro C, Treasure J, Startup H, Williams C, Schmidt U (2011a) "Acomputer isn't gonna judge you": a qualitative study of users' views of an internet-based cognitive behavioural guided self-care treatment package for bulimia nervosa and related disorders. Eat Weight Disord EWD 16:e93

Sánchez-Ortiz V, Munro C, Stahl D, House J, Startup H, Treasure J, Williams C, Schmidt U (2011b) A randomized controlled trial of internet-based cognitive-behavioural therapy for bulimia nervosa or related disorders in a student population. Psychol Med 41:407

Sanderson K, Patton GC, McKercher C, Dwyer T, Venn AJ (2011) Overweight and obesity in childhood and risk of mental disorder: a 20-year cohort study. Aust N Z J Psychiatry 45:384-392

Shapiro JR, Reba-Harrelson L, Dymek-Valentine M, Woolson SL, Hamer RM, Bulik CM (2007) Feasibility and acceptability of CD-ROM-based cognitive-behavioural treatment for bingeeating disorder. European Eating Disorders Review 15(3): 175-184

Sherer M, Maddux JE, Mercandante B, Prentice-Dunn S, Jacobs B, Rogers RW (1982) The self-efficacy scale: construction and validation. Psychol Rep 51:663-671

Simon J, Schmidt U, Pilling S (2005) The health service use and cost of eating disorders. Psychol Med 35:1543-1551

Skevington SM, Lotfy M, O'Connell KA (2004) The World Health Organization's WHOQOL-BREF quality of life assessment: psychometric properties and results of the international field trial. A report from the WHOQOL group. Qual Life Res 13:299-310

Smink FR, van Hoeken D, Hoek HW (2013) Epidemiology, course, and outcome of eating disorders. Curr Opin Psychiatry 26:543-548

Spindler A, Milos G (2007) Links between eating disorder symptom severity and psychiatric comorbidity. Eat Behav 8:364-373

Stefano S, Bacaltchuk J, Blay S, Hay P (2006) Self-help treatments for disorders of recurrent binge eating: a systematic review. Acta Psychiatr Scand 113:452-459

Steiger H, Bruce KR (2007) Phenotypes, endophenotypes, and genotypes in bulimia spectrum eating disorders. Can J Psychiatry Revue Canadienne de psychiatrie 52:220-227

Stice E, Marti CN, Rohde P (2013) Prevalence, incidence, impairment, and course of the proposed DSM-5 eating disorder diagnoses in an 8-year prospective community study of young women. J Abnorm Psychol 122:445

Striegel-Moore RH, Dohm FA, Kraemer HC, Schreiber GB, Crawford PB, Daniels SR (2005) Health services use in women with a history of bulimia nervosa or binge eating disorder. Int J Eat Disord 37:11-18

Stuhldreher N, Konnopka A, Wild B, Herzog W, Zipfel S, Löwe B, König HH (2012) Cost-of-illness studies and cost-effectiveness analyses in eating disorders: a systematic review. Int J Eat Disord 45:476-491

Sysko R, Walsh BT (2008) A critical evaluation of the efficacy of self-help interventions for the treatment of bulimia nervosa and binge-eating disorder. Int J Eat Disord 41:97-112

Thiels C, Schmidt U, Treasure J, Garthe R (2003) Four-year follow-up of guided self-change for bulimia nervosa. Eat Weight Disord EWD 8:212

Traviss GD, Heywood-Everett S, Hill AJ (2011) Guided self-help for disordered eating: a randomised control trial. Behav Res Ther 49:25-31

Treasure J, Russell G (2011) The case for early intervention in anorexia nervosa: theoretical exploration of maintaining factors. Br J Psychiatry 199:5-7

Treasure J, Claudino AM, Zucker N (2010) Eating disorders. Lancet 375:583-593

Trottier K, McFarlane T, Olmsted MF, McCabe R (2013a) The weight influenced self-esteem questionnaire (WISE-Q): factor structure and psychometric properties. Body Image 10(1):112-120

Trottier K, McFarlane T, Olmsted MP (2013b) A test of the weight-based self-evaluation schema in eating disorders: understanding the link between self-esteem, weight-based self-evaluation, and body dissatisfaction. Cogn Therapy Res 37:122-126

Vaz AR, Conceição E, Machado PP (2014) Early response as a predictor of success in guided self-help treatment for bulimic disorders. Eur Eat Disord Rev 22:59-65

Vocks S, Tuschen-Caffier B, Pietrowsky R, Rustenbach SJ, Kersting A, Herpertz S (2010) Meta-analysis of the effectiveness of psychological and pharmacological treatments for binge eating disorder. Int J Eat Disord 43:205-217

Wagner G, Penelo E, Wanner C, Gwinner P, Trofaier ML, Imgart H, Karwautz AF (2013) Internetdelivered cognitive-behavioural therapy v. conventional guided self-help for bulimia nervosa: long-term evaluation of a randomised controlled trial. The British Journal of Psychiatry, 202(2):135-141

Waller G, Stringer H, Meyer C (2012) What cognitive behavioural techniques do therapists report using when delivering cognitive behavioural therapy for the eating disorders? J Consult Clin Psychol 80:171

Wilson GT, Zandberg LJ (2012) Cognitive-behavioral guided self-help for eating disorders: effectiveness and scalability. Clin Psychol Rev 32:343-357

Wilson GT, Wilfley DE, Agras WS, Bryson SW (2010) Psychological treatments of binge eating disorder. Arch Gen Psychiatry 67:94

Winn S, Perkins S, Murray J, Murphy R, Schmidt U (2004) A qualitative study of the experience of caring for a person with bulimia nervosa. Part 2: carers' needs and experiences of services and other support. Int J Eat Disord 36:269-279

Winn S, Perkins S, Walwyn R, Schmidt U, Eisler I, Treasure J, Berelowitz M, Dodge L, Frost S, Jenkins M (2007) Predictors of mental health problems and negative caregiving experiences in carers of adolescents with bulimia nervosa. Int J Eat Disord 40:171-178

Woodruff SL, Cashman JF (1993) Task, domain, and general efficacy: a reexamination of the self-efficacy scale. Psychol Rep 72:423-432

Yanovski SZ (2003) Binge eating disorder and obesity in 2003: could treating an eating disorder have a positive effect on the obesity epidemic? Int J Eat Disord 34:S117-120. doi:10.1002/eat.10211

역자 부록

※ 본문에 소개된 ICBT 프로그램 중에 폭식증 극복하기 온라인(OBO) 프로그램
의 내용을 추가로 소개하면 다음과 같다.

폭식증 극복하기 온라인(OBO)

1. 사이트: www.overcomingbulimia.com

   ※ 사이트는 유료로 운영되는 것으로 보인다.

2. 개발/운영: Chris Williams, 영국 글래스고 대학 / Five Areas Ltd

3. 개요

OBO 코스는 신경성폭식증 및 관련 섭식장애를 겪는 환자들을 위해 고안되었
다. OBO는 인지행동치료 이론의 심리교육적 접근에 근거한다. OBO를 통해 신경
성폭식증에 대한 새로운 정보를 알게 되고, 어려움을 극복할 수 있는 새로운 기술
들을 배울 수 있다.

4. 구성

OBO는 음식 및 섭취에 대한 사용자의 생각, 감정, 행동을 변화시키는 8개 세션
으로 구성되어 있다. 각 세션의 내용은 다음과 같다.

1) 소개: 신경성폭식증이란 무엇인가?
2) 나는 왜 신경성폭식증에 걸렸는지 이해하기
3) 어떻게 변화할 수 있을까?
4) 신경성폭식증에서 사고의 역할
5) 주장 및 활동 증진시키기
6) 문제 해결하기

7) 더 충만하게 인생을 살아가기

8) 미래 계획 및 복습

5. 참가방법

참가자들은 편한 시간에 편한 세션에 참여할 수 있다. 대략 1~2주에 한 세션을 완수할 수 있고, 총 3~4개월이 소요된다.

각 세션마다 워크북이 제공되며 이를 내려받아 출력할 수 있다.

각 세션의 마지막 부분에는 다음 세션으로 가기 전에 완수해야 할 과제들이 제시된다. 이 과제를 통해 학습한 것을 실천에 옮길 수 있다.

6. 주의사항

OBO는 신경성폭식증에 대한 중요 정보를 제공하며, 참가자들이 비합리적 사고와 행동을 이해하고 단계적으로 변화의 길로 갈 수 있도록 돕는 역할을 한다. 그러나 OBO가 직접적인 치료적 도움/지원을 제공하지는 않는다. 따라서 만일 위태롭게 여겨질 경우 스스로 치료기관을 찾아가야 한다.

7. 기타 사항

- Reminders: 텍스트 또는 이메일 알리미를 제공한다.
- Downloads: 각 세션에 대한 워크북은 '다운로드' 페이지에서 제공된다. 이 밖에도 활동일지나 실천 계획표 등 자료도 제공하며, 음성으로 된 불안조절 훈련(Anxiety Control Training) 파일도 제공한다.
- Urgent Help: 긴급한 도움이 필요할 경우, 홈페이지에 제시된 국립보건서비스에 접촉한다.
- Technical Support: 웹사이트 사용에 어려움이 있을 경우 FAQ를 참조한다.

제11장

아동과 청소년 정서 · 행동 문제의 인터넷 기반 인지행동치료

🖋 Susan H. Spence, Sonja March, Sarah Vigerland, & Eva Serlachius

이 장은 아동과 청소년의 정서 및 행동 장애 치료 분야에서 인터넷 기반 인지행동치료(ICBT)의 개발 및 평가에 대해 다룬다. 현재까지는 ICBT 평가 대부분이 성인에게 초점을 맞추었지만, ICBT를 어린 연령대에 적용하는 연구들이 빠르게 늘고 있다. 지금까지의 결과는 고무적인데, 연구들은 다양한 심리장애 증상의 감소 측면에서 그리고 정서적인 웰빙과 심리사회적 기능의 향상 측면에서 긍정적인 결과들을 보고하고 있다. 그러나 아직 연구는 초기 단계이며, ICBT를 어린 연령대에 적용하는 것의 효과성에 대해서 확실한 결론을 내리기는 어렵다. ICBT가 활용되는 방식이 매우 다양하기 때문에 치료자 참여 수준, 보호자 참가 여부, 집단 온라인 상호작용, 인터넷 자료의 유형과 같은 치료 전달 형식에서 어떤 것이 가장 효과적인지 밝히는 것은 쉽지 않다. 이러한 제약에도 불구하고 최적의 접근법을 결정하기 위해 어린 연령 대상의 ICBT 개발 및 평가에 있어서 지속적인 연구가 필요하다고 지금까지의 증거들은 말하고 있다. 분명한 것은 아동과 청소년들이 ICBT를 매우 적합한 치료 방식이라 생각한다는 점이다. 그럼에도 불구하고 내담자 참여, 동기부여 그리고 치료 내용에 대한 순응도를 증가시키는 방법을 발견하는 것은 어려운 일이 될 수 있다.

🔵 도입

아동 및 청소년의 정서 및 행동 문제는 그들과 가족에게 고통과 갈등을 초래한다는 점에서 중요한 주제이다. 또 이 문제들로 인해 공동체는 비용부담을 지게 되는데, 치료를 제공하는 측면이라든지 또는 치료받지 않고 내버려 두었을 경우 생길 수 있는 해로운 심리사회적 영향 측면에서 그러하다. 많은 유병률 연구가 세계 여러 나라에 걸쳐 실시되었다. 정의나 방법론이 다르기 때문에 정확한 수치는 연구마다 차이가 있다. 현재까지 시행된 것 중 가장 큰 규모의 한 연구에서는, 미국 자료를 기준으로 할 때 13~17세 사이에 적어도 한 가지 이상의 정신건강 문제를 보이는 유병률이 12개월의 경우 40.3%, 그리고 30일의 경우 23.4%였다(Kessler et al., 2012). 지난 12개월 동안 정신건강 문제가 있는 것으로 진단받은 대상자 중 대략 45% 정도만이 어떤 형식으로든 치료를 받았다. 그리고 주의력결핍과잉행동장애(ADHD), 품행장애(conduct disorder), 적대적 반항장애(oppositional defiant disorder)의 경우에는 우울이나 불안장애의 경우보다 치료적 도움을 더 받은 것으로 보인다(Costello et al., 2014). 어린 아동에게서 정신건강 문제의 유병률은 걱정스러운데, 비록 유병률이 낮다 해도 이것이 연령에 따라 점차 증가하기 때문이다(Merikangas et al., 2010).

어린 연령층의 정신건강 문제는 치료를 받지 않아도 자동적으로 사라질 것이라고 가정할 수 없으며, 많은 아동·청소년은 반복적인 증상과 공병장애를 보이고 있다(Kessler et al., 2012). 따라서 이것은 아동 및 청소년의 정서·행동 문제들을 치료할 때 조기개입이 필요한 강력한 근거이며, 가능한 한 많은 사람이 효과적인 치료를 받을 수 있도록 보장해 주어야 한다.

어린 연령대를 위한 ICBT의 잠재적 이점

아동, 청소년 및 그 가족들은 근거기반 정신보건 서비스를 제공받을 권리가 있으며, 서비스에 대한 접근이 지리적 요인, 사회경제적 조건, 연령, 성별, 성적 지향 또는 장애 여부에 따라 달라져서는 안 된다. 그러나 어린 연령층의 정신건강 문제 유병률이 높다는 점을 고려할 때, 현재의 정신건강 서비스 내에서 정서 및 행동적 어려움을 겪고 있는 모든 아동 · 청소년을 치료할 수 있을 만큼 충분한 수의 숙련된 치료자를 제공하는 데는 한계가 있다. 따라서 필연적으로 우리는 근거기반 심리치료를 폭넓게 활용할 수 있는 새롭고 효과적인 방법을 개발하고 제공하여야 할 것이다. 지역 내 임상 서비스가 부족하고 오랫동안 대기하여야 한다는 점 외에도 어린 연령대가 도움을 구하지 않는 이유들이 몇 가지 더 있는데, 그것은 문제가 있다는 인식의 결여, 정신건강의학 클리닉에 다님으로 인한 낙인효과와 관련된 당혹감과 걱정, 비밀보장에 대한 염려, 가용한 서비스에 대한 지식 부족, 재정적 염려 등이다(Boyd et al., 2007).

인지행동치료(CBT)는 우울, 불안장애, 품행장애 등 아동 및 청소년의 폭넓은 정신건강 문제를 치료하는 데 효과적이라고 알려져 있다(James et al., 2013; McDermott et al., 2010; Scott, 2008). 청소년의 섭식장애에 대한 CBT 효과 연구는 부족한 편이지만 기초 자료들은 긍정적인 결과를 보여 주고 있는데, 다만 많은 경우 가족기반 치료법을 통한 긍정적인 효과가 합쳐진 결과이기는 하다(Gowers, 2006). 인터넷을 이용한 구조화된 CBT(ICBT) 활용은 어린 연령대의 치료가능성을 높이는 잠재력을 가지고 있다. ICBT는 치료자가 환자당 시간을 덜들일 수 있고, 치료자와 환자 사이의 지리적 거리감의 효과를 배제할 수 있으며, 환자들은 꼭 낮 동안에 예약을 잡을 필요도 없다. 부모와 아동들은 모두 인터넷을 통한 치료를 수용할 수 있다고 밝혔으며, 융통성과 익명성을 주요 강점으로 꼽았다(Stallard et al., 2010). ICBT는 또한 환자의 자율성을 강조하는 효과도 지니는데, 환자들이 치료를 어디서 언제 받을지 결정할 수 있게 해 주기 때문이다. 또 ICBT는 환자가 치료 종료 후에도 활용할 수 있는 기술을 가르쳐 줄 수 있으며, 온라인 플랫폼은 필요할 때마다 교육내용을 반복 수행할 수 있는 기회를 제공하는데 이는 잠재적으로 환자의 자기효능감을 증진시킬 수 있다.

아동, 청소년 및 가족을 위한 부수적 장점

특별히 ICBT가 아동, 청소년 및 가족을 위한 치료라 할 수 있는 ICBT의 부수적 이점들이 있다.

첫째, 인터넷은 어린 연령대에 익숙한 매개체이며, 많은 경우 그들이 선호하는 의사소통 방식이다. 연구에 의하면 어린 연령대는 이미 인터넷을 의사소통의 주요 양식으로 사용하고 있으며, 생각과 감정을 대면접촉에서 보다 더 쉽게 나눌 수 있다(Livingstone & Bober, 2004). 특히 사회불안이 있는 청소년들의 경우 인터넷이 친밀한 자기개방에 유용한 도구라고 본다(Valkenburg & Peter, 2007). 이와 유사하게, 인터넷은 자폐스펙트럼장애를 지닌 사람들에게 좀 더 편안한 형태의 의사소통 기회를 제공하는데, 대면접촉을 하지 않아도 되고 상호작용의 속도를 더 유연하게 조절할 수 있기 때문이다(Benford & Standen, 2009).

둘째, ICBT는 자녀들이 치료에 관여하는 부모들 그리고 치료회기에 참석하기 위해 직장에 월차를 내야 하는 부모들에게 특히 유용할 수 있다. 게다가 만일 부모 중 한 명만이 치료에 참여할 수 있거나, 부모들이 따로 살아서 한쪽 부모만 치료에 참여하는 상황에서도 ICBT는 전통적인 대면접촉 회기라면 참석할 수 없었던 부모와 소통하거나 정보를 제공하는 방법이 될 수 있다.

여기서 ICBT가 전문 치료자에 의해 행해지는 전통적인 CBT를 대체해야 한다고 주장하는 것은 아니다. 그보다는 ICBT의 활용을 통해 온전히 대면접촉으로 진행되는 치료에 비해 더 많은 환자에게 치료의 기회를 제공할 수 있음을 제안하는 것이다.

🔵 어린 연령대의 정서 및 행동 문제를 다룬 ICBT의 효과 연구 개관

여기서는 인터넷으로 보급되는 CBT의 효과 평가에만 초점을 맞출 것인데, 지면의 한계로 인해 CD-ROM, 화상회의, 가상현실 등의 다양한 컴퓨터 기법을 활용한 치료들을 언급하지 않을 뿐 아동 및 청소년의 정신건강 문제 치료에 있어서 이 기법들의 잠재력을 부정하는 것은 아니다. 인터넷은 이제 널리 보급되어 정신건강 전문가에게 온라인 교육을 제공하며, 정신건강 문제의 특징, 치료 유형, 치료 접근성 등에 대한 정보를 임상가, 부모 및 어린 연령대 모두에게 제공하는 원천으로 활용되고 있다. 다시 말하지만, 이러한 인터넷의 중요한 쓰임새를 언급하는 것은 여기서 다룰 범위를 벗어난다. 그 대신 여기서는 인터넷을 활용하여 치료 요소를 제공하며, 치료자와의 직접 접촉이 없거나 최소화한 치료법들에 초점을 맞출 것이다.

현재 인터넷을 통해 시행되는 어린 연령대용 심리치료의 개발 및 평가에 대한 수많은 연구가 있으며, 이 연구들은 생각할 수 있는 거의 모든 정서 및 행동 장애들을 다루고 있다. 그러나 아래에서 언급하겠지만, 이 분야에서 무작위 대조연구는 여전히 거의 없는 실정이다. 가장 일반적으로 사용되는 접근법은 CBT이며, 이는 의심할 여지 없이 CBT가 잘 구조화되어 있어 인터넷으로 전달하기에 적합하고, 매뉴얼화하기도 쉬우며, 시간 절약적인 속성을 지니기 때문이다. 접근법들은 치료자 개입의 수준에 따라 조금씩 다른데, 대부분의 프로그램에서 임상가가 피드백 또는 관찰 점검을 적어도 몇 차례는 하게 된다(Jones et al., 2008; March et al., 2009; Spence et al., 2011; Vigerland et al., 2013). 아동이나 가족들에게서 치료 순응도가 낮은 문제가 발생할 수 있는데, 이는 순전히 자가치료 형태이거나 또는 학급에서 선생님을 감독자로 프로그램을 실시하는 경우와 같이 지원이 최소로 이루어질 때 특히 그러하다(O'Kearney et al., 2009).

또 ICBT 연구 결과는 부모의 참여 수준에 따라 차이를 보였다. 예를 들어, 유분증(Ritterband et al., 2013)이나 파괴적 행동(Sanders et al., 2012)을 보이는 어린 아동들의 문제를 다룰 때 오직 부모들에게만 처치가 행해지는 경우가 있다. 다른 경우에 사춘기 청소년들의 금연이나 우울 프로그램에서는 처치가 오직 청소년들에게만 이루어졌으며(O'Kearney et al., 2009; Patten et al., 2006), 아동 불안을 다루는 연구에서는 부모와 아동 모두가 참여하기도 하였다(March et al., 2009;

Spence et al., 2011). 치료법들은 프로그램의 길이, 프로그램 내용이 전달되는 방식에서 얼마나 상호작용이 이루어지는가, 내려받을 수 있는 시청각적 자료가 있는가, 읽기 자료들이 얼마나 제공되는가, 과제완수 요구가 있는가 등에서 다양한 차이가 있다. 온라인 심리치료의 효과성에 대한 연구 결과를 해석할 때는 이런 주제들을 고려해야 할 것이다. ICBT를 전달하는 가장 이상적인 형식을 결정하는 것은 아직은 요원한 일이다.

파괴적 행동과 물질남용에 대한 ICBT

파괴적 행동장애

적대적 반항장애(oppositional defiant disorder)와 품행장애(conduct disorder)에 대한 대부분의 연구는 부모훈련 접근에 초점을 맞춰 왔다. 예를 들어, Sanders와 동료들은 트리플 P 프로그램[1]의 온라인 버전에 대해 검토하는 연구를 수행하였다(Sanders et al., 2012). 이 연구에서는 파괴적 행동 문제가 있는 2~9세 아동들의 부모 116명을 온라인 프로그램과 통제집단에 무선 할당하였는데, 통제집단은 부모들이 인터넷에 접속하는 것은 허용하지만 특별한 치료는 받지 않는 집단이었다. 치료집단에서 부모들은 8개 모듈을 통해 양육 기술을 배웠는데, 참여한 부모 중 43%가 모든 모듈을 완수하였다. 온라인 프로그램에서는 통제집단에 비해 아동 행동 및 양육 스타일에서 유의미한 향상이 나타났으며, 이런 성과는 6개월 추수평가에서도 유지되었다. 후속 비열등성 연구에서는 온라인 버전과 자가치료 워크북 버전의 트리플 P 프로그램 간에 효과 차이는 없는 것으로 나타났고(Sanders et al., 2014), 치료 사후평가에서는 이 두 조건 모두에서 임상적 진보가 나타났으며, 이는 6개월 추수평가에서도 유지되었다. 이 연구는 Enebrink와 동료들(2012)이 보고한 유사한 연구와 함께 온라인 치료가 아동기 품행 문제의 치료에 기여할 수 있음을 시사한다. 아마 가장 어려운 것은, 부모들

---

1) 역자 주: 트리플 P는 '긍정적으로 양육하기 프로그램(Positive Parenting Program)'의 약자로, 사회학습, 인지행동이론 및 자기조절이론에 근거를 둔 양육 지원 프로그램이다.

이 이런 프로그램을 수강하고 프로그램 종결 시까지 내용에 참여하도록 격려하는 방법을 찾는 것이 될 것이다.

약물남용

담배, 알코올, 불법약물 등의 물질남용 문제를 예방하거나 감소시키기 위해 다양한 인터넷 프로그램이 개발되어 왔다. 예를 들어, Schinke와 동료들(2011)은 무작위 대조연구 방법으로 가족 상호작용 이론에 기반을 둔 10회기 프로그램의 효과를 살펴보았는데, 이 프로그램은 청소년기 아프리카계 미국인 또는 히스패닉계 미국인 딸과 그 엄마들 간의 관계를 개선시키는 것이 목표였다. 연구 결과, 통제집단에 비해 치료집단의 소녀들은 덜 우울해하였고, 담배나 알코올 및 약물을 거부하는 능력에서 상대적으로 높은 효능감을 보고하였으며, 알코올 사용을 덜 하였고, 이후에 스스로 다시 담배, 알코올 또는 처방약을 사용하게 될 것이라는 기대치도 낮아졌다. 이 치료 프로그램에 대한 다른 무작위 대조연구들을 살펴보면, 10~14세 소녀들에게서 약물남용의 예방에 긍정적 효과가 있었으며(Fang et al., 2010), 후기 청소년기 도시 젊은이들의 알코올남용을 예방하였고(Schwinn & Schinke, 2010), 청소년기 소녀들 사이에서 미성년 음주를 줄였으며(Schinke et al., 2009a), 11~13세 소녀들에게서 약물남용을 예방하는 효과가 나타났다(Schinke et al., 2009b).

또 Schwinn과 동료들(2010)은 리얼틴(RealTeen) 프로그램이란 것을 개발하였는데, 이것은 인터넷 기반의 12회기 프로그램으로, 일반적인 개인 및 사회기술 훈련, 약물 사용 정보 제공 그리고 또래 청소년기 소녀들 사이에서 약물을 거절하는 기술을 통합한 프로그램이었다. 이 자가치료법은 프로그램 내용을 통해 기술을 발전시키는 것뿐만 아니라 블로그, 펜팔, 개인 일기 기능을 통합하였다. 6개월 추수평가에서 치료집단의 소녀들은 통제집단에 비해 마리화나 및 전체 약물 남용에서 낮은 수준을 보고하였다.

이런 프로그램들은 긍정적인 결과를 산출해 오고는 있지만, 장기적인 효과는 아직 더 검토되어야 한다. 어린 연령대의 다른 모집단에게도 해당되겠지만, 효과가 치료의 직접적인 결과인지 아니면 불특정적인 치료효과를 반영하는 것인지도 명확하지는 않다. 관심-위약 통제집단을 모집하여 대조연구를 실시할 필요가 있을 것이다 .

섭식장애와 신체 이미지 문제

　10대 소녀들에게 신체 이미지(body image)나 섭식 문제가 상대적으로 많이 발생한다는 점을 고려할 때, 이들이 치료법을 쉽게 이용할 수 있어야 한다는 점은 중요하다. 현재까지 대부분의 연구는 성인 집단에 초점을 맞추고 있으며, 최근한 개관 연구에서 섭식 증상 치료에 있어서 ICBT가 효과 있다는 제안이 있었다(Aardoom et al., 2013). 청소년들에 대해서는 Heinicke와 동료들(2007)이 스스로 신체 이미지 또는 섭식 문제가 있다고 보고한 12~18세의 사춘기 소녀들을 위한 온라인 프로그램을 개발하고 평가하였다. 이 치료법은 매주 90분의 소집단 동기화 온라인 토론 회기를 총 6회 하도록 구성되어 있는데, 채팅방과 내용 지침서를 제공하며 이 과정을 치료자가 촉진시킨다. 치료집단은 대기자 통제집단에 비해 사후평가에서 신체 불만족, 섭식문제, 우울감에서 임상적으로 유의미한 향상을 보였고, 이 효과는 6개월 추수평가에서도 유지되었다.

　Jones와 동료들(2008) 역시 남녀 청소년을 대상으로 한 16회기 인터넷 촉진 프로그램의 긍정적인 결과를 보고하였는데, 이 프로그램은 심리교육뿐만 아니라 식이요법, 운동 및 사고의 자가모니터링, 비동시 토론그룹 그리고 부모용 핸드북으로 구성되어 있었다. 참가자들에게는 매주 강화, 격려, 동기부여 메시지를 담은 편지가 발송되었다. 대기자 통제집단에 비해 프로그램 참가자들은 체질량지수, 폭식, 체중과 신체 이미지에 대한 염려에서 상당한 향상이 나타났다.

　Pretorius와 동료들(2009)은 신경성폭식증 또는 폭식 증상을 지닌 섭식장애를 겪는 13~20세 참가자들을 대상으로 한 프로그램을 개발하고 경험적으로 검증하였다. 치료는 총 8회기의 30~40분 정도의 양방향 멀티미디어 웹 기반 CBT 회기로 구성되었는데, 각 회기마다 작업지, 과제 및 불안감소 오디오 회기가 따라왔다. 게시판을 통해 참가자 간 지지가 가능하였으며, 이메일로 지지와 조언을 제공하는 온라인 치료자가 있었다. 대조군이 있는 연구는 아니었지만, 참가자들은 치료 전과 치료 후 사이에 섭식장애 증상과 병원 이용이 유의미하게 줄었으며, 이 효과는 6개월 추수평가에서도 유지되었다. 그러나 연구자들은 청소년 대다수가 여전히 증상을 보고한다고 하였다. 또 모든 회기를 완수하는 것과 증상 개선 수준 간에 유의미한 상관이 있는지 명확하지 않았다.

반복하자면, 이러한 어린 연령대 집단에 대한 연구 결과들은 고무적이긴 하지만 현재까지의 연구 결과들로 치료효과에 대한 확고한 결론을 내리기에는 아직 부족하다 할 수 있다.

우울, 불안, 강박장애에 대한 ICBT

우울

ICBT 프로그램이 우울에 미치는 영향에 대해 평가한 몇몇 연구가 있다. 이들 중 일부는 임상적 우울증을 보이는 어린 연령대의 치료라기보다는 예방적 접근법을 다루고 있다. 예를 들어, O'Kearney와 동료들(2006)은 자가시행 ICBT 프로그램의 하나인 무드짐(MoodGYM)의 예방적 효과에 대해 연구하였는데, 이것은 원래 성인의 우울증 치료를 위해 고안된 것이었다. 연구자들은 15~16세의 78명의 소년을 무드짐 조건과 표준 개인 발달 활동 조건에 각각 할당시켰다. 연구 결과, 치료 후 그리고 추수평가에서 집단간 우울증 점수에 유의미한 차이가 관찰되지 않았지만, 이 연구는 처음부터 우울 점수가 높은 학생들을 선발한 것이 아니라는 점을 기억해야 한다. 무드짐 집단에서 우울증 위험(우울 및 귀인양식 점수로 평가함)이 단기적으로 아주 조금 감소하긴 하였으나, 이 효과는 12주 추수평가에서는 유지되지 않았다. 추후 O'Koearney와 동료들(2009)은 다시 15~16세가 되는 157명의 소녀를 무드짐 집단과 일반 커리큘럼 집단에 할당하여 연구를 시도하였다. 치료 후 사후평가에서 집단간 우울 점수에서 유의미한 차이는 없었지만, 무드짐에 참여한 집단은 20주 추수평가에서 우울 점수에 유의미한 감소를 보여 주었으며, 특히 처음에 높은 우울 점수를 보여 준 소녀들이 가장 큰 효과를 나타냈다. 중요한 것은 무드짐 집단 참가자들 중 겨우 30%만이 총 5개 모듈로 구성된 프로그램에서 3개 모듈 이상을 완수하였다는 것인데, 특히 초기에 높은 우울 점수를 보인 참가자일수록 전체 모듈을 완수하지 못하는 경향이 있었다. Calear와 동료들(2009)은 더 대규모로 연구를 실시하여, 30개 학교로부터 1,477명의 학생을 무드짐 조건과 대기자 통제집단으로 할당하였다. 전체적으로 볼 때 6개월 추수평가까지 우울 점수에서 유의미한 집단간 차이는 나타나지 않았지만, 성별에 따라 분석했을 때 남자의 경우 무드짐 집단 참가자들의 우울 점수가 통제집단의 경우보다 더 현저하게 줄어들었고, 다만 여자의 경우는 차이가 없었다. 흥미롭게도, 무드짐 조건에 참가한 경우 유의미한 수준으로 불안 감소가 나타났다. 그런데 여전히 치료 순응도는 매우 약한 편이어서 겨우 62%의 학생만이 총 5개 모듈 중 3개 이상의 모듈을 완료했다. 추후 연구에서는 관심-위약 통제집단과 비교하여 비특정 치료 요인에 기인한 변화가능성을 배제해야 할 것이다.

인터넷 채팅방을 사용하는 Grip Op Je Dip Online[2](Master Your Mood: MYM; van der Zanden et al., 2012)이라 불리는 치료법이 네덜란드에서 개발되어 사용되었다. 이 과정은 정신건강 전문가가 채팅방에 참여하여 제공하는 CBT 모듈로 구성되었고, 문자 및 이미지를 사용하였으며, 매주 정해진 시간에 시행되었고, 과제가 따라오는 총 6번의 90분 회기로 구성되어 있었다. 무작위 대조연구에서 16~25세 사이의 젊은이 244명을 MYM 집단과 대기자 통제집단에 할당하였는데, 이들은 CES-D 척도[3]에서 10점 이상인 사람들이었다(van der Zanden et al., 2012). 12주가 지났을 때, MYM 집단은 우울과 불안이 유의미하게 감소되었으며, 통제집단에 비해 임상적 변화가 더 컸다. MYM 조건에서의 증상 감소는 24주 추수평가에서도 유지되었다. 그러나 MYM 집단 중 겨우 20%만이 모든 세션을 완료하였으며, 심지어 MYM에 참가하겠다고 한 사람 중 20%는 단 한 세션도 참가

---

2) 역자 주: Grip Op Je Dip은 네덜란드어로 기분을 정복하라(Master your mood)는 뜻이다. 이는 채팅을 활용한 구조화된 집단 프로그램이며, 웹사이트(www.gripopjedip.nl)에서 제공하고 있다.

3) 역자 주: CES-D(Center for Epidemiologic Studies Depression Scale)는 자기보고형 우울증상척도로, 역학조사에서 모든 연령층에 가장 많이 사용하는 우울 증상 평가도구 중 하나이다.

하지 않았다. 참여 회기와 치료 성과 간에 아무런 관련성이 나타나지 않았기에, 효과를 만들어 낸 변화기제가 과연 무엇이냐에 대한 문제제기가 있을 수밖에 없다.

Van Voorhees와 동료들(2005, 2008, 2009)은 14~21세 젊은이들을 위한 캐치잇(CATCH-IT)이란 프로그램을 개발하였는데, 이것은 1차진료 상황에서 의사가 주도하는 치료 접근법이었다. 이 치료는 CBT, 대인관계심리치료, 행동활성화 그리고 공동체 탄력성 개념을 기반으로 한 총 14회의 인터넷 회기로 구성되었다. 우울장애 위험성이 높은 84명의 젊은이를 인터넷 프로그램과 함께 1차 진료 의가 실시하는 동기부여 면접(motivational interview: MI) 제공 집단과 단순 조언(brief advice: BA) 제공 집단으로 무선 할당하였다. 12주 사후평가에서 두 집단 모두 우울 점수 및 우울 증상의 비율이 임상적으로 유의미하게 줄어들었는데, 무망감 및 자살사고는 동기부여면접이 포함된 조건에서 유의미한 수준으로 더 크게 줄어든 것으로 나타났다(Van Voorhees et al., 2009).

Hoek과 동료들(2012)은 12~18세 참가자 45명을 인터넷 기반 자가 문제해결 치료 집단과 대기자 통제집단으로 무선 할당하여 비교한 무작위 대조연구를 실시하였다. 참가자들은 치료자가 구조화한 짧은 전산화된 이메일로 지원을 받았다. 연구 결과, 두 집단 모두에서 우울과 불안 증상의 개선이 나타났는데, 집단 간 차이는 없었으며, 프로그램 완수자와 미완수자 간 차이도 없었다. 참가자들 중 45%만이 총 5회기 중 3회기 이상을 완료하였고, 전체 완료자는 27%였다.

지금까지 개관한 연구들이 일부 고무적인 결과를 보여 주기는 하지만, ICBT가 어린 연령대의 우울증 치료 또는 예방 장면에서 효과가 있다고 분명하게 결론을 내리기는 아직 어렵다. 치료 완료율이 문제이며, 또 치료자 가이드 수준이 높을수록 효과는 더 좋은 것으로 보이고, ICBT가 치료자와 직접 접촉을 대체하는 것이 아니라 치료의 보조수단으로 사용될 때 효과가 더 좋은 것으로 보인다. 사실, 스카이프[4]와 같은 방법을 사용하면 직접 병원을 방문하지 않아도 치료자

---

4) 역자 주: 스카이프(Skype)는 에스토니아의 스카이프 테크놀로지사가 개발한 무료 VoIP 소프트웨어로, 인터넷 연결 기반의 무료 통화 서비스를 제공한다.

와 접촉할 수 있으며, 2주에 한 번 접촉을 하는 것처럼 매우 짧게 접촉하는 것도 가능할 것인데, 그렇게 되면 치료자 접촉 시간이 줄어드는 효과도 가능할 것이다.

불안 및 강박장애

임상적으로 불안한 아동 및 청소년들을 위한 ICBT의 효과 연구들이 일부 보고되고 있다. 현재까지 어린 연령대를 대상으로 한 가장 널리 알려진 ICBT 프로그램 연구는 브레이브온라인(BRAVE-ONLINE, 이하 BRAVE) 프로그램이다. BRAVE 프로그램에 대한 최초의 무작위 대조연구를 시도한 Spence와 동료들(2006b)은 아동 불안에 대한 CBT를 인터넷으로 실시하는 것에 대해 적용가능성을 제시하였다. CBT 회기들 중 절반을 온라인으로 제공했을 때 기존의 병원 실시와 비교하여 효과 차이가 별로 없는 것으로 나타났다. 이후 March와 동료들(2009)은 아동 불안장애의 치료에 있어 BRAVE 프로그램을 순전히 온라인으로만 제공하는 것의 효과성을 검증하는 무작위 대조연구를 시행하였다. 7~12세의 불안장애 아동 73명과 부모들을 BRAVE 프로그램과 대기자 통제집단에 무선 할당하였다. 사후평가에서 ICBT 조건의 아동들은 대기자 통제집단에 비해 불안증상에서 유의미한 감소를 보였고 기능 수준에서 유의미한 증가를 보여 주었다. 이런 향상은 6개월 후 추수평가에서도 지속되었으며, ICBT 집단의 아동 75%는 주 진단에서 벗어나게 되었는데 이는 병원 치료의 결과와 비견할 만한 것이었다. 12주 시점에서 부모 60%와 아동 33%가 모든 회기를 완료하였으며, 참가자들은 이후에도 회기를 계속 진행하여서 6개월 시점에 이르러서는 부모 72.3%와 아동 62%가 모든 인터넷 회기를 완료하였다. 추수평가에서 평균적으로 볼 때, 부모들은 총 6회기 중 5.34회기를 완료하였으며, 아동들은 총 10회기 중 8.66 회기를 완료하였다.

동일 연구집단에서 무작위 대조연구를 추가로 실시하였는데(Spence et al., 2011), 이번에는 BRAVE 프로그램의 인터넷 실시, 병원 실시 그리고 대기자 통제집단의 상대적 효율성을 비교하였다. 12~18세 청소년 115명이 세 조건에 무선 할당되었다. 12주 시점에 사후평가를 진행했을 때, ICBT 조건과 병원 실시 조건 모두에서 대기자 통제집단에 비해 불안장애 진단 및 불안증상에서 유의미한 감소가 나타났다. 6개월 추수평가 그리고 12개월 추수평가에서 이러한 향상은 두 집단 모두에서 유지되었으며, 두 집단간 차이는 거의 없었다. 12개월 추수평가에서 ICBT 프로그램 완료자 중 78%의 청소년 그리고 병원치료 집단의 81% 청소년은 더 이상 불안장애 주 진단에 포함되지 않았다. 완료된 회기의 평균을 살펴보면, 청소년의 경우 총 10회기 중 7.5회기를 완료하였으며 부모들의 경우 총 5회기 중 4.5회기를 완료한 반면, 지정된 기간 내에 전체 회기를 완료한 청소년들은 39%에 불과했고 부모의 경우 66%였다. 이전 연구에서 나타난 바와 같이, 가족들은 사후평가 시점에서 모든 회기를 완료하지 않는 경향이 있었으나, 추후 몇 주에 걸쳐 회기들을 계속 진행해 나갔다. 12개월 추수평가 시점에서, ICBT 조건의 청소년들은 총 10회기 중 평균 8.2회기를 완료했으며, 부모들은 총 5회기 중 평균 4.7회기를 완료하였고, 전체 치료 회기를 완료한 청소년들은 참가자 중 57%였으며 부모들은 79%였다.

ICBT에서 자주 제기되는 문제는 대면접촉의 부재가 치료자와의 관계에 대한 내담자 지각에 어떤 영향을 미치느냐 하는 것이다. Anderson과 동료들(2012)은 BRAVE 프로그램을 실시하는 중에 이 질문에 대해 검토하였다. BRAVE 온라인 프로그램을 완료한 청소년들의 경우 면대면 치료를 받은 동료들과 비교했을 때 치료자-내담자 관계의 질에 있어서 동등하고 긍정적인 작업동맹을 유지하는 것으로 보고하였다. 이 결과는 매우 중요한데, 병원치료 조건에 비해 온라인 조건에서는 대면접촉이 아예 없었고 이메일이나 전화접촉도 상대적으로 적었기 때문이다. 흥미롭게도, 온라인 프로그램에 참여한 부모들 역시 긍정적인 작업동맹 점수를 보고하였는데, 다만 병원치료 조건의 부모들에 비해서는 점수가 조금 낮았다. 이 결과들은 온라인 실시가 치료자-내담자 관계에 미칠 영향에 대해 걱정하는 사람들을 다소 안심시켜 주는 것이라 할 수 있다.

Tillfors와 동료들(2011)은 사회불안장애와 대중 연설공포의 치료에서 ICBT의 효과를 검증하는 무작위 대조연구를 실시하였다. 사회불안장애와 함께 발표불안을 보이는 고등학생 19명을 ICBT 조건과 대기자 통제집단에 무선 할당하였다. 그 결과, 사회불안, 범불안 및 우울 측정치에서 의미 있는 향상이 나타났고, 이 효과는 1년 추수평가에서도 유지되었다. 치료 기간에 완료된 모듈 개수 평균은 총 9개 중 2.9개였으며, 모든 회기를 완료한 학생은 아무도 없었다.

Vigerland와 동료들(2013)은 특정공포증 아동들에 대한 ICBT 효과검증 공개연구를 실시하고 그 결과를 설명하였다. 특정공포증을 지닌 8~12세 아동 30명은 6주 동안 치료자 지원 ICBT를 받았다. 사후평가에서, 진단 심각도에서는 큰 폭의 의미 있는 경감이 있었고, 부모와 아동의 자기보고 측정치들은 경도에서 중등도 정도의 불안증상 감소 효과를 나타냈다. 이런 향상은 향후 3개월 추수평가 기간에 더욱 증진되었고, 그 시점에 이르러 ICBT를 받은 아동 중 50%는 주진단을 받지 않게 되었다. 참가자들 중 80%는 총 11개 모듈 중 9개 이상을 완료하였다.

최근 Lenhard와 동료들(2014)은 강박장애 청소년들에 대한 ICBT의 효과성을 알아보는 예비연구를 진행하였다. 강박장애 진단을 받은 13~17세 청소년 21명이 12주 기간의 치료자 지원 ICBT에 참여하였다. 치료 결과, 임상가 평가, 부모 평가 그리고 자기보고 평가 모두에서 의미 있는 향상이 나타났는데, 효과크기는 $d=2.29$로 매우 컸다. 6개월 후 추수평가에서 반응을 보인 사람은 71%였고, 76%는 관해된 것으로 나타났다. 참여자들은 총 12 치료회기 중 평균 8.29 회기를 완료하였다.

아동 및 청소년을 위한 ICBT 성과 요약

요약하면, 성인용 ICBT를 평가한 수많은 출간된 연구가 있음에도 불구하고 아동 및 청소년에 초점을 맞춘 연구가 별로 없다는 점은 놀랍다. 비록 제한적이지만, 여러 심리장애를 다룬 연구들에서 일반적으로 긍정적인 향상을 보고하였다. 그러나 철저한 무작위 대조연구가 더 많이 이루어질 때까지 어린 연령 대상 ICBT의 효과에 대해 확실한 결론을 내리기는 어렵다.

프로그램의 이익은 분명 보고되었지만, 그것이 치료에 특정적으로 기인한 것인지는 불명확하다. 여러 연구에서 관심-위약 통제집단을 포함시키지 않았기 때문에 이로 인해 효과가 비특정 치료 요인에 기인하지 않는다고 단정하기가 어렵다. 게다가 대부분의 연구에서 ICBT 내용에 대한 치료 순응도가 상대적으로 낮은 편이다. 따라서 효과가 나타났다 해도, 이런 변화가 어떻게 초래되었는지 명확하지 않다. 추후 연구에서는 어린 연령대를 위한 ICBT가 본래 교육시키고자 했던 기술과 지식들의 향상으로 이어졌는지 그리고 이런 향상이 정서 및 행동 증상의 측면에서 치료 성과를 매개하였는지를 확인해 보는 것이 의미 있을 것이다. 그러나 이런 문제점들 대부분은 클리닉 기반의 심리치료에도 똑같이 적용된다. 어린 연령대용 ICBT 연구 결과 해석을 더 복잡하게 만드는 또 다른 요인은, 연구들이 전달되는 방식에서 서로 차이가 상당하다는 점인데, 특히 치료자 개입의 수준이나 유형, 부모 참여 여부, 참가자들이 서로 의사소통하는 정도(예를 들어, 채팅방에서) 그리고 인터넷 자료들을 사용하는 정도에 있어서 차이가 많았다. 이런 점 때문에 ICBT를 시행하고도 어떤 것이 효과가 있었고 어떤 것이 효과가 없었는지에 대해 결론을 내리기 어렵다. 그러나 추후 연구들이 충분히 많이 시행되고 나면, 최적의 연구 성과와 관련된 연구 형식을 찾아내는 메타분석을 시행하는 것이 가능해질 것이다.

그런데 연구들을 검토하면서 일관적인 요인이 있다면, 그것은 치료 과제에 대한 순응도 및 참여자 관여 수준을 높이는 방법, 동기증진 방법 그리고 조기종결을 줄이는 방법을 확인하고 개발해야 한다는 점이다. 어떤 아동과 가족들이 치료에 잘 반응하였고 누가 반응하지 않았는지 특성을 확인하는 연구 역시 가치 있을 것이며, 이는 추후 ICBT로 가장 이득을 얻을 수 있는 대상 집단을 확인할 수 있게 도와줄 것이다.

이러한 주제들을 다룬 연구들은 몇 개 되지 않는데, 이들의 결과는 일관되지 않다. 어떤 연구에서는 치료 순응도가 치료 성과와 관련이 없다고 나타났으나 (예: van der Zanden et al., 2012), 다른 연구들에서는 복잡한 관련성이 있다는 결과가 나왔다. BRAVE 프로그램의 예를 들면, Anderson과 동료들(2012)의 연구에서는 치료자와의 작업동맹과 치료 순응도 수준이 치료 성과를 예측하지 않았으며, 대신 연령변인의 조절효과가 나타났다. 즉, 청소년들에게 그리고 이들의 부모들에게는 높은 작업동맹과 치료 순응도가 치료 성과를 예측한 반면, 아동의 경우엔 그렇지 않았다는 것이다. ICBT와 관련된 예측요인, 매개요인, 조절요인 그리고 변화기제들은 매우 다양하며, 따라서 분명한 결론을 내리기 전에 더 많은 연구가 필요하다.

🔘 프로그램

다음 두 절에서 아동 및 청소년의 불안 문제를 다루는 목적을 지닌 프로그램 2개를 소개한다. 이 절의 목적은 어린 연령대를 위한 ICBT의 개발 및 실행에서 몇몇 실제적인 사항들을 보여 주려는 것이다.

브레이브온라인

브레이브온라인(BRAVE-ONLINE, 이하 BRAVE) 프로그램은 7세부터 18세에 이르는 어린 연령대의 불안장애 치료를 위해 고안된 ICBT 프로그램이다(Spence et al., 2005, 2006a). 7~12세 아동을 위한 버전, 13~18세 청소년을 위한 버전 등 연령 특정적인 버전이 있으며, 각 연령대에 해당하는 부모용 버전도 있다. BRAVE 프로그램은 데스크톱이나 랩톱 컴퓨터를 이용해 온라인으로 접속되며, 최근 버전은 태블릿을 통한 접속도 가능하다. 참가자들은 자동화된 프로그램 피드백 또는 강화를 받게 되는데, 이것은 퀴즈나 교정/강화 메시지 그리고 개인화된 이메일과 같은 형태로 제공된다. 현재까지 이루어진 연구는 주로 치료자 중재 접근을 다루었는데, 여기서 치료자는 참가자의 반응을 관찰하고 이메일 템플릿 시스템을 통해 짧은 피드백을 제공하며, 프로그램의 중간 즈음에 15~30분 정도 전화연락을 통해 참가자의 노출위계를 설정한다. 치료 중반에 행해지는 노출위계

설정 전화를 제외하면(이것은 이메일을 통해 이루어질 수도 있다), BRAVE 프로그램에 다른 실시간 요소(예: 라이브 포럼이나 실시간 치료자 접촉)는 없다. 이메일 피드백은 한 회기를 완료한 후 1~3일 이내에 제공되며, 이메일 질문에 대해서는 필요에 따라 응답해 준다.

BRAVE 프로그램은 몇 단계의 개발, 예비연구 및 평가 절차를 거쳤으며, 발달적으로 적합하고 참여적이며 상호작용적으로 고안되었다. 치료자 중재 버전 외에, 현재 오스트레일리아에서 자가치료 버전이 출시되었다.

프로그램 내용

프로그램은 아동과 청소년을 위한 10회기, 그리고 부모를 위한 5회기로 구성되어 있다(청소년 부모를 위해서는 추가 5회기가 더 있다). 회기들은 순서대로 완료되며, 회기에서 배운 기술을 공고화하고 응용하는 기회를 극대화하기 위해 회기 간 7일 간격이 있다. 회기의 내용은 정보제공, 예시나 스토리를 통한 설명, 활동(작업지 작성이나 퀴즈를 푸는)에 참여하여 배운 기술 공고화하기 그리고 기술 공고화 및 일반화를 위한 과제활동 등이다. BRAVE 프로그램은 근거기반 기법들을 활용하는데, 불안의 생리적 징후 탐지하기 훈련[B는 신체 징후(body sign)를 의미함], 이완훈련[R은 이완(relax)을 의미함], 사고 탐지, 인지재구조화, 대처 멘트 등 인지적 전략[A는 유용한 사고를 활성화(activate)하는 것을 의미함], 점진적 노출과 문제해결 훈련[V는 공포를 극복하고 승리함(victory)을 의미함] 그리고 자기 자신 및 가족 강화 훈련[E는 스스로에게 보상을 주고 즐김(enjoy)을 의미함]으로 구성되어 있다. 부모용 프로그램에는 부가적인 부모훈련 전략들이 있는데, 이 전략들은 아동의 불안행동 관리(예: 공포행동 무시하기)를 도와주고, 또 아동이나 청소년을 '가르칠' 수 있도록 도와준다.

[그림 11-1]에 프로그램의 핵심 개념들을 소개하는 스크린샷을 제공하였다. 물론 실제 프로그램 화면은 매우 역동적으로 구성되어 있고, 음향이나 움직임 효과가 있으며, 자료 다운로드가 가능하다.

개별화된 팝업 (아동 프로그램 예시)	치료자와 내담자 간 관계 수립
도안, 애니메이션 (아동 프로그램 예시)	연령별 내용 (십대 프로그램 예시)
인터랙티브 퀴즈 (아동 프로그램 예시)	캐릭터 활용 (십대 프로그램 예시)

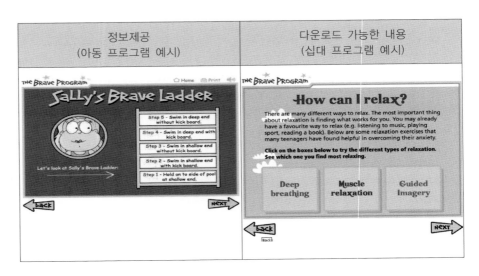

[그림 11-1] 브레이브온라인(BRAVE-ONLINE)에서 쓰이는 전략들 예시

내담자 만족도

내담자 만족의 관점에서 볼 때 BRAVE 프로그램은 아동, 청소년, 부모들이 선호하는 것으로 나타났으며, 그들은 온라인 형식으로 전달된다는 점이 매력적이고 편리하다고 하였다. 이 프로그램은 여러 연구에서 효과가 입증되었으며, 추수평가에서 대면접촉 CBT와 유사한 정도의 향상률을 보고하고 있다. BRAVE 프로그램은 전통적인 치료법에 참가하기 어렵거나 꺼리는 가족들을 위한 실용적이고 근거기반적인 대안이 될 수 있다. 다만 이 프로그램은 시간집약적인 측면이 있어 치료자 지원이 필요하다.

최근 발전 동향

앞에서 소개한 무작위 대조연구들에서 BRAVE 프로그램이 아동 및 청소년에게 유의미한 도움이 된다는 점을 보여 주었는데, 최근 Donovan과 March(2014)는 부모용 프로그램을 일부 수정하여 불안장애가 있는 3~5세 미취학 아동의 부모를 대상으로 효과를 검증해 보았다. 연구 결과, 대기자 통제집단에 비해 아동 불안에서 유의미한 향상이 있었고, 이는 다양한 연령집단에 이 프로그램을 변형하여 활용할 수 있는 잠재력을 보여 주는 것이다. BRAVE 프로그램은 불안에 대한 범진단적 입장을 취하는 치료법인데, 최근 사회불안을 경험하는 아동과 청소년을 위해 사회불안에 특화된 버전이 개발되어 효과 비교연구가 진행되기도 하였다. 또 영국에서는 청소년 집단에서 부모용 BRAVE 프로그램의 역할에 대해 검토하는 연구도 진행 중이다. 그리고 크라이스트처치 지진[5] 발생 이후에 뉴질랜드 참가자를 대상으로 하여 지역사회 효과 연구가 진행되고 있다. 프로그램의 자가치료 버전이 개발되었으며, 현재 오스트레일리아의 어린 연령층에 보급되고 있는 중이다.

BiP

BiP(The BarnInternetprojektet)는 스톡홀름 아동 인터넷 프로젝트라 할 수 있는데, 불안장애 아동을 위한 ICBT(Vigerland et al., 2013), 강박장애 또는 자해 문제가 있는 청소년을 위한 ICBT(Lenhard et al., 2014) 그리고 기능성 위장장애가 있는 아동 및 청소년을 위한 ICBT(Bonnert et al., 2014)를 개발하고 평가하는 데 초점을 맞추고 있다.

BiP 프로그램의 일반적 특징

모든 BiP 프로그램은 치료자 지원이 있는 상호작용 이러닝 시스템이라 생각할 수 있다. 치료 목표는 참가자들에게 자신의 문제를 극복할 수 있는 기법을 가르치는 것이며, 참가자들이 작업하기에 적당한 양의 정보가 짧은 슬라이드 형태로 제공된다.

참가자들은 치료 플랫폼에 10~12주 동안 접속할 수 있다. 치료 기간에 참가자들은 치료자와 접촉할 수 있는데, 대부분의 경우 플랫폼이 제공하는 문자메시지를 통해 연락하지만 만일 원한다면 전화를 통한 연락도 가능하다. 전화 연락

---

5) 역자 주: 크라이스트처치는 뉴질랜드 남섬 북동 연안에 있는 도시로, 2011년에 대규모 지진이 발생하여 큰 피해를 입었다.

은 한두 차례로 제한되는데, 대개 참가자가 치료에 뒤처지고 있거나 노출연습에서 부가적인 지지가 필요할 때 필요하다.

전형적으로, 현재 모든 BiP 치료법들은 장애에 대한 정보, 치료의 원리, 목표 설정, 장애물 예측 및 관리하기, 문제 해결하기, 노출연습 계획하기, 반응억제의 내용들을 포함한다. 치료 내용은 읽기 자료, 필름, 애니메이션, 삽화, 연습하기 등 다양한 형식으로 제시되는데, 그 이유는 지식을 공고화하고, 새로운 기술을 연습하며, 내용에 더 관심을 가지게 하고, 상호작용을 증가시키기 위해서이다.

모든 연습은 접근 가능한 방식으로 치료 플랫폼에 저장되는데, 이렇게 하면 참가자들이 이전 단계로 되돌아가거나 반응을 쉽게 수정할 수 있게 된다. 참가자들은 치료자로부터 코멘트나 피드백을 받을 수 있으며, 참가자들 또한 작업지에 코멘트를 달 수 있도록 프로그램 플랫폼이 만들어져 있다. 따라서 특히 목표 및 노출위계의 설정과 같이 중요한 내용이 담긴 작업지에 대한 대화 내용을 쉽게 다시 찾아볼 수 있다. 주목할 점은 의사소통은 동시적일 필요가 없으며 실제로도 거의 그렇지 않다는 것이다. 참가자들은 치료자에게 언제든 메시지를 보낼 수 있다. 치료자들은 참가자의 작업지에 코멘트를 달거나 메시지에 언제든 응답할 수 있는데, 대개는 1주일에 한 번 로그인한다. 치료자들은 피드백, 조언 그리고 격려를 제공한다. 모든 참가자에게는 치료 기간 동안 자신에게 배정된 치료자가 있다.

다른 연령집단에게 프로그램을 적용하기

8~12세 연령의 아동을 치료하는 경우와 13~17세 연령의 청소년을 치료하는 경우는 조금 차이가 있다. 아동의 경우에는, 부모가 치료에 많이 개입하게 되며, 아동과 함께 치료를 수행하는 책임이 있다. 어떤 부분은 부모에게만 제공되며, 여기서 부모들은 가장 최적의 방식으로 아동을 도울 수 있는 정보나 지침을 받을 수 있다. 아동과 부모에게 동시에 제시되는 부분에는 공포, 불안, 노출 등의 개념을 설명하기 위해 애니메이션을 더 많이 넣고 언어 자료는 줄인다.

청소년의 경우에는, 부모와 청소년이 별도의 내용을 완료하고 독립적으로 작업하는 경우가 더 많다. 부모들은 청소년과 똑같은 심리교육 및 치료 원리에 접속하게 되는데, 이 밖에 추가적인 연습이 있어서 반드시 직접 관여하지는 않더라도, 프로그램 기간 동안 아이들을 지지해주는 방법을 배운다.

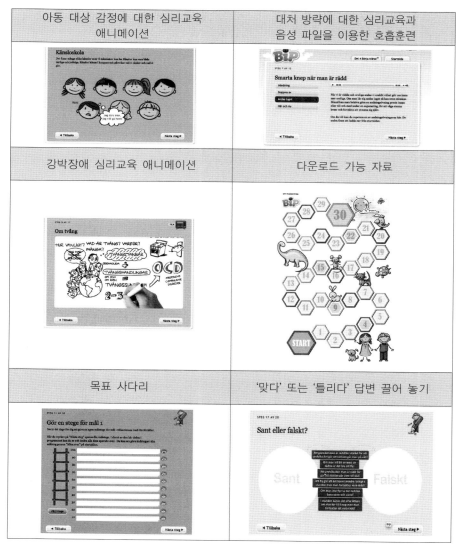

[그림 11-2] BiP에서 쓰이는 전략들 예시

BiP의 최근 동향 및 미래 전망

현재까지 3개의 예비연구 및 한 개의 무작위 대조연구가 실행되었고, 3개의 무작위 대조연구가 진행 중이다. 최근에는 스마트폰 애플리케이션용으로 개발된 ICBT와 결합하여 사용되고 있는데, 이는 과제에 대한 순응도를 높여 줄 뿐만 아니라 치료 활동 및 진행에 대해 더 자세한 정보를 수집할 수 있게 해 준다.

🔵 논의

아동용 ICBT의 실행에서 몇 가지 임상적 이슈와 문제점

아동용 ICBT에 대해 그동안 보고되어 왔거나 중요성이 있는 것으로 보이는 수많은 임상적 주제 및 실행상의 문제점이 있다. ICBT에 대해 충분히 동기가 있고 잘 참여하며 순응도가 높아 반응도 잘하는 가족이 있는 반면, 그렇지 않은 가족이 있다는 것이다. 성인에게 시행되는 ICBT의 경우와 마찬가지로, 매뉴얼화되어 융통성 없는 프로그램의 문제와 더불어 치료자와 대면접촉이 없는 것이 아동, 부모, 임상가에게 다양한 문젯거리를 만드는 것 같다. 첫째, 일부 가족은 ICBT 회기들을 완료하지 못하는데 (또는 면대면 치료에 비해 훨씬 느리게 수행하는데), 심지어 치료자가 이메일이나 전화 연락을 통해 지지를 해 줘도 그렇다. 일부 사람에게는 약속 시간을 정하거나 또는 '실제' 치료자로부터 기대를 받는 것이 치료 동기나 순응도를 증진시키고 유지시키는 데 필수적일 수 있다. 현재까지의 증거들을 보면, ICBT에 대한 순응도는 치료 성과를 예측하는 데 중요한데, 특히 아동들보다는 청소년들에게 더욱 그렇다(예: Anderson et al., 2012). 둘째, 아동이나 부모를 지원해 주는 측면이 부족할 수 있는데, 특히 이들이 지식/기술 습득을 어려워하거나 또는 실생활 장면에 배운 전략들을 응용하기를 어려워할 때 그러하다. 셋째, 특정 치료 목표를 넘어서 성과를 일반화하고 참가자들로 하여금 배운 기술을 다른 복잡한 문제나 공병 문제들(또는 아동-부모 관계 문제)에 적용하는 기회가 제한적이라는 점이다. 비록 내담자의 요구나 선호도에 맞춰 치료를 재단하는 것이 쉬운 일은 아니지만, (성인에 비해) 아동용 ICBT에서 문제가 덜한 이유는 아동용 프로그램들은 CBT에서도 다양한 장애와 연관되어 있는 범진단적 공통 요소에 중점을 두고 있는 편이기 때문이다.

물론, 이런 문제점들은 치료자 지원이 포함된 양방향 프로그램에서 상쇄될 수 있을 것이다. 흥미롭게도, 실제 대면접촉이 없을지라도 이메일을 통한 치료자 접촉이라도 가능한 경우, 전산화된 프로그램에서도 치료적 동맹의 형성이 가능함을 보여 주는 연구가 몇몇 있으며(Anderson et al., 2012; Khanna & Kendall, 2010), 강한 동맹은 청소년의 경우에 더 좋은 성과와 관련되는 것으로 나타났다(Anderson et al., 2012). 따라서 실시간 치료자 관여가 부족해서 생기는 문제들은 치료자 연락이 포함되지 않은 프로그램에서 더욱 두드러지게 나타나는 것 같다.

인지행동치료의 내용을 온라인 패키지화하는 것이 가능하기는 하지만, 치료자와 연구자들은 이런 과정에 동반될 수 있는 임상적 문제점들에 대해 알고 있을 필요가 있다. ICBT가 잘 맞지 않는 아동이나 가족들이 있을 수 있으며, 향후 연구들에서는 이런 문제점들을 찾아내거나 ICBT가 가장 효과적으로 적용될 수 있는 특정 상황을 찾아내어 임상적 실행에 도움을 주어야 할 것이다.

보급 및 비용-효과

아동이나 청소년용 ICBT에 대한 근거기반이 갖춰져 가고 있긴 하지만, 여전히 보급이나 비용-효과를 검토한 체계적인 시도는 거의 없는 실정이다. 몇몇 개별 연구자가 치료법의 시간 또는 비용 절감성을 측정하기는 하였지만(March et al., 2009; Spence et al., 2011), ICBT 치료 프로그램에 대해서는 앞으로 포괄적인 비용-효과 평가가 이루어져야 할 것이다. 아동용 ICBT 프로그램 분야에서 이 주제에 대해 향후 연구할 부분이 아주 많이 있다. 최근 연구 결과를 보면, 성인 대상으로 우울과 불안에서 ICBT의 비용-효과가 크다고 보고된 것이 있으며(Hedman et al., 2011; McCrone et al., 2004), 한 연구에서는 ICBT가 집단 CBT보다 비용-효과가 더 좋다는 결과가 나왔다(Hedman et al., 2011).

비록 일부 부모에 의한 평가에서는 만족도가 다소 낮은 것으로 나타났지만(March et al., 2009; Spence et al., 2011), 다행히 아동의 정서 및 행동 장애에 대한 ICBT 프로그램은 사용자들에게 잘 받아들여지고 있다. 그러나 안타깝게도 일반 인구에 있어서 인터넷 기반 치료를 받아들이는 정도나, 전체 인구에 대한 프로그램 보급으로 이루어지는 치료에 가족들이 기꺼이 참여할 것인가에 대해서는 알려진 바가 거의 없다.

ICBT 프로그램을 광범위하게 보급하여 근거기반 치료에 접근할 기회를 제공하고 면대면 치료에 대한 비용-효과적인 대안을 제공할 수는 있겠지만, 그것은 아동용 ICBT 치료가 누구에게 가장 적합하게 적용될 수 있는지 명백히 이해한 후에야 가능할 것이다. ICBT 치료는 비용-효과가 클 것인데, 만약 적절한 대상에게 실시된다면 보급 모델은 최고로 효과적일 것이다. 프로그램이 부적합한 모집단(예를 들어, 치료 실패를 경험할 가능성이 높고 향후에 CBT든 ICBT든 어떤 유형의 치료도 거부할 수 있는)에 보급되는 것을 막는 것은 중요하다.

보급의 목적 또는 목표는 반드시 사전에 결정되어야 한다. 예를 들어, 만일 보급 목적이 아동의 정서·행동장애에 대한 질 높고 표준적인 치료를 제공하려는 것이라면, 보급은 치료자 개입을 필요로 할 것이며 잠재적으로 비용-효과는 낮아질 것이다. 반면, 보급의 목적이 단계적 접근에서 첫 단계로 수행할 수 있는 낮은 수준의 치료를 제공하는 것이라면, 보급의 범위는 더 넓어지고 잠재적으로 저비용이 될 수 있다(비록 기존 장애의 영향력을 크게 약화시키는 데는 어려움이 있을지라도). 공개 프로그램들은 보급하기가 더 쉽지만(무료이고 참가자 제약이 없다), 여기에는 검증된 진단 절차나 지원 절차가 빠져 있기 쉬우며 임상적 수준으로 심각한 증상에는 적합하지 않을 수 있다. 그러나 여전히 예방 및 조기개입 효과를 제공한다는 이익이 있을 수 있으며, ICBT나 일반적인 다른 치료들에 대한 접근성을 향상시킬 수는 있다.

만일 ICBT 프로그램이 치료자 지원과 함께 보급된다면, 과연 누가 그 역할을 할 것인가라는 질문이 생길 수 있다. 다행스럽게도, 아동 및 성인 연구에서 비전문가(예: 기술자) 또는 CBT 수련을 받지 않은 전문가들이 지원을 제공했을 때 CBT 전문가나 심리학자들이 지원을 제공하는 것과 동일하게 효과적임을 보여주는 연구가 조금씩 나타나고 있다(Khanna & Kendall, 2011; Robinson et al., 2010; Titov et al. 2010). 이는 그럴 법한 결과로, 대부분의 ICBT 패키지에는 CBT의 핵심 요소가 프로그램 내에 삽입되어 있으며, 멀티미디어를 이용하거나 양방향 활동을 통해서 지원이 제공되기 때문이다. 따라서 지원을 제공하는 사람들에게 특화된 기술이 필요하지 않을 수 있으며, 이는 프로그램 보급 시에 비전문가 지원 인력을 활용할 수 있음을 의미한다(그리하여 더 많은 비용절감이 가능하다). 이것은 특히 아동 대상 치료에서 그러한데, 아동들은 자주 다양한 전문가와 접촉을 하고(예: 선생님, 양호사, 학교상담자 등), 이들 모두는 ICBT 프로그램의 보급에서 중요한 역할을 맡을 수 있기 때문이다. 그러나 전문가 및 비전문가 지원 인력에 의한 ICBT의 효과는 아직 확신할 단계는 아니다.

따라서 전체 모집단에 대한 ICBT의 접근가능성, 누가 이 치료법에 가장 적합한지에 대한 정보, 보급 모델의 바람직한 성과 등이 먼저 결정되어야 성공적이고 비용-효과적인 보급이 가능할 것이다. 비록 ICBT 처치가 효과적이라 하더라도, 여전히 임상 실제에서 핵심 요소들은 인터넷 기반 프로그램에 적합하지 않을 수 있으며(예: 일부 아동기 장애의 진단, 자살위험 평가, 가족갈등 등), 따라서 이런 요인들은 보급 시도 전에 철저히 고려되어야 한다.

🔘 결론

ICBT 프로그램에 대한 발전 및 연구가 현재까지는 주로 성인에 해당하여 이루어지고 있지만, 다양한 정서 및 행동 문제를 치료하고 예방하기 위해 아동을 대상으로 ICBT를 적용하는 것에 대한 관심이 급속히 증가하고 있다. 어린 연령층이 인터넷 의사소통에 있어서 전문가라는 점을 고려하면, 이들이 ICBT 프로그램을 수용 가능한 치료법으로 받아들이고 치료 양식에 높은 만족도를 표시하는 것이 전혀 놀라운 일은 아니다. 그러나 ICBT가 정서적 웰빙 측면에서 그리고 정신건강 문제를 감소시키는 측면에서 장기적인 효과를 낼 수 있을지는 아직 불확실하다. 그리고 ICBT가 어린 연령대에 가장 효과적으로 적용될 수 있는 맥락들을 확인하는 연구가 더 많이 이루어져야 하며, 치료자 지원 또는 안내의 역할에 대해서도 연구가 이루어져야 할 것이다.

이러한 제한점에도 불구하고 현재까지의 연구 결과들은 매우 고무적이며, 어린 연령층의 다양한 정서 및 행동문제를 예방하고 치료하는 데 있어서 ICBT가 치료도구로 활동될 가능성이 높다는 점을 보여 주고 있다.

🔵 참고문헌

Aardoom JJ, Dingemans AE, Spinhoven P, Van Furth EF (2013) Treating eating disorders over the internet: a systematic review and future research directions. Int J Eat Disord 46:539–552

Anderson RE, Spence S, Donovan CL, March S, Prosser S, Kenardy J (2012) Working alliance in online cognitive behaviour therapy for anxiety disorders in youth: comparison with clinic delivery and its role in predicting outcome. J Med Internet Res 14:e88. doi:10.2196/jmir.1848

Benford P, Standen P (2009) The internet: a comfortable communication medium for people with Asperger syndrome (AS) and high functioning autism (HFA)? J Assist Technol 3:44–53. doi:10.1108/17549450200900015

Boyd C, Francis K, Aisbett D, Newnham K, Sewell J, Dawes G, Nurse S (2007) Australian rural adolescents' experiences of accessing psychological help for a mental health problem. Aust J Rural Health 15:196–200. doi:10.1111/j.1440-1584.2007.00884.x

Bonnert M, Ljótsson B, Hedman E, Andersson J, Arnell H, Benninga M, et al. (2014) Internetdelivered cognitive behaviour therapy for adolescents with functional gastrointestinal disorders. An open trial. 2014 Jul 19:1–7. Available from: http://dx.doi.org/10.1016/j.invent.2014.07.002

Calear AL, Christensen H, Mackinnon A, Griffiths KM (2009) The YouthMood Project: a cluster randomized controlled trial of an online cognitive behavioural program with adolescents. J Consult Clin Psychol 77:1021–1032. doi:10.1037/a0017391

Costello E, He J-P, Sampson NA, Kessler RC, Merikangas KR (2014) Services for adolescents with psychiatric disorders: 12-month data from the National Comorbidity Survey-Adolescent. Psychiatr Serv 65:359-366

Donovan CL, March S (2014) Online CBT for preschool anxiety disorders: a randomised control trial. Behav Res Ther 58:24-25

Enebrink P, Hogstrom J, Forster M, Ghaderi A (2012) Internet-based parent management training: a randomized controlled study. Behav Res Ther 50:240-249

Fang L, Schinke SP, Cole KCA (2010) Preventing substance use among early Asian-American adolescent girls: initial evaluation of a web-based, mother-daughter program. J Adolesc Health 47:529-532. doi:10.1016/j.jadohealth.2010.03.011

Gowers SG (2006) Evidence based research in CBT with adolescent eating disorders. Child Adolesc Mental Health 11:9-12

Hedman E, Andersson E, Ljósson B, Andersson G, Rük C, Lindefors N (2011) Cost-effectiveness of Internet-based cognitive behaviour therapy vs. cognitive behavioural group therapy for social anxiety disorder: results from a randomized controlled trial. Behav Res Ther 49:729-736. doi:10.1016/j.brat.2011.07.009

Heinicke B, Paxton S, McLean S, Wertheim E (2007) Internet-delivered targeted group intervention for body dissatisfaction and disordered eating in adolescent girls: a randomized controlled trial. J Abnorm Child Psychol 35:379-391. doi:10.1007/s10802-006-9097-9

Hoek W, Schuurmans J, Koot HM, Cuijpers P (2012) Effects of internet-based guided self-help problem-solving therapy for adolescents with depression and anxiety: a randomized controlled trial. PLoS One 7(8):e43485

James AC, James G, Cowdrey FA, Soler A, Choke A (2013) Cognitive behavioural therapy for anxiety disorders in children and adolescents (review). Cochrane Database Syst Rev 6:CD004690

Jones M, Luce KH, Osborne MI, Taylor K, Cunning D, Doyle AC, Wilfley DE, Taylor C (2008) Randomized, controlled trial of an internet-facilitated intervention for reducing binge eating and overweight in adolescents. Pediatrics 121:453-462

Kessler RC, Avenevoli S, Costello E, Georgiades K, Green JG, Gruber MJ, He J-P, Koretz D, McLaughlin KA, Petukhova M, Sampson NA, Zaslavsky AM, Merikangas KR (2012) Prevalence, persistence, and sociodemographic correlates of DSM-IV disorders in the National Comorbidity Survey Replication Adolescent Supplement. Arch Gen Psychiatry 69:372-380

Khanna MS, Kendall PC (2010) Computer-assisted cognitive behavioural therapy for child anxiety: results of a randomized clinical trial. J Consult Clin Psychol 78:737-745. doi:10.1037/a0019739

Lenhard F, Vigerland S, Andersson E, Rük C, Mataix-Cols M, Thulin U, Ljótsson B, Serlachius E (2014) Internet-delivered cognitive behaviour therapy for adolescents with obsessive-compulsive disorder: an open trial. PLoS One 9(6):e100773.

Livingstone S, Bober M (2004) Taking up opportunities? Children's uses of the internet for education, communication and participation. E-learning 1(3):395-419

March S, Spence SH, Donovan CL (2009) The efficacy of an internet-based cognitive-behavioural therapy intervention for child anxiety disorders. J Pediatr Psychol 34:474-87. doi:10.1093/jpepsy/jsn099

McCrone P, Knapp M, Proudfoot J, Ryden C, Cavanagh K, Shapiro DA, Illson S, Gray JA, Goldberg D, Mann A, Marks I, Everitt B, Tylee A (2004) Cost-effectiveness of computerised therapy for anxiety and depression in primary care: randomised controlled trial. Br J Psychiatry 185:55-62. doi:10.1192/bjp.185.1.55

McDermott B, Baigent M, Chanen A, Fraser L, Graetz B, Hayman N, Newman L, Parikh N, Peirce B, Proimos J, Smalley T, Spence S (2010) Clinical practice guidelines: Depression in adolescents and young adults. Melbourne: beyondblue: the national depression initiative.

Merikangas KR, He J-P, Burstein M, Swanson SA, Avenevoli S, Cui L, Benjet C, Georgiades K, Swendsen J (2010) Lifetime prevalence of mental disorders in U.S. adolescents: results from the National Comorbidity Survey Replication-Adolescent Supplement (NCS-A). J Am Acad Child Adolesc Psychiatry 49:980-989

O'Kearney R, Gibson M, Christensen H, Griffiths KM (2006) Effects of a cognitive-behavioural internet program on depression, vulnerability to depression and stigma in adolescent males: a school-based controlled trial. Cogn Behav Ther 35:43-54. doi:10.1080/16506070500303456

O'Kearney R, Kang K, Christensen H, Griffiths K (2009) A controlled trial of a school-based Internet program for reducing depressive symptoms in adolescent girls. Depress Anxiety 26:65-72. doi:10.1002/da.20507

Patten CA, Croghan IT, Meis TM, Decker PA, Pingree S, Colligan RC, Dornelas EA, Offord KP, Boberg EW, Baumberger RK, Hurt RD, Gustafson DH (2006) Randomized clinical trial of an internet-based versus brief office intervention for adolescent smoking cessation. Patient Educ Couns 64:249-258

Pretorius N, Arcelus J, Beecham J, Dawson H, Doherty F, Eisler I, Gallagher C, Gowers S, Isaacs G, Johnson-Sabine E, Jones A, Newell C, Morris J, Richards L, Ringwood S, Rowlands L, Simic M, Treasure J, Waller G, Williams C, Yi I, Yoshioka M, Schmidt U (2009) Cognitive-behavioural therapy for adolescents with bulimic symptomatology: the acceptability and effectiveness of internet-based delivery. Behav Res Ther 47:729-36. doi:10.1016/j.brat.2009.05.006

Ritterband LM, Thorndike FP, Lord HR, Borowitz SM, Walker LS, Ingersoll KS, Sutphen JL, Cox DJ (2013) An RCT of an internet intervention for pediatric encopresis with one-year follow-up. Clin Pract Pediatr Psychol 1:68-80

Robinson E, Titov N, Andrews G, McIntyre K, Schwenke G, Solley K (2010) Internet treatment for generalised anxiety disorder: a randomized controlled trial comparing clinician vs. technician assistance. PLoS One 5:e10942. doi:10.1371/journal.pone.0010942

Sanders MR, Baker S, Turner KM (2012) A randomized controlled trial evaluating the efficacy of Triple P Online with parents of children with early-onset conduct problems. Behav Res Ther 50:675-684

Sanders MR, Dittman CK, Farruggia SP, Keown LJ (2014) A comparison of online versus workbook delivery of a self-help positive parenting program. J Prim Prev 35(3):125-133 doi:10.1007/s10935-014-0339-2

Schinke SP, Cole KC, Fang L (2009a) Gender-specific intervention to reduce underage drinking among early adolescent girls: a test of a computer-mediated, mother-daughter program. (Report). J Stud Alcohol Drugs 70(1):70-77

Schinke SP, Fang L, Cole KC (2009b) Computer-delivered, parent-involvement intervention to prevent substance use among adolescent girls. Prev Med 49:429-435. doi:10.1016/j.ypmed.2009.08.001

Schinke SP, Fang L, Cole KC, Cohen-Cutler S (2011) Preventing substance use among Black and Hispanic adolescent girls: results from a computer-delivered, mother-aughter intervention approach. Subst Use Misuse 46:35-45. doi:10.3109/10826084.2011.521074

Schwinn TM, Schinke SP (2010) Preventing alcohol use among late adolescent urban youth: 6-year results from a computer-based intervention. (Report). J Stud Alcohol Drugs 71(4):535-538

Scott S (2008) An update on interventions for conduct disorder. Adv Psychiatr Treat 14:61-70

Spence SH, March S, Holmes JM (2005) BRAVE for children—ONLINE: an internet based program for children with anxiety. School of Psychology, University of Queensland, Brisbane

Spence SH, Holmes J, Donovan CL (2006a) BRAVE for teenagers—ONLINE: an internet based program for adolescents with anxiety. School of Psychology, University of Queensland, Brisbane

Spence SH, Holmes JM, March S, Lipp OV (2006b) The feasibility and outcome of clinic plus internet delivery of cognitive-behaviour therapy for childhood anxiety. J Consult Clin Psychol 74:614-621. doi:10.1037/0022-006X.74.3.614

Spence SH, Donovan CL, March S, Gamble A, Anderson RE, Prosser S, Kenardy J (2011) A randomized controlled trial of online versus clinic-based CBT for adolescent anxiety. J Consult Clin Psychol 79(5):629-642

Stallard P, Velleman S, Richardson T (2010) Computer use and attitudes towards computerized therapy amongst young people and parents attending child and adolescent mental health services. Child Adolesc Mental Health 15:80-84

Tillfors M, Andersson G, Ekselius L, Furmark T, Lewenhaupt S, Karlsson A, Carlbring P (2011) A randomized trial of internet-delivered treatment for social anxiety disorder in high school students. Cogn Behav Ther 40:147-157. doi:10.1080/16506073.2011.555486

Titov N, Andrews G, Davies M, McIntyre K, Robinson E, Solley K (2010) Internet treatment for depression: a randomized controlled trial comparing clinician vs. technician assistance.

PLoS One 5:e10939. doi:10.1371/journal.pone.0010939

Valkenburg PM, Peter J (2007) Preadolescents' and adolescents' online communication and their closeness to friends. Dev Psychol 43:267–77. doi:10.1037/0012-1649.43.2.267

van der Zanden R, Kramer J, Gerrits R, Cuijpers P (2012) Effectiveness of an online group course for depression in adolescents and young adults: a randomized trial. J Med Internet Res 14:296–309

Van Voorhees BW, Ellis J, Stuart S, Fogel J, Ford DE (2005) Pilot study of a primary care internet-based depression prevention intervention for late adolescents. Can Child Adolesc Psychiatr Rev 14:40–43

Van Voorhees BW, Vanderplough-Booth K, Fogel J, Gladstone T, Bell C, Stuart S, Gollan J, Bradford N, Domanico R, Fagan B, Ross R, Larson J, Watson N, Paunesku D, Melkonian S, Kuwabara S, Holper T, Shank N, Saner D, Butler A, Chandler A, Louie T, Weinstein C, CollinsS, Baldwin M, Wassel A, Reinecke MA (2008) Integrative internet-based depression prevention for adolescents: a randomized clinical trial in primary care for vulnerability and protective factors. J Can Acad Child Adolesc Psychiatr 17:184–196

Van Voorhees BW, Vanderplough-Booth K, Fogel J, Pomper BE, Marko M, Reid N, Watson N, Larson J, Bradford N, Fagan B, Zuckerman S, Wiedman P, Domanico R (2009) Adolescent dose and ratings of an internet-based depression prevention program: a randomized trial of primary care physician brief advice versus a motivational interview. J Cogn Behav Psychother 9:1–19

Vigerland S, Thulin U, Ljótsson B, Svirsky L, Öst L, Lindefors N, Andersson G, Serlachius E (2013) Internet-delivered CBT for children with specific phobia: a pilot study. Cogn Behav Ther 42:303–314

제12장

불안하고 우울한 노년층을 위한 인터넷 기반 인지행동치료

Blake F. Dear, Kristin Silfvernagel, & Vincent J. Fogliati

불안과 우울은 노년층에게서 흔하게 나타나며, 기능 장해, 삶의질 저하, 신체건강 문제 발생과 관련되어 있다. 인지행동치료(CBT)와 같은 효과적인 심리치료법은 노년층에게도 효과적이고 적용가능한 것으로 알려져 있다. 그러나 연구 자료를 살펴보면 어린 연령층에서와 마찬가지로, 전통적인 면대면 치료 방식으로 치료를 받고자 하는 노인은 많지 않다. 그런데 인터넷으로 전달하는 새로운 CBT(ICBT)의 잠재력을 살펴볼 때, 노년층의 상당한 비율이 온라인에 접속하고 있으며, 전체 접속비율은 점점 증가 추세에 있다. 노년층을 위한 ICBT에 대해 몇몇 임상연구가 시행되었는데, 이 장에서는 이들 연구의 결과 및 특징에 대해 소개할 것이다. 이 분야에서 초점을 맞춰야 할 후속 연구방향도 제시한다.

도입

불안과 우울의 유병률과 부담

불안과 우울은 노년층에서 주요한 건강 이슈이다. 인구통계학적 자료에 의하면, 매년 지역사회 거주 노인 6명 중 1명꼴로 정신장애에 해당하는 증상들을 보고하고 있으며, 공식적인 정동장애 진단기준을 충족하는 사람들은 3%, 불안장애 진단기준을 충족하는 사람들은 4%이다(Trollor et al., 2007). 그러나 노년층에서의 실제 유병률은 과소추정되었을 것이라는 주장도 있으며, 따라서 더 많은 사람들이 임상적 수준의 불안과 우울 증상을 겪고 있을 수 있다(O'Connor, 2006; Luppa et al., 2012). 이런 상황은 중요한데, 왜냐하면 많은 나라에서 노년층의 비율이 더 증가하고 있으며, 향후에도 평균 기대수명이 길어지면서 증가는 계속될 것이기 때문이다(Oeppen & Vaupel, 2002). 예를 들어, 호주의 경우를 보면, 65세 이상 노년층의 숫자는 지난 세기에 비해 15배 증가했으며, 이 비율은 현재 13%에서 2051년이 되면 23%까지 증가할 것으로 보인다(Australian Bureau of Statistics, 2009; Sachdev, 2007). 이와 유사하게, 스웨덴의 보건복지위원회(National Board of Health and Welfare)에 의하면, 65세 이상 노인의 3~5%가 범불안장애 진단기준을 충족하며, 10~15% 정도는 노년기 우울증을 겪는다(Socialstyrelsen, 2009). 이렇게 노년층에서 불안과 우울은 흔히 나타나며, 이런 증상을 가진 노인들의 수는 분명히 증가할 것이다.

불안과 우울은 노년층에서는 특히 중요한 문제인데, 왜냐하면 이것이 신체건강 문제와 관련되기 때문이다. 연구에 의하면, 노년층의 불안과 우울은 신체건강 문제 및 질병의 악화(Braam et al., 2005; Brenes et al., 2008)뿐만 아니라 삶의 질 저하 및 자살 위험성 증가와 상관이 높다(Grek, 2007). 이제는 수많은 증거가 불안 및 우울과 신체질병의 복잡하고 상호적인 관련성에 대해 말해 주고 있는데, 이 상호작용 속에서 각각은 서로를 더욱 악화시킨다(Katon & Ciechanowski,

2002; Roy-Byrne et al., 2008). 예를 들어, 한 연구에 의하면 심근경색의 위험은 우울 증상을 가진 성인에게서 4배나 증가한다(Hippisley-Cox et al., 1998). 뿐만 아니라 우울한 환자들은 그렇지 않은 환자들에 비해 만성 건강질환에서 의학적 치료가 제시하는 치료 계획을 잘 따르지 않는 비율이 3배 정도이다(DiMatteo et al., 2000). 그리고 심리적 질병과 신체적 질병 간 양방향적 관계를 반영하듯, 만성 건강 문제의 유병률은 연령에 따라 증가하고 이에 따라 만성 건강 문제가 불안과 우울의 주요한 위험 요인이 되고 있다(Britt et al., 2008). 그런고로 불안과 우울은 그 자체로 주요한 건강 문제일 뿐 아니라, 치료되지 않은 불안과 우울은 신체건강 문제와 관련성이 있기에 노년층에서 특히 중요한 이슈가 된다.

노년층을 위한 인지행동치료

인지행동치료(CBT)와 같은 심리치료의 효능에 대한 근거들은 대부분 일반 성인집단 표본 임상연구를 통해 나온 것인데(예: Butler et al., 2006), 이 성인 표본에서 젊은 연령대(18~25세)나 노년층(60세 이상)의 표본 수는 상대적으로 적은 편이다. 노년층을 위한 CBT는 다른 연령대의 성인을 위한 CBT와 유사하지만, 노년학 지식을 포함하고 동년배 집단의 신념, 신체적 건강 상태 및 생애 단계 변환에 대해 설명하는 식으로 조금 변형된다(Laidlaw et al., 2004). 우울하고 불안한 성인들에게 전통적인 CBT를 개인 또는 집단 장면에서 면대면 방식으로 시행하는 것의 효과는 고무적이다(Ayers et al., 2007; Scogin et al., 2005). 예를 들어, 최근 실시된 2개의 메타분석 연구에 의하면, CBT는 대기자 통제집단에 비해 사후평가에서 불안에 있어서는 중등도의 효과(무작위 대조연구 12개에서 Hedge's $g=.66$), 우울에 있어서는 비교적 큰 효과(무작위 대조연구 23개에서 Hedge's $g=1.35$) 크기를 나타냈다(Gould et al., 2012a, 2012b). 그러나 노년층에서 CBT를 사용하는 것에 대하여 중요한 의문점들이 여전히 남아 있으며, 기존 연구들 대부분은 방법론에서 높은 탈락률 및 작은 표본크기와 같은 한계가 있다(Wilkinson, 2009). 그러나 이러한 방법론적 한계와 부족한 연구 수에도 불구하고, 불안 및 우울한 노년층 CBT에 대한 연구 결과들은 고무적이라 할 수 있다.

노년층을 위한 ICBT

노년층에서 전통적인 CBT의 큰 문제점 중 하나는 치료 시도율이 낮다는 것이다. 호주의 경우를 예로 들어 보면, 불안과 우울 문제가 있는 호주 노인 중 이러한 문제 때문에 치료를 받으려 하는 사람은 30%도 안 되고, 심지어 여러 가지 공병 정신건강 문제가 있는 경우에도 마찬가지이다(Trollor et al., 2007). 안타깝지만 노인 집단이 치료를 시도하는 데 있어서 여러 장애물이 존재하는데, 치료소를 찾아가는 것에 대한 창피함과 낙인효과, 이동성 제약, 치료비용 문제, 정신건강에 대한 지식 부족 그리고 노년층 전문 임상가의 부족 등이다(Cole et al., 2008). 이러한 장애물과 낮은 치료 시도율로 인해 몇몇 임상연구자는 불안 및 우울 문제를 갖고 있는 노년층에게 인터넷 기반 인지행동치료(ICBT)가 가능한지 살펴보기 시작하였다. 또한 이런 시도는 심리학 연구 분야에서 전통적인 치료 장애물을 극복하고 근거기반 심리치료에 대한 접근가능성을 높이는 수단으로 ICBT를 고려하는 요즘의 추세를 반영하는 것이다(Andersson & Titov, 2014). ICBT는 전통적인 면대면 CBT와 동일한 치료 원리에 바탕을 두고 있으며, 다만 인터넷이나 컴퓨터를 통해 증상에 대한 치료 정보를 제공하고 자기관리 기술을 가르친다는 점이 다르다. ICBT는 임상적 지원의 수준이나 유형이 다양할 수 있는데, 매주 정기적으로 전화나 이메일을 통해 임상가와 접촉을 하는 경우에서부터 전혀 임상가 접촉 없이 완전히 자가치료 프로그램으로 이루어지는 경우까지 다양하다.

이제 상당히 많은 메타분석 자료가 불안 및 우울 문제를 지닌 일반 성인집단용 ICBT의 효능을 지지하고 있는데(Andersson & Cuijpers, 2009; Andrews et al., 2010; Cuijpers et al., 2009), 전통적인 면대면 치료법에 상응하는 효과크기를 보고하고 있으며(Cuijpers et al., 2010), 비용-효과도 우수하다(Hedman et al., 2012). 그러나 문제는 인터넷 방식이 젊은 성인들과 마찬가지로 노년층에서도 장애물을 극복하고 효과적인 심리치료에 대한 접근성을 높이는 데 효과가 있을 것인가 하는 것이다. 가능성은 상당한 것으로 생각되는데, 왜냐하면 많은 나라의 노년층 집단에서 인터넷과 컴퓨터의 사용이 빠르게 증가하고 있기 때문이다(Ewing & Thomas, 2012; Fox & Jones, 2009). 호주를 예로 들면, 65세 이상 노년층에서 인터넷 사용이 상대적으로 높은 편으로 추산되는데, 50% 이상이 정기적으로 인터넷을 사용한다고 하며, 이 비율은 시간이 지남에 따라 급격히 증가하고 있다(Ewing & Thomas, 2012). 그러나 비록 노인들이 ICBT에 필요한 기술들을 사용하고 미래에 이런 양상이 증가될 것이라 하더라도, 잘 고안된 경험연구를 통해 치료에서 ICBT의 접근가능성, 효능 및 비용-효과를 살펴보아야 하고, 불안하고 우울한 노인들의 치료에 알맞은 방법으로서 잠재력이 있는지 살펴보아야 할 것이다.

이 장의 다음 절들에서는 노년층을 위한 기존 ICBT 프로그램에 대해 기술하고, 임상적 효능 및 비용-효과에 대한 기존 자료를 요약할 것이다. 아울러 ICBT의 보급 및 확산에 대한 이슈와 향후 문제점들에 대해 기술할 것이다. 그리고 이 장에서는 컴퓨터나 다른 기술을 활용한 치료법으로 범위를 넓히지 않고 ICBT에 특별히 초점을 맞추려 한다. 노년층에서 컴퓨터를 활용한 치료법들에 대해 개관한 최근의 한 연구에 따르면 노년층에 대한 자료는 매우 부족한 것으로 나타난다(Crabb et al., 2012).

🔵 현재의 ICBT 치료법

현재까지 노인 대상 ICBT 프로그램의 효능을 검토한 임상연구들은 많지 않으며, 노년층을 위해 특별히 고안된 프로그램은 거의 없는 실정이다(〈표 12-1〉 참조). 물론 ICBT에 대한 많은 임상연구가 노인 참가자를 포함시키기는 한다. 그러나 최근 컴퓨터 활용 CBT 프로그램에 대한 개관연구에서는 ICBT 임상실험에 참여한 노인(예: 60세 이상)의 비율이 상대적으로 낮은 것으로 나타났다(Crabb et al., 2012). 따라서 노년을 대상으로 한 일반적인 ICBT 프로그램의 치료 수용성

〈표 12-1〉 불안 및 우울한 노년층을 위한 ICBT 연구 요약

	표본						결과			
연구자 및 국가	연구 설계	1차 성과 측정치	2차 성과 측정치	표본 수	평균 연령 및 범위	진단 도구	반응비율	개별 참가자당 평균 치료자 접촉 시간	효과크기 (사후평가)	효과크기 (추수평가)
Zou et al. (2012) / 호주	• 공개연구 (Open Trial)	GAD-7	PHQ-9	22명	66세	MINI	사후: 100% 3개월 후: 95%	78분	WG(집단내) GAD-7: 1.65 PHQ-9: 1.22	WG GAD-7: 1.03 PHQ-9: 0.53
Dear et al. (2013) / 호주	• 공개연구	PHQ-9	GAD-7	20명	63.4세 (60~80)	MINI	사후: 85% 3개월 후: 85%	73.8분	WG PHQ-9: 1.59 GAD-7: 1.41	WG PHQ-9: 1.41 GAD-7: 2.04
Dear et al. (2015b) / 호주	• 개별 2집단 공개연구(불안, 우울)	불안 GAD-7 우울 PHQ-9	불안 PHQ-9 우울 GAD-7	불안 27명 우울 20명	불안: 65.3세 (60~81) 우울: 66.6세 (62~76)	MINI	불안 사후: 85% 3개월 후: 77% 우울 사후: 80% 3개월 후: 70%		불안 WG GAD-7: 1.17 PHQ-9: 1.26 우울 WG PHQ-9: 1.06 GAD-7: 0.60	불안 WG GAD-7: 0.99 PHQ-9: 1.00 우울 WG PHQ-9: 1.04 GAD-7: 0.59
Titov et al. (2015) / 호주	• 치료집단 • 대기자 통제 집단	PHQ-9	GAD-7	54명	65.3세 (61~76)	MINI	치료집단 사후: 85% 3개월 후: 74% 12개월 후: 70% 통제집단 사후: 88%	45.1분	BW(집단간) PHQ-9: 2.08 GAD-7: 1.22	WG 3개월 후 PHQ-9: 1.25 GAD-7: 1.00 12개월 후 PHQ-9: 1.25 GAD-7: 1.12

연구/국가	집단	불안 척도	우울 척도	인원	연령	진단 도구	완료율	시간	효과크기
Dear et al. (심사 중)/ 호주	• 치료집단 • 대기자 통제집단	GAD-7	PHQ-9	72명	65.5세 (60~81)	MINI	치료집단 사후: 90% 3개월 후: 90% 12개월 후: 87% 통제집단 사후: 86%	57.58분	BW GAD-7: 1.43 PHQ-9: 1.79	WG 3개월 GAD-7: 1.53 PHQ-9: 1.31 12개월 GAD-7: 1.73 PHQ-9: 1.43
Spek et al. (2007, 2008)/ 네덜란드	• 온라인 코스, 집단치료집단 • 대기자 통제집단	BDI-II	N/A	102명	55세	WHO CIDI	온라인집단 사후: 66% 12개월 후: 57% 집단치료집단 사후: 57% 12개월 후: 67% 통제집단 사후: 58% 12개월 후: 66%	보고되지 않음	BW 온라인 vs 통제집단 BDI-II: 0.55 BW 집단치료 vs 통제집단 BDI-II: 0.20	WG 온라인 BDI-II: 1.22 집단치료 BDI-II: 0.62
Silvernagel et al.(2017)/ 스웨덴	• 치료집단 • 대기자 통제집단	BAI	GAD-7	66명	66.1세 (60~77)	SCID-I	사후: 82%	100분	BW BAI: 0.50 GAD-7: 0.67	

※ WG=집단내 비교 효과크기, BW=집단간 비교 효과크기

※ GAD-7=범불안장애 7문항 척도, PHQ-9=환자 건강 척도 9문항, MINI=미니 국제 신경정신과 인터뷰, WHO CIDI=세계보건기구 국제 진단 면접, SCID=DSM 구조화된 임상면접, BDI=벡 우울 척도, BAI=벡 불안 척도

이나 효능을 언급할 때는 주의가 필요하며, 노년층에 초점을 둔 연구들이 더 필요하다.

현 시점에서 우리는 노년층을 위해 고안되었고 임상연구를 통해 검토된 ICBT는 5가지가 있는 것으로 파악하고 있다. 노년층을 대상으로 특화된 것은 아니지만 50~75세의 성인을 대상으로 한 임상실험에서 검토된 바 있는 프로그램도 존재한다(Spek et al., 2007, 2008). 이 프로그램들에 대해 다음에 요약하였다.

스트레스 / 불안 다스리기 프로그램과 기분 다스리기 프로그램 (버전 1)

스트레스 / 불안 다스리기(Managing Stress and anxiety) 프로그램 그리고 기분 다스리기(Managing Your Mood) 프로그램은 불안과 우울 증상이 있는 노인들을 위해 고안된 두 가지 별도의 ICBT 프로그램이다(Zou et al., 2012; Dear et al., 2013). 이 두 프로그램 모두 다섯 가지 핵심 수업으로 구성되어 있고 8주에 걸쳐 실시된다. 참가자들은 7~10일에 걸쳐 하나의 핵심 수업을 완수하는데, 앞선 내용을 완수하기 전에는 다음 내용으로 넘어가지 못하도록 프로그램이 구성되어 있다. 프로그램에는 또한 수업요약 및 과제할당이 있고, 자기주장 기술, 문제해결, 신념 다루기 및 수면 개선하기의 내용을 담은 부가 자료들도 제공한다. 참가자들은 보안 메시지 시스템이나 이메일을 통해 치료자와 매주 1회 짧게 접촉하며, 이전 참가자들이 남겨 둔 다양한 코멘트, 피드백, 제안들을 제공받는다. 이 프로그램은 자동화된 이메일을 사용하여 참가자에게 새로운 내용이 있음을 알리고, 내용을 완수했을 때 축하해 주거나, 아직 완수되지 않은 내용이 있을 때 이를 상기시키기도 한다.

이 프로그램의 내용들은 교육적인 형식과 대화 형식의 조합으로 제공되며, 참가자들은 프로그램 내내 만화 기반 캐릭터와 이야기들을 따라가도록 구성되어 있다. 프로그램의 내용들은 기존 프로그램에서 따온 것인데(Titov et al., 2011; Dear et al., 2011), 연령에 적합한 캐릭터, 이야기, 예제가 포함되고, 건강 상태나 역할 변환 등과 같이 노년층에 관련된 주제를 설명하는 식으로 다소 수정되었다. 중요한 점은, 스트레스/불안 다스리기 프로그램과 기분 다스리기 프로그램은 매우 유사하며, 단지 불안과 우울 증상 중 어디에 초점을 맞추느냐 그리고 불안 또는 우울 증상이 있는 노인의 사례를 제공하는 이야기 삽화에 차이가 있을 뿐이다. 또 수업이 제공되는 순서에도 차이가 있다. 기분 다스리기 프로그램에서는 신체증상 다루기에 대한 정보 및 기술이 사고 도전하기 앞에 제시되며, 스트레스/불안 다스리기 프로그램에서는 그 순서가 반대이다. 두 프로그램 모두 각 수업은 이전 수업에서 다뤘던 정보와 기술의 요약으로 시작되며, 이번 수업에 대한 의제를 제시하고, 비슷한 증상을 가진 캐릭터가 기술을 사용하는 예를 삽화로 제시하며, 마지막으로 이번 수업에서 다룬 기술이나 주요 내용을 요약 정리하는 것으로 마친다.

스트레스/불안 다스리기 코스와 기분 다스리기 코스(버전 2)

스트레스/불안 다스리기 코스와 기분 다스리기 코스는 노년층을 위한 기존 프로그램의 구조를 기반으로 하였지만 완전히 새롭게 개편된 2개의 ICBT 치료법들이다(Dear et al., 2015a; Titov et al., 2015).[1] 이 코스들 역시 5개의 핵심 수업으로 구성되어 있고 8주간에 걸쳐 시행되며, 다루는 내용이나 자기관리 기술들은 모두 기존과 똑같다. 그러나 자료와 내용들은 노년층을 위한 새로운 프로그램에 맞춰 전부 재창작되었다. 기존 프로그램과 마찬가지로, 새로운 코스들의 자료는 교육적인 형식과 대화 형식의 조합으로 제공되었는데, 다만 기존의 만화 삽화 대신 세부적인 사례 자료(사례 이야기라고 명명함)를 제시하여 필요 정보 및 기술의 응용에 대해 설명하였다. 사례 이야기는 학습을 촉진시키고, 치료 이행도와 참여도를 높이도록 고안되었는데, 자료를 학습하고 기술을 응용할 때의 어려움을 덜어 주고 방어적 태도를 줄여 준다.

---

1) 이 코스들은 담당 연구자들이 연구소를 퇴직함으로써 원래의 스트레스/불안 다스리기 프로그램과 기분 다스리기 프로그램을 더 이상 사용할 수 없게 되었기에 개발되었다.

이 새로운 ICBT 코스들은 기존 프로그램의 모든 자료와 기술을 다루는데, 다만 치료자 가이드 유무를 선택하여 실행할 수 있도록 제작되었다. 즉, 치료자 가이드 형식 또는 자가치료 형식으로 나뉘는 것이다. 예를 들어, 모든 수업에서 사용할 수 있는 자가가이드('혼자 해 보세요', *Do It Yourself Guides*)가 제작되었는데, 기술 연습하기와 구체적 사례가 포함되어 있고, 폭넓은 범위의 문제 및 증상들을 다루고 있어서, 참가자들은 이를 활용하여 자신만의 기술 연습하기를 진행할 수 있다. 또한 자동화된 이메일 세트가 포괄적으로 제작되어 참가자들이 코스를 진행하면서 배운 기술을 꾸준히 연습할 수 있도록 세세하게 지원하고 있다. 다른 곳에서 언급된 바와 같이(Titov et al., 2013), (1) 참가자들이 1회 수업을 마쳤을 때, (2) 만일 1회 수업이 7일 이내에 완료되지 않았을 때, (3) 새로운 수업이 시작되는 매주 또는 한 주 동안 어떤 과제가 제시될 때 그리고 (4) 참가자들의 증상이 심해지거나 기술 연습에서 겪는 어려움이 증가할 때 이메일이 발송되었다. 이메일 내용은 (1) 새로운 내용이 실시 가능해지면 참가자에게 알리고, (2) 아직 읽지 않은 자료에 대해 상기시키며, (3) 진행 및 기술 연습을 격려하고, (4) 새 기술 학습의 어려움을 감소시키며, (5) 증상 감소는 부드럽지만 끊임없는 기술 연습을 통해서 가능하다는 것을 설명하고 강조하도록 제작되었다.

불안하고 우울한 노년층을 위한 개인 맞춤형 ICBT

현재 스웨덴의 린쵀핑 대학교 내 인터넷 건강 및 임상심리연구집단(Internet Health and Clinical Psychology Research Group: IHCPRG)에서 진행 중인 프로젝트가 있는데, 이것은 불안 및 우울에 대한 개인 맞춤형 인터넷 기반 치료를 개발하는 데 초점을 맞추고 있다(Carlbring et al., 2011; Andersson et al., 2011; Johnsson et al., 2012; Bergman et al., 2013). 이 개인 맞춤형 치료법은 참가자의 고유 증상 프로파일을 확인하고, 이 프로파일에 근거하여 도움이 될 만한 정보와 기술을 제공할 수 있도록 제작되었다. 최근에 이 프로젝트가 참가자 연령대에 따라 맞춤형이 되도록 확장되고 있는데, 특히 청소년층(Silfvernagel et al., 2015), 청년층

(Silfvernagel et al., 2012) 그리고 노년층(Silfvernagel et al., 2017)에 초점을 두고 있다.

개인 맞춤형 ICBT는 참가자의 요구 및 증상에 따라 치료에 범진단적 요소들을 맞춤식으로 제공하려는 목적을 지닌다(Silfvernagel et al., 2012). 참가자별로 특정한 심리사회적 어려움과 심리적 공병 문제들을 파악하여 ICBT 치료법들의 연관성과 통합성 그리고 임상적 효과를 높이려는 목적인 것이다. 중요한 점은 이 치료 패키지가 기존의 ICBT 치료법들에서 도출된 모듈들로 이루어졌다는 점인데, 이 모듈들은 노년층에 적합하도록 개정되어 왔다(Silfvernagel et al., 2017). 첫 번째 모듈(소개 모듈)과 마지막 모듈(재발방지 모듈)은 고정된 것이며, 나머지 모듈은 치료자가 8주간의 치료 기간 내에 선택하여 처방할 수 있다. 인지재구조화(2개 모듈), 공황장애(1개 모듈), 광장공포증(1개 모듈), 범불안장애(3개 모듈), 사회불안장애(2개 모듈), 행동활성화(2개 모듈), 응용이완법(1개 모듈), 스트레스(1개 모듈), 마음챙김(1개 모듈), 문제해결(1개 모듈) 그리고 불면증(1개 모듈)이 그것이다. 그리고 치료자가 선택할 수 있는 진단 특정적 모듈들에 대해 각각 긴 버전과 짧은 버전이 있다. 모든 모듈의 기반은 근거기반 CBT 치료법이며, 모듈은 심리교육, 노출연습, 행동실험 등 연관된 요소들을 포함하고 있다. 모든 모듈은 참가자에게 과제를 제시하는데, 과제의 구성은 심리교육 내용에 대한 평가 문제 그리고 노출연습과 같이 참가자가 완수해야 하는 과제들로 구성되어 있다. 치료에는 치료자 가이드가 있으며, 자동화된 이메일은 없다. 치료자 또는 참가자가 원할 때 접촉이 이루어진다.

우울 대처하기 온라인 코스(네덜란드 버전)

네덜란드 우울 대처하기(Coping with Depression: CWD) 코스의(Cuijpers, 2000) 온라인 버전을 네덜란드 정신건강 및 중독 연구소 내 트림보스 연구소가 개발하였다(Spek et al., 2007, 2008). 원조 우울 대처하기 코스(Lewinsohn et al., 1992)는 CBT와 사회학습이론(Bandura, 1977)에 기반을 둔 구조화된 코스이다. 원래 코스는 2시간짜리 집단 회기가 8주 동안 총 12회 이루어지는데, 처음 4주 동안에는 주 2회 회기가 이루어졌다. 이 코스는 우울에 대한 심리교육 및 인지재구조화, 즐거운 활동 계획하기 및 재발방지와 같이 우울을 감소시키는 전략들을 제공한다. 한편, 온라인 우울 대처하기 코스의 경우 8개의 온라인 모듈로 구성되어 있으며, 8주에 걸쳐 실시된다. 온라인 우울 대처하기 코스는 교육적 내용, 연습 시행, 비디오와 그림 자료들로 복합적으로 구성되어 있다. 온라인 우울 대처하기 코스는 자가치료 형태로 수행되도록 고안되었으며, 코스가 진행되는 동안 치료자 접촉은 없다. 중요한 것은 원조 우울 대처하기 코스나 온라인 우울 대처하기 코스 모두 노년층을 대상으로 만들어진 것은 아니지만, 한 연구에서 50~75세 연령 범위의 성인층을 대상으로 준임상적 우울 증상을 감소시키는 효과를 보고하였다는 점이다(Spek et al., 2007, 2008). 따라서 이 코스와 이 연구 결과들을 여기에 포함시켰다.

현재 ICBT 치료법들에 대한 경험적 근거

ICBT의 수용가능성, 임상적 효능 및 비용-효과

노년층을 위한 ICBT의 효능 및 비용-효과에 대한 경험적 근거는 아직까지 소수의 연구자 집단에 의해 수행된 몇 개의 임상연구를 통해 나온 것이 전부인데, 구체적으로는 4개의 공개연구 및 3개의 무작위 대조연구가 있다(Dear et al., 2013; Dear et al., 2015a, 2015b; Titov et al., 2015; Zou et al., 2012; Silfvernagel et al., 2018). 또 다른 연구로는 노년층을 대상으로 고안된 것은 아니지만 50~65세 성인 동령군[2]을 대상으로 ICBT 프로그램을 실시하고 효능성을 살펴본 경우가 있다(Spek et al., 2007, 2008). 이러한 초기 연구 결과들은 고무적이었으며, 노년층

---

2) 역자 주: 동령군(cohort)은 동연령대, 즉 동령의 출생집단을 의미한다. 즉, 같은 시기에 출생하여 같은 나이인 집단을 이르는 용어이다.

을 대상으로 근거기반 심리치료법에 대한 접근성을 증가시키는 측면에서 ICBT가 잠재력을 가지고 있음을 확인해 주었다.

처음의 두 연구는 60세 이상 노인을 위한 ICBT의 수용가능성, 편리성 및 효능을 살펴보았는데, 여기서 참가자들은 임상심리학자와 매주 짧은 정기적 접촉을 가졌다(Zou et al., 2012; Dear et al., 2013). 이 두 공개연구는 각각 불안 증상을 보이는 노인들(22명)을 위해서 스트레스/불안 다스리기 프로그램의 효능을 그리고 우울 증상을 보이는 노인들(20명)을 위해서 기분 다스리기 프로그램의 효능을 살펴보았다. 기분 다스리기 프로그램의 20명 중 17명(85%) 그리고 스트레스/불안 다스리기 프로그램의 22명 중 21명(95%)이 프로그램 참가 사전평가에서 DSM-IV의 주요우울증과 불안장애 진단기준을 각각 충족시켰다. 참가자들의 평균연령은 각각 63세와 66세로, 연령 범위(범위=60~80세, 표준편차는 각각 4.6, 5.08)의 아래쪽에 위치하였다. 두 연구에 걸쳐, 참가자들의 60% 정도는 여성이었으며, 45%는 고등교육을 받았고, 35%는 풀타임 또는 파트타임으로 일을 하고 있었다. 참가자들의 프로그램 완료율과 반응률[3]은 높은 편이어서, 8주 경과 후에 75% 이상의 참가자들이 프로그램을 완료했으며, 사후평가와 3개월 추수평가 때는 80%의 참가자가 자료를 제출했다. Cohen의 효과크기(d)로 볼 때, 두 연구 모두 사후평가의 불안과 우울 측정치에서 .80이 넘는 큰 효과크기가 관찰되었으며, 이 효과는 3개월 추수평가에서도 유지되었다. 참가자들이 보고한 만족도는 매우 높았으며, 75% 이상의 참가자는 프로그램이 시간을 들일 가치가 있고 다른 사람에게 추천하겠노라고 응답하였다. 그리고 좀 더 어린 연령을 대상으로 한 다른 연구에서와 일치하게, 참가자당 치료자 접촉 시간은 기분 다스리기 프로그램에서는 평균 73분(표준편차 36.10분), 스트레스와 우울 다스리기 프로그램에서는 평균 78분(표준편차 28.48분)이 각각 소요되었다.

동일한 연구팀이 최근 2개의 무작위 대조연구를 수행하였는데, 이는 앞에서

---

3) 역자 주: 완료율(completion rates)과 반응률(response rates)은 유사한 부분이 있으나 서로 다른 개념으로 온라인 서베이에서 특히 중요하다. 예를 들어, 1,000명에게 이메일을 보냈고, 이 중 250명이 메일을 열어 서베이를 시작했으며, 최종적으로 200명이 서베이를 완료했다고 하자. 이때 완료율은 200/250, 즉 80%이다. 그리고 반응률은 200/1,000, 즉 20%이다.

언급한 공개연구 결과를 확장하여, 새로 개발된 기분 다스리기 코스(참가자 54명)와 스트레스／불안 다스리기 코스(참가자 72명)의 장기 임상적 효과 및 비용-효과를 살펴보기 위한 것이었다(Dear et al., 2015a, 2015b; Titov et al., 2015). 이 무작위 대조연구에서는 참가 즉시 코스를 시작하는 치료집단과 대기자 통제집단을 비교하였는데, 대기자 통제집단의 경우 치료집단이 치료를 끝낸 직후부터 자가치료 버전의 코스를 시작할 수 있게 하였다. 치료집단과 통제집단 모두 치료 사전평가와 사후평가 질문지를 작성하였고, 치료집단의 경우에는 3개월 및 12개월 추수평가에서 증상 질문지를 다시 작성하였다. 중요한 점은 앞서 시행한 공개연구에서와 일치하게, 8주 내에 코스를 완료한 참가자 비율이 70%가 넘었고, 사후평가에서 자료를 제출한 참가자는 80%가 넘었다는 것이다(Dear et al., 2015a; Titov et al., 2015). 그리고 임상적 성과 역시 비슷하여 불안 및 우울 사후평가에서 큰 효과크기가 나타났으며(Cohen's $d > 0.80$), 이러한 효과는 3개월 및 12개월 추수평가에서도 유지되었다. 상대적으로 치료자 접촉 시간은 짧았는데, 기분 다스리기 코스에서는 참가자당 45분(표준편차 32.51분)이 소요되었고, 스트레스／불안 다스리기 코스에서는 참가자당 57분(표준편차 31분)이 소요되는 것으로 나타났다. 이 결과를 살펴볼 때, 각 치료집단들은 통제집단에 비해 다소 높은 비용 부담이 생기는 것으로 나타났으나, 기분 다스리기 코스의 비용은 $52.91, 스트레스／불안 다스리기 코스의 비용은 $92.2로 치료의 비용은 상대적으로 낮은 수준이었다. 그리고 두 치료집단 모두 사후평가에서 품질보정수명(quality-adjusted life year: QALY)[4]이 더 길어졌다(기분 다스리기 코스 0.012년, 스트레스와 우울 다스리기 코스 0.010년). 노년층을 위한 ICBT의 잠재적 비용-효과를 강조할 때, 품질보정수명 1년에 $50,000를 기꺼이 지출할 수 있다는 일반적 결과에 비추어 보면, 이 두 코스 모두 95% 이상 비용-효과가 있다고 할 수 있다.

위에 언급한 무작위 대조연구의 통제집단을 활용하여, 연구팀은 치료 기간에 임상가 접촉이 없는 자가치료 형식으로 기분 다스리기 코스(참가자 20명)

---

4) 역자 주: 품질보정수명(QALY)은 아무런 질병도 없이 건강하게 사는 1년을 말한다. QALY가 높을수록 삶의 질이 높고, 1QALY를 추구하는 데 드는 비용이 낮을수록 그 의료행위의 비용-효과가 큰 것을 의미한다.

및 스트레스/불안 다스리기 코스(참가자 27명)를 운영하여 그 효능, 수용가능성, 편리성 등에 대해 살펴보는 또 다른 공개연구를 시도할 수 있었다(Dear et al., 2015b). 자가치료 방식의 ICBT는 정신건강 영역에서 잠재력이 상당한데, 물론 임상가가 직접 치료하는 것이 전통적으로 임상효과가 더 크기는 하지만(Andersson & Cuijpers, 2009; Andrews et al., 2010; Cuijpers et al., 2009), 최근 일부 연구에 의하면 ICBT를 자가치료 형식으로 시행했을 때도 매우 긍정적인 효과가 있었다(Berger et al., 2011; Furma et al., 2009; Titov et al., 2013, 2014). 이 결과는 매우 고무적이다. 예를 들어, 기분 다스리기 코스 참가자 중 70% 그리고 스트레스/불안 다스리기 코스 참가자 중 50%가 8주 내에 코스를 완료했으며, 70% 이상의 참가자가 치료 사후평가 시기와 3개월 추수평가 시기에 자료를 작성했다. 게다가 스트레스/불안 다스리기 코스에서의 불안에 대한 표준 측정치와 기분 다스리기 코스의 우울 표준 측정치 모두에서 큰 효과크기가 관찰되었다(Cohen's $d>0.80$). 이러한 증상 감소는 3개월 추수평가에서도 유지되었으며, 두 코스 모두에서 참가자들은 건강과 관련된 품질보정수명의 향상을 보고하였는데, 치료의 비용이 상대적으로 작게 든다는 점을 고려하면 우울하거나 불안한 노년층을 위한 자가치료 형식의 ICBT가 임상적 효과나 비용-효과 측면에서 충분한 잠재력이 있다 할 것이다.

또 다른 2집단 무작위 대조연구는 스웨덴에서 노인들을 대상으로 이루어졌는데(평균연령 66.1세, 표준편차 4.15세), 참가자들은 치료집단 및 통제집단에 무선할당되었다(Silfvernagel et al., 2018). 치료집단(33명)의 참가자들은 불안과 우울 증상에 대한 개인 맞춤형 ICBT를 받았으며, 통제집단(33명)은 심리학자로부터 일반적인 지지를 받았다. 통제집단은 치료집단의 치료 기간이 다 끝난 후, 즉 8주의 기간이 끝난 후에 똑같은 치료를 제공받았다. 참가자들은 치료 직전과 직후에 질문지들을 작성하였다. 33명의 참가자 중 67%가 8주 이내에 치료의 50%를 완료하였으며, 참가자들 중 82%가 사후평가 자료를 제공해 주었다. 사후 불안 및 우울 측정 결과, 중등도 내지 그 이상의 효과크기(Cohen's $d>0.50$)가 확인되었고, 치료는 매우 수용 가능한 것으로 평가되었다. 참가자당 치료자 접촉은 평균 약 100분 정도였다.

마지막으로, 온라인 우울 대처하기(CWD) 코스가 노년층을 특정하여 개발된 것은 아니지만, 그 효능이 50~75세 범위의 네덜란드 성인집단에서 측정된 바 있다(Spek et al., 2007, 2008). 현재까지 한 개의 무작위 대조연구(참가자 301명)가 실시되었는데, 온라인 우울 대처하기 집단(참가자 102명)과 대기자 통제집단(참가자 100명) 및 전통적인 면대면 우울 대처하기 집단치료(참가자 99명) 사이에 우울증상 감소에서 효능성의 차이가 있는지 살펴보았다. 온라인 우울 대처하기 코스에서 참가자들의 평균 연령은 55세(표준편차 4.6)였다. 온라인 우울 대처하기 코스에서 대략 67.6%의 참가자들은 여성이었으며, 62%는 풀타임 또는 파트타임으로 일하고 있었고, 87%가 중등교육 이상을 받은 것으로 확인되었다. 치료 완료율은 면대면 우울 대처하기 치료가 94.5%임에 비해 상대적으로 낮아 48.3% 정도였다(Spek et al., 2007). 그러나 온라인 우울 대처하기 치료 조건의 집단내 효과크기를 살펴볼 때, 사후평가에서 큰 효과가 나타났으며(Cohen's d=1.0), 온라인 우울 대처하기 치료 조건과 대기자 통제집단 간에 중등도의 집단간 효과크기가 관찰되었다(Cohen's d=0.55). 집단기반 우울 대처하기 치료와 온라인 우울 대처하기 치료 사이에 통계적으로 유의미한 차이는 없었으며, 이런 결과 패턴은 12개월 추수평가에서도 동일하였다(Spek et al., 2008). 중요한 결과는, 치료필요환자 수 분석[5]에서 준임상적 우울 1사례를 막기 위한 치료필요환자 수치는 3.85명으로, 전통적인 집단 형식의 우울 대처하기 치료의 치료필요환자 수치 14.29보다 낮았다는 것이다.

---

5) 역자 주: 치료필요환자 수(numbers-needed-to-treat: NNT) 분석은 보건 개입의 효과성을 논할 때 흔히 사용되는 분석이다. NNT는 환자들 중 한 명이 효과를 보기 위해 몇 명의 환자를 치료해야 하는가에 관련된다. NNT 값이 1이면, 환자 1명을 치료할 때 1번의 개선이 나타난다는 의미이므로 가장 이상적인 값이다. NNT 값이 높아지면 치료효과성은 떨어진다.

🌑 논의 및 후속 방향

치료되지 않은 불안과 우울의 유병률은 노년층에서 심각한 공중보건 문제이며, 향후 노년층의 비율은 더욱 증가할 전망이다. 불행하게도, 전통적인 면대면 심리치료의 경우 임상적 효과에도 불구하고 접근에 장애물이 많아서 이러한 치료를 받는 노인은 거의 없는 실정이다. ICBT는 치료 접근성을 개선하는 데 있어서 잠재력이 있으며, 현재 몇몇의 연구가 진행되었는데 그 결과는 고무적이다. 연구 결과, ICBT는 노년층에 적용 가능하며, 불안과 우울 수준을 유의미하게 낮춰 주고, 이 효과는 12개월 추수평가에서도 유지된다. 또 ICBT는 참가자 1명당 상대적으로 적은 치료자 접촉 시간을 필요로 하며(평균 1시간 이하), 치료자 접촉이 없이도 적용 가능하고 효과를 보인다는 결과가 있어 비용-효과가 매우 좋은 접근이라 할 수 있다. 그러므로 연구 결과들로 미루어 볼 때 불안과 우울 증상을 지닌 노년층을 위한 ICBT는 적용 가능하고, 임상적으로 효과가 있으며, 비용-효과적이라 할 수 있다. 또 다른 연구에서는 노년층을 위해 특별히 고안된 것이 아니라 하더라도 ICBT가 준임상적 우울 증상을 감소시키는 데 효과적임을 보여 주고 있으며(Spek et al., 2007), 이러한 향상은 치료 후 1년이 지날 때까지 유지되었다(Spek et al., 2008).

기존 연구의 긍정적인 결과들에도 불구하고, 불안 및 우울 증상을 지닌 노인들을 위한 ICBT의 치료 수용성, 효능, 비용-효과를 검증하기 위해서는 훨씬 더 많은 연구가 필요할 것이다. 현재까지, 비록 일관적인 연구 결과들이 나타나기는 했지만, 노년층을 위해 특별히 고안된 ICBT 프로그램 연구는 소수의 연구자 집단에 의해서만 수행되었고, 연구 참가자 수는 상대적으로 적었다. 따라서 호주나 스웨덴 이외의 다른 연구자 집단에 의해 별개의 반복검증이 필요할 것이며, 훨씬 더 많은 참가자를 포함한 대규모 연구가 진행되어야 임상적 효과가 견고하다는 것이 증명될 것이다. 이와 관련하여 노년층 대상 ICBT를 정규 치료로 시행하는 것에 대해서도 검토할 필요가 있을 텐데, 참가자들이 ICBT 치료를 직접 찾아다니는 것이 아니라 흔히 임상 장면에서 그러는 것처럼 ICBT를 받도록 의뢰되는 형식이 가능할 것이다. 점점 더 많은 연구자가 ICBT를 정규 임상 치료로 활용할 때의 결과를 보고하고 있으며 이때 노년층을 포함시키고는 있지만 (Andersson & Hedman, 2013), 아직까지 노년층을 위한 정규 치료로 ICBT를 사용할 때의 치료 수용성, 효능 또는 비용-효과에 대해 보고된 것은 없는 실정이다.

이 문헌에서는 아직 몇 가지 주요 질문들이 다루어지지 않았는데, 후속 연구에서 관심을 갖고 고려하면 좋은 것들이 있다. 예를 들어, 기존의 많은 연구가 다양한 연령의 노인들을 포함시키고는 있지만 참가자 평균연령은 노년층 집단 내에서는 젊은 연령대, 즉 60대 중후반의 연령대에 머무르고 있다. 게다가 기존 연구 참가자 수가 적은 편이어서 노년층 내의 다양한 연령대 집단별로 ICBT에 대한 치료 수용성이나 ICBT에 대한 반응의 차이를 확인하는 것이 어렵다.

이 주제와 관련하여, 불안 및 우울 증상이 있는 성인을 위한 일반적인 프로그램과 비교하여 노년층을 위해 특별히 고안된 ICBT 프로그램(예: 연령에 적절하게 예시 제공하기, 동연령대 신념 다루기, 생애주기 변환 등의 내용)이 노인들에게 더 효과적인지, 언제 효과적인지 등에 대한 경험적 근거가 아직 부족하다. 이는 온라인 우울 대처하기(CWD) 코스의 효과검토 연구에서 이슈가 되었는데, 왜냐하면 온라인 우울 대처하기 코스는 노년층을 위해 특별히 고안된 것이 아니기 때문이다(Spek et al., 2007, 2008). 이 연구는 임상적 수준의 우울에 대해 효과를 검증한 것이 아니었으며, 참가자 평균연령은 55세 정도로 다소 낮은 수준이었다. 온라인 치료법이 노년층 전용으로 어떻게 수정되어야 하느냐는 불안 및 우울 증상을 지닌 노년층에 대한 정규 치료로 ICBT를 보급하는 것에 대한 중요한 시사점을 지닌다. 또 다른 흥미 있는 향후 연구방향 중 하나는 당뇨, 심혈관계 질환, 호흡기 질환, 신경학적 질환, 암 및 만성 통증과 같은 만성 신체 건강 문제를 지닌 노인들을 위해 ICBT가 유익할 것이냐 하는 것이다. 만성 건강 문제는 나이가 들수록 더 흔해지며, 인생의 모든 측면에 큰 영향을 미친다. 불안과 우울 증상 그리고 만성 신체건강 문제가 복합적인 상호작용을 한다는 것은 널리 알려진 사실이다. 이 점을 고려할 때, 만성 신체건강 문제는 불안과 우울의 강력한 위험 요인이며(Wells et al., 1988), 역으로 불안과 우울은 취약한 신체건강의 강력한 위험 요인이다(Roy-Byrne et al., 2008; Katon & Ciechanowski, 2002). 만성 건강 문제가 있는 사람 대상의 ICBT 적용과 관련된 연구가 점차 많아지고 있으나(Beatty & Lambert, 2013), 아직은 만성 건강 문제가 있는 노인용 ICBT를 검토한 연구는 거의 없다. 게다가 노인용 ICBT 연구들은 불안과 우울 증상이 있는 노인들에게만 초점을 맞추고 있을 뿐, 신체건강 문제에 대해서는 탐구하지 않고 있다. 결과적으로, 향후 연구에서 ICBT가 정서적 건강을 향상시키는 것뿐 아니라 만성 신체 건강 문제의 적응 및 관리에도 도움이 되는지 탐구하는 것은 의미가 있으며 상당히 유익할 것이다.

요약하면, 불안과 우울 증상을 지닌 노년층에게 근거기반 치료 접근성을 높이려는 시도로 ICBT를 살펴보는 것은 충분한 이유가 있다. 현재까지 노년층을 위한 ICBT에 대해 살펴본 연구는 그리 많지 않다. 그러나 기존 연구의 결과들은 희망적이며, ICBT가 노인에게 수용 가능한 치료이고, 임상적으로 효과가 있으며, 노년층에게 치료를 제공할 때 비용-효과적임을 보여 주고 있다.

🔵 참고문헌

Andersson G, Cuijpers P (2009) Internet-based and other computerized psychological treatments for adult depression: a meta-analysis. Cogn Behav Ther 38:196-205

Andersson G, Hedman E (2013) Effectiveness of guided internet-based cognitive behaviour therapy in regular clinical settings. Verhaltenstherapie 23:140-148

Andersson G, Titov N (2014) Advantages and limitations of Internet-based interventions for common mental disorders. World Psychiatry 13:4-11

Andersson G, Estling F, Jakobsson E, Cuijpers P, Carlbring P (2011) Can the patient decide which modules to endorse? An open trial of tailored internet treatments of anxiety disorders. Cogn Behav Ther 40:57-64

Andrews G, Cuijpers P, Craske MG, McEvoy P, Titov N (2010) Computer therapy for the anxiety and depressive disorders is effective, acceptable and practical health care: a meta-analysis. PLoS One 5(10):e13196

Australian Bureau of Statistics (2009) Australian Social Trends, cat no 4102.0. Australian Bureau of Statistics, Canberra

Ayers CR, Sorrell JT, Thorp SR, Wetherell JL (2007) Evidence-based psychological treatments for late-life anxiety. Psychol Aging 22:8-17

Bandura A (1977) Social learning theory. Prentice Hall, Englewood Cliffs

Beatty L, Lambert S (2013) A systematic review of internet-based self-help therapeutic interventions to improve distress and disease control among adults with chronic health conditions. Clin Psych Rev 33:609-622

Berger T, Hammerli K, Gubser N, Andersson G, Caspar F (2011) Internet-based treatment of depression: a randomized controlled trial comparing guided with unguided self-help. Cogn Behav Ther 40:251-266

Bergman NL, Carlbring P, Linna E, Andersson G (2013) Role of the working alliance on treatment outcome in tailored internet-based cognitive behavioural therapy for anxiety disorders: randomized controlled pilot trial. JMIR Res Protoc 2(1):e4

Braam AW, Prince MJ, Beekman ATF et al (2005) Physical health and depressive symptoms in older Europeans. Br J Psychiatry 187:35-42

Brenes GA, Penninx BW, Judd PH, Rockwell E, Sewell DD, Wetherell JL (2008) Anxiety, depression and disability across the lifespan. Aging Ment Health 12:158-163

Britt HC, Harrison CM, Miller GC, Knox SA (2008) Prevalence and patterns of multimorbidity in Australia. Med J Aust 189:72-77

Butler AC, Chapman JE, Forman EM, Beck AT (2006) The empirical status of cognitive behavioural therapy: a review of meta-analyses. Clin Psychol Rev 26:17-21

Carlbring P, Maurin L, Torngren C, Linna E, Eriksson T, Sparthan E et al (2011) Individually-tailored, internet-based treatment for anxiety disorders: a randomized controlled trial. Behav Res Ther 49:18-24

Cole MG, McCusker J, Sewitch M, Ciampi A, Dyachenko A (2008) Health services use for mental health problems by community-living seniors with depression. Int Psychogeriatr 20:554-570

Crabb RM, Cavanagh K, Proudfoot J, Learmonth D, Rafie S, Weingradt KR (2012) Is computerized cognitive-behavioural therapy a treatment option for depression in late-life?: a systematic review. Br J Clin Psychol 51:459-464

Cuijpers P (2000) In de put, uit de put: zelf depressiviteit overwinnen 55+. Trimbos-instituut, Utrecht

Cuijpers P, Marks IM, van Straten A, Cavanagh K, Gega L, Andersson G (2009) Computer-aided psychotherapy for anxiety disorders: a meta-analytic review. Cogn Behav Ther 38:66-82

Cuijpers P, Donker T, van Straten A, Li J, Andersson G (2010) Is guided self-help as effective as face-to-face psychotherapy for depression and anxiety disorders? A systematic review and meta-analysis of comparative outcome studies. Psychol Med 40:1943-1957

Dear BF, Zou J, Ali S, Lorian C, Johnston L, Sheehan J, Staples LG, Gandy M, Fogliati V, Klein B,

Titov N (2015a) Clinical and cost-effectiveness of clinician-guided internet-delivered cognitive behaviour therapy program for older adults with symptoms of anxiety: a randomised controlled trial. behaviour therapy 46:206-217

Dear BF, Zou J, Ali S, Lorian C, Johnston L, Terides MD, Staples LG, Gandy M, Fogliati V, Klein B, Titov N (2015b) Examining self-guided internet-delivered cognitive behaviour therapy for older adults with symptoms of anxiety and depression: Two feasibility open trials. Internet Interventions 2:17-23

Dear BF, Titov N, Schwencke G, Andrews G, Johnston L, Craske MG, McEvoy P (2011) An open trial of a brief transdiagnostic treatment for anxiety and depression. Behav Res Ther 49:830-837

Dear BF, Zou JB, Titov N, Lorian C, Johnston L, Spence J, Anderson T, Sachdev P, Brodaty H, Knight RG (2013) Brief internet-delivered cognitive behavioural therapy for depression: a feasibility open trial for older adults. Aust N Z J Psychiatry 47:169-176

DiMatteo RM, Lepper HS, Croghan TW (2000) Depression is a risk factor for noncompliance with medical treatment: meta-analysis of the effects of anxiety and depression on patient adherence. Arch Intern Med 160:2101-2107

Ewing S, Thomas J (2012) CCi Digital Futures 2012: the Internet in Australia. ARC Centre of Excellence for Creative Industries and Innovation, Kelvin Grove

Fox S, Jones S (2009) The social life of health information. http://www.pewinternet.org/Reports/2009/8-The-Social-Life-of-Health-Information.aspx

Furmark T, Carlbring P, Hedman E, Sonnenstein A, Clevberer P et al (2009) Guided and unguided self-help for social anxiety disorder: randomised controlled trial. Br J Psychiatry 195:440-447

Gould RL, Coulson MC, Howard RJ (2012a) Efficacy of cognitive behavioural therapy for anxiety disorders in older people: a meta-analysis and meta-regression of randomized controlled trials. J Am Geriatr Soc 60:218-229

Gould RL, Coulson MC, Howard RJ (2012b) Cognitive behavioural therapy for depression in older people: a meta-analysis and meta-regression of randomized controlled trials. J Am Geriatr Soc 60:1817-1830

Grek A (2007) Clinical management of suicidality in the elderly: an opportunity for involvement in the lives of older patients. Can J Psychiatry 52(6 Suppl 1):47S-57S

Hedman E, Ljotsson B, Lindfors N (2012) Cognitive behaviour therapy via the internet: a systematic review of applications, clinical efficacy and cost-effectiveness. Expert Rev Pharmacoecon Outcomes Res 12:745-764

Hippisley-Cox J, Fielding K, Pringle M (1998) Depression as a risk factor for ischaemic heart disease in men: population based case-control study. Br Med J 316:1714-1719

Johansson R, Sjöberg E, Sjögren M, Johnsson E, Carlbring P, Andersson T, Rousseau A, Andersson G (2012) Tailored vs. standardized internet-based cognitive behaviour therapy for depression and comorbid symptoms: a randomized controlled trial. PLoS One

7(5):e36905

Katon W, Ciechanowski P (2002) Impact of major depression on chronic medical illness. J Psychosom Res 53:859-863

Laidlaw K, Thompson LW, Gallagher-Thompson D (2004) Comprehensive conceptualization of cognitive behaviour therapy for late life depression. Behav Cogn Psychother 32:389-399

Lewinsohn PM, Munoz RF, Youngren MA, Zeiss AM (1992) Control your depression. Fireside, New York

Luppa M, Sikorski C, Luck T et al (2012) Age- and gender-specific prevalence of depression in latest-life: systematic review and meta-analysis. J Affect Disord 136:212-221

O'Connor DW (2006) Do older Australians truly have low rates of anxiety and depression?: a critique of the 1997 National Survey of Mental Health and Wellbeing. Aus N Z J Psychiatry 40:623-631

Oeppen J, Vaupel JW (2002) Broken limits to life expectancy. Science 296:1029-1031

Roy-Byrne PP, Davidson KW, Kessler RC, Asmundson GJG, Goodwin RD, Kubzansky L, Lydiard RB, Massie MJ, Katon W, Laden SK, Stein MB (2008) Anxiety disorders and comorbid medical illness. Gen Hosp Psychiatry 30:208-225

Sachdev PS (2007) Geriatric psychiatry research in Australia. Am J Geriatr Psychiatry 15:451-454

Scogin F, Welsh D, Hanson A et al (2005) Evidence-based psychotherapies for depression in older adults. Clin Psychol Sci Pract 12:222-237

Silfvernagel K, Carlbring P, Kabo J, Edström S, Eriksson J, Månson L, Andersson G (2012) Individually tailored internet-based treatment for young adults and adults with panic attacks: randomized controlled trial. J Med Internet Res 14(3):e65

Silfvernagel K, Gren-Landell M, Emanuelsson M, Carlbring P, Andersson G (2015) Individually tailored internet-based cognitive behaviour therapy for adolescents with anxiety disorders: A pilot effectiveness study. Internet Interventions 2(3):297-302

Silfvernagel K, Westlinder A, Andersson S, Bergman K, Diaz Hernandez R, Fallhagen L, Lundgvist I, Masri N, Viberg L, Forsberg ML, Lind M, Berger T, Calbring P, Andersson G(2017) Individually tailored internet-based cognitive behaviour therapy for older adults with anxiety and depression: a randomised controlled trial. Cogn Behav Res 47(4): 1-15

Socialstyrelsen (2009) Folkhäsorapport 2009. Edita Västra Aros, Västerås

Spek V, Nylkíček I, Smits N, Cuijpers P, Riper H, Keyzer J, Pop V (2007) Internet-based cognitive behavioural therapy for subthreshold depression in people over 50 years old: a randomized controlled trial. Psychol Med 37:1797-1806

Spek V, Cuijpers P, Nylkíček I, Smits N, Riper H, Keyzer J, Pop V (2008) One-year follow-up results of a randomized controlled trial on internet-based cognitive behavioural therapy for subthreshold depression in people over 50 years. Psychol Med 38:635-639

Titov N, Dear BF, Ali S, Zou J, Lorian C, Johnston L, Terides MD, Kayrouz R, Klein B, Gandy M, Fogliati V (2015) Clinical and cost-effectiveness of clinician-guided internet-delivered cognitive behaviour therapy program for older adults with symptoms of depression: a randomised controlled trial. behaviour therapy 46:193-205

Titov N, Dear BF, Schwencke G, Andews G, Johnston L, Craske MG, McEvoy P (2011) Transdiagnostic treatment for anxiety and depression: a randomised controlled trial. Behav Res Ther 49:331-352

Titov N, Dear BF, Johnston L, Lorian C, Zou J, Wootton B, McEvoy PM, Rapee RM (2013) Improving adherence and clinical outcomes in self-guided internet treatment for anxiety and depression: randomised controlled trial. PLoS One 8:262873

Titov N, Dear BF, Johnston L, McEvoy PM, Wootton B, Terides MD, Gandy M, Fogliati V, Kayrouz R, Rapee RM (2014) Improving adherence and clinical outcomes in self-guided internet treatment for anxiety and depression: a 12 month follow-up of a randomised controlled trial. PLoS One 9(2):e89591

Trollor JN, Anderson TM, Sachdev PS, Brodaty H, Andrews G (2007) Prevalence of mental disorders in the elderly: the Australian National Mental Health and Well-Being Survey. Am J Geriat Psychiatry 15:455-466

Wells KB, Golding JM, Burnham MA (1988) Psychiatric disorder in a sample of the general population with and without medical disorder. Am J Psychiatry 145:876-881

Wilkinson P (2009) Cognitive behavioural therapy with older adults: enthusiasm without the evidence? Cogn Behav Ther 2:75-82

Zou JB, Dear BF, Titov N, Lorian CN, Johnston L, Spence J, Knight RG, Anderson T, Sachdev P (2012) Brief internet-delivered cognitive behavioural therapy for anxiety in older adults: a feasibility trial. J Affect Disord 26:650-655

찾아보기

편저자 소개

Nils Lindefors

스웨덴 카롤린스카 대학교(Karolinska Institutet)에서 1987년 의학 박사학위와 약학 박사학위를 받았다. (논문 제목: Brain tachykinins and their interaction with dopaminergic transmission)

카롤린스카 대학교 약리학 교수, 정신건강의학과 전문의 등으로 활동 중이며, 초발 조현병의 항정신증 약물치료 및 ADHD 수감자의 약물치료를 포함한 다수의 연구 프로젝트와 정신건강분야에서의 ICBT 연구에 책임자로 참여하고 있다.

Gerhard Andersson

스웨덴 웁살라 대학교(Uppsala University)에서 1995년 임상심리학 박사학위, 2000년 의학 박사학위를 받았다. (연구 주제: 청력 상실, 이명 및 현기증과 같은 청각 장애)

1997년 린셰핑 대학교(Linköping University) 부교수로 임명된 후 인터넷 기반 인지행동치료에 대한 연구를 최초로 시작하였으며, 2003년 이후 정교수로 강의 및 연구 활동 중이다. 인터넷 기반 국제 연구학회(ISRII)의 창립자이며 현재 유럽 인터넷치료연구회(ESRII)의 회장으로 활동하고 있다.

역자 소개

김환(Kim Hwan)
2010년 서울대학교 심리학과에서 임상심리학으로 박사학위 취득
서울아산병원 정신과 임상심리 수련
임상심리전문가(한국임상심리학회), 정신건강임상심리사 1급(보건복지부), 청소년상담
  사 1급(여성가족부), 상담심리사 1급(한국상담심리학회), 가족상담전문가 1급(가족상
  담협회) 자격 보유
EBS 〈가족이 달라졌어요〉 전문가 참여
서울 임상심리연구소 소장 역임(심리검사 및 심리상담)
현 서울사이버대학교 상담심리학과 교수 및 심리상담센터장

최혜라(Choi Hyera)
2009년 서울대학교 심리학과에서 임상심리학 박사 수료
서울대학교병원 신경정신과 임상심리 수련
임상심리전문가(한국임상심리학회), 정신건강임상심리사 1급(보건복지부) 자격 보유
백상신경정신과 임상심리전문가, 서울아산병원 정신과 임상심리 수련감독 역임
현 서울사이버대학교 상담심리학과 교수

한수미(Han Sumi)
2007년 미국 네바다 주립대학교에서 상담심리학으로 박사학위 취득
가족상담사 수련감독(한국가족상담협회) 자격 보유
연세YOO&KIM정신건강의학과 전문상담원, 서울가정법원 전문상담원, 사랑의전화복지
  재단 상담교수, SBS 청소년상담실 상담원 역임
현 서울사이버대학교 상담심리학과 교수

정신건강분야에서
인터넷 기반 인지행동치료의 활용
Guided Internet-Based Treatments in Psychiatry

2020년 1월 20일 1판 1쇄 인쇄
2020년 2월 1일 1판 1쇄 발행

엮은이 • Nils Lindefors · Gerhard Andersson
옮긴이 • 김환 · 최혜라 · 한수미
펴낸이 • 김진환
펴낸곳 • ㈜ **학지사**
　　　　04031 서울특별시 마포구 양화로 15길 20 마인드월드빌딩
대표전화 • 02)330-5114　　　팩스 • 02)324-2345
등록번호 • 제313-2006-000265호

홈페이지 • http://www.hakjisa.co.kr
페이스북 • https://www.facebook.com/hakjisa

ISBN 978-89-997-1976-9 93180

정가 20,000원

이 도서의 국립중앙도서관 출판시도서목록(CIP)은 서지정보유통지
원시스템 홈페이지(http://seoji.nl.go.kr)와 국가자료공동목록시스템
(http://www.nl.go.kr/kolisnet)에서 이용하실 수 있습니다.
(CIP 제어번호: CIP2019044406)

출판 · 교육 · 미디어기업 **학지사**

간호보건의학출판 **학지사메디컬** www.hakjisamd.co.kr
심리검사연구소 **인싸이트** www.inpsyt.co.kr
학술논문서비스 **뉴논문** www.newnonmun.com
원격교육연수원 **카운피아** www.counpia.com